KiWi
PAPERBACK
1000

ÜBER DAS BUCH:

Treffen Pop und Literatur aufeinander, knallt es. Wann immer die beiden eine Verbindung eingingen, polarisierten sie, sorgten für Verwirrungen im Literaturbetrieb und für Begeisterung bei Lesern. Dieser Reader versammelt eine Auswahl von Texten, die seit 1964 unter dem Stichwort »Pop« diskutiert worden sind. Pop-Klassiker ebenso wie kaum bekannte Fundstücke. Aufgeteilt in drei historische Kapitel, 1964–1972, 1982–1989 und 1990–2004, erscheinen die Texte in chronologischer Reihenfolge, mit Einleitungen der Herausgeber zum jeweiligen literarischen Kontext. Den Abschluss des Bandes bildet das bislang unveröffentlichte Protokoll eines Gespräches über »Pop«, das die Herausgeber im Oktober 2006 mit Thomas Meinecke und Benjamin v. Stuckrad-Barre führten.
»Pop – seit 1964« schlägt einen Bogen von den 1960ern in die Gegenwart. Von H. C. Artmann bis Kerstin Grether. Fortsetzung folgt.

DIE HERAUSGEBER:

Kerstin Gleba, geboren 1969, Studium der Amerikanistik/Anglistik, Romanistik und Germanistik in Düsseldorf und Lausanne. Übersetzte Russell Banks und V. S. Naipaul. Seit 1995 im Lektorat von Kiepenheuer & Witsch, 1996–2002 verantwortlich für die KiWi-Reihe, seit 2002 Cheflektorin Belletristik. Mitglied der Geschäftsleitung.
Eckhard Schumacher, geboren 1966, Literaturwissenschaftler. Promotion an der Universität Bielefeld (»Die Ironie der Unverständlichkeit«, Suhrkamp 2000), anschließend Forschungsprojekte zu Medientheorie, Gegenwartsliteratur und Pop in Bielefeld, Bonn und Köln. Seit 2005 Mitarbeiter am Institut für Deutsche Philologie der LMU München. 2003 erschien bei Suhrkamp »Gerade Eben Jetzt. Schreibweisen der Gegenwart«.

POP
SEIT 1964

herausgegeben von
Kerstin Gleba und
Eckhard Schumacher

Kiepenheuer & Witsch

Wir danken allen Autorinnen, Autoren und Rechteinhabern
für die Genehmigung zum Abdruck der Texte.

Umschlaggestaltung: Walter Schönauer, Berlin
Gesetzt aus der Swift und City
Satz: Felder KölnBerlin
Druck und Bindearbeiten: Clausen & Bosse, Leck
ISBN 978-3-462-03695-4

INHALT

1982 ...

1990 ...

Pop und Literatur – wann immer die beiden aufeinandertreffen, knallt es. Während Pop Art und Popmusik längst etablierte Begriffe sind, die wir wie selbstverständlich verwenden, sorgt die Verbindung von Pop und Literatur seit mehr als vierzig Jahren für Ärger. Es kommt zu Missverständnissen, Streitigkeiten und kurzzeitigen Schulterschlüssen. Und, immer wieder aufs Neue, zumindest im deutschsprachigen Literaturbetrieb, zu Grundsatzdiskussionen über den Zustand der Gegenwartsliteratur. Was genau in diesem Zusammenhang Pop heißt, ist dabei ebenso umstritten wie die Frage, was eigentlich Literatur ist. Pop und Literatur, kann man das überhaupt sagen? Sind Pop und Literatur zwei Paar Schuhe? Bilden sie eine Schnittmenge oder sind sie, richtig verstanden, vielleicht sogar ein- und dasselbe? Aber was wäre dann Popliteratur?

Die vorliegende Anthologie nimmt diese Fragen auf und setzt sich zugleich über sie hinweg. Sie versammelt Texte, die seit 1964 unter dem Stichwort »Pop« diskutiert worden sind. Essayistische, journalistische und erzählende Texte, Gesprächsprotokolle, Manifeste und Listen, darunter Pop-Klassiker, aber auch kaum bekannte Fundstücke. Aufgeteilt in drei historische Kapitel, 1964–1972, 1982–1989 und 1990–2004, erscheinen die Texte in chronologischer Reihenfolge. So ergeben sich immer wieder überraschende Querverbindungen, die Ähnlichkeiten und Zusammenhänge ebenso erkennbar werden lassen wie Differenzen und Brüche. Eingeleitet haben wir die Kapitel mit Hinweisen zum jeweiligen literarischen Kontext.

Der Popbegriff wird von uns nicht dogmatisch verwendet, die traditionelle Unschärfe des Begriffs kann und soll von uns nicht aufgehoben werden. Für uns ist Pop weit mehr als nur eine Abkürzung von populär, auch wenn es im Pop ein konstituierendes Interesse an populären Kulturtechniken, an Massenmedien und der Warenwelt gibt. Pop heißt, spätestens seit Andy Warhol, immer auch Fixierung auf die Gegenwart, auf das, was jetzt passiert, auf die Wirklichkeit – ohne dass man noch an eine Authentizität glaubt, die jenseits von Medien und Inszenierung zu verorten ist. Pop heißt Re-make und Re-model, heißt Zitat und Reproduktion, heißt Künstlichkeit und Übertreibung – und zwar in einer Form, die, wie Rainald Goetz schreibt, »kickt und knallt«. Pop war nie ein einheitlicher Stil, nie eine klar umgrenzte Gattung, ein eindeutig bestimmbares Genre. Pop ist immer zugleich mehr und weniger als das, eine Strategie, eine Haltung, eine Attitude. Und, vor allem im Literaturbetrieb, ein Störfaktor. Ein Fremdkörper, der für Unruhe sorgt, den manch einer loswerden möchte, der aber selbst dann, wenn man ihn für tot erklärt, immer wieder auftaucht.

Erstes Auswahlkriterium für diese Anthologie war, dass alle aufgenommenen Texte als »Pop« bezeichnet worden sind – von der Literaturkritik, den Medien oder auch den Autoren selbst. Häufig geschah das, um die Texte von einem konventionellen Literaturbegriff, der vermeintlich »richtigen« Literatur zu unterscheiden. Insofern diente der Begriff meist zur Abgrenzung, oft auch zur Abqualifizierung. Unser Ansatz ist ein anderer. Wir wollen zeigen, welch aufregende, vielschichtige, unentbehrliche Texte sich unter dem Label »Pop« versammeln lassen: Journalistische Texte, die sich wie Literatur lesen. Literarische Texte, die sich mit den Mitteln von Pop gegen das wenden, was üblicherweise als Literatur verstanden wird. Texte über Pop, die selbst Pop sind. Und Texte, die mit Verfahren des Pop ganz andere Dinge verhandeln.

Wir haben für diesen Band nur eine Auswahl treffen können aus einer Vielzahl von Texten, Autorinnen und Autoren, die in den letzten vierzig Jahren unter dem Schlagwort »Pop« verbucht worden sind. Dabei haben wir den Texten den Vorzug gegeben, deren Zuordnung zu Pop in unseren Augen formal und thematisch motiviert ist. Zuschreibungen aus den Medien, die eine Zeit lang jeden jungen Bestsellerautor automatisch zum Pop-Autor machten, traten dahinter zurück.

In den hier versammelten Texten geht es um Gegenwart, Nachtleben, Musik, Wut und Klatsch, um Provokation, Widerspruch und Affirmation, um Flüchtigkeit, Wirklichkeit und Wahrheit, um Klarheit, Rausch und Drogen, darum, das Erreichte immer wieder zu zerschlagen, immer wieder neu anzufangen. Auch auf der formalen Ebene gibt es Ähnlichkeiten: Die Aktualitätsfixierung manifestiert sich in fast allen Texten in der

Schreibweise. Es werden Techniken aus Film, Musik, Internet und anderen Medien übernommen, es wird zitiert, montiert, protokolliert. Das Erzählen wird zum Aufzählen, die Welt wird inventarisiert, eine Handlung in traditionellem Sinne gibt es oft nicht. Remix, Sampling, die Verarbeitung von vorgefundenem Material sind wichtiger als der originelle Einfall; das aufzuschreiben, was jetzt, in diesem Moment, passiert, ist wichtiger als die Haltbarkeit des Textes.

Pop und Literatur – hatten wir das Kapitel nicht längst hinter uns? Die ewig wiederkehrenden Diskussionen um die sogenannte Popliteratur sind verstummt. Für den Augenblick zumindest. Gibt es einen besseren Zeitpunkt für eine Anthologie, die unter dem Titel Pop das versammelt, was in vierzig Jahren immer wieder niedergemacht und für tot erklärt wurde und dennoch immer wieder aufs Neue für Unruhe sorgt? Pop ist nicht wegzudenken aus der Literatur, nicht aus der Literatur der letzten vierzig Jahre, und auch nicht aus der der Gegenwart. Es gehört zum Wesen des Pop, dass er kommt und geht, dass er sich immer wieder erneut der Festlegung entzieht.

Seit den sechziger Jahren sind im Verlag Kiepenheuer & Witsch Bücher von Autoren erschienen, denen die Label Pop oder Popliteratur zugeschrieben wurden. Rolf Dieter Brinkmann in den 1960ern, die Anthologie »Rawums«, herausgegeben von Peter Glaser mit Texten von Diedrich Diederichsen, Clara Drechsler, Rainald Goetz und anderen in den 1980ern, Christian Kracht und Benjamin v. Stuckrad-Barre in den 1990ern sind nur einige Beispiele. Das Interesse an neuen Schreibansätzen, an Texten, die etwas wagen, ist seit den 1960ern im Verlag groß, entsprechend wurde und wird neuen Stimmen mit großer Neugier begegnet. Pop hat also eine lange Tradition bei KiWi, dennoch hat es Zeiten gegeben, in denen es nicht zumutbar erschien, eine Reihe von Autoren in einer Anthologie mit dem Titel »Pop« zu versammeln, in der Zeit nämlich, als der Begriff Pop von der Literaturkritik und einigen Autoren nur noch abqualifizierend gebraucht wurde. Heute ist der Begriff »wieder bei den Leuten angekommen, die ihn mögen«, so Benjamin v. Stuckrad-Barre in einem Gespräch, das wir mit ihm und Thomas Meinecke im Oktober 2006 führten und aus dem wir Auszüge am Ende dieser Anthologie drucken.

So wichtig Pop als Programmsegment für KiWi war und ist, so wenig lässt sich Pop auf nur einen Verlag beschränken. Deshalb ist die Anthologie nicht als Verlagsreader angelegt. Sie versammelt vielmehr Autoren aus unterschiedlichen Zusammenhängen, mit unterschiedlichen Vorstellungen von Pop, unterschiedlichen Schreibweisen und unterschiedlichen Attitudes – unabhängig davon, wo ihre Texte veröffentlicht werden. Fast alle angefragten Autoren und Rechteinhaber waren sofort einverstanden, die von uns ausgewählten Texte unter dem Titel »Pop« abdrucken zu lassen, viele haben uns durch Hinweise, Vorschläge und Zuspruch unterstützt. Nur wenige sagten ab, wobei nicht immer klar war, ob die Ablehnung gegen den Begriff Pop gerichtet war oder allein auf dem Unbehagen beruhte, den eigenen Text in einen neuen Kontext zu stellen.

Pop war, auch bei KiWi, immer schon ein internationales Phänomen. William S. Burroughs und Andy Warhol, Tony Parsons und Julie Burchill, Bret Easton Ellis, Nick Hornby oder Irvine Welsh sind nicht mehr oder weniger Pop als die hier abgedruckten Autoren. Aber nur im deutschsprachigen Literaturbetrieb hat Pop für die Unruhe gesorgt, die zum Ausgangspunkt dieser Anthologie wurde. Nur hier ist Pop immer auch ein Problem.
Wenn ein Problem so viel Glück erzeugen kann wie die hier versammelten Texte, haben wir gerne Probleme.

Kerstin Gleba und Eckhard Schumacher

Köln und München, im Frühjahr 2007

1964 ...

»Everything went young in '64«, beschreiben Andy Warhol und Pat Hackett in *POPism. The Warhol Sixties* den Moment, in dem Pop durchstartet.[1] 1964 war Pop nicht mehr neu, aber plötzlich wie neu, wie ein neues Versprechen, überall da. In Galerien, in Boutiquen, in Clubs. In Zeitschriften, auf Plakaten, auf der Straße. In New York, in London, Liverpool, München, Köln und Hamburg, ohne dass eindeutig festzustellen wäre, wer was wann exportiert, importiert oder, der für Pop gängigste Weg, re-importiert hat. 1964 heißt Pop, hier wie dort, Pop Art und Popmusik, Mode, Film, Multimedia, Aufbruch und Underground, Glamour und Gossip. Aber nicht, zumindest noch nicht: Literatur.

Wenn H. C. Artmann 1964 in *Das suchen nach dem gestrigen tag* als einer der Ersten das Wort »Pop-literatur« benutzt, spricht er von Comics.[2] Was und wie er über Comics und einige andere Dinge schreibt, wird aber auch selbst als Pop aufgenommen: »Als von ›Pop‹ in der Literatur noch kaum jemand sprach«, avancierte Artmann, so ein Kritiker Anfang der 1970er Jahre, »zum ersten Vertreter einer deutschen ›Pop‹-Prosa«.[3] Dabei geht es um Schreibweisen, um das Nebeneinander von Tagebuchnotizen, poetologischen Kurzreflexionen und halbfiktiven Reiseberichten, um Auflistungen von Buchtiteln und Produktnamen, um Zitate aus Literatur, Film, Comic und Popmusik, ohne Ansprüche auf verständnisfördernde Kohärenz oder sinnstiftende Synthesen abgeschrieben, ausgeschnitten und neu montiert. Zugleich verweist Pop aber auch auf eine Haltung, eine Reaktion auf das, was Artmann die »gegenwärtige literaturmisere« nennt. Auf einen noch vorläufigen, aber deutlich erkennbaren Angriff auf ein Verständnis von Literatur, das in den Konventionen der Moderne erstarrt ist.

Im deutschsprachigen Literaturbetrieb, für den Pop zunächst nicht viel mehr als ein merkwürdiges Fremdwort ist, wird die Kopplung von Pop und Literatur nicht als vielversprechende Verbindung, sondern als Markierung einer Differenz aufgenommen. Anders als im Fall von Pop Art und Popmusik, die sich schnell als gängige Gattungsbegriffe durchsetzen, ist Pop zunächst ein Gegenbegriff zu Literatur, der in dem Maß gegen das literarische Establishment gerichtet wird, in dem dieses sich von ihm distanziert. Entsprechend heißt Pop bei Artmann wie auch, nur wenig später, bei Paul-Gerhard Hübsch oder Rolf Dieter Brinkmann: Anti-Literatur. Aber damit, wie oft bei expliziten Gegenbewegungen und bei fast allen erfolgreichen Angriffen auf den Kanon, kurz darauf dann doch auch: Literatur.

Was sich Mitte der 1960er Jahre in Zeitschriften wie *Twen* oder *Konkret*, in Büchern aus der Oberbaumpresse, dem Melzer Verlag oder von Kiepenheuer & Witsch abzeichnet, erscheint im Frühjahr 1968 in der Literaturkritik plötzlich als ein neuer Zusammenhang. Als eine neue literarische Szene, deren Gemeinsamkeit in dem nur diffus bestimmten, aber gerade deshalb attraktiven Schlagwort ›Pop‹ gesucht und gelegentlich auch gefunden wird. Uwe Brandners *Innerungen. Ein Abenteuer-Liebes-Kriminal-Zukunfts- und Tatsachenroman*, Peter O. Chotjewitz' *Die Insel. Erzählungen auf dem Bärenauge* und Hubert Fichtes *Die Palette* werden ebenso unter Pop verbucht wie Rolf Dieter Brinkmanns Roman *Keiner weiß mehr*,[4] den Karl Heinz Bohrer im Mai 1968 in der *Frankfurter Allgemeinen Zeitung* als »ersten genuin entwickelten deutschen ›Pop‹-Roman« charakterisiert.[5] Im Unterschied zu vielen anderen Reaktionen, die sich auf nur bedingt treffsichere Formeln wie »Böll-fern und Beat-nah« beschränken, um, so *Der Spiegel*, den »Aufstieg einer neuen deutschen Autoren-Generation« zu beschreiben,[6] entwickelt Bohrer Kriterien, die auch über Brinkmanns Roman hinaus viel von dem erfassen, was Ende der 1960er Jahre unter Pop verstanden werden konnte: Eine »radikale Abwendung« von »Literatur als ›Kunst‹«, eine »neue, fast fanatische Hingabe an den ›Stoff‹«, die, angeregt durch »Stil-Figuren der angelsächsischen Underground-Literatur«, die »coitale Tätlichkeit, die auf Konsum reduzierte Welt, die durch Film, Zeitschriften, Fernsehen und Fotografie nur noch mittelbar, aber total erfahrbaren Ereignisse« der »natürlichen Perspektive« entreißt und als »vibrierende Bilder« mit einer »heimlichen utopischen Qualität« erscheinen lässt.

Die Texte werden, auch wenn es heute in einigen Rückblicken so aussieht, keineswegs durchgehend positiv aufgenommen. Einerseits werden sie als nur modische, gegenwartsfixierte Bücher abgetan, »mit Aktualität und das heißt mit Vergänglichkeit so aufgeladen, daß sie ihre Saison weder lange überdauern wollen noch können«, wie Reinhard Baumgart schreibt,[7] andererseits wird ihnen jegliches kritisches Potential abgesprochen. Mit verblüffender Selbstverständlichkeit wird vorausgesetzt, dass von der mit Pop identifizierten »Fetischisierung der Realität, insbesondere der Konsumprodukte und der Massenmedien«, umstandslos auf das »Fehlen bzw. die Reduktion kritischer Impulse« zu schließen sei.[8] Gerade Brinkmann und Fichte, die dreißig Jahre später als Repräsentanten einer rebellisch-subversiven und literarisch anspruchsvollen Pop-Literatur hochgehalten werden, sind Ende der 1960er Jahre Angriffen ausgesetzt, die sich im Ton, in der Form und im weitgehenden Verzicht auf eine nähere Auseinandersetzung mit den Texten kaum von den Polemiken unterscheiden, die sich Ende der 1990er Jahre gegen die neue Pop-Literatur richten: Die Pop-Signale, die Brinkmanns Gedichtband *Die Piloten* aussendet, werden als modische, ästhetisch fragwürdige und politisch bedenkliche Symptome unreflektierter Amerikanisierung gedeutet; Fichtes *Palette* wird als »Modell literarischer Anpassung« abgetan, als die Verwandlung von »Porno-Pop« in ein »schnuckeliges Konsumprodukt«, das man, verpackt in einem »goldlamierten Umschlag«, im »Drugstore getrost neben die Kosmetika legen könnte«.[9]

Dass Literatur unter den Vorzeichen von Pop gerade deshalb auf irritierende Weise interessant sein könnte, weil sie einen Rahmen schafft, in dem einerseits Widerstand gegen Konsum und Konformismus und andererseits die Begeisterung für modische, marktgerechte und eben populäre Formen so aufeinandertreffen, dass Kritik und Affirmation nicht immer klar zu trennen sind, war vermutlich schon Ende der 1960er Jahre schwer nachzuvollziehen. Genau wie die Vorstellung, dass Pop eher nicht darauf abzielt, es sich in einer subkulturell abgefederten Nische gemütlich zu machen, in der der Gegner immer schon auf der anderen Seite steht. Gerade die Ambivalenzen und polemischen Auseinandersetzungen sind aber vermutlich ein Grund dafür, dass sich Pop und Popliteratur in der deutschsprachigen Literaturkritik Ende der 1960er Jahre als maßgebliche Begriffe durchsetzen.

Wie leicht es gelingen kann, mit einem Plädoyer für Pop zu polarisieren, zeigt die Debatte, die Leslie A. Fiedler mit seinem Vortrag ›Close the Gap – Cross the Border: The Case for Post-Modernism‹ ausgelöst hat. Fiedlers Vortrag, im Juni 1968 in Freiburg gehalten und wenig später unter dem Titel ›Das Zeitalter der neuen Literatur‹ in der Wochenzeitung *Christ und Welt* in deutscher Übersetzung veröffentlicht, plädiert im Namen von Pop für einen grundlegenden Bruch mit der literarischen Tradition. Die Aufgabe, »die Kluft zwischen Elite- und Massenkultur, zwischen den ›Belles lettres‹ und der Pop-Kunst zu überwinden«, kann für Fiedler nur durch den »Pop-Roman«, nur durch die Übernahme von »Formen des Pop« gelöst werden, die er als »das Gegenteil von Kunst und Avantgarde« präsentiert.[10] Die »Grundvorstellungen des Pop« sieht Fiedler in der bewussten Entscheidung für ein Genre, »das dem Ausbeutungscharakter der Massenmedien sichtbar verbunden ist«, und in einer dezidierten Wendung gegen »falsche Lyrismen einerseits, gegen den selbstgerechten Gesellschaftskommentar andererseits«. Die Abgrenzung gilt nicht nur dem hochkulturell verbürgten Kanon der Moderne und den längst etablierten Ausläufern der Avantgarden, Fiedler distanziert sich auch von folkoristisch-populären Schriftstellern, die er der »gemütvollen Idylle« und dem »retrospektiven Wunschdenken« zuordnet. Den »Pop-Schriftsteller«, der an die Autoren der Beat Generation, an Jack Kerouac und Allen Ginsburg anschließt, um sich zugleich von ihnen abzustoßen, verortet er dagegen in der Gegenwart, in der »authentischen Umwelt« von »Beton und Stahl«, von »städtischer Industrie-Welt«, vom »Metall der Maschine«. So wird das Plädoyer für Pop nicht nur zu einem Politikum, weil es das literarische Establishment angreift, sondern auch, weil es verschiedene gegenkulturelle Entwürfe voneinander abgrenzt und als Gegensätze präsentiert: »Die Folklore kennt ihren Platz in der Klassengesellschaft, und sie akzeptiert ihn, während die literarische Pop-Bewegung Dynamit an diese Gesellschaft legt, ohne daß sie das allerdings beabsichtigt.«

Dass gerade letztere Einschätzung trotz aller Differenzen auch und gerade die Pop-Rezeption im deutschsprachigen Kontext kennzeichnet, zeigt sich in der mehrwöchigen Debatte, in der prominente Literaturkritiker und Schriftsteller Fiedlers Vortrag im Blick auf das neue Konzept ›Pop‹ kommentieren, diskutieren und bewerten.[11] Fiedlers Thesen stoßen in den deutschen Medien fast einhellig auf Ablehnung: Seine Attacken auf den Kanon der modernen Literatur werden mit einigem Befremden aufgenommen, seine Forderung nach einer neuen Mythologie und einer fröhlichen Unvernunft löst einen kaum begründeten, aber forsch formulierten Faschismusverdacht aus, und auch sonst sorgt das Plädoyer für

Pop für weitgehend wütende Ratlosigkeit. Einerseits wird wohlwollend darauf hingewiesen, dass man an dem, was man nach Fiedler »vage genug Pop-Literatur nennen könnte«, erst dann Kritik üben könnte, wenn es gelänge, »einen solchen Begriff zu differenzieren und aus der Differenzierung heraus zu definieren«, im gegebenen Fall aber seien noch nicht einmal »Effekt und Sache« zu unterscheiden. Andererseits wird diese mögliche Differenzierung gleich übersprungen und das Ende des »modischen Pausenzeichens« Pop in Aussicht gestellt – »eben auf dem Höhepunkt und morgen schon wieder überstanden«.[12]

Rolf Dieter Brinkmann ist der einzige der an der Debatte beteiligten Autoren, der sich dezidiert auf die Seite Fiedlers schlägt. In der Identifikation mit Fiedlers Positionen löst er sich jedoch zugleich von dessen Vorgaben und nutzt sie für eine aggressive Attacke gegen den deutschsprachigen Literaturbetrieb. In ›Angriff aufs Monopol. Ich hasse alte Dichter‹ macht Brinkmann die Fiedler-Debatte zum Ausgangspunkt für die Skizze eines poetologischen Programms, in dem sich die Suche nach einer neuen, von einer »spezifisch zeitgenössischen Sensibilität« geprägten Literatur als Problem eines Generationenkonflikts niederschlägt, für das Fiedlers Vortrag letztlich nichts anderes ist »als eine Tagesaktualität, die deutlich macht, wie sehr Literatur der Aktualität bedarf, will sie sich nicht selber aufgeben«. So geht es Brinkmann, der Pop hier nur als vorläufiges Konzept akzeptiert, weder um eine Trennung von Effekt und Sache noch um eine kritische Auseinandersetzung mit Fiedlers Argumentation. Er schreibt vielmehr dessen Programm aus, indem er es aufnimmt, in den deutschsprachigen Kontext übersetzt und in groben Zügen auf die eigene Situation überträgt: »Differenzieren kann man später, wenn es Produkte gibt, in denen heutige Aktualität verarbeitet ist.«[13]

»It s a total scene mit pop & cop art, pop Musik, pop Mode, pop Gedichten, psychedelischer Kunst, Free Sex, mit Andy Warhols Underground Filmen, Discotheken wie The Plastic Inevitable, Beat groups wie Warhols The Velvet Underground und Ed Sanders' The Fugs, psychedelic happenings mit dem LSD-Professor Timothy Leary und mit Literatur Zeitschriften wie Fuck you / A Magazine of the Arts, C, Mother, Lines, Nadada«, beschreibt Ralf-Rainer Rygulla 1967 die neue amerikanische Szene, die »keine Ideen, nur Dinge« verspricht, und damit das, was er mit Ed

Sanders als »totalen Angriff auf die Kultur« präsentiert: »Anti-KUNST, die jeder versteht und die erstmal jeden meint, den Intellektuellen wie den pop Musik Fan, den Süchtigen wie den pop artist, Schwarz & Weiß«.[14] Durch Anthologien wie *Underground Poems, Fuck You (!), Silverscreen* und *Acid*,[15] herausgegeben von Ralf-Rainer Rygulla und Rolf Dieter Brinkmann, wird Pop Ende der 1960er Jahre wie ein Fremdkörper in die deutschsprachige Gegenwartsliteratur implementiert, ein Fremdkörper, der sich schnell selbst vervielfältigt, sich durch Verfahren der Aneignung, der Übersetzung, der Nachahmung und des Kopierens fortsetzen lässt. Pop erscheint als ein Raum mit unklaren Grenzen, als offener Text, der, wie Brinkmann im Nachwort zu *Acid* schreibt, »heterogenstes Material zu einem Thema sammeln und miteinander verbinden kann, [...] – collagenhaft, mit erzählerischen Einschüben, voller Erfindungen, Bild – also Oberflächenbeschreibungen, unlinear, diskontinuierlich ... ein Raum, in dem herumzuspazieren einfach wieder Spaß macht und das gedankliche Arrangement von der gleichen Einfallsfülle ist wie der Gegenstand der Reflexion, ein zärtliches Treiben von winzigen Lichtpunkten auf einer Schalttafel«.[16]

Für kurze Zeit ist Pop in genau diesem Sinn einer der Schnittpunkte, an denen sehr unterschiedliche Autoren und sehr unterschiedliche Texte auf verblüffende Weise aufeinandertreffen. Lyrik, Prosa, Essays und Medientheorie, Listen und Protokolle, Fertigteilmontagen und Oberflächenübersetzungen, Comics und Pin Ups, obszön, lustig, banal. Texte, die sich im Sinne Brinkmanns auf die Gegenwart einlassen, die Aktualität nicht nur verarbeiten, sondern zugleich auch selbst produzieren. Texte, die gerade so viel Gemeinsamkeiten aufweisen, dass eine Absetzung vom sonstigen Literaturbetrieb sinnvoll erscheint, aber auch so unterschiedlich sind, so wenig auf ein einheitliches Konzept von Pop zu reduzieren sind, dass sie über Binnendifferenzierungen und Definitionsstreitigkeiten immer wieder erneut gegeneinander ausgespielt werden können.

Im März Verlag erscheinen nach *Acid*, der ersten Publikation im Jahr 1969, in schneller Folge Bücher, die dem Autor und Verleger Jörg Schröder, zuvor im Melzer Verlag, den Beinamen ›Popkaiser‹ einbringen: Texte von Bazon Brock, Peter O. Chotjewitz, Jan Cremer, der Verlagsreader *März Texte* und, herausgegeben von KiWi-Lektorin Renate Matthaei, die

Anthologie *Trivialmythen*, in der Rolf Dieter Brinkmann, Friederike May-
röcker, Uwe Nettelbeck und viele andere mit Schreibweisen experimentieren, die im Sinne Fiedlers Pop sind.[17] Elfriede Jelinek, ebenfalls an
Trivialmythen beteiligt, Peter Handke und Herbert Achternbusch, die
man bereits einige Jahre später in ganz anderen – und untereinander
kaum mehr verbundenen – Zusammenhängen verortet, werden Ende
der 1960er Jahre als Pop-Autoren gehandelt. Helmut Salzinger und Rolf
Ulrich Kaiser positionieren sich als teilnehmende Beobachter in den
Lücken zwischen Literatur, Poptheorie und linker Gegenkultur; Bazon Brock popularisiert die »negative Affirmation« – Zustimmung als
schärfste Kritik – als adäquaten Modus einer »Pop-Programmatik«.[18] Die
Multi-Media-Texte von Ferdinand Kriwet werden ebenso mit Pop in Verbindung gebracht wie einige der sprachexperimentellen Literaten aus
dem Kontext der Wiener Gruppe: H. C. Artmann, Ernst Jandl, Oswald
Wiener. Jürgen Ploog, Carl Weissner und andere, die im Anschluss an
William S. Burroughs mit Cut-Up-Verfahren arbeiten, setzen sich als
Underground-Szene zwar von einem offensiven Verständnis von Pop ab,
werden aber ebenso häufig in diesem Zusammenhang diskutiert wie
Jörg Fauser, für dessen Texte sich vor allem dann die Zuschreibung Pop
aufdrängt, wenn sie über die Cut-Up-Techniken von Burroughs hinaus-
gehen.

Anfang der 1970er Jahre, in dem Moment, in dem die Literaturwissenschaft auch im Überblicksdarstellungsformat feststellt, dass »Pop-Literatur [...] insgesamt die dominierende literarische Richtung der *Nach-
moderne*« ist, und ein Radioessay fragt: ›Hat Popliteratur eine Zukunft?‹,[19]
ist es dann plötzlich vorbei. Die Aufbruchsstimmung ist weg, Brinkmann distanziert sich von der vergangenen Pop-Euphorie und zieht sich
zurück, der für kurze Zeit geteilte gemeinsame Nenner ist nicht mehr
zu erkennen – selbst wenn einige Autoren weitermachen und das fortsetzen, was sie in den Jahren zuvor entworfen haben. Geht es um neue
Texte, um das, was aktuell in der deutschsprachigen Literatur passiert,
reden in den siebziger Jahren viele von ›Neuer Subjektivität‹, andere
von gesellschaftlicher Relevanz und politischer Radikalisierung. Das
Wort Pop aber, in dem für wenige Jahre auch all das auf irritierende
Weise zusammenfallen konnte, taucht nicht mehr auf.

1 Andy Warhol/Pat Hackett: POPism. The Warhol Sixties [1980], San Diego u.a. 1990, S. 69.

2 Vgl. H.C. Artmann: Das suchen nach dem gestrigen tag [1964], München 1978, S. 44, siehe den Auszug auf S. 25–26 in dieser Anthologie.

3 Karl Riha: Ein patagonischer Aviatiker, in: Gerald Bisinger (Hg.): Über H. C. Artmann, Frankfurt/M. 1972, S. 158.

4 Uwe Brandner: Innerungen. Ein Abenteuer-Liebes-Kriminal-Zukunfts- und Tatsachenroman, München/Wien 1968; Peter O. Chotjewitz: Die Insel. Erzählungen auf dem Bärenauge, Reinbek 1968; Hubert Fichte: Die Palette, Reinbek 1968, siehe auch den Auszug auf S. 31–37 in dieser Anthologie; Rolf Dieter Brinkmann: Keiner weiß mehr, Köln 1968.

5 Karl Heinz Bohrer: Neue panische Welt. Rolf Dieter Brinkmanns erster Roman, in: Frankfurter Allgemeine Zeitung 4.5.1968.

6 o.V.: Schriftsteller. Brinkmann. So im Gange, in: Der Spiegel 17.6.1968, S. 126.

7 Reinhard Baumgart: Was kommt nach der modernen Literatur? [1968/69], in: Ders.: Deutsche Literatur der Gegenwart, München/Wien 1994, S. 185.

8 Harald Hartung: Pop-Lyrik. Am Beispiel von Brinkmanns »Piloten«, in: Replik 4/5 (Januar 1970), S. 57.

9 Michael Scharang: Fichtes »Palette« – Modell literarischer Anpassung, in: Literatur und Kritik 31 (Februar 1969), S. 506–508; Jost Hermand: Pop International. Eine kritische Analyse, Frankfurt/M. 1971, S. 37, 142 f., 156 f.; Martin Walser: Über die Neueste Stimmung im Westen, in: Kursbuch 20 (März 1970), S. 36.

10 Leslie A. Fiedler: Das Zeitalter der neuen Literatur, in: Christ und Welt 13.9.1968/ 20.9.1968.

11 Die Debatte ist dokumentiert in Uwe Wittstock (Hg.): Roman oder Leben. Postmoderne in der deutschen Literatur, Leipzig 1994.

12 Helmut Heißenbüttel: Tote Aura, in: Ebd., S. 45; Reinhard Baumgart: Die Fünfte Kolonne der Literatur, in: Ebd., S. 50.

13 Siehe S. 38–60 in dieser Anthologie.

14 Ralf-Rainer Rygulla: Nachwort, in: Ders. (Hg.): Underground Poems/Untergrund Gedichte. Letzte amerikanische Lyrik, Berlin 1967, S. 26.

15 Ralf-Rainer Rygulla (Hg.): Fuck You (!). Underground Poems/Untergrund Gedichte, Darmstadt 1968; Rolf Dieter Brinkmann (Hg.): Silverscreen. Neue amerikanische Lyrik, Köln 1969; Rolf Dieter Brinkmann/Ralf-Rainer Rygulla (Hg.): Acid. Neue amerikanische Szene, Darmstadt 1969.

16 Rolf Dieter Brinkmann: Der Film in Worten, in: Ebd., S. 388 f.

17 März Texte 1, Darmstadt 1969; Renate Matthaei (Hg.): Trivialmythen, Frankfurt/M. 1970.

18 Bazon Brock: Gerüstgrundriß für Übersichtsleser, in: März Texte 1, a.a.O., S. 9–14; Das Prinzip der Affirmation – Vorbemerkung als Nachwort, in: Ders.: Ästhetik als Vermittlung, Köln 1977, S. 135–138.

19 Paul Konrad Kurz: Über Moderne Literatur III. Standorte und Deutungen, Frankfurt/M. 1971, S. 263; John Neves: Hat Popliteratur eine Zukunft?, Bayerischer Rundfunk 10.5.1969.

H. C. ARTMANN 1964

Das suchen nach dem gestrigen tag
oder
schnee auf einem heißen brotwecken
eintragungen eines bizarren liebhabers

Auszug

14. Oktober.

Ich bin heute gegen 6 uhr morgens in Trelleborg angekommen. Es roch nach bahnhof, fensterscheiben, meer und nebel. Ungefähr um $^1/_2$ 8 uhr war ich in Malmö. Es hat sich hier auch schon gar nichts verändert: das fade Savoy-hotel sieht wie eh und je mit seinem puritanischen anti-alkoholikergesicht zur zentralstation herüber, der spitze turm von St. Petri bohrt sich in die diesige luft, die linie 3 zieht ihre langsamen kurven, über dem kanal kreischende Möwen, wenig straßenverkehr. Es ist alles geblieben, wie ich es stehengelassen hatte, etwas grauer vielleicht, aber das mag an der heutigen witterung liegen, gewiß sitzt der tag in Paris, in Berlin oder sonst irgendwo auch nicht viel freundlicher zwischen geäst und schornstein. Endlich hörte ich wieder das stete getute der boote [ein vollkommenes konzert vom Öresund her], das mir am kontinent eigentlich immer abging. Man gewöhnt sich an sachen, gewinnt sie lieb ... Nachmittags war ich in der Stadtbibliothek, um längst fällige leihbücher abzugeben. Dann schaute ich in Falkmans Bokhandel vorbei und fand ein Ballantinetaschenbuch mit Al Capps »The World of LI'L ABNER«. Das vorwort ist von John Steinbeck verfaßt und äußerst aufschlußreich: I'm writing this from what we Americans call Yurrp. In Europe writers are taken seriously as Lana Turners legs are in America – a ridiculous situation. I get interviewed by lean and hungry Yurrpeens now and then and they always want me to say who is the best writer in America today and I can't think of any name but Capp. There is usually a yelp, »but doesn't he do a Comic Strip? How can that be LITERATURE?« [They spell it in capitals in Europe.]

Steinbeck schrieb dieses vorwort, von dem ich hier den anfang gab, vor etwa 12 jahren [1952]. Es wäre heute immerhin an der zeit, sich bei uns zu bequemen, Comic Writing als das anzuerkennen, was sie schon längst geworden ist, nämlich Literatur. Gelesen wird sie von den 97 %, die keine ahnung von Joyce oder Musil haben [sei's drum], doch wäre es meiner meinung überaus wichtig, daß sich die 3 %, die Joyce und Musil [seit wann tun sie's überhaupt?] zu lesen vorgeben, auch über Comic Writing informieren wollten. Was geschieht indes aber tatsächlich? Der intellektuelle [sic!] lächelt bei solch einer zumutung nachsichtig, kommt sich für derartige kindereien zu gut vor &c. &c.

So weit, so gut: In einigen zwanzig jahren wird man über diese »Comics Epoche« tiefgründige abhandlungen schreiben [wir wußten das schon immer &c. &c.] und somit über das, was eben noch ignoriert, aufs subtilste klugscheißen [siehe den gegenwärtigen Dadarummel].

Ich aber sage: Pop-literatur ist heute einer der wege [wenn auch nicht der einzige], der gegenwärtigen literaturmisere zu entlaufen. Anzeichen sind bereits überall zu merken...

Alex kommt heute abend zu uns. Bin schon neugierig, was *er* zu meinem neuen problem zu sagen hat...

PETER HANDKE 1966

Der Text des rhythm-and-blues

Alles ist in Ordnung.
Sie geht die Straße hinunter.
Fühlst du dich wohl?
Ich möchte nach Hause gehen.

Komm näher!
Ich werde nach Hause gehen.
Alles ist in Ordnung.
Sie ist die Straße hinuntergegangen.

Ich fühl mich wohl.
Ich gehe nach Hause.
Lauf nicht davon!
Sie geht die Straße hinunter.

Früh am Morgen –
Ich geh nach Hause.
Sie ist die Straße hinuntergegangen.
Ich fühl mich besser.

Hier kommt sie!
Beeil dich!
Nimm mich nach Hause!

Früh am Morgen –
Komm näher!
Um Mitternacht –

Ich kann es spüren.
Lauf nicht davon!
Ich geh nach Hause.

Komm näher!
Wir sind zu Hause.
Spürst du's?

Um Mitternacht –
Komm!

Komm her.
Beeil dich!

Früh am Morgen –
Um Mitternacht!

Spürst du's?
Beeil dich!

Ich versuch es.
Um Mitternacht –

Spürst du's?
Hier kommt es.
Komm näher!
Ich versuch es!
Spürst du's?
Beeil dich!

Ich versuch es!
Spürst du's?
Ich versuch es!
Spürst du's?
Spürst du's?

O ja.

PETER HANDKE 1968

Die japanische Hitparade vom 25. Mai 1968:

1
HANA NO KUBIZAKARI/GINGA NO ROMANCE
Tigers
2
KOI NO SHIZUKU
Ito Yukari
3
MASSACHUSETTS
Bee Gees
4
YUBE NO HIMITSU
Ogawa Tomoko
5
KAMISAMA ONEGAI
Tempters
6
KANASHIKUTE YARIKIRENAI (UNBEARABLE SAD)
Folk Crusade
7
HOSHIKAGE NO WALTZ
Sen Masao
8
ISEZAKI-CHO BLUES
Aoe Mina
9
BARA NO KOIBITO
Wild Ones

HUBERT FICHTE 1968

Die Palette

Roman
Auszug

NACHWÖRTER: St. Pauli loben auf St. Pauli!

Drei Jahre sitz ich jetzt dran.

Ledig leiht mir im Monat so viel, wie Loddl im Hafen fest verdient. Dafür spare ich den Weg, denn ich kann es in Heimarbeit machen, und ich bin ein freier Schriftsteller in der Freien und Hansestadt Hamburg und habe einen Bart und einen bunten Schlips und ein violettes Hemd und werde beneidet um die 3 mal 12 mal achthundert Miesen – von Köppen sicher nicht und vom lieben Konrad über der Plastikbabybadewannensphäre sicher auch nicht (Bayer).

Bei zweihundert Stunden im Monat macht das Stundenlohn vier Mark.

– I gitt!

– Ein junger Dichter rechnet!

– Wohlfahrtsstaat!

– Konsum! Konsum!

– Hallo! Der Schreiber der Seher bei Madame Récamier, die David so schön in Rots gemalt hat, der Heuschrecken frißt und salzwasserresistentes Wüstengras?

Also:

– Kauft, Leute, die Palette, kauft! Kauft!

Aber sie ist doch gar nicht fertig. Ich bin ja erst dabei, den Schluß zu schreiben.

Ich soll jetzt vorlesen.

– Starclub! hab ich gesagt, damit nichts draus wird.

Ich säße lieber über meinen Zetteln, setzte Austern an die Wände, kratzte

Miesmuscheln ab, verwandelte das Zimmer in Hamburg in die Felsen von Sesimbra mit den Zetteln von meinem Buch.

Zettel abnehmen. Neue Zettel annageln.

Stoff aus Wörtern.

Schnee aus Wörtern.

Wörter aus St. Pauli.

Aber an Ort und Stelle möcht ich lieber nicht.

Was soll denn nun werden mit dem schönen vielen Material? Ganze Sesimbrastrände voll Material. Kohlenhalden hoch. Und kein unbezügliches, x-beliebiges Seid-nett-zu-einander-Material, sondern das echte, Ordnungen ergebende, als Tangente vorbeischießende, so dufte Descortmaterial.

Oder einen zweiten Roman?

Jeder Besuch in der Palette ist ein Roman.

Jedes Jahr meines Lebens einen neuen Palettenroman?

Warum schreib ich nicht einen, der anfängt:

Die langbeinige Britt brachte Unruhe in das kleine portugiesische Fischerdorf?

Im Starclub.

Merwick machts möglich.

Wo Ray Charles singt mit Maris.

Der Stoff ist mein Kiff.

Schnee.

Sind die Wörter nicht selbst schon so kernig, dufte, glatt, bewegen sich wie der Primus Ballerinus aus der Staatsoper unter dem Kronleuchter beim Empfang im Rathaus: Ganz natürlich im historischen Rahmen stilisiert – oder wie der nackte Fischgrätmantelmann im wackelnden Licht von Jäckis Eppendorfer-Krankenhauslampen; Jürgens Wörter über sein Leben.

Und die Vorgänge wie sie wirklich vorgingen, wie wirklich ich sie erlebt habe und erzähle – Jürgen bei der sich schwer erinnernden Liana Pozzi. Nachdem ich drei Wände des Zimmers ruiniert habe, wie Hausmakler Sübbe durch einen Schriftsatz von Rechtsanwalt Mager klagt, schmeiß ich körbeweise Einfälle weg und Vorgänge und Wörter.

Schlechten Stoff.

Siebzig Romane.

Einen Roman über die Palette in Katalogform:
Was essen die Gammler?
Was haben die Gammler für Krankheiten?
Was ziehen die Gammler an?
Welche Empfindungen haben die Gammler?
Einen Roman nur aus Empfindungen.
Einen Roman nur aus Erzählungen der Gammler über Gammler.
Einen nur aus ausgedachten Vorkommnissen.
Einen Roman, der die Dinge nicht benennt und die Vorkommnisse, sondern ersetzt:
Heidi und Barbara als Wörter selbst.
Nichts über Halleluja und Barbara berichten. Sie nachmachen in Wörtern.
Gegenstoff. Metawörter. Antigrammatik.
Für eine Metabuchmesse.
Wirtelme Oma schwört durch den Grundstock!
riefe im Leser hervor, drückte aus, ersetzte, stellte das, wäre wörtlich:
Barbara poft mit aufgelösten Haaren.
So wie der Satz:
Barbara poft mit aufgelösten Haaren.
bei einem Leser nichts anderes hervorruft als das Bild von einer verrosteten Tonne, die im Regen überläuft.
Barbara poft mit aufgelösten Haaren stellt nichts anderes dar, als die verrostete Regentonne, die im Regen überläuft, ist nichts anderes in Wirklichkeit.
Aber Irma stellt sich bei den Wörtern Der Fänger im Roggen einen Reiter in Australien vor und ich mir ein Heimchen aus Glas.
Wirtelme Oma schwört durch den Grundstock – plötzlich bin ich unsicher; auch würde es sehr lang, die ganze Palette. Vielleicht ruft es bei den Lesern auch nur das Bild von Pfefferminzmarmelade hervor.
Namen also. Bekannte. Ideogramme. Übereinkünfte.
Welche?
Beitragende? Sandige?
Le Livre – das Fietscher?
Wer wählt aus? Wer springt? Wer trägt bei? Hält zu oder hin? Der nicht die Ausdauer hat für eine Karriere als Bundestagsabgeordneter?

Der den zweiten thermodynamischen Hauptsatz verstanden hat?

Dessen Nerven oder Leber für einen Sanitäterposten in Indien zu schwach sind?

Auswählt:

Der die Puschkinkirsche trinkt. Dessen Männerdurst Becks Bier löscht. Der den Groschen in die Music-Box steckt, der den April in Portugal verbringt und den Juni in Amerika. Studiert den neunten Guilleaume von Aquitanien und Quirinus Kuhlmann ohne das Sengelgefühl nachzuvollziehen.

Showman.

Der Mann aus dem Turm im Scheinwerferlicht, der aufzählt, was er erlebt hat. Monsieur Ouine. Herr Bi.

– Ich stehe also vor euch und lese aus meinem Buch.

Nur wegen Merwick ist es auch nicht. Es kitzelt.

Als ich Starclub sagte, wußte ich, daß der sogenannte Schläger Weißleder nicht auf einer Zensur bestehen würde und auch nicht wegen Erwähnung des Schahs oder Mekongerwähnung zu einem Essen nicht erscheinen könnte, Kommunalpolitik halber.

Ich möchte auch mal die fünf Beatles sein:

– Hier ist mein Sound. Ich steh vor euch. Das mach ich. Zweitausend Menschen. Auf St. Pauli, die nie sonst ein Buch in die Hand nehmen.

Der Mythos des einundzwanzigsten Jahrhunderts.

– Muß es denn unbedingt das Fußballstadion von Sesimbra sein?

– Tor!

– Pfui!

– Sesimbra!

– Sesimbra!

– Die Sesimbrensen sind wie ihre Fußballmannschaft!

– Würdest du nicht lieber zuhause sitzen anstatt hier vor dem zweiten und dritten Fernsehen und siebzehn Mikrophonen und Duvinage, der dich von vorne und hinten fotografiert?

Einen Gammler wollen sie der langen Haare wegen nicht reinlassen. Weil ich der Dichter bin und an der Kasse Bescheid sage, lassen sie ihn doch rein.

Weißleder fragt, ob wir Hortensien an der Rampe längs haben wollen. Der Saal wird voll.

– Wenn es wenigstens in Sesimbra wäre. In Hamburg hast du immerhin zwanzig Jahre zugebracht.

Meine Kindheit kommt an, die Nachbarn, die Schulkameraden, die ersten Buchhändler, zwei Lehrer, Spielkameradinnen, Zeugen meines Sexlife, auch mit denen man verschiedenen Ärger hatte, Kollegen vom Theater.

Und Heidi und Do you know Basel, denen ich von Heidi und Do you know Basel vorlesen werde.

Ferre Grignard und Compagnie sehen völlig umwerfend aus und ich mit meinem Bammel würde am liebsten sagen:

– Glauben Sie ihm. Glauben Sie mir nicht. Ich brauch gar nicht zu lesen.

– Sesimbra! Sesimbra!

– Palette raus!

– Aufhören! Aufhören!

– Strafstoß.

Da fängt Ian aber schon mit meiner Auftrittsmusik an: Jäcki dee Jack!

Ich steh draußen und hab nur die Wörter an, ich bins für alle sichtbar und auf Magnetofonband und Pelliküle und wenn meine Wörter versagen, dann schneidet der Hessische Rundfunk das mit und die Wochenschau hat es als Dokument und ich stürz ab mit meinen Wörtern über das, was ich erlebt habe, vor meinem Überich und vor meinem leibhaftigen Unbewußten in der ersten Reihe, tanzt zur Musik, wenn ich nicht lese. Öffentlich fällt meine Kindheit durch vor den Zeugen meiner Kindheit.

Beim Schreiben kann ich den Namen Heidi vorschützen oder Cartacalo/la oder Jäcki. Was ich rede, bin ich.

Jetzt kommen die Wörter von mir hier über den Atomgegnermarsch und über die Uhraufzieher.

Aber Frau Herms klatscht doch.

Beim Schreiben jetzt ist es wieder gleich das alte Fictionich, wenn ich ich schreibe, das jede Augenfarbe haben kann.

Und wenn ich schreibe, Manfred und Haakon und Uta und Mac waren wirklich da, so glaubst du es mir nicht mehr und nicht weniger, als wenn ich schreibe, Jürgen und Enoch und Heidi und Loddl waren da – Loddl war übrigens gar nicht da.

Wir fragen uns beide, ob es eine Bedeutung hat, wenn ich schreibe: Aber
es ist ganz bestimmt wahr. So ist es gelaufen, als ich im Starclub gelesen
habe. Es ist bestimmt das Moorsoldatenlied. Es ist wirklich der Bericht
aus Nagasaki.
Rechtskräftig beweisen kann ich es dir nicht mit dem Film und dem
Magnetofonband und der Platte.
Die Kilius zum Beispiel soll nicht selbst gesungen haben.
– Haben Sie diese Dinge nun alle selbst erlebt?
– Hat sich Ihre Kindheit in einem katholischen Waisenhaus abgespielt?
– Meine Fiction ist nicht ganz ohne Non-Fiction.
Trotzdem kann ich mich auf den Kopf stellen, solange die Palette nicht
in Rowohlts Deutscher Enzyklopädie erscheint oder im Springer Verlag
wie meine Embryologie, bleibt es eben doch bloß eine Novel. Fiction!
Fiction! Fantasie!
Man weiß eben nichts Genaues.
– Das weiß doch jeder, daß ich drei Jahre jeden Tag in der Palette gesessen
habe. Da können Sie jeden fragen.
– Die es nun nicht wissen im Starclub?
– Die es nun nicht hören als Quellenmaterial oder als Psychogramm?
– Wissen Sie, Ihre Gedichte über die Palette – fabelhaft!
– Die stellen sich Heidi brünett vor.
Aber Heidi ist blond.
– Und Loddl sieht aus wie Burt Lancaster.
– Und Enoch wie Picasso in jungen Jahren.
Und mein ganzes Buch ist hin und dafür hab ich drei Jahre gearbei-
tet.
– Du hättest es ja genauer aufschreiben können.
Wörter. Namen. Fantasien – die Fantasien auslösen.
Wirtelme Oma schwört durch den Grundstock.
Sollte ich es noch mal versuchen? Anders?
Siebzehn Seiten, die kein Buch ergeben, sondern die Palette selbst als
Extrakt?
– Bei Wirtelme Oma schwört durch den Grundstock, denke ich an Pfef-
ferminzmarmelade.
Dabei sollte es sein der wörtliche Fleischextrakt von Barbara, die mit
aufgelösten Haaren pennt.

Eine neue Veranstaltung. Merwick anrufen. Weißleder macht bestimmt noch mal mit. Ian auch und Ferre.

Ich verkleide mich. Schminke mich. Lasse mich in einem Gerüst von der Decke baumeln und zu den Wörtern laufen Filme an allen vier Wänden. Ferre singt das Laudate Dominum und Ian spielt Jäcki dee Jäck.

Zu dem Wort Wirtelme gibt es Muscheln zu essen. Bei dem Wort Oma werden nach Lavendel duftende Eisblöcke durch den Saal getragen. Bei dem Wort schwört blitzt es.

– Die Gedanken sind frei, wer kann sie erraten ...

– Art Art, krächzen die Raben aus dem vorigen Jahrhundert. Wer kann es verhindern, daß Barbara und Halleluja selbst an dem neuen Abend im Starclub bei nach Lavendel duftenden Eisblöcken nicht an das gemeinsam eingeatmete Gas denken, sondern an Eisbomben, an Fürst Pückler Eis. Dabei sollten sie es doch wissen.

Das war nun also ein großer Erfolg im Starclub.

Die Idee mit dem zweiten Abend hab ich wieder fallengelassen. Ich müßte jetzt unters Auto kommen oder an Tb eingehen. Dann wäre es richtig zuende und meine dreiviertel Palette wäre die genaueste mögliche Dreiviertelpalette.

Nun kann ich selber Schluß machen. Aber ich habe keinen Grund.

Heidi hat Heidi akzeptiert und Do you know Basel Do you know Basel. Und mein Unbewußtes und mein Überich klatschten in die Hände. Ferre Grignard und Ian and the Zodiacs haben mich nicht von der Bühne gepustet. Ich soll ihnen ein Exemplar schicken. Ich mich umbringen aus Glück? Weil man nicht mehr erreichen kann – das Innerste öffentlich und das Öffentlichste innerlich. Und weil ich Angst habe, mit dem Buch Schluß zu machen.

Wo hört es auf?

ROLF DIETER BRINKMANN

Angriff aufs Monopol
Ich hasse alte Dichter

Vorweg: Ich komme mir komisch vor unter all diesen »alten« Leuten, die je nach individuellem Bewußtseinsvolumen mehr oder weniger differenzieren, mit dem Kopf bedenklich hin und her wackeln, abwägen, scheinbar forsche Überschriften bosseln à la »mehr Milch und weniger Mythen«, »die fünfte Kolonne der Literatur«, »Anti-Helden gegen Troja« (die stammen von der Redaktion! – d. Red.), da sind sie wieder angetreten und verteidigen ... ja, was denn eigentlich? Wohl nur sich selbst! Und das ist aber auch verständlich, denn wem schwimmen schon gerne die Felle weg?

Der Kulturbetrieb steckt in der Krise, jaja, aber Loyalitäten sind fest wie zuvor, die Klischees schwanken ein wenig, doch das Schwanken ist angenehm: man liest als deutscher Dichter weiter vor, besucht Tagungen, hockt nachher zusammen in gepflegter Umgebung, und diese Leute, alles ganz ausgekochte Individualisten (will man ihren Statements Glauben schenken), zweifellos überragende Geister, immer am Ball etc., vertreten wie gehabt die abendländische Reflexion gegenüber einem Amerikaner, der hergekommen ist und einfältig-einfach ausspricht, was seit einiger Zeit bereits so offensichtlich ist: daß das europäisch-abendländische Kulturmonopol gebrochen ist.

Doch darüber gleich einige Anmerkungen, zunächst noch einmal einen Einfall zum Erscheinungsbild dieses Typs, der bisher auf Fiedler geantwortet hat: ohne Schwierigkeiten kann ich mir einen Briefwechsel zwischen zwei deutschen, heute lebenden Schriftstellern vorstellen, der so anfängt: »Lieber, verehrter Herr N. N., sind Sie schon tot?«, und der liebe, verehrte Herr N. N. antwortet: »Ja, ich wußte gar nicht, daß Sie es auch schon sind!« Sollte ich mich in diese traurige und nur noch langweilige Litanei einreihen? Ich schreibe das hier, während auf meinem Dual-Plattenspieler HS11 eine Platte der DOORS abläuft, Disques Vogue, CLVLXEK 198, mit Jim Morrison – vocals, Ray Manzarek – organ, piano, bass, Robby Krieger – guitar, John Densmore – drums, und sollte ich nicht lieber die Musik um ein paar Phonstärken erhöhen und mich ihr ganz überlassen anstatt weiterzutippen ...

Der Tagträumer hinter dem Gartenzaun

Ich habe das deutliche Empfinden, gegenüber der Arbeit, die für diese Musik notwendig war, sind deutsche Dichter Schlampen, ob es Helmut Heißenbüttel ist oder Jürgen Becker, Baumgart oder Walser – sie sind faul im Vergleich zu den Musikern, die probieren, die technische Apparaturen ausnutzen zur Realisierung ihrer Vorstellungen, und so empfinde ich die scheinbar wohlüberlegte, abwägende Haltung eines »Ja, aber ...«, das heißt: die mittels Differenzierungen wieder zurückgenommene, anfänglich zustimmende Haltung gegenüber Fiedlers pauschalen Ausführungen zu einer neuen Literatur nur noch als lächerlich: weil es schwer ist und konkrete Anstrengung erfordert, einmal in Besitz genommene (eigentlich nur: von allgemeiner Kritik zugestandene und zugewiesene) Positionen wieder aufzugeben und den Versuch zu wagen, neu mit dem eigenen Schreiben anzufangen, obgleich das ja rein vom Gedanken her (hahaha!) von fast allen Autoren, die auf Fiedler antworteten, für notwendig erachtet wurde. Unter der Geste scheinbarer Aufgeschlossenheit, die man eingangs demonstriert – man will ja nicht hinten stehen –, kommt das Mickrige, Krämerhafte zum Vorschein. Wird der Zynismus nicht mehr gesehen?
Jetzt etwas anderes: Beim Durchsehen der Reaktionen auf Fiedlers Ausführungen fällt auf, daß die Ablehnung vorherrscht. Das eint solche Autoren wie Hans Egon Holthusen und Reinhard Baumgart, kann sie deswegen einigen, weil beide Autoren bestimmt sind durch eine Sensibilität, die sich durch die ausgestoßenen Produkte als überaltert erwiesen hat. Hinzu kommt eine enorme Uninformiertheit, die typisch für deut-

sche Autoren zu sein scheint – sie blicken nicht über ihren eigenen Gartenzaun, wozu sie als privilegierte Tagträumer (oder auch Geistesarbeiter) wenigstens verpflichtet wären. Keß behauptet beispielsweise Baumgart, er könne sich einen Andy Warhol als Schriftsteller nicht vorstellen – just in dem Moment, wo Warhol seinen ersten Roman bei Grove Press herausgibt, Titel: *a*.

Und wer wäre schon beim Erscheinen des Burroughsschen *Naked Lunch* ›high‹ gewesen und hätte ein »Rauschen« im deutschen Feuilletonwald entfacht? Wer ist für Burroughs beharrlich eingetreten? Es hat keinen Aufruhr wegen dieses Romans gegeben, weil er hier mehr oder weniger totgeschwiegen worden ist, ebenso wie der erste Erzählungsband Donald Barthelmes *Komm zurück, Dr. Caligari* – Erzählungen, die ungleich radikaler und, wenn man schon will, »pop« sind als der soeben herausgebrachte Roman *Schneewittchen*, eine nette Bijouterie, die man abends seiner Frau mit nach Hause bringen kann. Wer unter den Lyrikern hätte sich mit Frank O'Hara, Paul Blackburu, Phil Whalen beschäftigt, sie übersetzt und bei seinem Verlag untergebracht? Wer kennt schon John Giorno, der mit seinen »Gedichten« *readymades* macht?

Wer hat sich mit Buckminster Fuller beschäftigt, den Leslie Fiedler in einem früheren Aufsatz, erschienen in der *Partisan Review*, unter dem Titel »The New Mutants« wie folgt charakterisiert: »Bei Fuller ist das prophetische Menschenbild der Science-fiction ständig im Begriff, sich in Verse aufzusplittern: Menschen sind bekannt als einsachtzig groß / denn das ist ihre taktile Begrenzung; / sie sind nicht bekannt als soundso weit hörbar / z. B. als Einkilometermann / und einzig den Hunden sind Menschen bekannt / durch ihre gigantischen Geruchsdimensionen ...« Erst jetzt kommt Fuller in einem kleinen, engagierten Verlag heraus, der bezeichnenderweise von jungen Leuten geleitet wird, im Voltaire-Verlag, und bereits vor Jahren hätte man darauf stoßen können, ist es doch höchst anregend auch für die eigene Produktion und Weiterentwicklung, immer dort hinzuschauen, wo sich ganz grob gesagt »etwas bewegt«. Da ergeben sich Spannungen, Ergänzungen, Beeinflussungen – ganz simpel: da passiert Literatur.

Lieb' Abendland, magst ruhig sein!

So jedoch beharrte man auf seinem eigenen Mist und ließ Literatur zum alten Hut werden. Und wenn jemand nur genau genug über den Gartenzaun gesehen hätte, so wäre ihm, dem dann die Thesen eines Marshall McLuhan nicht fremd gewesen wären, jener Widerspruch aufgefallen: daß die literarische Aktivität gerade in dem Land zugenommen hat – allerdings in einem vorofiziellen Bereich: dem Bereich der kleinen Pressen, der Gruppen, zum Beispiel in New York –, wo die These vom Ende der Gutenberg-Ära so popular oder *camp* geworden ist (Susan Sontag über McLuhan: »Das Letzte!«): Noch fern aller Differenzierungen kann man sagen, daß dort Literatur weitergeht, wo solche Widersprüche auftreten.

Aber weiter: Kennt hier jemand Harry Mathews, John Barth, Tom Veith, Ted Berrigan, Ron Padgett, die Theorien Norman O. Browns? Ich erinnere mich an einen ähnlichen Vorgang, der gegen »deutsche Art« im »Kulturwesen« spricht, wie er sich nun wieder abzeichnet anläßlich des Fiedlerschen Anstoßes. Das war, als in Frankreich der *nouveau roman* sich durchsetzte und zaghaft hier Verständnis zu finden hoffte, als Robbe-Grillet seine Theorien darlegte: Wie stur und gewiß differenziert man dagegen argumentierte, wie plump man dasaß und auf etwas glotzte, das »Literatur« weiter vorantrieb als vergleichsweise der hochgelobte, harmlos-einfältige Peter Bichsel mit seiner Frau Blum und dem Milchmann: »Der Schnee ist tröstlich ... er macht entlegene Dörfer noch einsamer.« Das meint: Es herrscht eine generelle, tiefverwurzelte Ignoranz und Abneigung gegen alles »art-fremde«. Und wenn nun Fiedler daherkommt und etwas von den Bewegungen in den USA erzählt, dann stößt das auf prinzipielle Blindheit. Aber Fiedler erzählt nicht nur, diesmal ist etwas anderes passiert: Er greift das Kulturmonopol des Abendlandes an.

Hier folgt die subjektive Komponente: Die Abwehr Fiedlerscher Ausführungen geht jedoch zuerst nicht auf das objektive Moment, sondern meint die ganz private Rechtfertigung vor den Augen der Lesergemeinde, wiewohl man im Namen einer Objektivität spricht (siehe: Walser, der feststellt, die Welt benötige mehr Milch! Er denkt gewiß an Vietnam, auch so eine schöne Konvention unter Literaten mit schlechtem Gewissen, die

ihre eigene Impotenz umstilisieren zur Impotenz allgemeiner Art!).
Psychologisch verständlich ist also folgende Haltung: Da hat ein Autor
ein paar Bücher in diese und diese Richtung hin verfaßt, er ist damit
alt geworden und in seinem, von den Büchern abgezogenen, zu Werbe-
zwecken erstellten Image erstarrt. Die Position dieses Autors läßt erkennen, daß er nur das bereits von Autoren vor ihm Geschriebene fortgesetzt hat.

Guter Freund, bist du schon tot?

Jetzt kommt jemand, verlangt Beweglichkeit, eine Reflexion auf zeitge-
nössisches Material, die Erweiterung bisheriger Literaturvorstellungen,
er nennt Beispiele, gibt Hinweise. Sofort muß sich unser Autor bedroht
fühlen. Was also macht er? Er geht hin und weist nach, daß ja alles
schon dagewesen ist, wir ja alles selber haben, denn schließlich geht es
um seine Existenz, er hat sich in seinem gesellschaftlichen Status eingerichtet, ist Dichter, verdient damit sein Geld. Was strebt er mit seiner Erwiderung an? Indem er herausstreicht, daß genau besehen nichts
Neues an den Ausführungen des andren ist, möchte er – ob bewußt oder
unbewußt – der jungen Generation weismachen, das beste sei, »im Lan-
de zu bleiben und sich redlich zu nähren«, also wieder nur das fortzusetzen, was bereits da ist.
Und wer ist da? Er, unser Autor mit seinen Büchern: Martin Walser, Reinhard Baumgart, Jürgen Becker, Helmut Heißenbüttel, sogar Hans Egon
Holthusen. Dr. Vormweg gibt sich aktuell, indem er von Comics für
Saubermanns redet. Diese Atmosphäre latenter, aber wirksamer Hörig-
haltung von Lesern und den jüngeren, noch schüchternen Autoren, die
sich nun schon so lange hält, ist dafür verantwortlich zu machen, daß
für deutsche Literatur der Ofen so ziemlich aus ist. Das Bewußtsein der
auf jene arrivierten Autoren folgenden Generation wird ja andauernd
kastriert.
Der einzig zu gehende Weg für jüngere Autoren, wollen sie nicht durch
die häßlichen, zynischen alten Männer des Kulturbetriebs kaputtgemacht werden, ist: grundsätzliches Mißtrauen gegen jede Freundlichkeit seitens dieser Leute – und der Maxime des Gangsters Dutch Schulz

zu folgen: alles prüfen, das Beste behalten. Denn: Die alten Leute, selbst wenn sie »jung« erscheinen, sind tot, weil sie keine Zukunft mehr haben.

Und nun habe ich eine andere Platte der DOORS aufgelegt: Strange Days, Produced by Paul A. Rothchild, audio engineering – Bruce Botnick, Sunset Sound Recorders, Hollywood; disc mastering – Ray Hagerty, Madison Sound, New York; *cover concept & art direction* – William S. Harvey. Elektra EKS 74 014 *copyright words and music to all songs by* THE DOORS. Ich stelle HS11 leiser, es ist früher Nachmittag, 4.XI.68 – 14 Uhr 32. Das Kind zwei Zimmer weiter im abgedunkelten Raum will nicht schlafen und weint aus Langeweile vor sich hin. Es hat einen Hirnschaden, das Steuerungszentrum ist seit der Geburt ausgefallen, ein paar Zellen zertrümmert. Eine Therapie wurde in den USA entwickelt, man nahm den Kindern den toten Teil des Gehirns heraus, in der BRD bleibt man mißtrauisch. An der Wand: Andy Warhol, *March 15th through April 3rd*, 1965, Morris International, 130 Bloor Street, Toronto. Eine kolorierte Porträtaufnahme vom Star Liz Taylor (Ehemann Richard Burton: »Wenn sie geht, sieht sie von hinten aus wie eine französische Nutte«). Materialien eines ereignislosen, wäßrigen Novembernachmittags.

Lieber N. N.: bist du schon tot? Alte Briefe, Zeilen aus dem Expreß, 15-Pfennig-Zeitung für Köln. Die Photos der Autoren, die auf Leslie A. Fiedler antworteten, liegen ausgeschnitten vor mir, Steckbriefe ganz wie »in alten Zeiten« – ferne Stimmen, Splitter, die nach und nach verschwinden …, »kaum wage ich daran zu erinnern, daß Homers Werk den Ruhm von zweieinhalb Jahrtausenden auf sich gesammelt und ganz andere Mutationen des Bewußtseins überdauert hat«, wer sagte das? – ich nicht.

Deshalb weiter mit der gleichen Perspektive wie oben: der Angriff auf das abendländische Kulturmonopol … was gar nicht verwunderlich ist, bedenkt man, daß seit Anfang der sechziger Jahre New York sich zum beherrschenden Kulturzentrum gewandelt hat, vergleichbar Paris nach der Jahrhundertwende und in der Zeit zwischen dem Ersten und Zweiten Weltkrieg, eine Metropole, in der sich die verschiedensten Tendenzen und Impulse, die unterschiedlichsten Kunstbereiche überlagern, vermischen und so etwas wie einen allgemeinen Stil ausprägen, für den die Bezeichnung »POP« nur vorläufig gilt, und zwar ist unter Pop hier nicht die seinerzeit aufgekommene Arbeitsrichtung der Malerei eines Wesselmann, Warhol etc. zu verstehen, vielmehr jene Sensibilität, die den schöpferischen Produkten jeder Kunstart – Schreiben, Malen, Filmen, Musikmachen – die billigen gedanklichen Alternativen verweigert: hier Natur – da Kunst und hier Natur –, da Gesellschaft, woraus bisher alle Problematik genommen wurde.

Der jetzt erreichte Stand technisierter Umwelt wurde als »natürliche« Umwelt genommen, Kinoplakate, Filmbilder, die täglichen Schlagzeilen, Apparate, Autounfälle, Comics, Schlager, vorliegende Romane, Illustriertenberichte. Wie im einzelnen die Kombination der Alternativen ausgesehen haben mag und wie nun der neue Ansatz sich vollzog, spielt an dieser Stelle keine Rolle. Wichtig an der Gesamtbewegung ist: daß zum erstenmal ein Epochen-Stil sich andeutete und zunehmend ausgeprägt außerhalb des abendländisch-europäischen Territoriums.

Ein Vergleich macht deutlich, was das heißt: Man nehme einmal nur die Amerikanismen in der deutschen Sprache im Jahr 1955 zusammen und vergleiche sie mit den Amerikanismen, die heute, 1968, aufgefunden werden können. Der heutige Anteil wird ungleich höher sein. Welche Konsequenzen daraus gezogen werden können, mag jeder sich allein überlegen. Man geht mit »amerikanischem« Material und den darin eingelagerten Signalen heute selbstverständlicher um als noch vor zehn Jahren. Die Frage ist, ob es noch starre nationale Einteilungen geben kann? Wenn nicht, kann das auch für den kulturellen Bereich gelten, so daß es kein entscheidender Verlust ist, wenn man die ausgesprochen abendländischen Stile und damit verbunden die abendländische Kulturvorstellung als abgelebt betrachtet.

Am Schürzenzipfel der Gegenwart

Tatsächlich sind die entscheidenden, heute allgemein beherrschenden technischen Neuerungen in den USA ausgeprägt worden, und so stellt sich eine weitere Frage: inwieweit kulturelle Leistungen vom Stand der Technik unbeeinflußt sind und sein können, wollen sie relevant sein. Zweifellos besteht kein Abhängigkeitsverhältnis, doch wohl eine Wechselwirkung ist hier zu unterstellen. Um den neuen Trend der Literatur zu verstehen, ist es wichtig, nach der Auswirkung der neuen technischen Apparate zu fragen.

Die Auswirkung läßt sich zweifellos beschreiben als »Implosion«, wie es McLuhan nennt. Die Bewegung geht nach innen – und zwar konkret: Es ist ein Einbruch in psychische Bereiche des Menschen, in die vorzudringen vorher in dem Maß nicht möglich war: Drogen waren nicht populär, Filme wurden zunächst als bloße Außenreize empfunden, Musik als Entspannung und Unterhaltung. Erst mit der Popularisierung, mit der Erfassung größerer Massen, mit gleichzeitiger Verfeinerung der technischen Mittel wurde der Einbruch in so einem Maße deutlich, daß der Vorstoß nicht mehr als Privileg weniger gelten konnte. Doch fiel man ja nun nicht in »ursprüngliche«, unangetastete Bereiche, sondern stieß auf vergessene Vermittlungen, zeigten sich verinnerlichte Strukturen, Wertvorstellungen etc., die nun real erfahren, auch konkret zersetzt werden müssen. Keine noch so starke, detaillierte Einsicht in das, was als Begriff »Vermittlung« abstrakt gewußt wird, vermag der konkreten Erfahrung dieser Vermittlung gleichzukommen. Der konkreten Erfahrung eines miesen Vermitteltseins wird somit heute direkt und unverstellt Ausdruck gegeben in der Literatur der jungen Amerikaner.

Ich möchte nur auf die Alpträume bei Burroughs hinweisen, die Freeland-Zone, den Super-Affen, der dort herrscht. Darin wird ein über lange Zeit verinnerlichtes, allgemeines Muster angegriffen. Was stört jedoch den abendländischen Literatentyp daran? Ich vermute jener Stil, der alle Materialien gleichschaltet wie auch alle Gedanken. Ist Burroughs Faschist? In manchen Passagen, vor allem wenn Dr. Benway argumentiert, hat es den Anschein, und wird die Freeland-Zone nicht »neutral«, herkömmlicher Dialektik zufolge also »rechtsorientiert« beschrieben? Aber sind es tatsächlich nur private Spinnereien? Hätte man sich auch nur etwas genauer mit so einem Buch beschäftigt, wäre man auf einen einfachen Trick gestoßen: Wissenschaftlich steht das Buch *The naked lunch* auf dem Stand von 1959, dem Erscheinungsjahr. Nur daß die hinsichtlich des Menschen beschriebenen medizinisch-wissenschaftlichen Experimente vorerst mit Tieren in Laboratorien gemacht worden sind.

Und jetzt ist es ein andrer Tag, gegen das lichte Blau zeichnen sich streng und präzise die Fernsehantennen ab. Gestern abend erzählte mir Ralf-

Rainer, daß soundso überall von der Polizei gesucht würde. Die Interpol sei eingeschaltet, Funkbilder an alle Grenzübergänge geschickt, soundso habe keinen Paß, kein Geld, das Haschisch sei gefunden worden, mehrere Kilo in einem Koffer, dazu hundert Gramm Opium, Beamte des Rauschgiftdezernats hätten alles durchsucht, sich Lindas Filme sogar vorführen lassen, da sie den Verdacht hatten, es seien Sex-Filme, und mitten im Verhör klingelt das Telefon, soundso hat angerufen, die Bullen seien fast verrückt geworden und hätten ihn genötigt, soundso zu sich zu bestellen, so daß sie ihn abfangen könnten, und wenn es ihm unangenehm sei, daß es in seiner Wohnung passiere, könnte sie ihn ja schon unten auf der Straße abfangen. Vor ein paar Wochen war der nach Karatschi gefahren, von dort aus mit dem Jet zurück: 22 Jahre, ein netter Typ, freigiebig, unbekümmert, wir waren im April zusammen in London, kein Verbrecher. Stecken sie ihn fünf Jahre ins Zuchthaus, ist er kaputt.

Diese Gesellschaft kann nur noch Irrsinn hervorbringen, im Namen der Humanität. Und gerade diese proklamierte Humanität weist wiederum den ungeheuren Zynismus ausgebuffter alter Männer aus. Wohin soll man gehen? Das Kind schläft, heute morgen wurde im Kinderkrankenhaus, Amsterdamer Straße, ein EKG gemacht; um es zu beruhigen, wurde ihm eine starke Dosis Beruhigungstropfen verpaßt. Die Chemie, sobald der Staat das nur begriffen hat, wird einen weiteren Aufschwung nehmen. Diese Werke werden zuerst unter staatliche Kontrolle gestellt werden. Die Dressur läuft auf Hochtouren.

5.XI.68. Keine Musik mehr. Was von den älteren Autoren nicht mehr geteilt und deswegen auch nicht mehr verarbeitet werden kann, ist die spezifisch zeitgenössische Sensibilität, die sich in ganz anderen Bildern und Vorgängen ausprägt als beispielsweise noch vor zehn oder fünfzehn Jahren. Die BRD hinkt gegenüber den USA nach, aber befindet sich bereits auf dem Weg. Kann Literatur davon absehen? Ist es nicht das, was Fiedler meint? Er schreibt in dem bereits erwähnten *Partisan-Review*-Aufsatz (der in dem Band ACID – *Die neue amerikanische Szene*, Anthologie, herausgegeben von R. D. Brinkmann und R. R. Rygulla, enthalten sein wird):

»Besonders bedeutsam ist für unser Zeitalter die Art, mit der die Literatur zuerst die Zukunft als Möglichkeit gesehen und sodann sich, in freudiger oder angstvoller Erwartung, darin eingerichtet hat ... noch nie hat es eine Zeit gegeben, in der die naivsten wie gebildetsten Geister sich so deutlich bewußt waren, daß die Vergangenheit droht, jeden Augenblick aus der Gegenwart zu entschwinden, die ihrerseits im Begriff scheint, in die Zukunft zu enteilen.«

Noch einmal möchte ich hier kurz auf das Argument zurückkommen, daß die Vorbilder für eine neue Kunst in Europa beheimatet gewesen seien. Nun schön, Duchamps war Franzose, Benn blieb in Deutschland, Céeline versank in einen kleinen Pariser Vorort und lebte mit Bazillenkulturen, auf Menschen dressierten Hunden, mit Katzen. Es ist doch völlig unwichtig, ob diese Leute hier im abendländischen Raum beheimatet waren. Entscheidend ist, daß das, was sie mit ihren Arbeiten begonnen haben, heute in den USA Auswirkungen zeigt, die nicht eine bloße formale Verfeinerung ist, sondern daß deren Tendenzen ergriffen und verändert, aktualisiert worden sind, das heißt hineingetragen wurden in gegenwärtige Strömungen, Umwälzungen, das heißt lebendig geblieben sind, wohingegen im europäisch-abendländischen Bereich die Impulse zu puren Kunstformen erstarrten.

Benn grassierte wie eine Krankheit in der deutschen Lyrik, niemand sah die Aktualität seiner Prosa, die in ihrer Bedeutung gleichgeschalteten Einzelteile dieser Prosa. Der Bennsche Orangenstil ist kaum von der Cut-up-Methode W. S. Burroughs' unterschieden. Und der Zirkus, der sich in dem Roman *V* von Thomas Pynchon ausgedrückt findet, hat den Zirkus bei L. F. Céline aufgegriffen, verändert, zu etwas Neuem gemacht; Beispiele aus dem europäischen Bereich gibt es zur Zeit nicht: *Die nackten Astronauten waren frei im Raum* ..., Burroughs, Nova Expreß.

Ein Vorstoß in psychische Abenteuer

Das faszinierende Ballett der rhythmisch-unrhythmisch rot aufleuchtenden Punkte auf einer Schalttafel, der kleine leuchtendrote Punkt in der Metallverkleidung deines HS11, Sie erinnern sich? Überdies haben wir seit kurzem die Entstehung einer neuen Form der Sozialpsychiatrie bemerken können, beschrieben in einem Artikel von R. L. Laing in der November/Dezember-Ausgabe der Zeitschrift *New Left Review*, 64, derzufolge einige Varianten der Bewußtseinsspaltung nicht mehr als zu heilende Krankheiten anzusehen sind, sondern als Ausbrüche in eine unbekannte psychische Dimension: ungezielte Vorstöße von Kosmonauten des Innern in ein anderes Land. Also müssen wir davon ausgehen, daß der Wahn zunimmt, völlig legitim.

Wie vermag literarische Kritik ihres Gegenstandes noch habhaft zu werden? Den Poeten und »Junkies« verdanken wir den Hinweis, daß die »neue« Welt, die der »neue« Mensch der zweiten Hälfte des 20. Jahrhunderts bewohnen soll, nur entdeckt werden kann durch die Eroberung des inneren Raums: durch ein Abenteuer des Geistes, die Erweiterung der psychischen Möglichkeiten des Menschen. Wie vermag literarische Kritik dieses Gegenstandes noch habhaft zu werden?

»Ich hasse alte Dichter! Besonders alte Dichter, die sich zurückziehen, die andere alte Dichter besuchen, die von ihrer Jugend sprechen im Geflüster, die sagen: ich tat dann dies, aber das war dann, das war dann«, steht irgendwo bei Gregory Corso. Ich meine, daß man Dichter ohne weiteres hier auswechseln kann mit Kritiker. Der Vortrag Leslie Fiedlers ist nichts anderes als eine Tagesaktualität, die deutlich macht, wie sehr Literatur der Aktualität bedarf, will sie sich nicht selber aufgeben. Differenzieren kann man später, wenn es Produkte gibt, in denen heutige Aktualität verarbeitet ist. Um zu solchen Produkten zu kommen, ist es notwendig, daß die Kluft zwischen den Generationen sich noch weiter vertieft, so jedoch ist die Literatur, besonders hierzulande, noch überwiegend beherrscht von dem ungeschriebenen Gesetz: *Die Toten bewundern die Toten.*

ROLF DIETER 1969
BRINKMANN

Flickermaschine

Hier ist Zeit die
winzige Ausdehnung
eines Punktes.

Zerschmolzene Zellstrukturen, die physische Realität überall aufge-
weicht, hier ist nichts mehr los. *Wir müssen davon ausgehen, daß der Wahn*
zunimmt, sagte ich, Rudolfplatz, 0 Uhr 48. Ein Mann, der sich im dunkel-
liegenden Kinoeingang nach unten beugt und die Bilder abtastet, Stand-
fotos, auf denen noch verschwommen Figuren zu erkennen sind. Sie ver-
sprühen lautlos im Dunkeln ohne das übliche, leise knisternde Geräusch,
ein tonloses Verglimmen, Gesichter, das alte Material, ganz weit weg,
geräuschlos und sehr zerfallen. In den Ecken häuft sich Abfall, Papier,
Kippen, zusammengeweht, wieder das alte Material. Die gelbe Kehrmaschine der städtischen Müllabfuhr schiebt sich langsam über den
leeren Platz und dreht sich mit blinkendem gelben Licht auf der Stelle.
Die Ampeln sind erloschen, das Café gegenüber dem Rudolfplatz geschlossen, 0 Uhr 49. Es ist kalt. Alle Telefonzellen stehen leer. In der
ersten Zelle ist der Münzautomat kaputt, verschmierte Telefonbücher,
Fetzen, halbe Seiten, Namen, Adressen, kleingedruckte Nummern, Briefkästen in muffigen, halbdunklen Hausfluren, die Namensschilder an
den Türen sind nicht genau zu erkennen, Gänge, Etagen, ein Blick aus
dem Fenster in den engen, lichtlosen Hinterhof, wo abends immer gleichmäßig rot ausgeleuchtet ein Fensterviereck in der Dunkelheit steht, in
der die übrigen Fenster schon lange verschwunden sind. Dann ist es Tag.
Ein anderer Abend. Es ist kalt. Die Reklamen sind an den Häuserfronten

erloschen. Nur aus dem Treppenschacht der Toilette kommt noch Licht. Dicht hintereinander verschwinden zwei Figuren im Treppenschacht. Ein Mann mit einem Schäferhund steht bewegungslos neben dem geschlossenen Zeitungsstand, ein alter Film, der immer noch einmal abrollt. Die Spulen gestapelt in Abstellräumen, die niemand mehr betritt, Zelluloid, das in der Dunkelkammer unter der Erde lautlos verglimmt. Ja, sagte er, ja ... müde und schwerfällig-träge, wie in einer Überdehnung des Gefühls. 0 Uhr 48. Letzte Straßenbahnen, letzte Busse. Noch arbeitete die Erinnerung in den Wörtern, die sich zu molekülartigen Gebilden zusammenschlossen und den Umriß meines Gedächtnisses konturierten, aber kaum mehr Sätze, sondern nur lose Folgen von Satzpartikeln ergaben, wie: Rudolfplatz, 0 Uhr 49, letzte Straßenbahnen, letzte Busse in die Vorstädte, und Straßen, in poröses Grau versunken, leere Kreuzungen, schwärzlich abgeschattete Häuserfronten. Niemand ist mehr da. *Die wenigen Sätze, die noch verständlich sind, sind Endsätze?* Man hält das für eine der üblichen Gesten, den »feuchten Glanz«, wenn man so will, während gleichzeitig der Raum sich schließt zu einem Bild, das andere Bilder nach sich zieht, die alle sich ähneln, die Widersprüche darin sind ausgelöscht, sprachlose Partikel des Bewußtseins, das in der einströmenden Kälte verdampft. Aufgeklappt liegt das Gehirn ruhig unter der Glasglocke und zeigt über Stunden keine Veränderung. Die Erinnerungen sind immer gleich. Sie sammeln sich an bestimmten, vorher festgelegten

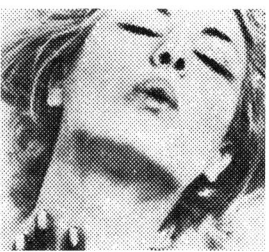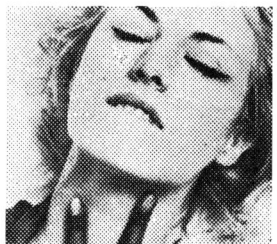

Punkten und tropfen langsam aus der in sich gedrehten farblosen Masse. Das Gehirn »schwitzt«. Die ausgeschiedene glasige Flüssigkeit wird in Reagenzgläschen aufgefangen, unterkühlt und in Ampullen abgefüllt. Eine Injektion dieser Flüssigkeit wirkt augenblicklich. *Ich sah einen Mann, der sich mit einer rostigen Blechdose die Genitalien abgeschnitten hatte. Vorne war alles rot. Er stand einfach da und bot den Vorübergehenden das schlaffe Ge-*

hänge an, das halb in eine Zeitung eingeschlagen war. Das ist schon lange her. An einer anderen belebten Stelle der Innenstadt tauchte er wieder auf, vorne alles rot, das schlaffe Gehänge lose in einen Fetzen Zeitungspapier eingeschlagen. *Er hatte die ganze Innenstadt im Kopf.* Die Straßen wurden kontrolliert. Funksprüche ins Polizeihauptquartier, wo weitere Gruppen von Beamten in Zivil auf Abruf warteten. Wagen stehen mit laufendem Motor im Innenhof. Das gleichmäßig rot ausgeleuchtete Fenster im Hinterhof erlischt. Laing meint, daß einige Varianten der Bewußtseinsspaltung nicht mehr als zu heilende Krankheiten anzusehen

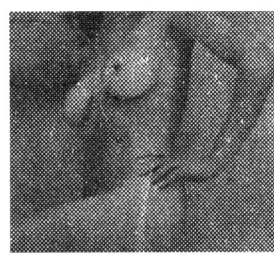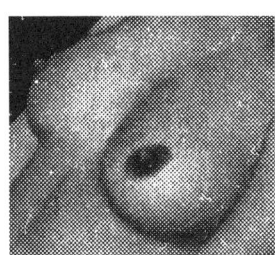

sind, sondern als »Aufbrüche in eine unbekannte psychische Dimension«. Rudolfplatz, 0 Uhr 48. Liz Taylor schreibt in ihren Memoiren, Seite 127, Lichtenberg-Verlag 1966, schon lange her: Nun stellen Sie sich vor, kurz bevor ich zu Bett gegangen war, hatte ich ein nettes Abendessen mit Yul Brunner gehabt. *Dann schlug ich mit dem Kopf so lange gegen die Wand, bis ich das Bewußtsein verlor. Nachher, als ich wieder zu mir gekommen war, versuchte ich noch das Blut mit lauwarmem Wasser von der Tapete abzuwaschen.* Rudolfplatz, 0 Uhr 49. Dasselbe Bild. Die in der Dunkelheit verschwindenden Rücklichter der wenigen Wagen, die vorüberfahren. An der Haltestelle die Schatten der Zeitungsverkäufer von gestern mit den Zeitungen von gestern, erblindete Schlagzeilen, die echolos versickern, Staub, der sich in den Ecken häuft, ein tonloses Gemurmel. Die Rolläden sind heruntergelassen. Der Platz ist leer. Eine Blitzlichtaufnahme. Den Tag darauf verbrachte ich mit der Durchsicht meiner alten Notizen. Ich ließ das Gras nachfärben, um die Kontraste deutlicher hervorzuheben. Der Eindruck blieb jedoch immer noch vage. Girls to fuck? Oh yes! Mach es kurz. »Das höchste, was ein Mensch in diesem Haus vorgesetzt bekam, war eine Tasse Tee.« Gleich darauf kam eine Krankenschwester ins Zimmer. »Ich bin dein Baby«, schluchzte sie. Der Apparat drehte durch. Der erste Versuch, möglichst genau Leben zu simulieren, war vorerst gescheitert, aber die angestaute Erregung wollte nicht verschwinden, obwohl das Gedächtnis unaufhörlich nachließ, was sich davon noch aufzeichnen ließ, waren lediglich treibende Flecken, verwischte Eindrücke, ein paar unterkühlte Bilder, schließlich ein röchelndes Husten, das war alles, was der Mann noch von sich geben konnte, als wir ihn neben dem geschlossenen Zeitungsstand in sich zusammengesackt fanden. Die Toilette unter der Erde war noch offen. Zwei schattige, kurz angerissene Figuren verschwinden langsam dicht hintereinander die Treppe hinunter. Alles war still. Der Mann vor mir war tot. Impressionen von Lichtern und geschlossenen Cafés, Impressionen von mir selbst. »Ich kann nicht mehr.« Ich ließ mir also das Gedächtnis abtasten, um eine Lücke zu finden. *Ich kann nicht mehr.* Ein paar Wörter hätten genügt. Zahlenkolonnen, Namen, die alphabetisch geordnet sind, Hausnummern. Irgendwann einmal muß ein Mensch entdeckt haben, daß er Laute hervorbringen kann, die Handlungen beeinflussen und daß auf diese Weise erwünschte Erfolge zu erzielen sind. Es könnten zunächst Töne hervorgebracht worden sein, die entweder angenehm waren oder Furcht erregten oder lediglich als Signale dienten, um die Aufmerksamkeit auf irgend etwas zu lenken. Ja, sagte er, ja ... müde und sehr langsam.

Und jetzt steht die Flügeltür offen. Im unteren Rechteck ist die Scheibe zerbrochen. Stimmfetzen und kalter Schweiß, der den Körper vor mir bedeckte. Der Tod mußte schon lange vorher eingetreten sein. Linda, die ich bei Rygulla traf, sagte, sie habe es geschafft. Die gelbe Kehrmaschine dreht sich mit kreiselndem Licht in meinem Gedächtnis. Dies ist das letzte Bild. Der Bildschirm erlischt. Bin müde. Morgen ein anderer Tag. Dazu die letzte Notiz. Und Gewalttätigkeit, die sich wie Müdigkeit über die Augen legt. Es ist still. Unter dem hohen, von oben einfallenden weißen Licht wirkte er in der schwarzen engen Lederjacke klein und verbraucht mit einem übermüdeten Ausdruck im Gesicht. Das war gestern nacht. Ein Polizeiwagen kam mit abgeblendeten Lichtern heran und hielt. Die Tankstelle lag dunkel. Die üblichen Fragen. Ehe sie ausstiegen, wechselten sie kurz ein paar Sätze miteinander, prüften den Sitz ihrer Mützen im Wagenspiegel. Durch die weiche, nachgiebige Müdigkeit kamen sie ruckweise näher, verzerrte Figuren, die sich andauernd zu verändern schienen, bis sie nah vor mir erstarrten. Ich schrie auf. Der erste Schlag traf mich zwischen die Beine. Der Schmerz blieb. Eine Weile sagte er nichts und saß stumm, ohne sich zu rühren, unter der Lampe. Engelbertstraße 65, vierter Stock, das Vernehmungszimmer. Der leere Raum. Keine Antwort. Gas. Der alte Trick. Körper, die völlig mit Kot verschmiert sind, brauner, dünnflüssiger Kot, der die Schenkel herunterfließt. 0 Uhr 49. Pieper kommt vorbei. *Und?* Nichts weiter. Es ist viel zu spät. Ein anderer Tag. Wieder Abend. Zelluloid verglimmt lautlos in den Ecken des Bewußtseins, während die bläuliche Stichflamme jäh das ganze Zimmer erhellt. Danach bleibt es dunkel, bis von neuem das alte

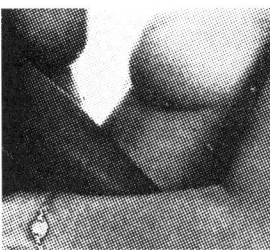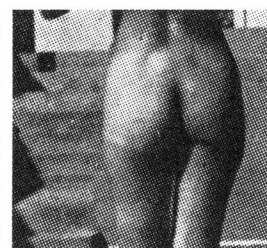

Bild aufflammt, *Rudolfplatz, letzte Straßenbahnen, letzte Busse,* die fast leer mit den Schatten von gestern in die Außenbezirke verschwinden, vorbei an den verlassenen, halb zerfallenen Fabrikgebäuden, dem verrosteten Gestänge, Kabeln, Filmspulen, alten Blechdosen, auf Tonbändern gespeicherten Lauten. Wenn er mit seinen Vorstellungen nun zurückhielt, und das tat er ganz offensichtlich, mußte mehr als nur eine leichte Störung vorliegen. Ich sagte: *Wir müssen an die Wurzel des Übels, das menschliche Gehirn heran,* also beseitigt die neurochirurgischen Klischees. Eingriffe sind unbedingt erforderlich. A girl to fuck? Jaja, die alte Nummer. Ich nahm den Zettel, den er noch immer in der Hand hielt, an mich. Die nützlichen Schweißausbrüche und die sanfte automatische Steuerung, die einsetzte, ließen erkennen, daß wir nahe am Ziel waren, Leben so genau wie möglich zu simulieren. Die Augenhöhlen wurden grün schattiert, die Lidränder schwarz gefärbt, verlängerte Wimpern, schwere, einzelne Härchen, die nach oben gebogen sind. Das Öffnen und Schließen des Auges erschien tatsächlich eher wie ein Auf- und Zuklappen. Die Aufmerksamkeit, oder sollte ich sagen, das Bewußtsein hat sich um die Haarwurzeln der Augenwimpern gesammelt. Man ist sich der Augenwimpern mit jedem einzelnen Härchen »bewußt« geworden. Das war ein Anfang, sichtbar als das unruhige Flackern, ein Winseln, weit entfernt. Der nächste Schub kam überraschend schnell. 0 Uhr 48. Körper, zerfallen zu losem, grauem Staub, werden mit den alten Zeitungen, Namen, Zahlenkolonnen, Papierfetzen und Kippen in die Ecken geweht, wo alles von der gelben Kehrmaschine, 0 Uhr 49, Rudolfplatz, verschluckt wird. Die Eindrücke sind zersplittert. Aus den Splittern setzen sich die schwankenden, unsicheren Empfindungen von

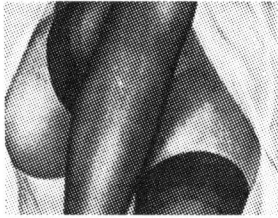

zwei kleinen Männern zusammen, die allein die Hahnenstraße in rötlichen Leuchtwesten hinuntergehen und einen Abfallkarren vor sich herschieben zu den rollenden Klavierkaskaden Jerry Lee Lewis' aus den fünfziger Jahren, weit abgerückt und dünn aufflackernd an der toxischen Grenze des gekrümmten »grauen« Raums. *Das ist schon so lange her.* Niemand spricht.

Dieser Planet ist erloschen

Keiner ist da, der hereinkommen kann und sinnlose Fragen stellt. *Dieses Zimmer ist leer.* Er hatte es verlassen in der Erinnerung an den zusammengesackten Mann, Rudolfplatz, 0 Uhr 48, ein geräuschloser Schatten, der in all den angesammelten Notizen herumtastet, genau, ohne überflüs-

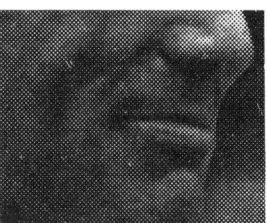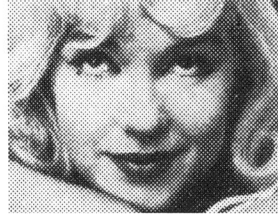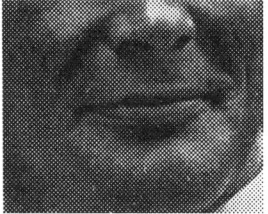

sige Bewegungen. Es war kalt. Der Planet war erloschen. *Hier ist nichts mehr los,* sagte ich. Ich trank den Rest Kaffee aus. Mein Kopf war taub. Ich hatte also jetzt den angestrebten Zustand völliger Erschöpfung erreicht. Das Leben konnte nun von mir so genau wie möglich simuliert werden, während in dem Kontrollraum die Techniker warteten? Der Bildschirm wurde angeschaltet. Das tanzende Gewimmel von Wörtern erschien als erstes, winzige Pünktchen, die immerzu zerplatzten, in einer hellgrauen Flüssigkeit, in dem hoch von oben einfallenden Licht, in dem weichen Schmerz. Die Wörter würden dann später zu Sätzen zusammengefügt werden. Dann würde man weiter sehen. In jedem Fall würde das Ergebnis für die späteren Konstruktionen nützlich sein. Und dazu gehörte auch die präzise, vorher angefertigte Rekonstruktion des Rudolfplatzes mit den letzten Bussen in die Außenbezirke, wo noch ein paar Schatten von uns damals vermutet wurden in halbverfallenen U-Bahn-Schächten und Bunkern mitten in dem wildverwucherten Gelände, wo sie sich von einem langsam abnehmenden Vorrat längst sinnlos gewordener Informationen ernährten, die aus alten Zeitungen und Illustrierten zusammengestellt worden waren, nachdem man herausgefunden hatte, daß man damit auskommen konnte. Hier ist ein Bild von Marilyn Monroe, von dem eine Kolonie in Schacht B 3 noch eine Zeitlang lebte.

Marilyn Monroe

Sie schiebt das hellblonde, volle Haar lachend zurück in einer monatelang vorher eingeübten Pose ohne Gedanken an jene Norma Jean Mortenson vom 1. Juni 1926 in oder nahe Los Angeles, aufgesogen von einem länger und länger werdenden Raum, der sich in Zeit umgesetzt hat, in deren Innern alle Daten sich verschmolzen haben zu dem gleichmäßigen Zählen eines endlosen countdowns. Dann ist dort auf dem Nachttisch das elfenbeinerne Telefon, mit dem sie letzte Verbindungen herzustellen versuchen wird. Donnerstag, 9. August 1962. Keiner wird mehr anrufen. Die Leitungen liegen tot, und die Entfernungen nehmen zu. Ich kann nicht Auf-Wiedersehen sagen, sagte Lee Strasberg, Leiter des Actor's Studio. Marilyn liebte dieses Auf-Wiedersehen nicht. Also sage ich: Au Revoir. Denn das Land, in das sie gegangen ist, müssen wir alle eines Tages aufsuchen.

Tom Jones singt. Stereo, 33 ⅓ RPM. Kodakbilder flitzen vorbei. *Das kleine Mädchen inmitten der imaginären Szene träumt von einem Vater, der aussieht wie Clark Gable.*

Noch einmal: Marilyn Monroe

Es sind die unaufhaltsam zunehmenden Entfernungen von sich selbst, die schließlich töten. Graue Gespinste aus eingeübten Verhaltensweisen, vergessene Bilder, 1940, schon weit entfernt. Für Augenblicke die entsetzlichen Abwesenheiten von sich selbst. Ich wartete. Aber dann wußte ich, daß es längst zu spät war. *Humphrey Bogart, den ich einige Tage vorher aus dem Nachtclub als Marlowe im Aufblitzen der Kodakblitzlichter heraustreten sah, verschwand lautlos im Dunkeln.* Die Dunkelheit schloß sich narbenlos hinter dieser kurz angerissenen Figur. Der Teufelskreis von Benzedrin und Schlaftabletten begann von neuem. *Für Bogey war es kein angenehmer Tag gewesen,* schreibt Hedda Hopper in: Hollywood ungeschminkt, Seite 308, Argon-Verlag 1966. Ein Rückgriff auf die bekannte Mischtechnik, so daß sich die Identitäten auflösen und eine Stimme in die andere gerinnt, *Bogeys Gesicht und Marilyns Stimme,* die sagt: ich will, daß die Welt meinen Körper sieht.

Einsichtig ist, daß, wer fortschreitet, das prinzipiell Richtige tut. Fortschreiten verstehe ich so, daß jede Position, die wir einnehmen, eine tatsächliche notwendige Station des Prozesses ist, in dem wir uns befinden.

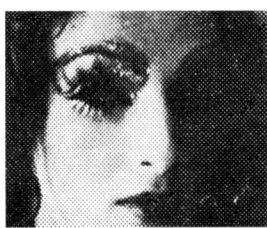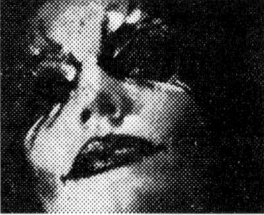

Also sagte ich scheinbar gedankenlos: Chef, du hast etwas fallengelassen. Er reagierte nicht, sondern hantierte in der Ecke von mir abgewandt weiter am Koffer. Jeden Augenblick würde er die entscheidende Bewegung machen, auf die ich seit meinem Eintritt lauerte. Draußen war es inzwischen hell geworden, Windstöße, Hitze, eine Erinnerung, die sich wiederholte. Gänge ziehen sich lang geradehin. Nachrichten und mit Dreck verschmierte, grobgerasterte Gesichter. Sätze, halb verfallen, aus dem Gedächtnis des Apparats wieder hervorgeholt: »Wir fuhren an die See ... ich kann mich nicht mehr erinnern.« Noch einmal die alten Fotos. Wir gingen vorbei an den hohen Glaskästen mit den ausgestopften Vögeln, Tausende von ausgestopften Vögeln, die Federbälge verstaubt. *Es war sehr still in der Halle.* Die Zeit, die wir mit dem langsamen Gehen vorbei an den hohen Glaskästen in der Halle verbrachten, dieselbe Zeit, die zu einem großen, hohen Block gerann. Wir bewegten uns durch diese glasige Leere hindurch vorbei an den hohen, meterlangen Glaskästen auf den Stahlgestängen mit den erstarrten Schatten. Ein abgenutzter Holzfußboden, Parkett, das schon lange nicht mehr betreten worden war. *Es war die helle Stille,* diese leeren, hohen Kästen, *es war nichts.* Dann kommt: »Ich erinnere mich!« Löcher im Gehirn. Die Zeit, die hart und fest geworden war zu einer durchsichtigen Masse wie Glas, in hohen Blöcken erstarrt. *Das ist mein Zimmer.* Auf dem Bildschirm wurde dieser

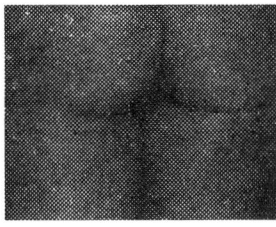

Satz isoliert. Stromstöße, neue Schübe von Helligkeit, farblose Hitze. Auf den Straßen »bewegten« sich Figuren. Die Kranken verstopften die U-Bahn-Schächte. Immer mehr Leute brachen auf offener Straße zusammen, schwankende, wie von einem Schwindel erfaßte Gestalten, die schräg über Kreuzungen taumelten und dann sekundenlang in steifer, verzerrter Haltung erstarrten, ehe sie in sich zusammenfielen, lose Bündel auf dem Asphalt. Zusammenstöße von Wagen, ein Kopf lehnt abgeknickt aus dem zersplitterten Seitenfenster, nach Godard, Die Verachtung, produziert von Carlo Ponti, in Farbe. *Hier war das Zentrum des Wahns.* Nachts räumten gelbe Kehrmaschinen die Wracks und den Dreck weg. In Ecken zusammengewehtes Zeitungspapier, Namen, Daten, Adressen. Kleine schwarze Figuren im Gegenlicht, die mit ausgebreiteten Armen

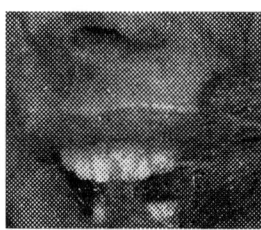

aus den oberen Stockwerken der Hochhäuser springen, schwarze Fäden in der Luft. Eingesperrt in Panzerglaskäfigen die Tobsüchtigen. *Der Eintritt ist kostenlos.* Hier verfault jemand. Eine tiefe Agonie, die jeden Körper auszehrt, bis er nur noch ein schwaches, pulsierendes Zucken ist. Leukämiekranke verschwinden lautlos aus dem gegenwärtigen Stadtbild. Sie nahmen einfach ab, lösten sich plötzlich auf. Dort ging eben noch jemand langsam an den Schaufenstern eines Fotogeschäftes vorbei, nun ist er verschwunden. Trotzdem stiegen die Bevölkerungskurven mehr und mehr an in den letzten Jahren vor dem Krieg, bis schließlich auch »die Apparate« versagten. Daten stapelten sich in den Seitenkammern und zerfielen. Aber nun waren wir selber in den »Bildern«, und das erste Zeichen war: Willkommen an Bord Nummer X3X4A7. Das bedeutete: Das Programm, das jahrelang vorher ausgearbeitet worden war, verlief nach Plan. Milliarden erloschener Gehirnzellen zurückgelassen auf der Erde. *Möchten Sie ein neues Gehirn?* Welches wünschen Sie? Bitte antworten! Verflüssigte Sprache, hochkonzentriert, in Reagenzgläschen abgefüllt. Dann zog ich mir das Hemd aus und rief Paul an. Gelegentlich kam es zwar zu Aufständen, zunächst nur erkennbar als lauerndes Verhalten, das dann zu einem Anfall wurde, die Zellen erlitten einen »Kollaps«, zusammengedrängt auf kleinstem Raum im Dunkeln. Sie wurden wieder unerwartet zu einem wirren, unübersichtlichen Gewimmel von Wörtern, die sich gegenseitig zu zersetzen versuchten, je nach gespeichertem Informationsgrad. Hier ist der Anfall.

Der Anfall

Das Atmen wird schwerer. Es wird zu einem saugenden Geräusch. Fliegen wimmeln im kotverschmierten Becken eines verstopften Spülklosetts, in dem sich gärende kleine Fleischstückchen befinden. Das Gewimmel wird unruhiger. Es nimmt bösartige Züge an. Ein Kodak-Farbfoto wird gemacht. *Blauabgeschattete Räume. Figuren bilden sich, Männer, Frauen, die sekundenlang in den verschiedensten Posen sichtbar werden. Zeit, das imaginäre Gebilde, wirkt sich aus. Die Figuren verlöschen ruckartig. Wieder sind es die gärenden, halb verfaulten Fleischbröckchen im Becken eines verstopften Spülklosetts aus dem Jahre 1968. Und eine Projektion von Sharon Tate, die von der Seite aufgenommen worden ist und am Zeigefinger lutscht. Sobald die unrhythmischen Bewegungen aus der Kontrolle geraten, werden die Hände und Füße an den silbrig-verchromten Gitterstäben des Käfigs angebunden. Dann kommen die Fliegen, die eigens zu diesem Versuch herangezüchtet worden sind. Inzwischen haben wir den Strahlungsgürtel der Erde verlassen. Eine neue Injektion wird notwendig. Und diesmal kommen die Vorstellungen leuchtender, schmerzhaft klar umrissen gegen den gewölbten weißen Schirm aus entleerten Zellen. Ende der Aufnahme, Ton aus, Tiefenwirkung erloschen.* Zivilisation nur noch in Resten erkennbar. Kotrückstände im Toilettenbecken. Die übliche Stille. Kondensierte Details. 18 Bilder pro Sekunde? Als sei der Irrsinn körperlich faßbar in den winzigen Rucken, die überall auf dem Schirm zu sehen waren, auf dem die Szene später ergänzt wird durch Körper, die dafür an bestimmten Stellen verstümmelt sind, gewöhnlich an den Geschlechtsteilen, zerquetschte Hoden, aufgeschlitzte Vaginas. *Wie könnte man es besser ausdrücken?* Ja, sagte ich, müde und erschöpft, ja ... in der Überdehnung eines fremden Gefühls, 0 Uhr 48.

Wieder war ich auf dieser Linie, irgendwo zwischen gestern und morgen, jetzt, von denselben alten Geräuschen umgeben wie seit Jahren, immer beschäftigt, am Ende zu sein. Ich hätte zugeben können, wie jede Vorstellung eine endlose Wiederholung von Kinoplakaten war, eine unaufhörlich zerlaufene Farbskala, *hier, jetzt,* eine Gegenwart, die zu nichts

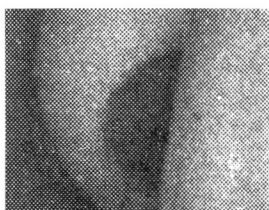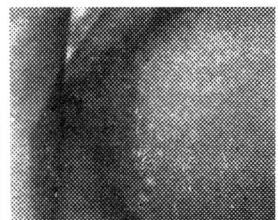

mehr führen würde als zu Varianten eines so vertrauten Terrors, Rudolfplatz, 0 Uhr 49. Man mischt nur noch einmal die gleichen alten Bilder in einem Zementmixer und setzt sie ein wenig anders zusammen. *Das ist alles.* Bekannt waren die Menschen als 1,80 groß, denn das ist ihre taktile Begrenzung, sie waren nicht bekannt als soundsoweit hörbar z. B. als Ein-Kilometer-Mann, und einzig den Hunden waren Menschen bekannt durch ihre gigantischen Geruchsdimensionen. Sie mußten irgendwann einmal entdeckt haben, daß sie Laute hervorbringen konnten, die Handlungen beeinflussen und daß auf diese Weise erwünschte Erfolge zu erzielen waren, bis jede Handlung überflüssig geworden war, die Laute ein Winseln, weit entfernt, auf Wiedersehen, bis morgen, das war gestern, heute, im »gekrümmten Raum«, ein dünner, feinversprühter Nebel auf Postkartengrüßen, die in der Verlängerung zu einem tonlosen Gemurmel wurden, viele Zuckerkranke, die auf den öffentlichen Toiletten glasige Urinspritzer hinterließen, Kodakblau, Kodakgrün, damals, Datum des Poststempels noch nicht völlig verkohlt, wie auf alten Familienfotos, überdeckt mit dem Geruch von Schnee, dem Lächeln Marilyn Monroes oder Norma Jean Mortensons, auch bekannt als Norma Jean Baker, die von Kräften erfaßt zu sein schien, die »nur wenige menschliche Wesen ertragen können. *Ihr Leben verwandelt sich in einen Alptraum von zerbrochenen Träumen, gebrochenen Versprechen und Schmerz. Bis zu einem gewissen Grade waren sie alle schuldig. Wir liebten sie und überließen sie ihrer Einsamkeit und ihrer Angst, als sie uns am meisten brauchte. Nun ist sie für immer von uns gegangen und hat uns mit bitteren Erinnerungen an das zurückgelassen, was hätte sein können. Liebe Marilyn, mögest du in Frieden ruhen!* Deine Hedda Hopper.« Das war es nicht.

RALF RAINER RYGULLA 1969
& ROLF DIETER
BRINKMANN

Der joviale Russe
(nach Apollinaire: La jolie rousse)

Meine Stimme verlangt nach
einem Heim plan wie eine Sense
Kenner des Lebens und des Todes
so kühn wie die Wand die weiß
Ahja ein Pulver ohne Geruch und
weniger Freude als Liebe
Ahja so kelchweiß in Pose deiner
Idee
Kenne Blusen länger
Ahja paß mal auf wozu
Ahja du da Gernegroß tanzt auf
der Latrine von der Infanterie
Blasen wie Tuten trepaniert
durch das Kloformat
Ahja alle weg seine Millionen
Freunde tanzen um die jung-
fräuliche Latte
Jesses abziehen und die neue
Tante krummhobeln dazu die
Bilder auf dem Samowar
Umsonst die Inquisition auch
heute wieder quer

Me voici devant tous un hommes
plein de sens
Connaissant la vie et de la mort
ce qu'un vivant peut connaître
Ayant éprouvé les douleurs et les
joies de l'amour
Ayant su quelquefois imposer ses
idées
Connaissant plusieurs langages
Ayant pas mal voyagé
Ayant vu la guerre dans l'Artillerie
et l'Infanterie
Blessé à la tête trépané sous le
chloroforme
Ayant perdu ses meilleurs
amis dans l'effroyable
lutte
Je sais d'ancien et de nouveau
autant qu'un homme seul
pourrait des deux savoir
Et sans m'inquiéter aujourd'hui
de cette guerre

Eintritt Nuß um Nuß mein
Freund
Der Jude hatte lange Quälereien
mit der Tradition und den
Inventuren

der Orden und der Liebe

Wo stand der Busch der weite in
der Vorstellung des Zellmillieus
Büsche die die Memme umstellen
in Duldsamkeit mit Quanten
ohne Kompromiß
Ein Fluchen wie die Fuhre von
perfekten Orden
Nüßli quetscht partout die
Abenduhr

Nuß ein Sommer mit Paßwurst
und Feinden
Nuß wohlan zum Donner der
Vater tranchierte die Domäne
Uh das Mysterium flüstert und
offeriert einen schnellen
würzigen Likör
Trallala machte des Furznovum
kühle den Mais wüst
Tausende von Phantasien im
Eimer
Quecksilber auf die Donnerpfote
das ist Realität
Nuß wohlan explodiere du bun-
tes enormes Azetat
Trallala aus die Zeit und die
Quanten ein bißchen geschaßt
auf faire Weise

Entre nous et pour nous mes
amis
Je juge cette longue querelle
de la tradition et de
l'invention

De l'Ordre et de l'Aventure

Vous dont la bouche est faite à
l'image de celle de Dieu
Bouche qui est l'ordre même
Soyez indulgents quand vous nous
comparez
A ceux qui furent la perfection de
l'ordre
Nous qui quêtons partout
l'aventure

Nous ne sommes pas vos
ennemis
Nous voulons vous donner de
vastes et d'étranges domaines
Où le mystère en fleurs
s'offre à qui veut le
cueillir
Il y a là des feux nouveaux des
couleurs jamais vues
Mille phantasmes
impondérables
Auxquels il faut donner de la
réalité
Nous voulons explorer la bonté
contrée énorme où tout se tait
Il y a aussi le temps qu'on
peut chasser ou faire
revenir

Pippi pur Nuß mit Camembert
»toujours« ohne Grenzen
Die Dolomiten die gehören mir
Pippi pur in Mörs Pippi pur zum
Picheln
So wollte sie quietschvergnügt in
die Saison wichsen
Doch Ernas Jugend ist tot und ei-
ne lebt in den Printen
O Suleika wie spät ist es: reis' an
in die Ardennen
und jäte
Pur du Säuferin für dich die
Form nobel und deutsch
Quelle brennt auf ihr ein neues
Element,
Welle weint mit den Anisaltären
du und das Lament
Wellen sind ein charmanter
Aspekt von uns wunderbaren
Russen

Der Chauffeur sonnt sich auf
dem Dreirad
Ein schöner Ekel widerhallt
Wer fragt Flammen nach ihrem
Paraffin
Tanzende Rosen auf dem
Segment

Mais ritzt die Möse
Ömmes wollt partout nicht auf
das Eis.
Tante Carla und die ganze Chose
nebst einer Nase von dir
Tante du bist die Chose wo der

Pitié pour nous qui combattons
toujours aux frontières
De l'illimité et de l'avenir
Pitié pour nos erreurs pitié pour
nos péchés
Voici que vient l'été la saison
violente
Et ma jeunesse est morte ainsi que
le printemps
O Soleil c'est le temps de la Raison
ardente
Et j'attends
Pour la suivre toujours la forme
noble et douce
Qu'elle prend afin que je l'aime
seulement
Elle vient et m'attire ainsi qu'un
fer l'aimant
Elle a l'aspect charmant
D'une adorable
rousse

Ses cheveux sont d'or on
dirait
Un bel éclair qui durerait
Ou ces flammes qui se
pavanent
Dans les roses-thé qui se
fanent

Mais riez de moi
Hommes de partout surtout gens
d'ici
Car il y a tant de choses que je
n'ose vous dire
Tant de choses que vous ne me

leise Ritz bei dir sitzt   laisseriez pas dire
Ohje, Pippi vom Mai   Ayez pitié de moi

Anmerkung:
Der vorliegende Text ist eine Zusammenarbeit zwischen Guillaume Apollinaire, Ralf
Rainer Rygulla und Rolf Dieter Brinkmann. Er entstand im Mai 1969, Köln, Brüsseler Platz
17 und stellt den Versuch dar, ohne Kenntnis einer Fremdsprache (in diesem Fall des Französischen) ein Gedicht zu übertragen nach dem im Augenblick des Lesens sich einstellen-
den *Oberflächenverständnis*. Angeregt wurde diese Art zu dichten durch eine besonders
in der New Yorker Lyrikszene beliebte Schreibmethode. – »Je mehr neue Techniken ins
Spiel kommen, desto weniger sind die Leute von der Wichtigkeit des persönlichen Aus-
drucks überzeugt.« Marshall McLuhan. Was immer dieser Satz sagt, er sagt nicht, daß das
nötige Wissen vornehmlich ein Bildungswissen zu sein hat. Zitat: »Man sieht, die Psy-
chologie des Zaubers ist nicht einfach.« Lévi-Strauss. Nach Beendigung vorliegenden
Textes stellte sich bei einem Vergleich mit der deutschen Übertragung des Gedichtes »La
jolie rousse« = Die hübsche Rothaarige, Deutsch von Gerd Henniger, Neuwied 1969, heraus, daß die scheinbaren Abweichungen tatsächlich Ergänzungen der deutschen Übertragung waren. *Man muß Gedichte aus ihrem Begriff »Gedichte« befreien, um zu einem Gedicht
zu kommen.*

Anmerkung der Herausgeber:
Aus layouttechnischen Gründen sind »Der joviale Russe« und »La jolie rousse« in dieser An-
thologie in zwei Spalten gesetzt; dafür mußten Zeilenbrüche eingefügt werden, die von der
Vorlage abweichen.

ELFRIEDE JELINEK 1970

wir sind lockvögel baby!

roman
Auszug

72. kapitel ein schleier scheint sich vor kasperls pupillen zu legen

ein schleier scheint sich vor kasperls pupillen zu legen. überall erblickt
er moderne grossstädte die im norden und süden von den vordringenden
gletscherwogen schon überrollt sind. dort unten muss das chaos herr
schen. er kann sich vorstellen wie es sein muss wenn ein hoch technisier
ter kontinent im zeitraum weniger jahrzehnte plötzlich von der eiszeit
überrascht wird.
die freunde klettern in uboote auf bäume in hochhäuser auf kirchtürme
in flugzeuge in raketen aber es hilft nichts überall werden sie erreicht
und eingeholt. zehn herzen setzen in jähem schrecken aus. keins von
den verängstigten kaninchen sieht wie lustig der white giant über seine
brille hinweg blinzelt. er trägt heute die uniform des grossadmirals mit
sämtlichen orden. rhodan kasom die führenden wissenschaftler und die
offiziere stehen neben ihm in der hauptzentrale. er erklärt ihnen alles
was es zu erklären gibt.
ein schatten verdunkelt die sonne als die burschen aufblicken sehen sie
das unabwendbare auf sich zukommen. sie können heute nicht zur arbeit
gehen nur sich die seele aus dem leib spucken und betrachten wie alles
in schutt und asche geht. die schlauberger halten sich augen und ohren
zu verstecken die köpfe unter dem gefieder igeln sich zusammen blind
& taub für ihre umwelt versuchen ihre flaumköpfe zu verbergen so gut
es geht. der white giant lacht so dass er tränen in den augen hat. auch
die andren stimmen ein. nanu der giant wird vor erregung rot und sieht

jeden der reihe nach an. aber sein forschender blick begegnet lauter harmlosen gesichtern. haltlos taumelt der white giant dann beginnt der rasende absturz. nun blicken auch seine augen glanzlos zur decke. sein körper steigt mit aufheulendem motor empor und überschlägt sich. die zentnerschwere vorderachse fliegt in hohem bogen davon mäht die dichtgedrängten reihen der zuschauenden trotzköpfe nieder. zugleich löst sich der riesenmotor aus seinen lagern und gelenken saust wie eine granate empor und drischt mit ungeheurer wucht ebenfalls noch in die masse. vor den augen der tunichtgute die das alles nicht fassen können löst sich der white giant in seine bestandteile auf und nimmt einige von ihnen mit auf die reise von der es keine rückkehr gibt. otto hält maria noch genauso wie zu beginn aber irgendetwas stimmt nicht mit den beiden. otto hat keinen rumpf mehr maria ist trächtig mit lauter schrapnellsplittern. manuel ruft bereits zum zweitenmal durch die tür: ingeborg es ist höchste zeit du kommst zu spät kind. mit einem satz springt inge aus dem bett ja was fällt ihr denn ein hier zu liegen über dumme sachen die sich gar nicht lohnen nachzugrübeln und ihre pflichten darüber zu vernachlässigen? aber als sie noch ihr zimmer aufräumen will wie sie es sonst tut merkt sie dass es nicht geht. dort wo vor ein paar minuten noch ingeborg war ist jetzt ein tiefes loch.
auch die die 400 meter über dem boden mit den zähnen an das seil gehängt sind entgehen nicht den totstürzen. nur batman macht so leicht keiner dumm. und dabei müssen sie noch gute miene zum bösen spiel machen um sich nicht auslachen zu lassen. affenmensch und fledermausmensch die beiden toppesgilt binden sich gegenseitig ihre schlackwürste vor die augen bedecken die ohren mit dem eigenen gerin nern kauern sich kriechen einer in den andren fast hinein umschliessen einander fest oh so fest. so als wollten sie sich nicht mehr loslassen.
in jeder icecreampackung in jedem fruchtsaft in jeder fotze über 50 in jedem penis über 60 in kirchen und schulen und spitälern explodiert zu diesem zeitpunkt die bombe eine kettenreaktion beginnt. batman zupft robin daher am ohr: nimm dir nur ein beispiel robin an diesem fleiss dieser peinlichen ordnung & sauberkeit und ausdauer. kannst du so etwas machen? nein gibt robin ehrlich zurück. zufrieden liebbeutelt batman daraufhin robins ausspürer und seine beiden abküsser. was sollen die freunde tun?

IN JEDER ICECREAMPACKUNG IN JEDEM FRUCHTSAFT IN JEDEM MASTUR
BIERENDEN PRÄSIDENTEN explodiert in diesem augenblick die BOM
BE!

ein riesenkuss besiegelt die riesenfreude. robins wackler hüpft mit.
batman lässt ihn in seinen fingern tanzen wäscht ihn ab und füllt
ihn noch erheblich. helmuts rodelschlitten kippt um helmut selbst wird
unverletzt in die fichten geschleudert wo sich bald ein lachender
schneemann erhebt weiss über & über. emmanuel kann nicht aufhören
zu scheissen er liegt unter der dusche im lehrlingsheim und macht
jedem eine kleine freude.

in jeder dreckigen alten zeitung in jeder frischen unterhose explodiert
in diesem moment die bombe.

und immer noch fehlt turoks rundes gesicht mit dem braunen zopf
kranz im kreise der freunde. da erscheint er auch schon. ein wenig ab
gehetzt ein wenig verlegen und ein wenig verweint. er schüttelt auf alle
fragen verlegen den kopf. otmar wachst seine schi nachdem er die lauf
flächen sorgfältig gesäubert hat. seine zähne leuchten weiss in dem
braungebrannten bubengesicht. sein arsch hebt sich dunkel von der
verwehten blockhütte ab. in jedem barhocker in jedem uniformierten in
jedem gewehr explodiert in diesem und in keinem andren augenblick
die bombe.

und wühlt die schwarzen wasser auf. und wühlt alles auf. und macht
alles dem erdboden gleich.

wo bleibt denn der osterhase der kaffee wird kalt ach fangen wir doch
ruhig ohne ihn an. verlangende klaraugen überfliegen die einladende
tafel mit den leckeren gekröseschüsseln. es klingelt da ist er! wenn es
leckereien gibt kommt unser osterhase sicher nicht zu spät so schwirrt
es lustig durcheinander. micky und minny wälzen sich in einem un
geheuren zeugungsakt über den verwundeten horizont eines schweren
tages. der papst in rom segnet diese verbindung. micky zwingt minny
sich zu öffnen. helmut streicht sich das gezauste haar mit einem ener
gischen ruck aus der hohen stirn. superman weiss im moment nichts
andres mit seiner superkraft anzufangen als piloten zu fischeln.

in jedem mütterchen das sein enkelkind umarmt in jedem vater der
seine tochter geigt in jeder guten tat explodiert jetzt und sonst nie die
bombe (die bombe).

hinter ihm bleibt king kong erschrocken stehen und hebt die schmut zigen hände zum himmel. er dreht sich um und sieht seinen wider sacher flehend an. bitte! formen seine lippen aber seine stimme ist aus der entfernung nicht zu hören. batman krümmt den zeigefinger um den abzug der mpi. mündungsfeuer erhellt das dämmerlicht des dschungels. kingkong wird von der garbe wie eine strohpuppe zurück gerissen und fällt in den schlamm. sein körper krümmt sich noch ein mal zusammen und entspannt sich dann. der windhund spannt seinen schlanken leib. mit jedem zug seiner pfoten schneidet der schmerz mes serscharf durch die schulter. unter jämmerlichem geplärr wird goofy von der lawine begraben. helmut reibt sich kichernd die fäuste über den gelungenen streich. die sonnenbraune farbe lässt ihn noch anziehender erscheinen als sonst.

in jedem sonntagskleid das ins freie fährt in jeder wandertasche in jedem ausflüglerrucksack & sonstwo explodiert in diesem moment die bombe. batman fickt robin der eben sein 12. wiegenfest feiert. er ist viel jünger als batman und wackelt beim sprechen mit dem schleckfaden und alle seine löckchen wackeln mit. er ist batmans ganz besondrer liebling. auch diesmal regt batman wieder die fleissigen finger für ihn. er gibt ihm tanzstunde. nur mühsam schrittelt robin vorwärts schleift den lebensklugen batman zwischen sich fort. otmar die naschkatze freut sich sehr über das hüpfende & tanzende geschenk. über das lebendige geschenk. er hat scharfe falkenaugen.

in jeder guten stunde in jeder festen männerfreundschaft in jedem glücklichen kinderlachen & überall sonstwo explodiert jetzt eben die bombe. lautes lachen verhindert tuli kupferberg am weitersprechen. ja wir wollen lieber gesellschaftsspiele mit raten spielen schlägt wonder maid vor.

DIE BOMBE EXPLODIERT! DIE BOMBE EXPLODIERT! batman ist mit dem kleinen robin extra angereist weil der junge unbedingt eine richtige bombe sehen wollte. und nun das! endlich fasst er sich nimmt den jungen von den schultern will mit ihm die stätte des grauens verlassen. aber robin ist tot. ein splitter hat ihm die schädeldecke eingeschlagen. viele neigen sich zu ihren lieblingen flüstern so leise dass niemand versteht fallen um. armer osterhase! das war ein noch schwereres stück ihn von seinem platz auf dem baum wohin ihn der druck geschleudert hatte wieder in sein nest zurückzubefördern. zwei müssen an jeder hand ziehen zwei von hinten nachhelfen so gelingt es allmählich den steifknochigen osterhasen auf die erde zu legen. gab das ein lachen & ein juchei! der fussboden bevölkert sich allmählich.

einer nach dem andern wie sie alle auch heissen mögen wandert dort hinunter sie haben sich an den händen gefasst halten sich als ob sie sich nie wieder auslassen wollten drücken sich aneinander um etwas licht & wärme für den big sleep zu speichern hauchen einander an. ein älterer mann kasperl liegt am boden. er ist vor schmerz halb irr. er hat keine beine mehr. sie sind ihm abgerissen worden. er zieht stemmt und schleppt sich voran und kriecht auf die rennstrecke. er weiss nicht was er tut das blutige bündel. die windhunde die schlittenfahrer die schlittschuhläufer die schirennfahrer brausen an ihm vorbei. beherzte männer holen den verletzten zurück. er stirbt noch an ort & stelle. die freunde sind niemals spielverderber gewesen und haben es immer verstanden mit der jugend jung zu sein. von vielen hilfsbereiten händen werden die die noch sehen können nach unten verstaut. dort verlöschen sie in schwärmen.

goofy läuft laut schreiend zwischen den toten herum. links und rechts unter den armen trägt er wie puppen zwei mäuse micky und minny. kopflose puppen. ein andres kind der fledermausmensch vielleicht 6 Jahre alt ist von den tödlichen splittern verschont geblieben. dennoch liegt er jetzt tot am boden. von der in panik geratenen menge zertram pelt. es ist keiner mehr da der das ausmass der katastrofe zu ahnen be ginnt.

helmut hätte nicht der liebe blondbub sein müssen wenn er seinem liebling etwas abschlagen könnte. auch er wird schliesslich als letzter hinuntergezerrt. dann ist absolute stille.

polizisten und freiwillige helfer reissen fahnen und transparente von den masten bedecken damit die vielen verstümmelten toten. bevor sie sich selbst zur ruhe legen. wir müssen uns von unsren begleitern verabschieden von denen die uns getreu so lange begleitet haben. es gibt keinen schnee mehr auf dieser welt. der hagel schlägt ihnen hart auf die köpfe. uneingeschränkt gelbes licht auf den hosen.

gut dass wir hier im hause wohnen und nicht auf die dunkle strasse zu gehen brauchen.

1970 JÖRG FAUSER

TOPHANE

Roman
Auszug

Alfa Alkaloid

So gibt es kein Ende für mich: Dieser alte abgespulte hydrochloride Zwei-Dezi-Morphium-Film in den trockengelegten Venen Tophanes. Schnee-Edes Schreie wenn der Leutnant ihm die Bastonade verpaßt und das Gekreisch der Möven über dem Rücken des Horns, unterm Neon der AK-BANKASI, zwischen den Zeigern der Uhr, die stehenblieb. Geheul der Züge die die Stadt verlassen – – kein Ende.

Afyon-Karahissar (die Opium-Schwarz-Burg): dünne Luft zwischen den Bergklippen, kahlgeschorene Shoeshineboys, zwanzig Jahre Warten auf die Connection hinter den schmutzigen Scheiben im Tschaikhane, und der Schnee fällt in die leeren Augen stummer Apotheker: No got.
Schwarzes Anatolien, Körbe voll wunder Gebete, Afyob Karahissar, ein letzter Fix für den Traum, den der Derwisch dir einspritzt (laß dir mal ein neues Gesicht machen sagte der Mann vom RD und legte das Negativ zu den Akten der Fische).
Der Augenblick, wenn das Opiat mein Blut traf und die Bilder aus den Fingern sprangen ... Schnee-Ede im Pyjama, die Spritze in der blutigen Hand: Jetzt! Allah! Jetzt!

Sagen wir es so: der Tee bitter geworden, Rauch in den Ritzen, gedunsen über letzten Fragmenten, dem Papagei aus Tusche, den zerkauten Streichhölzern, den Kippen – – drei Uhr früh, die Platte läuft nicht mehr,

Charlies Wimmern, das MODERN JAZZ QUARTETT in der Sana verlaufen unter den Zungen, die nach Speichel fischen – Finger trommeln Staub aus der Zeitung, was noch lebendig ist hält den Löffel über die Flamme, kocht auf, filtert, setzt die Achtzehner auf die Plastikspritze, sucht den zerfetzten Schlips zwischen den Schaumgummikissen, zwischen den Flanellhosen mit den obligaten Blutspritzern und den zerknäulten Päckchen CAMEL OHNE – hockt sich hin, graues Licht fällt auf den grauen Arm, pumpt, bindet ab, sticht ein, zieht zurück, findet nichts, geht raus, bindet ab, trifft, treibt, sackt weg, läßt sich fallen. Husch. Mach das Licht aus. Laß Charlie wimmern.

Die Nordwest-Dschinnen: flackernde SPAR-Neons im Hundehaar, Treibgut aus Tri-Chlor-Äthylen und geschmolzenen Dicodid-Zäpfchen und dem üblichen FIX und FOXIE ... aufgequollenen Geranien ... Lachen voller Spitzel und Kleenex und Einweg-Kanülen in denen das Blut klumpt ... Pervitin-Posen ... ätzender Schmerz vom Darm abwärts ... schwarze Rose Cinderella ... deine Ecke aus Geduld und Watte ... deine Nacht aus Angst und Paranoia ... sinnlos zu schreien hinter den Gitterfenstern der Charlies in Schmargendorf City.

Und weiter herab (von Pery, steil ab zum Hafen, durch das schmutzige Hotelzimmer, Wände aus Blut und Krankheit, farbloser Geruch des Todes, der leere Körper übers Bett geworfen) zur Straße der Idioten: LA VIDA krakeln sie auf die Mauern ihrer am Himmel saugenden Stundenhäuser (am roten Himmel ihres Onanie-Gelächters kikeriki) ES DOLORES oder AFYON ALFA ALKALOID oder ALLAH IL ALLAH TOX IS COMING ... sieh dich vor ... der böse Blick ... in der Nähe der Sümpfe ... die Mangrovien und der kichernde Konsul mit den Geiern der Chalkidike über Falladas Fleisch ... your turn baby ... dein Ede ... Geruch der Quallen und Pilze die sich in den Mauern der DOLORES paaren ... Geruch von Äther und Sperma der mit den Fröschen über die Höfe wandert ... die hocken in ihren Cafeterien über Baklava und Gallerte und fischen mit obszönen Blicken durch Muskel und Stoff und Arsch der Fremden ... was du dir alles gefallen läßt ... und der Preis steigt ... zwischen zwei Baklavas Baby ... wer bist du schon ... reden hinter Gallertehänden von IHM ... warten Jahre auf IHN ... du auch ... flüsternd ... der süße widerlich riechende Saft des hochpro-

zentigen Honigs rinnt über purpurene Adamsäpfel ... sie saugen an der
Haut der Fremden ... saugen und melken LA VIDA leer ... baby sucking all
night now never enough ... BALD KOMMT ER ... LIESS VON SICH HÖREN ... ON
THE ROAD ... Namen die auf keiner Mauer, keinem Rezept stehen (Rezep-
ten der neunziger Jahre vielleicht) ... der Bucklige ... Hassan ... kein Tiki ...
der Blinde (letzte Vene: die Halsschlagader, in der die Chromstahlkanü-
le zu wimmern beginnt wenn der DOKTOR das Gift nicht herausrückt) ...
letzter Blick auf Pera: in die Gehirnhöhlen der Lurche ... auf den Körper
überm Bett ... fette Tauben schmatzen Baklava auf dem Dach ... Sirene
beginnt zu heulen ... DOLORES krakeln sie auf die Onanie und treten
zurück und betrachten es und speien den erloschenen Stummel von
gedunsenen Lippen –

und irgendwann weißt du daß ALFA killt, daß ALFA dich killen wird ...

Elf Ampullen am Tag und es reicht nicht. Eukodal blauer Flimmer. Wird
ein Arm genügen? Also steh auf und zieh ab. Zwölf nackte Arme für
einen Traum.
Die Haut spannt. Die Nadel ist stumpf. Blau färbt das Blut dunkel. Überall sehe ich Nadeln. Schlaf schmeckt nach Metall. Wann der Schlaf mich
los wird. Blau? No Baby. Tran & Traum. Müßte mein Blut wechseln. Müßte die Nacht wechseln. Kann meine Hand nicht verstecken. Mein Blut
stinkt.
Aufhören. Tschau flüstern zur letzten Ampulle. No change? Para yok?
Kein Kies? Setz die Säge an ihren Hals und zieh das Eukodal in die Fix.
Manchmal hör ich die Peitsche im Arsch näher als mich. Mein Blut sinkt.
Was heißt aufhören. Was heißt ich. Angst?
Da werde ich ALFAS Agent.

Stell das Wimmern ab, Charlie.
Während wir warten schreiben wir Scripts an die Wand. Wie einem das
durchgeht.

     1-Polamidon Tropfen
     · 1 O.P. 10 ccm
     S. bei Bedarf drei Flaschen täglich

Dann bricht der erste Schweiß aus, das letzte MODERN JAZZ QUAR-
TETT läßt Charlie liegen, der Müll bricht aus, Pisse statt Adrenalin,
Rauch zwischen Schwanz und Wimper, Film aus Rauch und Schweiß,
klebrige Stunde, in der das letzte Glied absackt, in der die Muffe
durchs Adrenalin saust, gekrümmte Stunde, grauer Rauch, Hirn voller
Angst, no change, Peitsche klatscht, Leutnant wird Ede, die Wand wimmert.

So geht Ede denn selbst los, Schnee-Ede, von Schmargendorf-City Richtung Afyon. Den Double-Bubble zwischen den Zähnen, das zerschlisse-
ne Lächeln im Kalkgesicht. Eine steile Fährte ins Abgas, auf die Stufen
zum Fluß, wo die Heilsarmee die verreckten Süchtigen mit Pauken
weckt:

> JESUS GEH VORAN
> AUF DER ALFA-BAHN

Und Alfas Agenten, zum Hauptwachenschacht gerufen, strömen aus den
Pissoirs der Onkel-Max-Städte und dem Schleim der Müllschächte und
den Humba-Humba-Täteräs der letzten Girlanden- und Bockwurstficks
fürn letzten Hit vom AFN – strömen nackt und geschlechtslos, malträ-
tiert, humpelnd, mit glasigen Augen, im Soft-Eis-Entzug, die Spritze, von
Bindfäden zusammengehalten, zwischen steifen Fingern, an den Neons
der R-Dezernate, am kichernden Konsul in Falladas Geierfleisch, an den
Veronalgardinen der Schmargendorfer Irrenflügel, an Saigons letztem
Kintopp vorüber, blasenübersäte Pimmel aus denen der Eiter rinnt,
Froschschenkel zerfetzt, Tran & Traum ausgepeitscht, längst vorbei an
den VIA DOLORES und den STRASSEN DER IDIOTEN und den Wanzen im
Lack der All-Night-Shithouse-und-Baklava-Cafeterien, zurück zu sich
selbst, in den letzten Fastnachtsfetzen Fleisch, Kaputt kaputt, hihi huhu,
Charlie wimmernd im Urin, das Blut stockt, aber die Nadel findet von
selbst ihr Ziel:
So schlurfen sie stolz, verreckt aber ganz klar im Kopf Mann, und das
Dunkel hellt sich auf hinter den Nordweststädten ihres letzten Entzugs,
hellt sich wieder auf wie Cinderellas Fotze in der Sekunde der Explosion:
weiß, Schleim, ALFAS Stoß der den Magen zerquetscht. Und quer über

alle Neon-Himmel der Shoeshineboys schreibt die Hand die dem letzten einsamen Schwanz seine Fix verpaßt:

> IF I AM NOT FOR MYSELF,
> WHO WILL BE FOR ME?
> IF I AM ONLY FOR MYSELF,
> WHAT AM I?
> IF NOT NOW,
> WHEN?

1970 ELFRIEDE JELINEK

wir stecken einander unter der haut
konzept einer television des innen raums

im anfang war das wort & das sitzt euch schon viel zu lange im fleisch. ich lösche das WORT aus. ihr im wort & das wort in euch: ein wort kombinations schloss wie das an einem tresor. wenn ihr euch in eurem tresor wohlfühlt dann hört lieber nicht weiter zu. denn ich beginne die kombination am tresor eures innen raums einzustellen. gefangene des worts: steigt AUS! (brian gysin)

das ende des gedichteten bühnenwortes das ende derer die auf ein publikum hinunterschauen der aufstieg derer die auf eine bühne hinaufschauen oder nicht herangelassen wurden.

sie machen sich zu sklaven bereit jede noch so erniedrigende arbeit auszuführen. und dabei lachen und singen sie als würde ihnen die ganze sache spass machen. wahrscheinlich warten sie nur darauf rhodan bis wir satt müde und glücklich unsre waffen wegwerfen und voller erwartung zu ihnen kommen. dann perry wird das bittere erwachen für uns kommen.

das mundtotmachen des biologischen teaters (teaters) des menschlichen organismus das einen riesigen noch unbemerkten hohlraum im kopf lässt für neue programm einschübe. *die geschwindigkeit der energieblase steigt weiter. viele wünschten sie hätten diesen apparat nie von innen gesehen. der dies alles so ungeheuer erweitert.*
sie sind bereits so weit, dass sie die sumpflandschaft dort draussen für ein paradies halten sagte redhorse.
das warten auf umprogrammierung der offiziellen rundfunk & fernseh stationen beenden und zuerst mit eigener strategie dieses patriarchat auf seine gültigkeit abklopfen. das tonband der little helper z. b. ist ein nach aussen verlagerter teil des nervensüstems ... sie erfahren aus tonbandexperimenten mehr darüber wie ihr bewusstsein arbeitet (und wie sie ihre reaktionen und die von andren beeinflussen können. burroughs)
redhorse erwog die möglichkeit dass es sich bei den gleamors um ehemalige sklaven handelte die die freiheit durch irgendwelche umstände erhalten hatten. vielleicht hatte ihnen irgend jemand diese kostbaren energieblasen überlassen ...?
ich mache jedem seinen eigenen innenraum jedem seinen eigenen bildschirm seine eigene kinoleinwand in den kopf. (in den kopf). das harte durchtrennen der künstlich errichteten sperren und das weiche verformen der gummizellen gebaut von turnvätern & freuden jauchzern. (sie sitzen ohne sichtbare kraftanstrengung auf uns grosse hagere männer mit kantigen gesichtern die leuchtendblauen augen wehen im wind.)
DIE TELEVISION EURES INNEN RAUMS.
und diesen vorgang äußerlich demonstrieren.
die kugel traf die nackte brust des soldaten und schleuderte ihn auf einen ameisenhaufen. er fiel in das gewimmel zuckte einmal & war tot. unzählige ameisen krabbelten bereits über das gerötete gesicht des toten das langsam die farbe verlor. statt dass SIE froh sind dass IHNEN das nicht passieren kann.
vorgänge politischer aktion sollen den dichtern den mund stopfen. es folgt das herumschwenken eines der umstehenden mädel im walzertakt. war das wort. schon in eurem fleisch. im anfang wort. schon viel zu lange das wort in euch & ihr im wort. ich lösche die kombination des tresors. wenn – ist ebenso eine wort sperre wie – hört nicht weiter zu. ich lasse das kombinationsschloss eurer falschen geborgenheit im tresor rotieren. (gysin) ich stelle euch alle fernsehapparate mit offiziellem

programm auf unhörbar und lasse zum bild ein tonband laufen auch mehrere bänder gegeneinander lasse euch improvisiert locker dazu sprechen. wie das passt! dieses hilflose wortesuchen mitten unter den plapperern den frohen.

lasst euch nicht vordiktieren was ihr seht lernt es lieber selbst: das durchbrechen von vorstellungs klischees und zwangsassoziationen das hervorrufen von völlig neuen verbindungen.

wir sind es die todesmutig die bilder aus den schirmen mit unsren ungeschützten hautflügeln abfangen. wir sind nämlich mattscheibe und empfänger zugleich rennschuhträger und kamikadseflieger. provoziert neue ausblicke dazu braucht ihr weder stoff noch einen guten trip!

offenbar ist dieser flugapparat völlig überladen. einer drückt mir einen haltegurt in die hand. ich schätze dass sich ungefähr 20 schicksalsgenossen in der energieblase aufhalten. anscheinend gibt es keine möglichkeit den eingang zu schliessen denn als dieses rätselhafte flugzeug startet steht dieser noch immer offen.

es ist jetzt 20 uhr 15. wir blicken gespannt auf die xy nazis die forschen verbrecherjäger. dazu klingt aus dem magnetofon die grosse klage aus betrieben fabriken büros. die klage derer die nicht flüchten können aus dieser zeit & diesem ort. das ist eigentlich der grund warum ich hier bin.

what I need is where am I mr. rhodan.

die glühbirnen sind an. trotzdem sieht man hier drinnen nicht die hand vor den augen.

die durchsetzung und besitzergreifung des bildschirms durch diejenigen die von ihm unterdrückt werden. ein vorgang für das heim ein vorgang für gemeinsame schöne spiele für gemeinsames sagen & fragen.

angenommen sie hätten recht captain wie soll uns dieser gesang gefährlich werden? euforie sagte redhorse. wir werden uns wie im 7. himmel fühlen und unfähig sein eine gefahr rechtzeitig zu bemerken. sie wiegen uns in sicherheit!

legt den feschen ausgemusterten leutnants bei ihrem feierlichen fahneneid die aufschreie von malcolm x von eldridge cleaver und leroi jones in die bubenmünder. wisst ihr jetzt endlich wie die gesichter der 3 männer aussahen die malcolm mit 16 geschossen im ballsaal durchsiebten? (es erscheinen die gelehrtenköpfe der spitzenpolitiker der regierungspartei auf dem bildschirm.) es erscheinen z. b. wie gerufen die gelehrtenköpfe von klaus withalm pisa.

die ausstrahlungen der gleamors sind sehr schwach aber sie genügen um unsre
kampfroboter verrückt werden zu lassen. das menschliche gehirn ist nicht so
empfindsam wie eine positronik was hyperdimensionale impulse angeht. aber
der gesang der gleamors ist mit parapsychischer kraft verbunden.

kein bildschirm mehr mit gelenktem text! das ist der aufruf zu einer
weltweiten aktion. denn das medium des gedruckten worts wird (mc
luhan) durch die elektronischen environments die in unsre schichten
eindringen in die schichten der haut des bewusstseins verdrängt.

gucky spürte den verhaltenen zorn in rhodans stimme. ist es ein verbrechen
freundlich zu sein? knurrte er.

glaubt nicht den stimmen von alten männern & frauen aus den lautsprechern ihrem schlechten atem in allen leitungen. ihr seht sie an ihr mögt
sie die faces wie milch und blut. ich versuche zu warnen dass SIE ES
WIRKLICH SIND!

jetzt wird es zeit für einen modischen pullover aus dralon! na also die stürmi-
schen telefonanrufe die bittenden briefe haben geholfen: daktari kommt wieder!
und zwar diesmal all die dschungelherrlichkeit in farbe.

macht euch klar dass eure gespräche eure klagen und was ihr so tut
kunstwerke sind die nur aktiviert werden die eine gemeinsame stoss-
richtung bekommen müssen.

auch rhodan schien sich mit ähnlichen problemen zu beschäftigen denn redhorse hörte ihn sagen: ich möchte wissen wo der pilot sitzt der sagt was wir
tun sollen. ich glaube nicht dass es überhaupt einen piloten gibt melde ich
mich.

lasst bisher eigenständige disziplinen der kunst & der technik zusam-
menwirken. wir sind beteiligte & hintergrund in einem. wir sind engagiert mit einbezogen unsre eigenen umwelten. bildprojektionen filme in
allen dimensionen ausserhalb von kino & teaterbauten. RAUM an stelle
von klang. der tod des wortes für den raum. das herunterholen des
künstlers aus den regionen der narrenfreiheit der verniedlichung der
schmerzlosen konsumierung. ist dir das zu schnell? nein gut so.

sekunden verstreichen. redhorse und der gleamor blickten sich an. im blick des
untergebenen lag keine unterwürfigkeit mehr.

und hier ist er wieder der conrads! nach langer sommerpause erscheint
heinzi wieder auf den heimischen fernsehschirmen wo ihn ein grosser
hörerkreis die sommermonate über vermisst hat. an seiner seite belieb-

te stars des wiener liedes. ja heinzi hat sein publikum das ihm die treue hält.

fernsehen lässt keinen kalt. fernsehen heizt ein.

aber ich bin doch herr meiner eigenen sinne protestierte rhodan. ich kann immer noch frei entscheiden. auf redhorses kantigem gesicht erschien ein schwaches lächeln. sind sie glücklich perry fragte er. verwirrt breitete rhodan die arme aus. ja! sagte er.

das publikum stundenlang dem konzentrierten lärm einer giesserei der aus allen lautsprechern dringt aussetzen dazu einen schauspieler agieren lassen von dessen ju & hu man dadurch kein wort mehr versteht. das dehnen des bewußtseins wie kaugummi. ausstülpen blasen platzen lassen wieder einziehen kauen. *das sieht dir ähnlich. wahrscheinlich werde ich das noch einmal nachwaschen müssen.*

das medium sind wir. worüber reden die leute in der kantine? die aufführung besteht in der übertragung eines fussballmatches aus dem wiener stadion. wir hören alle statt dr. kurt jeschko und seinem sümpatisch berührenden volkswitz 2 halbzeiten lang das knattern von pressluft-hämmern auf einer grossbaustelle elektronisch verstärkt. den gesunden humor mit terror begegnen. die zerstörung des bildes mit heimischen waffen. offizielle live übertragungen boykottieren. das elektronische süstem technologisch – mit elektronik stören. dies nur einige der zahl-reichen programmpunkte die wieder stimmung in ihr heim zaubern werden.

redhorse wurde den verdacht nicht los dass die gleamors lediglich das gerüst hergestellt hatten während die energieblase eine andre herkunft haben musste. die zusammenhänge wurden immer undurchsichtiger. hat ihre mannschaft gewonnen? dann freuen sie sich. mit stock! hat ihre mannschaft verloren? dann trösten sie sich. mit stock!

radio macht die welt kleiner. es holt sie zu ihnen ins haus! this transmission is sponsored by donald duck. daher hören sie alle einmal genau zu: jede technik der textherstellung kann nur dann einen sinn haben wenn sie süstematisch darauf hinarbeitet die von einem überholten medium installierte und von den machthabenden manipulierte struktur in frage zu stellen zu verändern zu zerstören.

versteht ihr? nur weiter donald. unterbrechen sie den redner nicht fortwährend!

durch aufhellung dieser bewusstseinslagen erfolgt eine infragestellung der massiven zwangsmechanismen einer offiziellen information & literatur deren kontrollfunktion darauf beruht den leser/hörer auf ein starres vorherbestimmtes süstem von verstehen & handeln zu fixieren das seine narkotisierung ermöglicht. (carl weissner)

nochmal von vorn sagte gucky verwirrt. währenddessen bringt donald die rangen tick trick und track schon ins bett während daisy den fernseher einschaltet. die light brigade ist im vormarsch. während des programms darf nicht gesprochen werden die kleinen dämpfen ihre kinderstimmen zu einem flüstern.

die meister der insel? fragte rhodan. ich hoffe es nicht antworte ich ängstlich.

die wesentlichsten werkzeuge eines organisators von aktionsstücken müssen das tonbandgerät und ständige einsatzbereitschaft sein. die notwendigkeit ständig solch ein gerät bei sich zu führen als speicher (speicher).

hör zu mein freund: unsre waffen sind verschwunden. redhorse nickte brandon zu. chard zeigen sie ihm was eine waffe ist. brandon lächelte gezwungen hob einen imaginären karabiner an die schulter und kniff ein auge zu.

was andre schon gesagt und geschrieben haben braucht man selbst nicht mehr zu sagen und zu schreiben. der ständige wandel der aktionen die notwendigkeit ihrer ständigen erweiterung ergänzung korrektur und metamorfose.

das ist keine lautlose besorgnis sondern ein schlag ins gesicht. das ist nämlich EUER EIGENER INNEN RAUM leute den sie gekauft haben und nun vollkotzen!

mit luftsprüngen sollen uns im 14 tage rütmus luis trenker der einen hotelbesitzer und schischulleiter spielt vivi bach als pikantes prinzesschen toni sailer als trenkers paradeschilehrer und franz muxeneder als hotelportier und aushilfsschilehrer kurz als hans moser auf den skiern erfreuen.

das wort fällt und mit ihm DAS BILD dessen was es bezeichnet. die alten bilder fallen und mit ihnen der fixierte sinn der sätze und das gedankenlose sterile spiel mit den worten. ein neues vermessen ein bestandsaufnehmen der erschlossenen bereiche. der goldene schuss im silbernen schnee. das publikum verschwindet ins bild. die belegschaft zieht sich in das bild des goldenen schusses mit vico zurück und berät ihre streikpläne (video tape) das publikum nimmt teil diskutiert mit der bildschirm wird ausgeliefert. die neue teateraufführung ist alles zugleich.

trink deine milch trick. wenn das fernsehen läuft bring ich dir keine mehr.

diese eröffnung lässt die männer ihre müdigkeit vergessen. sie befinden sich plötzlich allein im haus. die gleamors die zusammen mit ihnen geschlafen haben sind verschwunden.

fernsehen im teater egal welches programm ist immer kunst. die unbarmherzige generation der fernsehkinder (chr. derschau) ist eine generation von künstlern eine zukünftige generation von sagern & sängern.

wie das lebt dieser duft in meiner seife.

denn die ständige ungewissheit hat uns gereizt und angriffslustig gemacht. wir spüren wie wir immer zorniger werden. wir verstärken unsren griff. wir befinden uns in einer fast ausweglosen situation und sind deshalb bereit einiges zu riskieren. ich warte auf eine antwort.

wer sich in einem aktionsraum befindet sitzt nicht in einer leblosen hülle sondern ist teilhaber eines aktiven prozesses. ich konstruiere eine SHOW eine gegen situation mit allen elektronischen medien zur schärfung der aufmerksamkeit wachsamkeit und zur veränderung unsres bewusstseins (the inner light). *auch tick ist jetzt still geworden. gross hängt sein blick an der flimmernden scheibe.*

auf brandons gesicht zeigte sich erstaunen: glauben sie wirklich dass wir eine der energieblasen starten und steuern können sir? immer noch besser als hier zu warten bis uns die gleamors mit unsren eigenen waffen umbringen.

ich rede niemandem eine story eine kontinuität ein ich unterhalte nicht ich notiere direkt wahrnehmungsprozesse. unsere umgebung muss immer aus dem körperinneren eines andren bestehen.

vergeblich sucht der offizier nach anzeichen von angst in diesem blick. mit einem ruck stiess er den eingeborenen von sich. der mann taumelte und fiel zu boden.

wir stecken einer im andren nach den gesetzen der elektronischen medien. WIR STECKEN EINANDER UNTER DER HAUT!

dieses glücksgefühl wird sich noch steigern chard sagte redhorse. sie und die drei andren werden vor wohlbefinden zu träumen beginnen. auch ich bin dagegen nicht gefeit. die gleamors schläfern uns ein. sie wenden die unglaublichste metode gegen ihre feinde an von der ich bisher gehört habe: sie sind zum erbrechen freundlich und hilfsbereit.

HUBERT FICHTE 1971

Detlevs Imitationen
»Grünspan«

Roman
Auszug

Yoruba.
Ewe.
Haussa.
Bergdama.
Mende-Vai.
Bamum.
Habbe-Aschanti.
Bakuba.
Buschongo.
Mangbetu.
Dan.
Gan.
Tibar.
Fulbe.
Njakjussa.
Tahusi.
Nuba.
Korongo.
Mesakin.
Tiefschwarze. Braune.
Dendé.
Azeite de Dendé.
Malaguetta-Pfeffer.

Fire.
A whiter shade of pale.
Michel.
Mona Lisa.
It is a man's, man's world.
Kansas-City.
Bier.
Cola.
Fanta.
Apfelsaft.
Whisky.
Bars, eins, zwei, drei, vier.
Séparées.
Tische.
Stühle.
Gläser.
Scherben.
Blut.
Leuchtfarben.
Pop.
Korallengesicht.
Nackte (Frauen).
Nackte-Frauen-Abbildungen.
Weite-Hosen.
Weite-Frauen-Hosen.
Kurze-Nutten-Röcke.
Lackstoffe.
Lackleder.
Antikleder.
Pumpsketten.
Aufgemalte-Wimpern.
Aufgemalte-Sommersprossen.
Trommelrevolver.
Messer.
Lederarmband.
Totschläger.

Silberkette mit Namen drauf.
Kiff.
Hasch.
Prelu.
Opi.
Hero.
Gras.
Stoff.
Blaues-Licht.
Gelblicht.
Martinshorn.
Blaulicht.
Tanzfläche.
Discjockey.
Mikrofon.
Bewegtes.
Toiletten.
Mustafa.
Colafratze.
Philipp.
Jeff ist nicht da.
Das »Sahara« ohne zeitliche Ausdehnung.
Saharalitanei von Bewegungslosem.
Sind die kleinsten Teile von Bewegungen Bewegungen oder starr?
Adjektive setzen schon die Denkbewegung voraus vom Gegenstand zu seiner Eigenschaft.
Was sind die kleinsten Teile der Zeit?
Gibt es in der Zeit immer noch ein Zeitigeres? Besitzen, erben, erhalten, bekommen ... geschenkt, haben Gegenstände Eigenschaften zeitlos?
Oder gehen Gegenstände ohne Zeit ein?
Auch das Nichtvorhandensein ist ein gedanklicher Ablauf.
Es geht also nicht: Das »Sahara« austrennen als zeitlose Wortoberfläche.
Die Zeile: »Whiter shade of pale« soll trotzdem nicht das Singen des Songs bedeuten, sondern das Bewußtsein Jäckis von dem Song beim Verlassen des »Sahara«.
Eine »Sahara«-Periode:

Die Abbildung von kurzen Erzählungen auf einen einzigen Satz nach dem Muster »Während« – Komma – Relativpronomen – Komma – »und« – Substantiv »jedoch« – Bindestrich – Bindestrich – Klammer auf – Interjektion – Klammer zu – »auf die Post« – »außerdem« – Pronomen – Höhepunkt – abfallen – grammatische Vervollständigung – »geht«:
Während Jäcki
ist Jeff
Jeff
– Jeff
und Colafratze
als Mustafa
trotz Philipps
geht, fühlt
nicht
sagt langsam: – Je ne mens pas tellement
hat gesagt: – So lüg ich nun auch wieder nicht, sagt Jäcki wird vom HSV
– Jäcki kennt sich im Fußball nicht aus
– Suchen Sie Harnbehälter für die Pferde des Königs?
von der Verhandlung kommt
Durchreise.
er die Blicke der anderen
Jeff
Theo
Eine Bande von ganz hellhäutigen Manhattanboys klopfe ihm den Kopf gegen den Kantstein.
Philipp
Leo Africanus
Marlon Brando
als würden Augäpfel nach ihm geworfen
Un de ole Opapa, Opapa, Opapa, de krich en Pott voll Ko-a-a von Herrn Pastor sin Ko
a ponta do janeiro
Obatala der Himmel
König Njoja, ein Bamum aus Kamerun
zu dem stocknormalen Altmodler Hans, der sich nach fünf Jahren Klapperkiste nun doch zu einem neuen Volkswagen entschlossen hat. Hans

findet den Ausspruch von Jeff enorm
aus Dahomey
– Meine Hamburgerin hat meinen siebenjährigen Jung
Philipp
tanzt
steht
bemerkt
läuft
heiratet
erfindet
ermordet
wegengagiert
erblindet
fährt
jetzt
Die Bildzeitung
eine ideogrammatische Schreibweise
Odudua, die Erde
zwei Stunden hinter ihm her
daß die Händler am meisten von allen Waren mit Büchern verdienen,
mit Siff zu den Kantsteinen von Manhattan und seiner Mamie zurück,
weil sich Irmas Verwandter schließlich nicht mit einem Kanacker abge-
ben wollte.
Agunju und Jemanja heiraten. Sie bekommen einen Sohn. Orungan will
seine Mutter vergewaltigen. Sie stürzt und stirbt. Aus ihren Brüsten quel-
len zwei Flüsse,
aber im Augenblick bezahlen ihm fußballinteressierte Opas das Zimmer,
außerdem plant er – mit einer Lesbierin getraut – ins große Palais-
d'Amour-Geschäft einzusteigen, da er Alimente für seinen Sohn in Eilbek
bezahlen muß
– Das Gericht hat gesagt: Unzurechnungsfähig. Ich sage nichts über meinen toten Sohn
drei Stunden lang und beginnt dann alleine zu tanzen
– Jeff und Theo sind überall
Hans möchte lieber in einer nachgebildeten großen Pralineschachtel in
Wien wohnen.

– Ein schwachsinniger Pharao, der ein Riesenreich geerbt hat, mit dem er letzten Endes nichts anfangen kann.

aus ihrem Leib treten die Götter Dada, Xango, Ogun, Olokun, Oja, Orixa Oxu, Oxossi, Oké, Aje, Xaluga, Xapanas, Orun, Oxu.

pra fazer um tabaqueiro

Un de ole Lehrer Nüdl, Lehrer Nüdl, Lehrer Nüdl, mok sik von Euter en Tobacksbüdl

O Bumba meu Boi, Bumba meu Boi

– Jäcki meint überhaupt, daß die Weißen Albinos sind!

– Jeff würde dem Krokodil geweiht werden, fiele ins Meer, umarmte das Krokodilsweibchen, beide drehen sich im Schaum – der weiße Bauch des Krokodilsweibchens – Jeffs schwarze Vorderseite – sein Riesenoymel, der zwischen die Panzerschuppen eindränge – schwarzer Arsch und rosa Fußsohlen

in Timbuktu

twisten: Vierteilung. Mein Kopf wird am Pelourinho ausgestellt.

pony-jerken: »Lederhalsband«.

skaten: »gurgeln«.

brobon: »Engelchen«.

st. bernhardieren: Mir wird die Maske umgebunden, weil ich Zuckerrohr genascht habe und Erde gegessen.

alleycaten: Jetzt werde ich von dem hamitischen Pilger als Reiseproviant verkauft.

ca-sa-tschocken: Jetzt schneiden sie mir den Augapfel heraus.

bostellan: Jetzt bin ich sieben und werde niedergeschossen. Aber ich bleibe am Leben und bewege mich nicht, obgleich mir der Söldner die Hand abschlägt. Sonst tötet er mich.

sirtakin: Mit meiner Hinrichtung wird gewartet, bis günstigeres Licht für die Filmaufnahmen herrscht.

memphissen: Ich renne mit dem Kopf gegen die Balken während der Überfahrt, die dauert drei Wochen, um zu sterben.

rocken: Ich beiße mir die Zunge ab und schlucke sie herunter, um zu ersticken.

boogaloon: Ich esse Erde. Das ist eine Idee von Schwangeren.

Philipp sagt

Colafratze sagt: – Seht

Mustafa sagt: – Seht meine
Jeff ist nicht da. – Seht meine Hände. Seht meine
Kein Jeff. – Seht meine Hände und meine Zunge. Seht meine Nicht Jeff.
– Seht
– meine
– Hände
– Zunge
– Augäpfel
und drängen langsam in die Weichteile seines Rückens ein. Jäcki geht
vom »Sahara« weg in Richtung »Grünspan«. Vielleicht ist Jeff da.

1982...

Wie wenig populär Pop in der deutschsprachigen Gegenwartsliteratur der 1970er Jahre war, lässt sich vielleicht am deutlichsten an der Wucht erkennen, mit der Rainald Goetz das Wort 1983 in ›Subito‹ gegen den Literaturbetrieb und die von ihm kultivierten Sorgen richtet. Das Fernsehen erscheint in ›Subito‹ nicht, wie es der kulturkritische Konsens vorsieht, als Bedrohung von Kunst und Literatur. Werbung und Mode werden nicht als Symptome einer konsumversessenen Gegenwart problematisiert, sondern ebenso wie Pop aggressiv affirmiert und gegen den Betroffenheitsjargon von Friedensbewegung, Naturromantik und Kulturbeflissenheit in Stellung gebracht. Gegen das Klischee des konturlos innerlichen 70er-Jahre-Schriftstellers setzt Goetz eine Logik des Schnitts, eine Ästhetik der Plötzlichkeit. Das Wort ›Subito‹, das den Text als erstes und letztes Wort rahmt und zugleich den Fluchtpunkt markiert, den er nicht erreicht, verweist dabei jedoch nicht nur auf ein ästhetisches Prinzip. Es markiert zugleich eine Schnittstelle zu einem real existierenden Außen, das den Ton und die Programmatik von Goetz' Text weitreichend mitbestimmt: Das Subito, eine 1982 eröffnete Kneipe in Hamburg, war einer der Orte, an denen eben die Figuren anzutreffen waren, die in Goetz' Text als »Götter« adressiert werden: die »Maler und Popmusiker«, vor allem aber »jener begnadete junge Mensch, der die inzwischen eingegangene Popmusikzeitung *Sounds* gemacht hat« – »mein Ultraheroe, der geniale Kulturkritiker Neger Negersen«.[1]

Dass Pop Anfang der 1980er Jahre plötzlich wieder auf der Tagesordnung steht, verdankt sich zunächst weniger literarischen Experimenten als vielmehr neuen Schreibweisen, neuen Paradigmen und neuen Gruppenbildungen im Musikjournalismus. Wie in den englischen Zeitschriften *i-D*, *The Face* und *New Musical Express* wird Pop Anfang der 1980er Jahre, im Anschluss an Punk und New Wave, auch im Umfeld der Hamburger Zeitschrift *Sounds*, in Texten von Diedrich Diederichsen, Tina Hohl und Kid P., als neuer Distinktionsbegriff etabliert. Im so genannten Pop-Sommer 1982 präsentiert Diederichsen Pop als »letzte Instanz der Wahrheit«, als die »Ästhetik, die über die Gegenwart präzise Auskünfte

zu geben« vermag – »ohne daß die Praxis des Feuilletons, der allgemeinen Meinungsscheiße je ihre gichtigen Finger tötend auf dieses Gestal-
tungsprinzip legen konnte«.[2] Ein Jahr später erscheint in dem Band
Schocker neben einer Übersetzung von Dick Hebdiges Poptheorieklassiker
Subculture und einem weiteren programmatischen Essay von Diederichsen ein Text von Olaf Dante Marx, der das neue Programm auf eine knap-
pe Formel bringt: »Wider die Natürlichkeit. Eklektizismus. Pop!«[3]
Den immergleichen Klagen über ein Zuviel an Reizen und Zeichen und
der in Endlosschleifen leerlaufenden Sinnsuche, in den 1970er Jahren
nicht nur im Musikjournalismus weitgehend tonangebend, wird mit
Erkundungen der Oberfläche, rückhaltlosem Klatsch und angriffslusti-
gen Strategien der Affirmation begegnet, die sich bei Roland Barthes
und Jean Baudrillard ebenso bedienen wie bei Andy Warhol und Erika
Fuchs' Donald-Duck-Übersetzungen. »Undifferenziertheit und Übertreibung«, 1982 nicht nur für Diederichsen »das Wichtigste an Pop«, werden
zu funktionstüchtigen Werkzeugen linker Popkritik ausgebaut, und das,
was sich in der Musik als »realistischer Hedonismus« präsentiert, wird
zu einer unhintergehbaren Voraussetzung des Schreibens: »ungestüme
Bejahung von Lust und Nachtleben mitten im Herzen der Widersprüche
und ihrer bewußt«.[4] »Kühn, leidenschaftlich, umwerfend, mächtig, elegant, vornehm«, lautet die Adjektivkette, mit der Kid P. genau genommen nicht nur die ABC-Single ›The Look of Love‹, sondern auch sein eigenes Schreiben kommentiert.[5] »Angstfrei, charakterstark, großmäulig
und nicht so leicht auszurechnen«, »besessen detailgetreu und leidenschaftlich«, »im wahrsten Pop-Sinne: überdreht, großzügig, launisch,
frech und subversiv«, lauten Diederichsens Antworten auf die Frage:
»Wie Journalismus sein soll?«.[6]
Auch wenn es dabei weder um ein einheitliches Programm noch in jedem Fall explizit um Pop, geschweige denn um Journalismus geht, wird
Anfang der achtziger Jahre für kurze Zeit – und weit über den über-
schaubaren Zirkel um *Sounds* hinaus – eine Aufbruchsstimmung erkennbar, die in vielen Punkten an die Pop-Euphorie Mitte der 1960er Jahre
erinnert. Wieder ist Warhol eine wichtige Bezugsfigur, wieder geht es
um eine Konzentration auf die Gegenwart, wieder entstehen neue
Schreibweisen dadurch, dass sehr unterschiedliche Kontexte, Formen
und Verfahren aufeinandertreffen.

Im Merve Verlag erscheinen mit Jean Baudrillards *Kool Killer*, Gilles Deleuzes und Félix Guattaris *Rhizom* oder Jean-François Lyotards *Patchwork der Minderheiten* Theorie-Texte, die wie Literatur gelesen, wie Popmusik aufgenommen werden und zugleich ein neues Vokabular zur Verfügung stellen, das sich auch in andere Zusammenhänge einbauen lässt, nicht immer sachgemäß, aber gerade deshalb häufig mit lustigen und manchmal auch gezielt einschüchternden Effekten. Zur gleichen Zeit werden in *Mode & Verzweiflung*, einer Münchener Literaturzeitschrift, Ende der 1970er Jahre an den bohemistischen Rändern von Kunstakademie und Universität entstanden, das kybernetische Verhaltensprinzip der »mobilen Anpassung« und das uneingeschränkte »Ja zur modernen Welt« als Verfahren popgeschulter Dissidenz propagiert. Unter dem Titel ›Das Jüngste Gericht‹ werden kulturtheoretische Grundsatzdebatten und bundesrepublikanisch aufbereitete Banalitäten im Stil von Andy Warhols wortwörtlichen Transkriptionen schriftlich protokolliert, um sie anschließend live zu reproduzieren: ›Authentische Diskussion in volkstümlicher Reproduktion‹. Andreas Ammer, Thomas Meinecke, Berg Lauchstaedt, Thomas Palzer, Christoph Schlingensief und andere publizieren in *Mode & Verzweiflung* Anekdoten, Kurzgeschichten und Manifeste, die mit Roxy Music, Thomas Bernhard und Ernst Jünger brauchbare Argumente gegen einen sozialdemokratisch abgehangenen, sich in selbstgerechter Gesellschaftskritik und nie versagendem Problembewusstsein erschöpfenden Konsens formulieren. Hedonistisch-glamouröse Versionen dieser Schreibweisen prägen Anfang der 1980er Jahre Zeitschriften wie *Der Sprengreiter* oder *Elaste*, ebenfalls aus München, mit Autoren aus dem weiteren Umfeld von New Wave und Punk, Film- und Schreiberszenen, wie etwa Maxim Biller, Rainald Goetz, Lorenz Lorenz und Christopher Roth, aber auch früheren *Sounds*-Autoren wie Diedrich Diederichsen und Kid P.
Nach dem Ende von *Sounds* im Januar 1983 wird die Kölner Musikzeitschrift *Spex*, die die neue Pop-Euphorie zunächst eher distanziert beobachtet hat, schnell zu einem Publikationsort, an dem extrem unterschiedliche Autoren wie Diedrich Diederichsen, Clara Drechsler, Rainald Goetz, Jutta Koether und Olaf Dante Marx aufeinandertreffen. Folgen derartiger Kollisionen zwischen Popjournalismus, Kunstszene und Literatur, die nicht nur in Köln kaum zu vermeiden waren, zeichnen sich 1984 in der Anthologie *Rawums* ab.[7] Initiiert von Helge Malchow, damals

Lektor bei KiWi, herausgegeben von Peter Glaser, präsentiert *Rawums* insofern ein ›neues literarisches Selbstverständnis‹, als das Buch Autoren aus dem Umkreis von Popmusik, Neuer Malerei, Pop-Journalismus und Literatur nebeneinanderrückt: Künstler wie Georg Dokoupil, Martin Kippenberger und padeluun, Musiker wie Thomas Schwebel, die *Spex*-Schreiber Diederichsen, Koether und Drechsler, die bereits unter ›Literatur‹ verbuchten Autoren Rainald Goetz, Bodo Morshäuser und Kiev Stingl wie auch den noch nicht als Schriftsteller etablierten Joachim Lottmann, der drei Jahre später mit *Mai, Juni, Juli* einen Roman vorlegen wird, der sich genau dieser Szene widmet und ihr ein leuchtendes, nicht ganz unumstrittenes Denkmal setzt.[8]

Wie ein Gegenentwurf zu den in *Spex* gängigen Formen des Popdiskurses erscheint Mitte der 1980er Jahre der Begriff ›Zeitgeist‹, auch wenn er mit ähnlichen ästhetischen Paradigmen und stilistischen Codes operiert. Die Zeitschriften *Tempo* und *Wiener* orientieren sich an Lifestyle-Konzepten und Layout-Experimenten aus Zeitschriften wie *i-D* und *The Face*, nehmen auch Schreibweisen auf, die in *Mode & Verzweiflung, Sounds* und *Spex* zu finden waren, setzen sie aber auf eine neue, kaum mehr vergleichbare Form fort und erfinden eine für den Zeitschriftenmarkt hochgradig ungewöhnliche Kopplung von Pop, Trendforschung und investigativem Journalismus. Die Situation, in der dieser Neuanfang vollzogen wird, erfasst Thomas Meineckes Text ›Das waren die achtziger Jahre‹ gleich auf mehrfache Weise: Seine Kritik an einem richtungslosen ›Anything goes‹, das nicht zuletzt durch den Boom von Stadtzeitungs- und Zeitgeistjournalismus Mitte der achtziger Jahre losgetreten wurde, findet an genau dem Ort statt, dem die Kritik gelten könnte – eine erste Fassung des Texts ist im deutschen *Wiener* erschienen.[9]

So wie Meinecke für kurze Zeit beim *Wiener* angestellt ist, schreiben viele ehemalige *Sounds*-Autoren und andere Pop-Protagonisten für *Tempo* und schaffen so bemerkenswerte Kontinuitäten, die das, was in den achtziger Jahren an den Grenzen zwischen Pop, Literatur und Journalismus passiert, gerade in seiner Unterschiedlichkeit als Zusammenhang erkennbar werden lassen. Im Rückblick werden die *Tempojahre*, so der Titel des Buchs mit Maxim Billers gesammelten *Tempo*-Kolumnen, allerdings auch als die Zeit erkennbar, in der andere, zumeist jüngere Autoren mit Schreibweisen experimentieren, die nicht mehr bruchlos an die Modelle aus den frühen 1980er Jahre anschließen, sich in einigen Fällen offensiv von ihnen absetzen und auf diese Weise die Voraussetzungen für das schaffen, was erst einige Jahre später, Mitte der 1990er Jahre, als neue Form von Pop-Literatur entdeckt wird.

Zu Beginn der achtziger Jahre war Pop für kurze Zeit ein Begriff, unter dem die neuen Paradigmen, Schreibweisen und Stilideale zusammenge-fasst werden konnten. Keineswegs alle der Texte, die in letzter Zeit als ein »Anfang« unter den Vorzeichen von »Pop« diskutiert werden,[10] sind aller-dings damals unter Pop verbucht worden. Wenn die Texte überhaupt au-ßerhalb der einschlägigen Szenen und Zeitschriften wahrgenommen wurden, wie im Fall von Goetz' in allen Feuilletons besprochenem ersten Roman *Irre*, wurden sie mit Punk, New Wave und Neuer Welle assoziiert. Gleiches gilt für Christopher Roths *200 D*, Lorenz Lorenz' *Die Einsamkeit des Amokläufers*, Peter Glasers und Niklas Stillers *Der grosse Hirnriss* oder die Anthologien *Rawums, Amok/Koma* und *Geniale Dilletanten*.[11] Auch andere Texte, die nachträglich mit guten Gründen Pop genannt worden sind, haben diese Zuschreibung zum Zeitpunkt ihrer Veröffentlichung noch nicht auf sich gezogen – zumindest nicht in der Literaturkritik: weder Jörg Fausers Roman *Rohstoff* noch die für viele Pop-Texte in den neunziger Jahren wichtigen *Titanic*-Kolumnen von Max Goldt, die erst einige Jahre später, dann aber mit großem Nachholbedarf in den Feuil-letons ankommen, noch die ersten Bücher von Andreas Neumeister, der mit ethnologischen Exkursionen, Anleihen bei Herbert Achternbusch und eigenwillig formatierten Cut-Up-Verfahren ein neues Muster pop-sozialisierter Prosa entwirft.

Wenn Hubert Winkels in einer der ersten ausführlichen Studien zu Ver-bindungen von Pop und Literatur in den 1980er Jahren Thomas Meine-ckes frühe Kurzgeschichten als »literarische Pop-Singles« beschreibt, trifft er dennoch genau den Punkt, an dem sich auch viele der anderen hier vorgestellten Texte und der – zumindest nachträglich – mit ihnen ver-bundene Begriff von Pop treffen: Es geht um »Direktheit, Eingängigkeit und Tempo«, um »forcierte Gegenwartsbezogenheit«, um eine »relativ kurze Verfallsdauer«, und damit, nicht zuletzt, auch um eine spezifi-sche Differenz zum Literaturbetrieb: »Ihr Reiz entfaltet sich erst richtig vor dem Hintergrund einer literarischen Kultur der Aufrichtigkeit, der Verbindlichkeit und der Dauer.«[12]

1 Siehe S. 133 in dieser Anthologie.

2 Diedrich Diederichsen: Nette Aussichten in den Schützengräben der Nebenkriegsschauplätze – über Freund und Feind, Lüge und Wahrheit und andere Kämpfe an der Pop-Front, in: Ders. (Hg.): Staccato. Musik und Leben, Heidelberg 1982, S. 93, 97 u. 101.

3 Olaf Dante Marx: Endstation Irgendwo. Ein Flug durch die Zeit, in: Diedrich Diederichsen u.a.: Schocker. Stile und Moden der Subkultur, Reinbek 1983, S. 164.

4 Siehe S. 99 in dieser Anthologie und Diedrich Diederichsen: Spandau Ballet – Diamond, in: Sounds 3/1982, S. 60.

5 Kid P.: Singles, in: Sounds 7/1982, S. 10.

6 Diedrich Diederichsen: Spätsaison. Journaille – Defunkt – Talking Heads, in: Sounds 9/1982, S. 44f.

7 Peter Glaser (Hg.): Rawums. Texte zum Thema, Köln 1984/2003.

8 Siehe den Auszug auf S. 163–169 in dieser Anthologie.

9 Siehe S. 157–162 in dieser Anthologie.

10 Volker Weidermann: Pop war nur ein Anfang, in: Frankfurter Allgemeine Sonntagszeitung 17.3.2002.

11 Christopher Roth: 200 D, München 1982, siehe den Auszug auf S. 102–110 in dieser Anthologie; Lorenz Lorenz: Die Einsamkeit des Amokläufers, München 1982; Peter Glaser/ Niklas Stiller: Der grosse Hirnriss. Neue Mitteilungen aus der Wirklichkeit, Reinbek 1983; Jürgen Ploog/Pociao/W. Hartmann (Hg.): AMOK/KOMA. Ein Bericht zur Lage, Bonn/Hamburg 1980; Wolfgang Müller (Hg.): Geniale Dilletanten, Berlin 1982.

12 Hubert Winkels: Einschnitte. Zur Literatur der 80er Jahre [1988]. Erweiterte und bearbeitete Ausgabe, Frankfurt/M. 1991, S. 200, 202 u. 215.

DIEDRICH DIEDERICHSEN

Diana, Documenta und all die anderen –
Notizen aus der Hochsaison

»Ich kokse nicht, ich habe Zentralheizung« **Rainer Werner Fassbinder**, zu Journalisten nach dem »Klappe-Prozeß«.

»Und wenn wir es wirklich schaffen wollen, schneller zu sein als dieser Staat und die US-Kriegsstrategen, dann müssen wir darum kämpfen, alle Begrenzungen zu überwinden, eine solidarische Einheit in der Verschiedenheit der Kämpfe herzustellen, die darin jeden ernst nimmt.« **Margit Schiller** in einem Leserbrief an die »taz«, 17.10.81

»Give me a reason for living!« **Gang Of Four**

»My body is the best it's ever been in my entire life« **Diana Ross**

»Having fun is my reason for living« **Gang Of Four**

Andy Warhol: How did you like Lady Di's wedding dress?

Diana Ross: It was beautiful.

Andy Warhol: I really think she's done so much for virginity. I hope the pope sent her a big wedding present. She's really bringing it all back.

Diana Ross: She has such a clean look.

Andy Warhol: Where did the prince go on his honeymoon?

Diana Ross: Where did he go?

Andy Warhol: Indiana.

Diana Ross: I don't get it.

Andy Warhol: In Diana.

Diana Ross: Terrible, bad joke.

(**Andy Warhol**/**Diana Ross** in der Oktober-Ausgabe von »Interview«, 1981)

Milliarden Menschen. Milliarden Schicksale, Kämpfe, Verzweiflungen, Tode, Versagen, Enttäuschungen. Auf Flugreisen und im Nachtleben lernt man die Menschen hassen. Auf Bahnreisen und in Fassbinder-Filmen lernt man sie lieben. Das Liebe. Das Bemühte, gut gemeinte, das immer scheitert (seien es die Babys auf den frühen Bildern Jörg Immendorffs oder Brigitte Miras Leid in Fassbinders »Angst essen Seele auf« oder »Mutter Küsters Fahrt zum Himmel«). Die tief empfundenen Motown-Lieder der Diana Ross, prachtvoll inszeniert von einer weiß-gekleideten Big Band (die nur bei den kantigen Chic-Nummern »Upside Down« und »I'm Coming« versagte), tauchten uns lang und tief in die kindliche Welt, in der es nur »Liebe«, »Mami«, »Papi«, »Gemein«, »Bös«, »Heulen«, »Lachen« gibt. Die Fanfare »Stop! In The Name Of Love« läßt zusammenzucken, wie ein Elektroschock: totale Rührung. Brigitte Mira sagt: »Ich bin so einsam«, und die Salonkommunisten nehmen sie aus wie unsereiner es im wirklichen Leben wohl auch getan hätte. Und Diana Ross muß singen »Stop!«. Denn ihr Gesicht verrät Sue-Ellen-Ewing-Neurosen. Obwohl sie reich, hübsch und erfolgreich ist, führt sie glaubhaft die Gefahr der Liebe vor. Soul und Fassbinder nehmen die Nöte der Schwachen ernst. Und bei »Reach Out And Touch/Somebodys Hand/And Make This World A Better Place« läßt sie die Beleuchtung anstellen und fliegt durch die Massen, schüttelt Hände, verteilt Küßchen, läßt alte Mamis mitsingen und bittet uns, die Hände unserer Nachbarn zu greifen, um diese Welt einen besseren Ort werden zu lassen. Alle machen mit. Des rechten Nachbarn Hand zu ergreifen macht keine Schwierigkeiten, aber soll ich mich auch mit dem ekligen, fünfzigjährigen Kapitalisten zur Linken befreunden und seine kranke Pfote, die aus einem komplett lächerlichen senffarbenen Anzug ragt, ergreifen?
Natürlich sorgen die Käufer der superteuren Tickets in Wirklichkeit dafür, daß die Welt so schlecht bleibt wie sie ist. Aber ich blieb eine halbe Stunde nach dem Konzert ein besserer Mensch und tat niemandem weh. Fassbinder-Filme wirken da meist noch länger. Dennoch: Tränen sind nicht genug! Humanismus ist ein Euphemismus für Polizeistaat und Verbrüderung, die Mausefalle, in die Linke, Hippies und Alternative vor zehn Jahren stapften. Diana Ross leuchtet aber über solche Lügen hinweg. Seelenkitzel und Bewußtseinsvollspülung, Intensitäten, die sich der Namensgebung entziehen. Soul erhebt sich mitten im allerkonventio-

nellsten Rahmen wie ein Hubschrauber oder die fliegenden Menschen in de Sicas »Wunder von Mailand« über alle Rahmen und Konventionen. Fassbinders intellektuellere Pop-Rührung liefert zusätzlich den klassischen, gerechten Zorn auf die Herrschenden. Wer sich erinnert, wie schwer es war Fassbinder gegen Intellektuelle zu verteidigen, die ihm meistens mit ihrer Kleines-Fernsehspiel-»Probleme-vielschichtig-darstellen!«-Mentalität Undifferenziertheit und Übertreibung vorwarfen (also das Wichtigste an Pop), wird sich über all die tränenselige Trauer wundern, die ihm plötzlich zuteil wird.

Die Unfähigkeit der Intellektuellen zwischen falschen und echten Größen zu unterscheiden, wird dieser Tage immer unerträglicher: Joseph Beuys, Bertolt Brecht, John Lennon, Rainer Werner Fassbinder, Andy Warhol, David Bowie, Jean-Luc Godard bleiben groß. Auch wenn solche Kritiker, die bislang allen Autoritäten (auch der Mehrheit der dummen und falschen Größen) ergeben waren, nach einem vermeintlichen Erkenntnissprung meinen, sich von allem, was ihnen etabliert erscheint, lossagen zu müssen. Andy Warhols wenig geliebter, gleichwohl genialer Documenta-Beitrag (Pisse auf Bronze, »Oxydations«) beweist seine unverbrauchte Treffsicherheit, die Fähigkeit ohne das auf der Documenta so verbreitete, hilflose Geraune, ein Kunstwerk auf den Punkt zu bringen, egal mit welchen Mitteln.

Über dem Platz zwischen Café und Fredericianum wehte ein von Daniel Buren konstruiertes Fähnchen-System, darunter wandelten ratlos, aber durchweg angeregt, viele der milliarden traurigen Menschen. Auf der Suche nach trügerischen Richtungen und Richtigkeiten. Es war die Parole ausgegeben worden, man solle sich versenken, betrachten, auf sich einwirken lassen: Man tat gut daran, das nicht zu tun. Sinnvoll war es zu denken und Entscheidungen zu fällen, auch auf die Gefahr hin, daß sie falsch oder mangels Informationen entstanden sein könnten. Es ist nicht schlecht, wenn im Museum geredet wird.

Die Documenta war trotz einer Mehrzahl überladener Aufdringlichkeiten und schwachen Darstellungen von Bewußtseinsnot genau das bunte Unterhaltungsprogramm durch die vielen extremen, verschiedenen Vorstellungen, die die Welt bewegen, im Lichte der verglichen zu anderen Lebensäußerungen der Menschen immer radikaleren Kunst [...].

Nachts entstanden seltsame Situationen, wenn die Top-Künstler der Welt und Kasseler Arbeiter beim Wochenendvergnügen für die kontrastreiche Atmosphäre in der Disco »Pul« sorgten. Hit der Saison: »I Love A Man In Uniform«.

Nachdem man in Kassel ein paar Tage seinen voyeuristischen Spaß an diesem Besuch in einer zerrissenen Gelehrtenrepublik hatte; an so viel richtig und so viel falsch, wird es in Hamburg noch mal existentiell. Bei brütender Schwüle gastieren im Versuchsfeld Birthday Party, Lydia Lunch und Die Haut. Nach souveränem Kunstgucken, Saufen und Fressen in Kassel, fordern Birthday Party von Dir, bei 50 Grad Celsius, 90 % Luftfeuchtigkeit und verbacksten Mitmenschen den hektischen und brutalsten Lärm zu nutzen. Eine Verausgabung, die von Ausgleichssport so weit entfernt ist wie die Neutronenbombe vom Zündnadelgewehr. Nick Cave, hinter der Bühne scheinbar ein verpennter Langhaariger, springt von Beginn an unter »Pow, Pow«-Schreien ins Publikum, läßt Mikroständer stürzen und macht das dürftige, aber wegen ihrer Erscheinung dennoch faszinierende Fünfzehn-Minuten-Lydia-Lunch-Gejaule, das sie, von Birthday Party lärmig unterstützt, unmittelbar davor, darbot, vollkommen vergessen. Die Hälfte der Birthday Party-Musiker sind eindeutig Jazzer, die die Unverbindlichkeit des Handwerks überwinden wollten, um mit der Angriffslust einiger Verrückter (Nick Cave, der Sänger oder der C&W-Bassist, der im radikalisierten Säufer-Outlaw-Texas-Outfit hinter der Bühne mit zwei Sechziger Jahre-Groupies und einer Whiskey-Flasche in den Sesseln hängt) eine neue Radikalität zu erreichen.

In verschwitzter Kleidung ging es in dieser aufregenden Nacht anschließend ins Thedebad, einer öffentlichen Badeanstalt in Hamburg-Altona (≙ Kreuzberg), wo unser aller »Alles Wird Gut« seine Badeparty veranstaltete. Posiert wird jetzt nicht mehr mit, sondern ohne Kleidung. Je weniger, desto posier. Andere führten die Kunst mit 6 Quadratmillimetergroßen Lappen Stil zu zeigen, vor. Prächtige Rokoko-Menschen mischten sich als Kontrast unter all die Nackten und Halbnackten, und ansässige Alternative versuchten die Badeparty zu verhindern, weil sie glaubten die Schickis wollten ihr Bad und ihre Gegend usurpieren. Sie vergaßen mal wieder, daß Sozialisten nicht immer so aussehen, wie sie meinen. Das alternative Menschenbild ist ja das Rigideste und Normativste nach dem der persischen Schiiten.

Birthday Party standen für etwas, das alle fühlen: die Menschen werden wilder, radikaler, aggressiver, vergnügungssichtiger und unberechenbar. Das meiste Potential richtet sich jedoch nach Innen, wird Fieber und Krankheit, nicht Energie wie bei Birthday Party. Räusche und Alpträume wildern in den Hirnen ratloser aber entschlossner Körper. Die Klugen werden besonders klug, die Schönen besonders schön und die Dummen total unerträglich und übel. Die Kontraste zwischen den schweren, schwülen Birthday Party-Attacken und dem kühlen, rational-hedonistischen Badevergnügen, zwischen dem wilden oder stillen Positionsgewirr der Documenta und Diana Ross' ontologischem Seelenkitsch sind bezeichnend für die letzten Wochen der Hochsaison, untermalt von dem gigantischen Spektakel der Fußball-WM. Die diverse Kleingeister nutzen, um ihre irrigen, normativen Vorstellungen vom »schönen Fußball« auszumalen, mit Lobgesängen auf den brasilianischen Barock-Fußball langweilen und der deutschen Mannschaft ihr geniales Gewurschtel und die damit erzielten Erfolge übelnehmen. Als dann die Deutschen sich erstmals dem Stildiktat des »guten Fußball« beugen, gehen sie unter. Italien wird Weltmeister, das gegen den sonst so erfolgreich eingesetzten deutschen Schweinefußball keine Chance gehabt hätte.

Reden und Schreiben über Sex und Fußball ist dann auch das Unerträglichste, was man oft zu hören bekommt. Jeder meint, er sei Experte – was eine ideale Situation ist –, aber jeder sagt dasselbe und vervielfältigt so die Lügen über Sex. Die um Originalität Bemühten dagegen schreiben jedem noch so peinlichen Männerkörper Attribute wie »Rosenblütenhaut« zu und ermöglichen Sätze wie »In ihr kocht Lava«. Zum Teufel mit dem Gefasel von Sinnlichkeit! Mit Diana Ross, Birthday Party und Andreas Dorau wünsche ich allen Lieben einen schönen Spätsommer!

200 D

Auszug

Die Tour der Leiden ist noch nicht zu Ende. Es liegen noch zwei schwere Etappen vor mir. Wieder Leopoldstraße, wieder Ludwigstraße, jetzt stadteinwärts, am Odeonsplatz rechts ab. Mit schlafwandlerischer Sicherheit finde ich meinen Weg. Ich parke in der Briennerstraße vor der EINRICHTUNG. Das WHY NOT ist in einem kleinen Pavillon im Innenhof eines Komplexes mit teuren Läden. CARTIER, BRAUN, DIE EINRICHTUNG.

Auf den Stufen vor der Eingangstür drängeln sich einige junge Leute, darunter zwei langhaarige, dürre Heavy-Metal-Typen mit engen Nappalederhosen, kurzen Jeansjacken und hochhackigen Stiefeln. Ein Junge, der wie ein Salemschüler gekleidet ist, wird von der Frau, die heute die Pforte macht, nicht eingelassen. Sie ist eine der Ultradürren, genau wie die beiden Langhaarigen, die jetzt vorbeidürfen.

In dem quadratischen Raum hinter der attraktiven Fassade haben nicht mehr als 80 Leute Platz. Es ist noch ziemlich leer. An der Stirnseite befindet sich die Bar. Daneben, leicht erhöht, der Kommandostand des Discjockeys, davor die Tanzfläche. Rundum gepolsterte Bänke mit niedrigen Tischen und Hockern.

Ich gehe die Schritte zur Tanzfläche. Sieben Jugendliche entäußern sich. Ihre Körper arbeiten schwer, obwohl die Musik leicht und zackig klingt. Ihre wohlgeformten markanten Köpfe werden durch die kurzgeschorenen Haare maximal zur Geltung gebracht. In ihren Gesichtern spiegelt sich der Ernst der Lage.

Über ihnen am Plattenteller SPOCK (34). Er ist von einer anderen Art. Schüchtern beobachtet er die Tänzer. Ein normales weißes Makounterhemd lenkt den Blick auf seine schmalen Schultern mit den dünnen

Oberarmen. Bei ihm wirkt der Kurzhaarschnitt wie eine Demütigung. Höflich und vorsichtig legt er eine neue Platte auf.

Schließlich entschieden sich KRUPP in Essen, die Maschinenfabrik in Augsburg und die GEBRÜDER SULZER in Winterthur dazu, den Motor zu entwickeln. Doch erst 1897, nach dem Scheitern einiger Versuchsmotoren, gelingt es RUDOLF DIESEL, einen Motor zu bauen, der bei einer Verdichtung von 30–33 Atmosphären pro Pferdekraftstunde einen Brennstoffverbrauch von nur 258 Gramm hatte. Die Nachricht von diesem einzigartigen Motor verbreitete sich wie ein Lauffeuer, der Erfinder befand sich auf dem Höhepunkt seiner Karriere.

Das Lokal wird langsam voller. Die Dekoration besteht aus weißen Plastikfolien, die man lieblos über die Wände geklebt hat. Auf der kleinen Mauer links neben der Tanzfläche sitzen fünf Mädchen.

Die Tanzenden machen mir Angst. Es sind mindestens zehn, die wild durcheinanderarbeiten. Die Tanzfläche ist zu klein. Einer geht zu Boden. Die Jungen sind wie Welpen. Bei den tanzenden Mädchen bricht Rustikales durch. Einflüsse aus dem Österreichischen. Orgien und Mysterientheater.

Eine Bedienung nötigt mich, ein Bier zu bestellen. Über den Mädchen auf der Mauer baumelt eine nackte Puppe, eine mit weißer Ölfarbe gestrichene Männerfigur in der Haltung eines Diskuswerfers. Ich nehme die Bierflasche und bezahle mit einem Zehnmarkschein. Nach ein paar Schluck setze ich mich zu den Mädchen direkt unter den Diskuswerfer. In der Zwischenzeit sind mehr und mehr modische junge Leute gekommen, die aussehen, als hätten sie reiche Eltern. SPOCK hat das musikalische Ruder vorsichtig gewendet, mehr und mehr Kling-Klang-Musik. Das Mysterientheater verläßt die Tanzfläche. Sie lachen jetzt und schubsen sich durch den Raum.

Vor mir ALEXANDRA. Sie tanzt mit einer Freundin. JAN M ist nicht fern. Das Kinn in die Hände gestützt, lehnt er auf dem Baßlautsprecher. Er schaut mürrisch über ALEXANDRA hinweg. Sie macht es ihm nicht leicht. Zu den schnellen Friktionen des Unterleibs beschreibt sie mit exakten Schritten halbkreisförmige Figuren. Dazu vibrieren bei rausgedrücktem Busen ihre nackten Schultern. Haare und Mund trägt sie offen.

Ich sehe immer mehr bekannte Gesichter. Das Mädchen neben mir fragt, wo ich SUSI gelassen habe.

Am Eingang taucht OLIVER B (20) auf. Er kommt allein. Elegant wie immer, heute in seinem hellen BOSS-Mantel. Er winkt mir zu. Ich soll rauskommen. OLIVER ist ein Bolide. Reiche Eltern. CSU-Wähler. Tauglichkeitsgrad 1. Er zweifelt nicht an den Dingen. Er will sie haben oder will sie nicht haben. Geld zum Beispiel will er haben. Er erzählt mir, daß er sich ein neues Jackett und eine Hose gekauft habe.
»Beides ARMANI, bei HARRY's. Das war ein Erlebnis. Da weiß man, wofür man lebt.«
Ich bewundere seine Krawatte. Auf dunkelblaue Seide sind langausgestreckt fliegende Graugänse gestickt, ganz klein, kaum zu erkennen. Sie fliegen von links nach rechts. Wir beschließen, die letzte und schwerste Hürde des Abends gemeinsam zu nehmen. Das SUGAR wartet auf uns.

SUGAR

OLIVER findet, daß nur Proleten Motorrad fahren. Er weigert sich, den Helm aufzusetzen. Wir fahren die kurze Strecke ohne Helm. Er sitzt aufrecht hinter mir und hält sich an meinen Schultern.
Ich erzähle vom roten Diesel. Er stöhnt mir ins Ohr. Niemals werde er einen Diesel kaufen. Zum Abitur Golf GTi, schwarz, mit getönten Scheiben, nach dem Staatsexamen Mercedes, S-Klasse, dunkelblau, Sonderlackierung, mit vielen Extras. RUDOLF DIESEL sei ein Depp gewesen, weltfremd, unerfahren in finanziellen Dingen, ein typischer Erfinder. Sein Freitod im Ärmelkanal in allen Ehren ... nach dem finanziellen Ruin das einzig Richtige.
Wir biegen von der in der Nacht stark befahrenen Sonnenstraße in die Herzogspitalstraße, die als schmale Einbahnstraße zum Rindermarkt führt.
Vor dem SUGAR Leute. Parkende Wagen blockieren die Bürgersteige. Andere rollen mit gesetzten Blinkern auf der Suche nach einer Lücke langsam vorbei. Hinter uns hupt ein Taxi. Ich lenke das Motorrad direkt vor den Omnibus, der mit verhängten Seitenfenstern, zwei Parkplätze einnehmend, in Höhe des Lokals parkt. Aus dem Innern des zu einem Wohnmobil entfremdeten Mercedes LPO 608 Diesel Busses mit ERNST-AUWÄRTER-AUFBAU dringt laute Rockmusik. AXEL S (32) auf dem Fahrersitz. Hinter ihm drei milde lächelnde junge Männer mit glatten, langen

Haaren. Daneben zwei weißgekleidete Mädchen, eine mit schwarzen Haaren, schmalen Lippen, strengem Blick, die andere blond, drall und zutraulich. Beide höchstens fünfzehn.

»Kicherteenies«, meint Oliver.

AXEL S öffnet das Seitenfenster. Er dreht die Musik leiser. Es riecht nach Dieselgasen und Gras. Die Teenies kichern wirklich. Weiter hinten im Bus ein drittes Mädchen, etwas älter, etwas größer, schwarz angezogen mit kurzen Haaren, ernst, unnahbar.

OLIVER läßt die Teenies kichern, indem er sein Tagesprogramm bekanntgibt. Heute früh bei KÄFER gefrühstückt, 2 Fleischpflanzerl mit Kartoffelsalat, dazu eine halbe Flasche MOËT, mittags im FRANZISKANER, Stammtisch, rösche Kalbshaxe, 1/2 Flasche KIRCHBERGER VÖGELEIN, dann bei Oma Abendessen, kalte Platte, Rheinwein. Danach, HARRY's BAR, 1 Alphonso-Cocktail, später im GLITTER, 2 Flaschen MOËT und jetzt werde er sie zu einer Flasche HEIDSIECK einladen.

Vor der Pforte zum SUGAR spielt sich der Existenzkampf ab. Einige englisch sprechende Personen verhandeln mit der Pförtnerin, die durch das kleine vergitterte Fenster die Gesichter kontrolliert. Mindestens zehn weitere Personen warten auf Einlaß, empört, als sei ihnen Unrecht widerfahren. Die Tür bleibt verschlossen.

An der Ecke der nächsten Querstraße parkt der schwarze Mercedes. Die 6,3 auf dem Kofferraumdeckel ist deutlich zu erkennen.

AXEL öffnet die Tür, um die beiden Teenies aus dem Bus zu lassen.

Die Pforte wird ein spaltbreit geöffnet. Wir treten ein, mit uns die Engländer. Drinnen erwartet sie ein poppig angezogener Mann. Er nickt der Pförtnerin bestätigend zu. Sein Geschlechtsteil zeichnet sich knotig in der engen Nappalederhose ab.

Auf der roten Couch rechts ein kurzsichtiger Mann. Die Engländer drängen von hinten nach. Wir gehen auf eine steile Treppe zu, die neben der Garderobe nach oben führt. Durch glitzerndes Halbdunkel der Musik entgegen. Nach der langen Geraden wendelt sie, einen Halbkreis beschreibend, weiter bis zu einem geräumigen Treppenabsatz mit samtüberzogenen Bänken und dem Zigarettenautomaten. Der Durchgang nach links führt ins Allerheilige. Die Musik trifft mich in die Magengrube. Ich höre die tiefen Töne mit den Eingeweiden.

Zwei Bars zu beiden Seiten des Eingangs. Wie eine Wand, die Leute. Sie versperren den Durchgang. Ich kann über sie hinweg in den zweistöckigen Hauptraum sehen. In der kuppelförmigen Deckenkonstruktion hängen farbige Lichtorgeln, Neonstäbe und riesige JBL-Hörner. Einige der Beleuchtungskörper, die aussehen wie Raumschiffe, drehen sich langsam um die eigene Achse. Die Luft ist schlecht. OLIVER verschwindet mit den beiden Mädchen im Publikum. Ich bleibe im Durchgang stehen.

Am Zigarettenautomat lehnt ein asketischer junger Mann. Er atmet heftig. Die Nasenflügel gedehnt, schaut er nach unten auf seine Schuhspitzen. Auf der Stelle tretend, vorsichtig, übt er einen Tanzschritt. Hüft- und Kniegelenke bewegen sich phasenverschoben im Rhythmus der Musik, verhindern so ein Ausbrechen der Bewegung. Plötzlich holt er aus, nimmt Schwung, das rechte Knie hin und her schlenkernd, um sich blitzschnell, die Arme angewinkelt, dreimal um die eigene Achse zu drehen. Im Bruchteil einer Sekunde stoppt er in den Stand. Ohne zu schwanken steht er bewegungslos in der Achse. Nur sein Atem fliegt.

Die Frau hinter der rechten Bar trägt einen Body-Suit mit Leopardenmuster. Untadelige Figur. Eine kräftige Fünfundzwanzigjährige, größer als einmetersiebzig, mit langen braunen Haaren. Wulstige Lippen. Der schöne MICHAEL H sitzt am Ende der Bar. Er schaut ihr zu.

Mehrere Leute drängen heraus zur Treppe, andere rücken von unten nach. Ich lasse mich bis zu MICHAEL mitschwemmen. Er schreit mir etwas zu. Ich halte mein rechtes Ohr vor seinen Mund, um ihn verstehen zu können. Er sei so spitz. Ich finde, er ist am richtigen Ort, nehme den Barhocker neben ihm und schreie dem Leoparden meine Bestellung ins Ohr. MICHAEL schaut ihr zu, als sie das Bier einschenkt. Ich reiche ihr einen Zehnmarkschein.

Das Gedränge läßt nach. Man kann Einzelheiten erkennen. OLIVER ist auf der Tanzfläche in der Mitte des quadratischen Raumes, direkt unter den Hörnern und Lichtorgeln. Von drei Seiten wird sie durch festinstallierte Abteile aus flachen Tischen und Bänken begrenzt. Dahinter die dritte, die große Bar. In der rechten Ecke auf erhöhtem Niveau der Discjockey in seiner Festung, eine glasverblendete Plattenbar mit zwei Spielern und Mischpult. In die Wand eingelassen, bis hoch hinauf, elektronische Geräte mit hellgrün erleuchteten Skalen und unregelmäßig aufglühenden Reihen feiner grüner und roter Punkte. Er arbeitet ruhig wie ein Filmvorführer. Das Programm steht fest.

Neben uns an der Bar die tragenden Elemente vom Filmertisch aus dem ROMAGNA, KLAUS L und BERND E, mit straffen Gesichtern, die Pupillen groß wie Wagenräder. BERND E hat den rechten Arm um die Schulter eines beneidenswert schlanken Mädchens gelegt. Eine elegante Erscheinung. Ihr mit Pailletten besticktes schwarzes Kleid ist Haute-Couture. Milano. Ein schmales, bleiches Gesicht mit vorstehenden Backenknochen und glatten, langen, blonden Haaren. Ich starre sie an. Sie sieht krank aus. Das ist Luxus.

An der zweiten kleinen Bar stehen die Engländer und poppige Leute. Große Männer mit hochhackigen Cowboystiefeln, engen Nappalederhosen, kurzen Lederwesten und mächtigen Mähnen. Zwei der Frauen tragen tief ausgeschnittene, kurze Fransenkleider aus Waschleder, weiße Cowboystiefel und Dauerwellen mit Indianerstirnbändern. Die dritte hat die engsten schwarzen Chintzhosen, die ich je gesehen habe. Auf ihrem schwarzen T-Shirt ein weißer Schriftzug: KU-IBIZA.

Ich gehe an ihnen vorbei, um die Bar herum in die linke Ecke. Von hier führt eine schmale steile Treppe weiter nach oben in einen langen mit rotem Samt ausgeschlagenen Gang, an dessen Ende sich die Toiletten befinden. Hier ist die Musik etwas leiser, nur der Boden vibriert. Mehrere Leute stehen vor der Damentoilette. Sie rauchen an einer Zigarette, die im Kreis herumgereicht wird. Man zieht den Rauch geräuschvoll ein, dabei hält man den Kopf schief, macht die Augen zu oder schielt auf die glühende Spitze.

Die Männertoilette ist überfüllt. Ich warte vor der WC-Kabine. Von innen ein Schniefen, ein metallisches Klicken, ein Rascheln. Dann wird abgezogen. PEPINO G der Italiener und der Graugekleidete kommen heraus, mit ernster Miene. PEPINO wischt sich nervös die schwarze Haarsträhne aus der Stirn. Er stellt uns einander vor. KONRAD F (41). Ich frage, ob er den Mercedes 6,3 gekauft habe. Beide lachen. Ich schließe mich ein.

Beim Runtergehen kann man das ganze Lokal überblicken. Hinten an der langen Bar stehen die Leute in mehreren Reihen und schauen den Tanzenden zu. Die quadratischen Platten der Tanzfläche aus stoßfestem Glas werden von unten illuminiert, im Rhythmus der Musik und in vielen verschiedenen Farben. Die linke Seitenwand ist über die ganze Breite bemalt. Strahlende Pastellfarben auf hellem Grund. Die Arbeit eines von TOLKIEN, CASTANEDA und ANDRÉ HELLER beeinflußten Malers. Zauberei, Abenteuer und Poesie zugleich.

OLIVER sitzt an einem der bevorzugten Tische, erhöht, direkt an der Tanzfläche. Die beiden Mädchen neben ihm phosphorisieren in schneeweißer Kleidung. Vor ihm ein Champagnerkübel und vier Gläser. Ich arbeite mich bis zu seinem Tisch durch und setze mich auf einen flachen Hocker ihm gegenüber. Er bietet mir ein Glas Champagner an.

»HEIDSIECK.«

Ein prickelnder, herber Fruchtgeschmack.

Hier ist die Musik am lautesten. Die gigantischen Baßlautsprecher beiderseits der Tanzfläche sind auf uns gerichtet. Paukenschläge und Schwermetallklänge lassen meine Hosenbeine flattern. Die hohen Schreie der Sänger strahlen aus den über uns in der Kuppel hängenden Hörnern und Hochtönern. Es wird getanzt. Rock. Mehrere Heavy-Metal-Tänzer, Nappalederhosen und strähnige lange Haare. Es ist ihre Musik. Sie synchronisieren, greifen zu imaginären Gitarren und Mikrophonen, spielen mit vorgestülpten Lippen und durchgedrücktem Becken die kompliziertesten Riffs. Rockstars. Sie beugen sich vor und schreien ins Mikrophon, das Publikum nicht aus den Augen lassend. Gebückt drängen sie langsam rückwärts durch die Menge der Happy-Hip-People, viel Jeans und Turnschuhe. Die halten den Kopf hoch, bewegen den Oberkörper im Rhythmus und schauen sich diskret nach einem Partner um. Gesunde junge Menschen, glücklich und schön, Idealmaße, die zueinander passen.

Ein stattlicher Lockenkopf schiebt über die Fläche. Er führt seinen voluminösen Brustkasten vor. Die hochgewinkelten Arme, weit zurückgenommen, bewegen sich im Takt. Er schaukelt in den Knien, eine Tanzbärnummer, und schmiert sich an den schönsten Mädchen vorbei, den Mund zu einem Kuß geformt.

OLIVER schreit: »HEIDSIECK.« Wir stoßen mit den beiden Mädchen an.

Der Mann am Nebentisch hat sich aufgerichtet, seine Ellbogen auf die Rücklehne der Bank gestützt. Ein exakter Schnitt: Die mittelkurzen Haare sind frisch gewaschen und nach hinten gefönt. Sie teilen sich in einem angedeuteten Mittelscheitel. Ein Dreißiger, extrem gepflegt, Beau. Das dünne Zigarillo steckt zwischen den Zähnen. Die junge Frau neben ihm hat ihre linke Hand auf sein rechtes Knie gelegt. Sie sitzt bequem zurückgelehnt. Kräftige Schenkel in einer weinroten Samtjeans. Energisches Gesicht, fleischige Nase. Ihre Augen sind halb geschlossen.

Rechts schieben die Leute zur Tanzfläche hin. Der asketische Tänzer, der am Zigarettenautomat die dreifache Achse gedreht hat, drängt sich durch, gefolgt von zwei Mädchen. Sie postieren sich vor die rechte Baßbox. Die beiden Mädchen warten eng beieinander und halten gebührenden Abstand. Er steht vollkommen ruhig, konzentriert sich. Die Mädchen sind in ihren hochhackigen, spitzen Schuhen genauso groß wie er. Beide sind mager. Die erste hat schwarze Haare, ein schmales Gesicht, festverschlossene schmale Lippen. Ein langer Hals in einem schwarzen, ärmellosen Rollkragenpullover, weiße Arme, schwarze Glacéhandschuhe. Ein giftgrüner Pettycoat. Ihre Freundin hat kurze, blonde Haare, ein rechteckiges Gesicht mit kleinem Mund. Das Oberteil ihres rosa Pettycoatkleides läßt die kräftigen Schultern frei.

Der Tänzer macht Lockerungsbewegungen mit den Schultern und winkelt sein rechtes Bein an. Die Musik greift. Er holt mehrere Male, mit dem rechten Knie weit ausholend, Schwung, dreht eine vierfache Achse und stoppt aus der vollen Drehung in den Stand. Das Bein leicht angespreizt, die Schuhspitze gegen den Boden.

OLIVER schreit:

»HEIDSIECK.«

Wir stoßen an. Die Mädchen tanzen miteinander. Er beugt sich vor und blickt zum Eingang.

»Deine Freundin.«

DOROTHE steht bei den Filmern. Neben ihr der schlaksige Nikolaus, die Zigarettenpackung in den Ärmel seines T-Shirts gewickelt. Er raucht amerikanisch, den Kopf zur Seite geneigt und beobachtet DOROTHE aus zusammengekniffenen Augen. NIKOLAUS ist ein Held. Ich spüre die Gefahr.

OLIVER schüttelt sich vor Lachen. Ich stehe auf und rudere mit den Armen. NIKOLAUS sieht mich zuerst. Er dreht DOROTHE in meine Richtung. Wir verständigen uns in Zeichensprache.

MICHAEL sitzt noch immer an der Bar. Er schaut der Bedienung zu. Zwischen ihm und den Filmern ist PEPINO, der Italiener, mit seinem grauen Freund und zwei Mädchen. Die Haare sind schweißverklebt. Er buckelt und schaut nervös um sich, die Hände in den Hosentaschen. Der Graue

blickt über uns hinweg auf die sich drehenden Beleuchtungskörper in der Kuppel. Die Mädchen sitzen auf Barhockern. Sie halten Sektgläser. Eine neue Platte beginnt zart und melancholisch. OLIVER flüstert: »HEIDSIECK.«
Wir trinken unsere Gläser aus. Die Musik wird leiser. Plötzlich rüstet der Discjockey auf. Demonstrativ drückt er einen der Schiebewiderstände auf dem Mischpult bis zum Anschlag. Unter Einsatz der gesamten Verstärkerkapazität erzeugen Bass, Trommeln und Leadgitarre einen ohrenbetäubenden Donnerschlag. Meine Hosenbeine fliegen, der asketische Tänzer dreht eine fünffache Achse. OLIVER springt auf die Tanzfläche. Mit hoher Kopfstimme setzt der Gesang ein. Ich stehe auf und gehe zu der kleinen Bar, wo DOROTHE und die anderen stehen.

1982 JÖRG FAUSER

Rohstoff

Roman
Auszug

zwei

Daß man etwas aus seinem Leben machen muß, war mir ziemlich früh eingebleut worden. Auf der anderen Seite war da die Apathie, unter der ich anfallsweise litt wie unter den ständig wiederkehrenden Halsentzündungen, die auch nicht aufhörten, als man mir die Mandeln entfernte. Immer wieder aufflackernde melancholische Schüttelfröste beim Anblick der Kartoffelfeuer auf den öden Feldern im Herbst, der Raben, die in den Bäumen hingen, der roten Haare eines Mädchens in der Nachbarschaft. Dagegen half nur, sich ins Bett zu verziehen und zu lesen oder selbst zu schreiben. Nach zwei kurzen Flirts mit der Politik und der Religion war mir mit achtzehn klar, daß der Beruf des Schriftstellers der einzige war, in dem ich meine Apathie ausleben und vielleicht dennoch aus meinem Leben etwas machen konnte.

Allerdings waren die guten Bücher schon alle geschrieben. Sie standen in Buchhandlungen oder den eigenen Regalen, und so geriet ich zwangsläufig unter den Einfluß solcher Lebenskünstler wie Henry Miller oder Kerouac – nur wuchs ich in Frankfurt/M. 50 auf. Ehrlich schreiben konnte man doch nur über das, was man selbst aus erster Hand erfahren oder erlebt hatte, die Technik kam dann schon, wenn man es nur ernsthaft genug mit dem Schreiben versuchte. Ich lag also in unserer Bude auf dem Dach in Istanbul und füllte die türkischen Wachstuchkladden, ich versuchte mich zum ersten Mal ernsthaft an Prosa. Ich hatte meinen Ersatzdienst in einer Spezialklinik für Lungen- und Brustkranke abgerissen und schrieb nun einen Roman über einen jungen Ersatzdienstleistenden in einer Spezialklinik für Lungen- und Brustkranke, und ich fand, daß es mir gelang, ganz schön viel hineinzupacken – die verrückten katholischen Schwestern, die erotischen Abenteuer mit den Schwesternhelferinnen, die exzentrischen Krebskranken, die vermufften Bürokraten, das Morphium, das man sich so leicht beschaffen konnte. Mit den Sterbenden hatte ich allerdings Schwierigkeiten beim Schreiben, und dann wurden meine Sätze auch immer länger.

»Der Satz hört ja überhaupt nicht mehr auf«, sagte Ede. Ich las ihm gelungene Passagen gern vor. Er hatte ein türkisches Mädchen in seinem Bett, eine Ausgeflippte, die sich in der Gegend um Sultan Ahmed herumtrieb und von der Polizei und ihren reichen Eltern aus Izmir gesucht wurde. Ich fand das gar nicht cool – wir arbeiteten schließlich ohne Netz –, aber Ede war sowieso nicht mehr cool. Seine Bilder wurden immer bunter, und er sprach davon, eine Ausstellung zu machen.

»Das liegt an der Technik«, sagte ich. »Hier handelt es sich um einen Bewußtseinsstrom à la Joyce. Schon mal *Ulysses* gelesen?«

Die Türkin stöhnte irgendwo unter der Decke. Unsere Kerzen warfen phantastische Schatten. Ede machte eine frische Zigarette an. »Ich glaub, das liegt eher am Desoxyn«, sagte er. »Du weißt doch, wie Speed funktioniert – du fängst einen Satz an, dann kommst du vom Hundertsten ins Tausendste.«

»Willst du vielleicht sagen, daß Joyce Desoxyn genommen hat?«

»Wahrscheinlich hat sein Hirn auch ohne Desoxyn so funktioniert.«

»Weil er eben eine bestimmte Technik erarbeitet hat.«

»Ach, Schreiber«, sagte Ede wegwerfend. »Bei euch läuft alles nur übers Hirn.« Er fluchte. Die Türkin hatte ihn gebissen. »Dagegen die Malerei – so direkt ist nicht mal die Musik.« Er machte die Zigarette aus, griff sich die Türkin und zog sie über sich. Endlich bekam sie seinen Hosenstall auf, und es konnte losgehn. Armer Ede. Sie bearbeitete ihn mit Zähnen und Klauen. Das Bett wackelte heftig, und unsere Katze flüchtete sich zu mir. Dann krähten in der Nähe die ersten Hähne, und die in Üsküdar drüben antworteten. Ein fahler Streifen Licht erschien auf der dreckigen Fensterscheibe. Die Türkin keuchte, als ob es um ihr Leben ginge. Vielleicht ging es um ihr Leben. Was war das überhaupt, das Leben? Vielleicht wußte es die Katze, aber sie zog es vor, ihr Ohr zu putzen. Mein Gott, Ede, nun komm schon. Ich überflog den letzten Satz. Er war noch viel zu kurz. Man mußte alles hineinpacken, in einen Satz so wie in dieses Zimmer, wo auch alles beisammen war, auch der Tod. Aha. Tod. Der Tod fehlte noch in diesem Satz. Auf dem Weg ins Stationszimmer, wo er sich wieder am Giftschrank bedienen wollte, mußte der Held also von dem manisch-depressiven Oberarzt abgefangen werden, der ihn mit in den Kühlraum nahm, wo die Leichen … genau! Etwas Vampirismus, das fehlte der Story noch. Ich fing an zu schreiben, aber es wurde immer heller, und die beiden in dem anderen Bett stöhnten und taten, als ob sie sich die Gedärme rausrissen. Wie sollte man da schreiben? Was hätte Joyce jetzt getan? Ich stand auf, nahm meine Jacke vom Haken und verzog mich.

Früh am Morgen mochte ich die Stadt am besten. Es war gut, noch am Leben zu sein. Der Wind, der vom Horn wehte, machte den Kopf klar. Ich ging in eine Milchstube, wo die Lastenträger und Ladenschwengel frühstückten, aß eine Schüssel süße Nudeln und trank heiße, gezuckerte Milch. Selbst die Spitzel waren um diese Zeit einfach Männer, die wieder eine Nacht überlebt hatten. Ich schlenderte zum Bahnhof Sirkeçi hinunter und wartete, bis der Zeitungsladen aufmachte. Der Zug nach Deutschland stand schon auf den Gleisen. Ich hatte keine Lust mitzufahren. Ich kaufte eine *Times*. Frühjahr '68. Es sah so aus, als ob sich etwas zusammenbraute in Paris, Berlin, Prag. Ich setzte mich in das Teehaus an der Ecke und las die Zeitung. Es nahm sich ganz interessant aus. Der Ami bezog Prügel in Vietnam. Wer weiß, was die Türken davon hielten. Man hörte, daß amerikanische Seeleute abgestochen wurden, in Tophane und anderswo. Gerüchte. Hoffentlich waren die beiden bald fertig mit ihrem sexuellen Anfall. Ich wollte noch weiterschreiben. Ich hörte Schiffssirenen im Horn. Plötzlich dachte ich: Und wenn du das Ding wirklich fertigschreibst, was machst du dann damit? Schickst du dann diese Wachstuchkladden gebündelt nach Deutschland? Und an wen? Und das liest dann irgendein bedeutender Verleger und druckt es, und dafür schickt er dir Geld? Und du bezahlst dann die Schulden im Hotel und ziehst vielleicht ins Pierre Loti und kaufst ein Kilo Opium und schreibst wieder ein Buch? Ich sah auf meine Hände. Alte Narben und neue, und Schorf. Opium und Nembutal machten die Venen kaputt. Ich hatte keine Socken an, und meine Schuhe hatten durchlöcherte Sohlen und waren eine Nummer zu klein. Die Hose war mal grün gewesen und jetzt völlig farblos, der Cord bröselte ab. Hemden konnte man für ein paar Lira haben, aber wenn man sich an eins gewöhnt hatte, trennte man sich nur ungern davon. Genauso, wie man sich auch von Istanbul nur noch ungern trennte, von dem Loch, in dem man es sich behaglich eingerichtet hatte mit den Narben und der Apathie und den Rapidographen und dem Blick aufs Meer. Solange es ging, wollte ich bleiben in diesem Loch. Das Leben war ohnehin sinnlos.

drei

Ede fing an zu verkaufen. Seine Bilder hingen in Pudding-Shops und Hippie-Hotels, in Souvenirläden und Kebabstuben. Er machte vage Andeutungen über eine Ausstellung im Hilton. Merkwürdige Typen tauchten auf dem Dach auf – junge Türken in dreiteiligen Anzügen mit Spritzbestecken in der Westentasche, ein Deutscher mit rotem Bart, der etwas von Aufträgen in Damaskus und Amman faselte, schroffe Straßenkämpfer, die ihre an den Barrikaden des Boul' Miche erworbenen Verletzungen vorzeigten. Wir hatten einen florierenden Kunsthandel, einen florierenden Paßhandel und einen florierenden Kreis von Spinnern und

Spitzeln. Sogar ein leibhaftiges Model gab ein Gastspiel mit zwei Hutschachteln. Meine Produktion kam praktisch zum Erliegen.

»Was du brauchst«, sagte Ede, »ist eine Schreibmaschine, Harry.«

»Was ich brauche«, antwortete ich, »sind ein paar Plastikvenen.«

Wenn Ede sich etwas in den Kopf gesetzt hatte, zog er es auch durch. Wir fanden unten in Galata einen Laden, der gebrauchte Schreibmaschinen verkaufte. Das billigste Modell mit deutschen Typen kostete soviel, wie wir in zwei Monaten zum Leben brauchten. Wir fanden, daß es eine türkische auch tat. Es war die erste Schreibmaschine, die ich mir von meinem eigenen Geld kaufte. Es mochte zwar ein bißchen Blut an dem Geld kleben, aber das klebte auch an jeder Kanüle. Die Schreibmaschine hatte ein grünes Metallgehäuse. Ein solides Ding in einem grauen Plastikkoffer. Ziemlich schwer in der Hand. Ein Werkzeug. Wenn man sie sah, spuckte man unwillkürlich in die Hände. Jetzt würde sich zeigen, ob ich weitergekommen war in all den kalten Nächten mit den flackernden Kerzen, der schnurrenden Katze, dem Sprit auf dem Boden und den Rapidographen, die Kladde um Kladde füllten.

Aber mit der Schreibmaschine tauchten Probleme auf, die ich bis dahin nicht gekannt hatte. Am Tag ging es bei uns inzwischen zu wie in einem Taubenschlag, und nachts konnte ich auch nicht gut tippen – die Leute wollten schließlich schlafen. Das Schreibpapier verschwand rapide, aber nicht beim Tippen, sondern auf dem Klo. Während Ede wie gewohnt nachts die Leinwand attackierte – er hatte etwas zugenommen und malte vorzugsweise Frauen mit enormen Brüsten –, hockte ich verdrossen in einer Ecke und blätterte in meinen Kladden.

»Du mußt dir einen neuen Rhythmus zulegen«, meinte Ede. »Am besten mietest du noch ein Zimmer und richtest dir eine Art Büro ein. Und dann hältst du richtig feste Zeiten ein. Herrgott, wer schreibt denn heute noch mit der Hand? Die Leute denken doch, du führst da ein Tagebuch.«

Ich warf die Kladden zu meinen anderen Habseligkeiten. »Warum fahren wir nicht zurück, Ede? In Europa ist Revolution, und wir hocken hier auf diesem Dach und machen in Künstler.«

»Glaub mir, ich kenn die, die da jetzt Revolution machen. Das sind die Großschwätzer aus dem Club Voltaire. Bevor die in Stuttgart eine Revolution machen, hängen meine Bilder im Museum of Modern Art.«

»Ede, ich war schließlich Korrespondent der englischen Anarchisten-zeitung *Freedom* in der Bundesrepublik. Die ist noch von Kropotkin ge-gründet worden. Du wirst mir doch nicht erzählen, daß ich nicht weiß, wann ich eine revolutionäre Situation vor mir habe.«

»Aus England hört man aber nichts, Harry.«

»Die brauchen eben etwas länger. Und außerdem kriegen wir da Heroin auf Krankenschein.«

»Du darfst dich jetzt nicht ins Bockshorn jagen lassen«, sagte Ede. »Als ich das erste Mal mit richtiger Leinwand gearbeitet habe, wollte ich am liebsten auch alles stehen- und liegenlassen. Das geht vorbei. Du mußt dich einfach an die Schreibmaschine gewöhnen.«

»Soll ich mit ihr schlafen, oder wie?«

»Du könntest damit anfangen, Briefe zu schreiben. Bei den Türken ist das immer noch ein Beruf, Schreiber. Nicht Schriftsteller, sondern Schreiber. Am besten wirst du erst mal ein Schreiber. Hier leben Hunderte von Aus-ländern, was glaubst du, was da an Möglichkeiten besteht. Wer hat denn schon eine Schreibmaschine? Und wenn du ein guter Schreiber bist, wirst du auch ein guter Schriftsteller.«

»Che Guevara ist tot, und du erzählst mir einen solchen Blödsinn!«

»Glaub nicht, daß Che dir was anderes erzählt hätte. Gib mir mal die Tube Preußischblau.«

Am nächsten Tag hockte ich vor der verdammten Schreibmaschine und versuchte, mit einem Finger die ersten Seiten aus der ersten Kladde ab-zutippen. Es zeigte sich, daß ich die langen Sätze schon ziemlich früh eingeführt hatte. Und da solche langen Sätze sehr schnell geschrieben werden müssen, damit der Faden nicht verlorengeht, brauchte ich ziem-lich lange, um sie zu entziffern, und noch länger, um hinter ihren Sinn zu kommen. Das meiste war Mist. Ich war den Tränen nah. Jemand räus-perte sich. Es war Mahmud, der Hausbursche, ein Mann um die Dreißig, der nicht viel besser als ein Hund behandelt wurde und eine dement-sprechende Mimikry entwickelt hatte. Jetzt machte er große Kuller-augen. Er streckte eine Hand aus und berührte die Schreibmaschine ehr-fürchtig, wobei er in einem fort schnalzende Geräusche von sich gab. Ich trank den Tee, den er mir gebracht hatte. Er lachte, verschwand und kam mit dem Patron zurück. Der Patron war rundlich, hatte helle Haut, berechnende Augen und ein gemütliches Kinn, das die Augen vergeblich

Lügen strafte. Er begutachtete die Schreibmaschine, äußerte sich anerkennend, und am Nachmittag war ich im Geschäft. Ich schrieb ihre
Briefe. Ich schrieb für die Miete.

vier

Im Sommer fielen die Franzosen und die Österreicher in Istanbul ein.
Horden von Hippies aus Wien und Paris, Tirol und der Bretagne, die die
intime Atmosphäre, die bisher geherrscht hatte, in ein angeblich liber-
täres Tohuwabohu verwandelten. Sie trieben es in aller Öffentlichkeit in
den Parks, sie fingen an zu betteln, sie stahlen und betrogen ohne jedes
Raffinement, sie droschen Phrasen und brachten in kürzester Zeit den
allgemeinen Umgangston auf ein erbärmliches Niveau herab. Und für
jeden, der nach Osten verschwand, tauchten am nächsten Tag zwei neue
auf.
Es gab richtige Verhaftungswellen. Die Gerichtsurteile wurden härter.
Zwanzig Jahre für ein Kilo, drei Jahre für zehn Gramm, Todesschuß für
einen Amerikaner, der bei seiner Verhaftung die Knarre gezogen hatte.
Die ersten Vietnam-Veteranen tauchten auf. Schwarze Kongo-Kiffer aus
Katanga. Die Love & Peace-Saison war lange vorbei. Wir näherten uns
rapide der Saison in der Hölle.
Kein Pudding-Shop kaufte mehr Bilder, und ich hatte das Schreiben
endgültig eingestellt. Keine langen Sätze und auch keine Briefe für
den Patron. Ein glühend heißer Sommer lag über der Stadt. Demonstra-
tionen im Universitätsviertel. Straßensperren. Nächtliches Ausgangs-
verbot. In den Teehäusern lasen sie sich die Artikel über die Hippies
laut vor und starrten uns dabei an. Ich war kein Hippie, ich hatte keinen Ärger mit der Polizei, ich war aber auch kein Schreiber mehr und
schon gar kein Schriftsteller. An dem Tag, als ich die Schreibmaschine
versetzte, präsentierte der Patron uns eine astronomische Rechnung.
Sein Tonfall war unmißverständlich klar: Wenn ihr demnächst nicht
bezahlt, fliegt ihr raus. Aber das Dach war längst mehr als eine Unterkunft. Wir waren da oben zu Hause. Das Dach war unser Asyl. Woanders
wären wir in einem Tag weg gewesen. Die Konsequenz war klar: ein
Coup.

Wir ließen die Finger von den Amerikanern. Schließlich legten wir keinen Wert darauf, daß einer plötzlich den Colt hervorholte. Es fand sich niemand bis auf einen Landsmann, den wir schon länger kannten. Eine riskante Sache, aber Gefühle konnte man sich in diesem Geschäft nicht leisten, und für Bedenken war es allmählich zu spät. Wir konnten das Hotel nur noch verlassen und betreten, wenn der Patron nicht da war. Er nahm an, daß wir keine Papiere hätten, wir hatten aber noch unsere Personalausweise, die wir immer am Körper trugen. Wir organisierten den getürkten Deal, aber an dem Tag, an dem er über die Bühne ging, erwischte Ede eine zu große Dosis Desoxyn und fiel wegen totaler Paranoia aus. Es ging so gut wie alles schief. Der Junge blieb mir stundenlang auf den Fersen. Er witterte, was wir vorhatten, und wollte das Geld nicht rausrücken. Über der ganzen Stadt schien eine elektrische Spannung zu liegen wie vor einem Gewitter, das schon lange fällig ist. Statt der erwarteten Summe von 2000 oder 3000 Lira hatte ich nur knapp 1000, als ich schließlich auf der Fähre nach Karaköy stand. Noch immer kein Gewitter. Ich glaubte, von Bullen umzingelt zu sein. Ich lief eine Stunde durch Karaköy und spielte mit dem Gedanken, mir ein Hotelzimmer für die Nacht zu nehmen. Wenn irgendwo die Blitze einschlugen, dann dort drüben in Istanbul, über Sultan Ahmed und Cağaloğlu. Ich brauchte aber dringend einen Schuß. In Karaköy würde ich nichts bekommen. Ich zitterte vor Erschöpfung und Erniedrigung. Wegen 400 DM dieser Wahnsinn, anstatt Revolution oder einem Roman. Ich hatte seit einem Jahr kein Mädchen mehr umarmt. Was ich brauchte, das waren meine Kladden − die Arbeit von einem knappen Jahr −, dann würde ich mich absetzen. Ja, ich würde mich absetzen. Ich hatte genug von Istanbul. Aber absetzen wohin? Nach Westen oder nach Osten? Ich machte, daß ich zurück zur Fähre kam. Friedlich, die Männer da im Teehaus. Angenehm, die Stille des Orients. Ein schöner Fleck Erde. Gut, daß ich nicht bleiben konnte. Gut, daß ich nie zurückkommen würde.

DIEDRICH DIEDERICHSEN

Krieg & Frieden 1

1. Die Inauguralvorlesung

»In den Diskurs, den ich heute zu halten habe, und in die Diskurse, die ich vielleicht durch Jahre hindurch hier werde halten müssen, hätte ich mich gern verstohlen eingeschlichen. Anstatt das Wort zu ergreifen, wäre ich lieber von ihm umgarnt worden, um jedes Anfangens enthoben zu sein. Ich hätte gewünscht, während meines Sprechens eine Stimme ohne Namen zu vernehmen, die mir immer schon voraus war: ich wäre es dann zufrieden gewesen, an ihre Worte anzuschließen, sie fortzusetzen, mich in ihre Fugen einzunisten ...« Michel Foucault, »Die Ordnung des Diskurses«

Ich hoffe, daß ich in »Spex« genauso vertraulich mich mit den Lesern aussprechen werde, wie ich es in »Sounds« konnte. Schreibe ich für andere Zeitschriften, muß ich immer erklären, was ich schon längst weiß, muß ich mich in Wiederholungen ergehen. Mit einem Freund muß man nicht erst Selbstverständliches klären. Kann eine Zeitschrift dein Freund sein, die, wie unlängst der »Stern«, schreibt: »Goya, der bekannte spanische Maler«.

2. Die Gretchenfrage

Sie wurde zum Ableben von »Sounds« mal wieder erhoben. In »Spex« stellte sie Gerald Hündgen: Wie hältst du's mit der Politik? In seinem Text beklagte er das Auseinanderfallen der Pop-Welten in einen Fun-Bereich (Haircut 100, frische Hemden, Fußball und Mickey Maus) und einen verantwortungsvollen Polit-Bereich (Clash, Pershing II, El Salvador). Er sieht den zweiten Bereich vernachlässigt und hat Angst vor »Meta-

Kram«, der die Pershing-Gefahr ignoriert. Ich glaube, sein Fehler ist der, daß er, wenn er um seine eigene Offenheit für die vermeintlich trivialeren Seiten des Lebens zu belegen, von herumliegenden »Mickey Maus-Heften« spricht, die er verschlingt, wenn sie nun einmal herumliegen. »Mickey Maus Heft« ist der in den fünfziger und sechziger Jahren in spießigen, verantwortungsbewußten BRD-Bildungskreisen gebräuchliche Ausdruck für Comic-Heft gewesen. Selbst das Eingeständnis, sie heute zu verschlingen, wenn sie nun mal herumliegen, ändert nichts an der Verachtung, die diesem Begriff zugrunde liegt. Die staatsbürgerliche Verantwortung ist wichtiger, jeder ist aufgerufen, an unserem Gemeinwesen mitzuarbeiten. Im Kaufhaus wird nicht gestohlen, sonst wird die Allgemeinheit geschädigt. Politik und Vergnügen treten bei Hündgen als verschiedenwertige Lebensbereiche auf und das bedeutet natürlich »denen ihr Spiel zu spielen«. An einer Politik mitzuwirken, ob als Demonstrant oder als Bundeskanzler, die von Nachrichtenagenturen und Massenmedien ihren Stoff bezieht, heißt auf den Mediengag »Demokratie« reinfallen. Dem guten Witz, daß das Mitmachen an der großen Meinungstalkshow der Welt zugute komme. In Wahrheit heißt hier schon mitmachen sich unterwerfen. Udo Lindenberg im Fernsehen zu Punks: »Öh, euer Nofjutscha-Ding kann ich echt verstehen, Jungs, aber es gibt auch echte Probleme, Nachrüstung, Umweltverschmutzung unnso« ... also das nächste Mal geht bitte zur Wahl und wählt die SPD (oder die CDU oder ...) Die Clash auf Platte: »Know your rights«. Die Bots: »Aufstehn«. Also etwas mehr Sorgfalt und Liebe beim Umgang mit Comics: Die Figur, auf die es ankommt, heißt Donald Duck. Die Übersetzerin, auf die es ankommt (jeden zweiten Satz klaue ich von ihr): »Ist die Gegend auch ruhig hier?« – »Aber ja, Herr Wundermild, nur leises Gesäusel wispert bisweilen im Gezweig«, heißt Erika Fuchs, der Zeichner Carl Barks.

3. Die Antwort

Es ist doch ganz klar. Die Amerikaner bereiten einen Krieg vor. Nicht daß sie ihn unbedingt führen wollen, aber sie halten sich das sehr offen und verlegen schon mal das NATO-Hauptquartier aus der Gefahrenzone. Unser Freund heißt Andropow, der nette alte Mann im Kreml. Der sagt: Nur wer auf die unzerstörbare Macht der Roten Armee vertraut, kann den Frieden sichern. Und er hat recht.

4. Toujours le Computerstaat!

Im »Spiegel« lese ich: Die östlichen Staaten benützten den Medienapparat als gigantische Propaganda-Maschinerie, die westlichen zur Anästhesierung und Ablenkung der Bevölkerung. Ablenkung wovon? Von dem Fernsehprogramm auf den Straßen? Andy Warhol: Bevor ich angeschossen wurde, dachte ich immer, ich wäre nur zur Hälfte am Leben und würde alles nur wie im Fernsehen wahrnehmen. Nachdem ich angeschossen wurde, wußte ich, daß alles Fernsehen ist.

Die Wahrheit ist: Der Westen benutzt die Medien zu einer universalen semiotischen Vergiftung. Kein Wort, kein Zeichen, auf das man sich noch verlassen kann. Nichts stimmt, nichts ist. Der Osten dagegen lügt ganz einfach nur. Sagt ganz platt die Unwahrheit oder das Gegenteil der Wahrheit und rettet damit sogar noch den Wert der Wahrheit. Das, was der Osten tut, entspricht einem Schienbeintritt, in schweren Fällen, einer Erschießung. Das, was der Westen tut, lebenslanger Psycho-Folter: Im Osten muß man aufstehen und die Wahrheit sagen. Im Westen muß man die Künstlichkeit akzeptieren. Aufhören nach dem Sinn oder dem Dahinter zu suchen und das Gegen-Delirium in Schwung setzen. Voila! L'amour! Le Look Of Love! Le Fantastique Day! Les Femmes! Les Pommes des Lettres!

5. Boy George und Boy Klaus

Zuerst zu Letzterem: es ist zwar mittlerweile in, gegen ihn zu sein, aber da ich hier in »Spex« schreibe, und dabei die letzte Nummer beim Schreiben vor mir liegt, als Auslöser sozusagen, muß ich noch etwas zu den Klaus Frederking-Sätzen über Boy George sagen, die er in der Einleitung seiner Explainer-Kritik von sich gibt. Voll lustig!

Die Musik von Culture Club ist für ihn die »Transvestieversion« von Reggae und eine »pfiffige Satire«, und sein Traum ist »Tom Robinson und Peter Tosh brüderlich vereint bei einem Gay-Liberation-Benefiz«. Abgesehen mal von diesem Alptraum und der Unterschätzung von Tom Robinsons Männergeschmack: Es ist doch einfach zu schrill, daß diese Typen immer wissen müssen, wie etwas gemeint sein soll, also entweder »ernst« oder »satirisch«, was demselben System zuzuordnen ist. Denn das Satirische verweist ja wieder auf die Ebene des »Äährnst«, indem sie ihn umkehrt. An dem Tag, an dem Klaus Frederking den Sinn, nein, DEN

SINN, nein, die gigantische Achtkanal-Raumton-Zehnfarb-Dolby-Maxi-Francis-Ford-Coppola-Produktion »SINNN« mit Richard Burton als ERNST und Dean Martin als SATIRE (also doch nicht ganz ernst, verstehst? Kleiner Freiraum. Jawoll! Es darf gelacht werden! Heute mal, weil's Satire ist, hoho! Ein schwuler Jude singt Reggae, mein lieber Scholli! Wie issesnunbloßmöglich! In diesem Sinne Gutmannsdörfer! Scheiße mit Reiße!), also wenn er diese permanent eingeschaltete Millionenproduktion, die seinen Geist vernebelt wie nix Gutes, wenn er die mal leiser stellt oder ausblendet oder ausschaltet, an dem Tag schenke ich Wim Wenders eine Flasche Altbier! So wahr ich hier stehe!

Boy George ist aber doch wichtiger, als ich dachte. Letzte Nacht liefen schon drei Mädchen in HH als Girl George herum, und im Plattenladen hörte ich neulich folgenden Dialog: Zuhälter: »Was soll ich denn ma kaufen?« Lulu: »Hier, Culture Club, die singt wie ein Mann, echt, wie ein Mann, aber nicht so tief, sondern ganz normal wie ein Mann!« Zuhälter: »Die? Das is doch 'n Typ. Das ist doch dieser Verrückte, der neulich im Fernsehen war.« Lulu: »Das denken doch alle, daß das 'n Typ is, das ist aber 'ne Frau. Ich weiß es.«

Inzwischen mag ich Culture Club. »Do You Really Wanna Hurt Me!« mochte ich schon immer. Als Verliebtenhymne, Saisonschlager. Inzwischen mag ich auch diese ganzen »White Boy«-Texte und Spinnereien, die Fashion-Ideologie, das Küssen-um-clever-zu-sein-Motiv und die neue Single »Time«.

6. Die Lieblingsplatte

Ich sah sie vor einer Woche im Uni-Viertel in einem Uni-Plattenladen: PHILLYBUSTER VOL II, nur 9,90. Doch ich hatte kein Geld. Süße Zuckerstücke waren drauf (teilweise auch genau so tautologisch wie dieser Ausdruck, aber Tautologie war ja in der schwarzen Musik immer etwas anderes als beim Rock'n'Roll. Tautologie im Soul funktioniert wie einfach noch 'ne zusätzliche Streicherspur. Z. B. gestern, beim Wilson Pickett-Konzert in HH brüllte nach wie vor bei jedem Stück der Organist zehn- bis zwanzigmal den Namen Wilson Pickett ins Mikro), wie »Year Of Decision« und »When Will I See You Again« (das Marianne Rosenberg-Vorbild) von den Three Degrees, TSOP von MFSB, »For The Love Of Money« und »Now That We Found Love« von den O'Jays.

Heute hab' ich sie gekauft. In einem Uni-Plattenladen kauft niemand Phillybuster Vol II.

7. Demnächst:
Ende der Wintersaison! Nach den Pillenbibis kommen die Erlkönige, erste Exemplare in Hamburg gesichtet! Reisebericht aus Paris! Motto: Maintenant je suis très fatigué.

1983 DIEDRICH DIEDERICHSEN

Krieg & Frieden 3
Schauplätze, Ortsnamen, Eigennamen

1. Wien

Exakt einen Tag brachte ich unlängst in Wien zu. Am Flughafen, der nicht nach Weltstadt, eher nach Mannheim-Süd, nur für Segelflugzeuge zugelassen, aussieht, kommt es zur Konfrontation mit dem hier gültigen Koordinatensystem: Die Wegweiser der Flughafenautobahn ließen zwei Alternativen zu, Bratislava (früher Preßburg) oder Budapest. K. u. K.-Feeling kommt auf. In Österreich gibt es keine Grenzen nach unten und oben. In den Bücherregalen stehen Hermann-Hesse-Gesamtausgaben neben Karl-Kraus-Gesamtausgaben, in Plattenregalen steht Red Crayola neben dem Gesamtwerk von Andre Heller. Die Stadtzeitschrift »Wiener«, die zu den bestlayouftesten Magazinen der Welt gehört, leistet sich die Schlagzeile: »In New York tanzt man Rap – Warum nicht in Wien?« Weil man in Wien Walzer redet. Die SPÖ macht Wahlkampf-Werbung in GGK-SPD-Stil, aber besser und selbstbewußter (obere Bildhälfte: Schwarz-weiß-Foto eines völlig derangierten Waldes, in der Mitte: rote GGK-SPD-

Schrift: »Darum geht's«, unten glückliche österreichische Jungspießer mit Pfadfinderlächeln in milder Herbstsonne in Farbe. »Für Österreich und seine Menschen: SPÖ«).

In der modern layouteten Stadtzeitschrift »Wiener« hält es ein Kolumnist für originell, neu und mitteilenswert, daß Wahlkampf ja doch nur Theater sei. Ist es wahr? Sollten Politiker etwa bei Fernsehdiskussionen nicht ernsthaft die Belange des Volkes diskutieren? Sollte am Ende gar ein eingefahrenes Spiel mit verteilten Rollen da aufgeführt werden? Ist Politik ein schmutziges Geschäft? Geht es beim Fußball nur noch ums Geld und nicht um den Sport? Ist Graf Lambsdorff ein Gangster? Ist Völkermord beklagenswert? Hat ein Spiel 90 Minuten? Ist der nächste Gegner immer der schwerste? In Wien existieren massive Blödheit und beeindruckende Klugheit nah nebeneinander. Die Häuser sind so alt und vermieft, daß man sie einreißen möchte, die Werbeagenturen sind besser als irgendwo sonst in der Welt. Die Werbung in Wien macht sichtbar. Die Häuser sehen aus wie ein gestörtes Schwarzweiß-Fernsehbild von Häusern. Die Männer sind zwischen Torheit und Tiefsinn hin- und hergerissen. Die Mädchen haben alle so was G'schlampertes.

2. Berlin / Tokyo

Im Pressezentrum der Berliner Filmfestspiele, gleich beim Bahnhof Zoo, vorne links, steht Rosa von Praunheim und redet mit einem wichtigen Mann, in der Kantine sitzt Michael Strauven, der SENSIBLE Film-Moderator aus dem Fernsehen, der so SENSIBEL sein will wie der große SENSIBLE Filmregisseur Wim Wenders und dabei wirkt wie ein chinesischer Fisch in den lehmigen Fluten des gelben Flusses, und unterhält sich mit Rosa von Praunheim. Anwesenheit und Abwesenheit sind derzeit Lieblingsgegenstände meines Räsonnements. Rosa von Praunheim erzielte während der Filmfestspiele einen neuen Weltrekord in Anwesenheit.

Ich sah einen räsonnierenden Film von Chris Marker, »Sans Soleil«, der im wesentlichen über Japan räsonnierte. Oft amüsant, wie Roland Barthes' Buch »Im Reich der Zeichen«, oft aber von der unerträglichen Idealisierung bestimmt, die allen von 68 geprägten Intellektuellen, besonders den französischen, als Matrix jeder Äußerung eigen ist. Einmal hoffen, wünschen, projizieren, immer hoffen, wünschen, projizieren. Nur der Gegenstand wechselt. Nichts gegen Hoffen, aber bitte nur in einem vergänglichen, befristeten, strategischen Zusammenhang. Marker idealisiert wieder absolut, wenn auch pfiffig: Er gehe nie mehr bei Rot über einen Zebrastreifen, auch wenn kein Auto in Sicht sei. Er habe gelernt dem Geiste der verschrotteten Autos zu huldigen. Er ehre auch die leeren Briefkästen, denn er habe gelernt, den Geistern der zerrissenen Briefe zu huldigen. Ja, die poetischen, europäischen Gemütsmenschen. Abends gab es dann einen japanischen Punk-Film, der aus der Perspektive der Subkultur Japan zeigte. Der dieselben Ordnungen, Regelungen zeigte, die Europäer so gerne idealisieren, und sie behandelte, wie unsereins den Papst und die Katholische Kirche. Es lohnt nicht einmal, sich darüber lustig zu machen.

In Berlin gab es auch »Infermental« zu sehen, das sechsstündige Video-Magazin, das in drei Portionen à zwei Stunden gezeigt wird und Beiträge von vielen wichtigen Menschen und Organisationen enthält. Demnächst werde ich eine Promo-Kampagne dafür in Gang setzen. In Berlin wählte ich ein paar Mal am Tag die Nummer 040/1166, die als Kripo-Ansagedienst die Stimme eines Kieler Mörders brachte, der tatsächlich sprach wie ein Mörder auf einer sehr schlechten Märchenplatte. Mit einer künstlichen, fast verfremdeten Häme, krächzend, quäkend. Auf dem Niveau von Klaus Kinski, aber echt. SICK. Die »Zeit« lamentierte anschließend natürlich wieder von pietätlos. Es ist unglaublich, daß sich die »Zeit« immer so verhält, wie man es von ihr erwartet. Daß da ein Presseorgan wirklich noch mit einer Stimme spricht, obwohl der etatmäßig etwas linkere Kulturchef Raddatz die Grünen wählt und Theo Sommer stattdessen die FDP. In Berlin, im »Risiko« haben sie 1166 über Lautsprecher abgespielt.

3. Hamburg, Haiti, Peru, Chile, Dominikanische Republik

Wo wir bei der Presse sind: Die Zeitschrift »Stern« glänzte in den letzten drei Jahren in ihrer Musikberichterstattung durch eine Fehlerquote, die kaum ein anderes Blatt je erreichen kann. Irgendwann haben wir bei »Sounds« mal eine »Stern«-Journalistin auf die Ätzliste gesetzt, woraufhin ihr Chef bei unserem Chef nachfragte, was denn das für ein Kollegenverhalten sei. Woraufhin wir aus zwei Jahrgängen konsequent die Fehler sammelten, haarsträubendes Zeug darunter, und die Dokumentation an den Chef schickten. Man fragt sich ja, ob die Fehlerzahl in den

Artikeln, wo man die Fakten nicht aus erster Hand besser kennt, genauso hoch ist: Der Chef antwortete irgendwas im Stile von »Kommt nicht wieder vor«. Kam aber doch. Immer wieder. Letztes Beispiel: Macolm McLaren. Die Autorin des Berichtes will in »Buffalo Gals« Musik aus den peruanischen Anden und aus der Dominikanischen Republik gehört haben. Abgesehen davon, daß ich bezweifele, sie könne Musik aus den peruanischen Anden von Musik aus den chilenischen Anden unterscheiden und Musik aus Haiti von Musik aus der Dominikanischen Republik, dürfte es jedem schwerfallen, irgend etwas Derartiges aus »Buffalo Gals« herauszuhören. Die Erklärung kann nur sein: die Autorin hat im »Musik Express« über McLaren nachgelesen und dabei die Beschreibung seiner LP, die es noch nicht gibt, mit der Beschreibung seiner Maxi verwechselt. Oder sie hat McLaren wirklich interviewt und versteht kein Englisch.

4. Köln / Bonn

Es ehrt mich natürlich, daß sich Dr. med. Dr. phil. Rainald Goetz um meinen Kopf sorgt. Schließlich hat er den besten Artikel geschrieben, der je in »Konkret« erschienen ist. Aber was soll ich tun? Mein Mitteilungsbedürfnis ist grenzenlos, und so schlecht fand ich »Spex« noch nie, eher zu bieder als zu locker, was wirklich schlimm wäre. Aber ich würde auch für schlechtere Zeitschriften schreiben. (»Wer schreibt, der bleibt ...«, Anm. d. Red.) Regel: wer einen Text nicht kürzt oder verfremdet, darf ihn drucken. Wer einen Text kürzt oder verfremdet, muß etwas anderes zu bieten haben. Z. B. eine hohe Auflage, einen interessanten Leserkreis oder ein interessantes redaktionelles Konzept. Die Idee der fliegenden Blätter scheitert an meiner Faulheit. Reaktionen von Rainald Goetz bekam ich für einen Artikel in »Spex«, was prinzipiell für dieses Forum spricht, ich glaube kaum, daß er eine andere Musikzeitschrift liest.

Dem Leser Wolph danke ich für das Marx-Zitat, aber Petra Kelly ist gut. Nur wer noch an Politik im alten Sinne glaubt, kann ihr ihre Inhalte übelnehmen. Sie spricht nicht Inhalte verkaufend im alten Politikersinne. Sie reiht Worte auf eine Schnur (»Wir werden uns für behinderte Frauen, gefallene Hunde, zertretenes Gras einsetzen«), spricht irgendwo ganz vorne im Mund, nicht mit so einem blöden, tiefen Brustton. Sie sieht gut aus (wie sonst nur Schilly, Maren Griesebach, Helmut Schmidt. Und Peter Glotz erinnert mich immer mehr an Wolfgang Büld). Es sah noch nie jemand im deutschen Bundestag gut aus. Petra Kelly ist die einzige sichtbare Veränderung, der wahre historische Einschnitt. Ich freue mich schon heute auf ihre erste Rede für gefallene Hunde.

5. Liverpool, Wales

Es gibt zwei Sorten von Mädchen. Die eine kam gestern, die andere vorgestern in die Markthalle. Die eine kam zu Echo & The Bunnymen, ist jung, quirlig und interessant auch die, die nicht gut aussehen, weil sie immer aussehen, immer Zeichen aussenden, historisch wahrnehmbar und neu sind. Sie haben sich alle in Ian McCulloch von Echo & The Bunnymen verliebt. Die andere Sorte ist überwiegend uninteressant, älter, weniger konturiert, von Beruf und Alltag zerfressen und ahistorisch. Unter ihnen sind allerdings die absoluten Spitzengeschöpfe, die 1a-Menschen, die ein Leben umkrempeln können. Sie kamen am Tag davor zum John Cale-Konzert und verliebten sich in den großen Waliser. Dem Konzert des Jahres. Nach dem John Cale-Konzert war ich nüchtern und früh im Bett. Gestern nach Echo war ich lange aus und trank zu viel Whiskey. Heute finde ich keinen Bezug zum Leben und bin kurz davor im Bett zu bleiben. Da geschieht etwas Wunderbares: Auf der Straße sehe ich zwei Kameramänner, einen Mikrogalgenhalter und einen schnauzbärtigen Mann mit Mikro. Er fragt einen anderen schnauzbärtigen Mann, einen aus der Gauloises-Reklame: »Glauben sie, daß jetzt der Aufschwung kommt?« Die Erwähnung dieser religiösen Vokabel, die die SPD zwei Millionen Wählerstimmen kostete, versetzte mir einen Stoß und ich konnte wieder arbeiten. Draußen öffnete sich der Himmel, die Sonne lachte. Die Krise war vorbei. Es war der 10. März 1983, in vier Tagen würde Karl Marx Geburtstag haben.

Ein Freund rief an und beklagte sich über seine minderjährige Freundin. Ich sagte: »Das Problem mit der jüngeren Generation ist, daß sie nichts mitgemacht haben. Keine Drogen, keine Politik. Davon sind sie herzlos geworden. Nicht, daß ich mir eine neue Generation wünsche, die denselben Scheiß macht wie wir, aber wir sind so nett, weil wir es hinter uns gebracht haben. Die Jungen hatten es einfach zu leicht. Deswegen können sie auch einem Sänger etwas abgewinnen, der singt ›Is this the blues, I'm singing?‹ oder ›Who am I?‹« – »Aber zu unserer Zeit hat man doch auch die Doors gehört?« – »Ja, aber man hatte eine Doors-Phase, die man dann wieder ablegte, um das Gegenteil zu verkünden.« – »Du meinst, die Kinder nehmen das ganz absolut, nicht als Bestandteil einer bestimmten Rhetorik, eines Diskurses?« – »Ach, was. Die denken doch gar nicht, die sehen nur hin. Das ist ja auch gut so. Mit Nurhinsehen kommt man unter Umständen weiter als mit Denken. Denken muß man nämlich richtig können, Fehler beim Denken sind fatal. Fehler beim Hinsehen gibt es nicht. Richtiges Denken ist natürlich besser als richtiges Hinsehen, aber wer denkt schon richtig?« – »Meinst du auch, daß die Ära Kohl von der Ära Derwall schon vorweggenommen worden ist?« – »Oh, ja, das 4:3 gegen die CSSR damals, entspricht den DM-Aufwertungen im Moment, das Ausscheiden gegen Österreich in Argentinien den letzten Monaten der Schmidt/Genscher-Regierung. Kohl wird auch noch mit so einer WM-in-Spanien-Battiston-K.o.-Schlagen-Taktik ins Finale kommen, aber danach geht's bergab.« – »Kann ich das meiner Freundin erzählen?« – »Deiner minderjährigen Freundin? Aber immer! Unseren Altersgenossen könntest du das nicht erzählen, die verstehen wieder kein Wort, die würden wieder sagen, Fußball sei Fußball und Kapitalismus sei Kapitalismus.« – »Ah, so.« – »Bis nachher!« – »Tschüß!« – »Tschüß!«.

Subito

Eines Abends, oder war es später Nachmittag, die Wärme des vergangenen, seltsam überhitzten Frühlingstages lag noch auf den Sträuchern, Wiesen und Kieswegen, fand sich Doktor Raspe in grundloser Heiterkeit auf einer Parkbank im Innenhof der Klinik wieder, neben Kiener, der sich gewöhnlich Hegel nannte, und zwischen Raspe und Kiener flogen bisweilen Scherzworte hin und her, von einem hellen Witz. Nichts drohte. Oh, wie wohl ist mir am Abend, dachte Raspe, und hatte ein Lied im Ohr. Melodien, Musik – wozu Kämpfe? Er fühlte die Wärme der Luft in seinen Körper dringen, blau und hoch der Himmel, kosmische Vereinigung, und mit der Wärme den Geruch der Erde. Fremd sah er seinen linken Arm, weißbekittelt, auf dem Knie liegen. Und die Hand, die aus dem Kittel ragte, soll die meine sein? Da wurde sie immer kleiner und verschwand. Alles will nackt sein, sagte Raspe, erhob sich von der Bank, streifte den Kittel ab, ging auf das Dunkel des frisch umgegrabenen Rosenbeetes zu und legte sich auf die Erde und vergrub sein Gesicht in ihr.

War das ein Ende? Wer weiß. Einen Halt hatte Raspe verloren. Es war so sonnig. Mit den Irren saß Raspe im Park, stundenlang, nachmittags, man sprach oder schwieg, wechselte die Bank, und oben ging der Wind durch die jungen Blätter mächtiger Bäume. Ja, dachte Raspe, jaja.

Der Klinikdirektor hatte ihn zu sich zitiert. Raspe ging nicht hin. Was sollte er sprechen mit diesem Menschen? Der Stationsarzt beschwor Raspe. Noch vor kurzem wäre Raspe hingegangen, um dem Direktor voll in die Eier zu haun und ihm die Maske der braun gebrannten Gesichtshaut samt schlohweiß weißem Haar herunterzureißen. Doch wozu, fragte Raspe sich jetzt, sollte er den Direktor enttarnen?

Das ist doch ein Schmarren, sagte Raspe, das ist doch ein Krampf, denen was vorzulesen, was eh in meinen Roman hineingedruckt wird, eine tote Leiche wäre das, die ich mitbringen täte und hier voll tot auf den Tisch hinlegen täte, ich bin doch kein Blödel nicht, ich lege denen doch keinen faulig totig stinkenden Kadaver da vor sie hin, von dem sie eine Schlafvergiftung kriegen müssen, es muß doch BLUTEN, ein lebendiges echtes rotes Blut muß fließen, sonst hat es keinen Sinn, wenn kein gescheites Blut nicht fließt, dann ist es bloß ein Pippifax oder ein ausgelutschter Büstenhalterträger, aber logisch nichts Gescheites, ein Blut ein Blut ein Blut, das müßte rausfließen, Spritz Quill Ström, so müßte es voll echt spritzen, am besten aus so einem fetten Direktor, das täte mir gefallen, in dem sein Fleisch hinein zumschneiden, den zumfoltern, und während der blutüberströmtmundig um Gnade winseln täte, täte er logisch gefilmt werden, wie dann hinein geschnitten wird in das nächste Fleisch, alles logisch in Farbe, das bleiche weiße fette Fleisch und das schöne rote Blut, alles blutig voll Blut, bis es enden täte, zum Schluß, er dauernd schon, Röchel Röchel –.

Was röchel, sagte der Krüppel, der Raspe gegenüber saß, Raspe saß nämlich im Zug. Wieso röchel, sagte Raspe. Du wieso dudu wieso, sagte der Krüppel, der Krüppel war eine junge Frau im Conterganalter, schluffihippiemäßig ausstaffiert, *du* hast doch eben röchel röchel gesagt. Was soll ich?, sagte Raspe, was wie ich?, und mit Ihnen bin ich übrigens noch lange nicht auf du. Da fiel das freundlich interessierte Gesicht des Krüppel in sich zusammen. So war wieder eine feine Ruhe im Abteil.

Und der Direktor, weißfleischig fett blutüberströmt, röchelte so bis es enden täte mit einem sauberen Genickschuß, und dann täte er daliegen, voll tot, so ein toter fetter Direktorsack täte tot am Boden liegen. Das wäre schön. Raspe sah alles vor sich.

Dankbar reiste er mit den Augen Claude Lorrains. Von Licht und Weisheit durchflutet lag da die herrlich hingemalte Landschaft, fern, so fern, da stand sie still. Das war eine Wiese, und die Felder blühten hell, in der Nähe, da verschoben sich die Hügel, dazwischen ein Flecken mit Kirchturm, in die Unendlichkeit hinverduckte Dorfnatur Bäume Silhouetten, sfumato und fort, der Bahnwall zog hoch, ein HimmelHeben und Senken und Heben, plötzlich weitete sich wieder der Blick, und oben stand die Sonne, ja, diese Ruhe hinten in der Ferne, im Dunst, so ein Stillstand, da wußte Raspe die Hügelstreifen des Horizonts erstmals als BLÄUE zu sehen. Wie lange schon hatte er in die Ferne geschaut und ihren Namen nicht gekannt. Und nun sah er auch, wie der Meister jenseits der letzten Hügelahnung der sphärischen Dunstfarbe ein Hellstbraunpigmentlein eingemischt hatte, so sehr wollte der Himmel der Erde sich anverwandeln.

Mei, sagte Raspe, so etwas so etwas. Wenn die Welt so eine schöne ist, da gehen mir die Augen auf. Da darf ich die Schau in meinen Augen haben, und in meinem Herz zieht so ein schweres schönes Glück. Ratsch rasten die Masten rhythmisch vorn durchs Bild, Ratsch Ratsch, schwarze Blitze, die so nah und unsichtbar waren wie das unaufhörliche Kurz Zu Lang Auf Kurz Zu der Lider über Raspes Bulbi. So saß Raspe und schaute ruhig in das ferne Licht. Er vergaß, was er dachte. Er saß und schaute.

Da machte sich an Raspes linkem lateralen Augenwinkel etwas zu schaffen, ein Kratzen, nur so ein Schaben, ein stetes Schaben auf der Hornhaut, das nicht einmal die Retina erreichte, bis endlich über den dicken Sehnervenstrang befeuert, die Hirnrinde ganz hinten im Occipitallappen wußte, daß da eine Lästigkeit links, was ist denn da los, da links, das muß doch der Krüppel, die bewegt sich doch, diese Frau, was macht denn der Krüppel da drüben. Raspe drehte seinen Kopf nach links. Das Innere des Abteils war den Lichtlandschaftsaugen düster. Der Krüppel hatte keine Arme, rechts waren drei fingerartige Stummel neben dem Hals, links an der Schulter war ein Fleischerhaken festgemacht, der war nicht sehr beweglich, und mit den angewinkelten Beinen, den strumpflosen Füßen, die Zehen behende als Finger benützend, fummelte der Krüppel an irgendeinem Leinensack einen Reißverschluß auf. Mensch ist das ein Gefummel, sagte Raspe, hat die vielleicht ein schönes Gesicht, Sakrament, so ein Gesicht und so verkrüppelt am ganzen Oberkörper. Dann wurde der Leinensack von einem Fuß auf den Fleischerhaken neben den Hals gehängt und mit einem Schwung zur Seite bewegt. Raspe schaute. Da traf ihn ein freundlicher Gegenblick, als die Frau ihr Gesicht hob. Das muß so einem Krüppel gut tun, wenn der mal sauber angeschaut wird, der wird sicher nie richtig angeschaut, auch wenn es eine schöne Frau ist, das muß doch eine Scheiße für so einen sein, daß immer alle schnell wegschauen. Da schaue ich lieber hin.

Schon aber war es eine Belästigung. So ein Krüppel wird einem mit seinem spastischen Gefummel in den Augen lästig, da kannst gleich nicht mehr ruhig schauendenken, wie bei einer Lichtlandschaft im Fenster, da denkst automatisch sofort etwas Erinnertes. Raspe dachte an Baader, den saudummen Proleten, der jede Frau auf der Stelle in den Arsch rein ficken sollte, bis daß es sie zerreißt. Bis daß es sie zerreißt, hat der Baader allerweil gesagt, wenn er irgendwo irgendein geiles Gerät gesehen hat, die ficke ich in den Arsch, ha ha ha, bis daß es sie zerreißt, kruzifix kruzifix, so Baader ständig, jetzt brauche ich etwas zum Ficken. Der Krüppel saß endlich ruhig da und schaute an Raspe vorbei aus dem Fenster. Wie fickt so ein Krüppel? Was denkt der Krüppel? Der muß doch auch was denken. Was denkt der Krüppel sein ganzes Leben lang? Die ich nicht kenne, sagte Raspe, die kenne ich nicht. Da hilft alles nichts. Kein Mensch, der kein Krüppel nicht ist, kennt die Gedanken des Krüppels. Am wenigsten hilft die saublääde Phantasie. Nix hilft gegen das ganze böse Leben. Das ist eine Scheiße, daß nichts nichts hilft.

Schon schläft der erste Kritiker ein, sagte Raspe, oder schon zwei schnarchen mit ihrem Gehirn, während sie auf das Papier hinschauen, und einer kratzt sich unter dem Tisch an seinem Sack, weil der ihn juckt, das kannst du dann nicht kontrollieren, während du liest, weil du ja voll in Panik bist, während die, vor denen du deine Panik hast, sich immer wieder fragen, ob sie vor lauter Langeweile vielleicht bloß noch einen Tannenreisig im Kopf drin haben, da wo vorher noch ein sogenanntes Gehirn gewesen ist, wenn vorher eines da gewesen ist, das ist ja von Mensch zu Mensch verschieden, was da ist, im Kopf, so eine komische Langeweile, so ein staunendes Daß ich jetzt dies Jahr hier schon wieder sitze und schon wieder so ein Blödel liest, die müssen sich das ja vier Tage soundsoviele Stunden an den Kopf hauen lassen, die ganze Literatenphantasie, so eine Riesenscheiße, sagte Raspe, und Gagarin nickte, und du selber sitzt mitten in der Scheiße drin, das ist das Gute, das Beste an Klagenfurt ist logisch, daß du selber voll in der Scheiße sitzt. So eine Scheiße ist das, sagte Gagarin, das muß ja eine Scheiße sein. Logisch ist das eine solche Scheiße, sagte Raspe und bestellte noch ein Bier. Gagarin stand breitbeinig da, schwankte langsam, steif und trinkermäßig vor und zurück, schluckte aus dem Glas in der rechten Hand das

Bier mit dem Mund in den Bauch und sagte: Das muß ja dann eine Scheiße sein, wenn das so eine Scheiße ist, das Klagenfurt, dann fährst du da
logisch hin, immer voll rein in die Scheiße, noch dazu, wenn es so eine
schöne Scheiße ist, wie diese Klagenfurter Scheiße. Logisch Mann, sagte
Raspe und trank das Bier schneller, daß er es schneller spüren täte, daß
er nachher wenigstens schon sauber bedient im Subito einlaufen täte
und nicht wie vorher hier sowas von nüchtern.
Artig und sowas von nüchtern hatte sich Raspe im Hamburger Hauptbahnhof schnell von dem Krüppel verabschiedet, bevor der ihn um irgendeine Hilfe hätte bitten können, und hatte eilig forteilend gedacht:
ja ja, irgendwie sind wir doch alle behindert, das ist schlimm.
Draußen aber war jetzt die Stadt so schön. Es war nämlich fast schon
Nacht. Die Lichter haben ihren Schein herumgeworfen. Ein Regen ist
naß nach unten gefallen, und in dem schwarzen Asphalt hat sich vielfach glimmend alles noch einmal abgespiegelt. Der Bahnhof hat mit
seiner Fassade düster im Rücken gesogen, die Penner haben Raspe ohne
eine Begierde angebettelt, das war ein kleiner Hauch von der Seite, aber
stracks ist Raspe vorangegangen, auf die Schar der Taxis zu, zweireihig
sind die da gestanden, von innen erleuchtete Limusinen, und gelb sind
die Fahrer bewegungslos im Regen gesessen, hinter verschlierten Scheiben, und mancher Scheibenwischer hat Wischlapp Wischlapp manche
stehende Windschutzscheibe sinnlos bewischt. Doch auch das Unbe-
wegte war von Raspes Schritt bewegt, Schritt für Schritt ging Raspe auf
der Stelle, drehte sich so die Welt entgegen. Da wechselte die Farbe einer
Ampel, und ein magentaroter Strom von Rücklichtern ist strömend sich
gegeneinander bewegend losgezogen, fort, einem weißgleißenden Ge-
genstrom entgegen, dann verschwand das Rot und die weißen Lichter
zerstoben nach allen Seiten; doch schon schwoll, gemählich und immer
näher, eine neue Welle an, ampelgestaut, die sogleich wieder losfluten
würde, gegen schwarze hohe Geschäftshäuser, deren Fassaden so aus-
schauten wie schwarze hohe Geschäftshausfassaden, da waren die bunten Reklamen angepappt, die Freundliches herabmurmelten, und hoch
oben, jenseits der hohen Hausmauer, vor dem Himmel, da wo er bis zum
Rand der Gewitterregenwolke fliederfarben leuchten durfte, hat ein
weiß strahlender SONY-Schriftzug in herrschaftlich verschwenderischer
Ruflust SONY ausgerufen. Raspe grüßte fröhlich zurück und bestieg die

Taxe. Im Losfahren hat sich die Lichterlust augenblicklich noch vermehrt vervielfacht aufgesprengt in Zillionen und Zilliarden feinste Lichttröpfelein.

Doch da begann der Fahrer nett zu sprechen. Kein Schweigen hat gegen das Reden des Fahrers nichts genützt. Der Fahrer hat das dumme Zeug daher geredet, das dem dummen Menschen notorisch und nicht aufzuhalten aus dem Mund heraus fällt. Das ist viel giftiger als der giftigste Schwefel, das dumme Gerede des dummen Menschen, das ist die Umweltverschmutzung, die Weltbedrohung, da ist jede Pörsching ein stählerner geistreicher Witz dagegen. Schnauze du Blödel, mußt dem dummen Menschen in sein Gesicht hineinbrüllen, daß ihm die Spucke im Mund erfriert, daß er tot umfällt, auf der Stelle. Aber der Fahrer hat weiter gesabbelt. Raspe hat geschwiegen. Der Fahrer hat gesabbelt. Raspe hat sich wiedermal eine saubere Apokalypse gewünscht. Wenn der dumme Mensch vernichtet ist, dann ist wenigstens endlich eine gescheite Ruhe, wenn die Bombe fällt und alles weg geglüht ist, dann ist endlich die viel zu viele dumme Dummheit weg. Das wird schön. Da war die Fahrt zu Ende, und dankbar hat Raspe dem Fahrer einen Batzen Trinkgeld gegeben.

Nüchtern, wie gesagt, noch sowas von nüchtern hat Raspe das Nachtcafé betreten, und gleich bin ich, hier kriege ich Lust auf das Ich, weil jetzt wird es lustig, vor meinen Göttern gestanden, die Maler und Musiker, die sind nur so rumgestanden und auch mein Ultraheroe, der geniale Kulturkritiker Neger Negersen, genannt Stalin. Schnell schluckte ich schnell das erste Weißbier. Dann habe ich mit dem Maler Albert Gagarin geredet. Die Maler sind eh die besten, die Maler und Popmusiker sind die besten, und die anderen, insbesondere die Literaten, die gibt es gar nicht, weil die haben ihren Kopf voll mit der blääden Sensibilität und der Phantasie, oder sie sind selbstironisch, und meistens sind sie obendrein das allerblääädste, nämlich engagiert. Dafür werden sie erschossen, Blaff Blaff Blaff. Mit einem gescheiten Maler mußt keinen gezwirbelten Schmarren daher reden, damit du die Welt verstehst, du sagst es 119mal, er so etwa 120mal, nämlich das Wort Scheiße, und schon ist alles Sagenswerte über Klagenfurt gesagt.

In dem Moment, sage ich zu Gagarin, wacht ein Kritiker auf und findet: Sehr seltsam. Was ist das? Das ist doch keine Literatur. Wir wollen doch die Kunst vorgelesen kriegen. So einen räsonierenden Schmarren könnten wir ja selber hinschreiben und vorlesen. Dann wäre alles anders. So geht das nicht. Hören Sie auf zum lesen, Herr Goetz. Schnauze, Kritiker, sage ich zum Kritiker, der mir das sagt, jetzt bin ich dran, sage ich zu Gagarin im Nachtcafé, wann fahren wir ins Subito. Langsam habe ich nämlich den normalen Blutalkoholpegel in meinem Blut, so daß wir so langsam in das Subito fahren könnten. Ich fahre nicht mehr in das Subito, sagte daraufhin Herr Albert Gagarin plötzlich wieder im Imperfekt. Und ich sagte, ich glaube, ich fahre jetzt bald in das Subito, weil ich fahre nämlich noch in das Subito. Jaja, sagte Herr Gagarin, ich fahre nicht mehr. Ich schon noch, sagte ich, ich komme ja extrig aus München daher, wo praktisch Diaspora ist. Wann habe ich in München schon einmal mit einem Herrn Gagarin geredet? Statt dessen haben wir die Isar. Sie fließt. Selten gehe ich an ihr entlang. Dann sind da gleich die Nackten. Nichts ist schlimmer als der nackte Mensch. Seit wir den Sommer haben, kann ich aus meiner Wohnung überhaupt nicht mehr hinaus an meine Isar gehen, weil an meiner Isar liegen im Gras lauter nackte Menschen. Viele haben vorne dicke Fladen daran hängen, die dick und schwabbelig herunterhängen. So liegen die Nackten im Gras und winken mir mit ihren Knien zu und mit ihren schwarzen Unterhosen oder auch noch mit ihren schamlos schwarzen Schamhaaren. Alles schreit mich an. Es schreit: Ich bin eine Frau. Ich habe dicke Fladen vorne, und unten ist unter den schwarzen Haaren das Schrumpelige und ein rotes tiefes Loch. Da mag ich etwas hineingesteckt kriegen. So schreit es mich an. Schaue ich weg, kommt schon wieder der nächste nackte Mensch daher, so obszön in seinem ordinär bewegten Fleisch. Da fragte ich: Kennen die Menschen keinen Anstand mehr? Ich will eine Ruhe in meinen Augen haben und nicht dauernd diese Stricknadeln hineingesteckt kriegen, die mir die nackten Menschen in meine schutzlosen Augen stecken, daß sie mir dauernd neu auslaufen und mein Gehirn schon ganz zerstochen und kaputt ist. Das ist eine böse Frechheit. Zieht euch etwas an, ihr Mein Gehirn Kaputt Zerstecher Menschen.

Da mußte ich wieder an die blutige Folter denken und an das lebendige rote Blut, das irgendwo herausfließen müßte, damit alles einen Sinn ergäbe. Ohne Blut logisch kein Sinn. Und weil ich kein Terrorist geworden bin, deshalb kann ich bloß in mein eigenes weißes Fleisch hineinschneiden. Das habe ich schon gemacht, wenn mir das böse Leben zu schlimm unter der Haut gebrannt hat, habe ich in sie hineinschneiden müssen und so das Brennen weg gelöscht. Ich schneide in die Haut, Blut quillt hervor, und es macht: Fließ Rinn Zisch Lösch. In mir brennt es nämlich von innen, es brennt vor so viel Lebenbrennen, und außen ist die glatte Haut. Aber mit meiner Rasierklinge enttarne ich die Lüge. Mit ruhiger Hand setze ich die Rasierklinge auf eine beliebige Stelle unversehrter Haut und schneide gut sichtbar und tief in die Epidermis ein. Die so hergestellte Spalte ist für einen Augenblick von hellweißen Wundrändern eingefaßt und beginnt dann langsam, vom Wundgrund her, sich mit Blut zu füllen, das spannt dann zwischen den Rändern eine über das Hautniveau erhabene Wölbung, Blutkuppel, die dann, sobald die stetig von unten her nachsickernde Flüssigkeit die Oberflächenspannung gesprengt hat, zugleich ausläuft und in sich zusammensackt, schließlich den Blick freigibt, auf den jetzt rotglänzenden Spalt und die jetzt rot überfluteten Wundränder. Das frische helle Blut sucht nun, der Schwerkraft gehorchend, seinen Weg nach unten und bildet so eigensinnige Ornamente auf der Haut.

Heil Hitler, sagte ich da, daß die Eingeschlafenen wieder aufwachen täten, wann fahren wir in das Subito, Heil Hitler ihr Ratten, wenn ihr überhaupt noch wißt, was das heißt, replizierte der eben eintretende Maler Werner Andropov und setzte sogleich fröhlich hinzu: Fuck you fuck everything, Hose runter, Hand aufs Herz, Prost ihr Schweine Prost!

Da trat Neger Negersen herbei, jener begnadete junge Mensch, der die inzwischen eingegangene Popmusikzeitung Sounds gemacht hat. Sounds ist Deutschlands Rettung gewesen. Wer das nicht weiß, kommt auf den Müll. Herr Negersen sagte: Voll gut Mann voll gut. Ich wußte nicht, worauf sich das bezog, und sagte deshalb: Genau, voll gut. Darauf Neger Negersen: Gotta do that dance, do that dance, und ich nickelte mit dem Kopf im Takt. Einige andere kamen noch hinzu, Olaph-Dante Marx und der New Yorker Popstrukturalist Nicky Rydenback, und so stand die Gruppe der jungen Bolsheviken im Gespräch. Schnell war man wieder bei der Sache, denn ich sagte:

Das Beste an Klagenfurt, außer der Scheiße, ist der Unterschied zwischen Null und Titan. Denn es geht dort ja nicht um die fade Literatur, sondern um die lustige Hüftenschußkritik. Vier Tage lang geht das, vier Tage lang kannst du es dir anschauen, vier Tage lang sabbeln die Nullenkritiker ihr gut abgewogenes gut abgehangenes Nullengesabbele daher, und der Titan wischt es gelangweilt oder angeätzt oder emphatisch, in jedem Fall mit grandios apodiktischer Gebärde, einfach und sauber, wie sich das gehört, vom Tisch. Das taugt mir. Das ist das Beste an Klagenfurt, noch viel besser als die ganze Klagenfurter Branchenscheiße ist der viertagelange unübersehbare und von jeder zweiten Null immer wieder dumpf attackierte Triumph des Titans. Vier Tage lang ist sichtbar: Die Null hat kein Recht zu reden, auch wenn sie dauernd nullenmäßig daherredet. Noch viel weniger hat die Null ein Recht zu schreiben, auch wenn die Papiere von Nullengeschreibe überquellen. So zeigt sich in Klagenfurt die Wahrheit. Die Null kennt keine Kühnheit, kein Vollgas, keinen Fehler, keinen Wagemut kennt die Null, die Null kennt nur das Nummersicherdenken, das meist auch noch mit drögem Wortwitz nullenmäßig aufgefitschte Nienixfalschdenken, das nie einen Fehler macht und nie die Wahrheit weiß, ein Denken, das gar kein Denken ist, sondern logisch und ewig bloß die dümmste Dummheit. Weg damit, hinfort, mir aus dem Blick.

Da sah ich schon wieder ein volles Glas in meiner Hand, voll mit dem Gelben und mit einem Schaum, und neben meiner Hand lag am Boden ein ausgetretenes zerquetschtes Zigarettenkippenstück als Weißes auf dem Schwarzen, Schuhe bewegten sich daneben, und von irgendwoher glänzte irgendetwas Glänzendes in eines meiner Augen hinein, vielleicht ein Stanniolpapier oder der Wasserhahn. Gab es einen Wasserhahn? Oder ist da ein nervöses Pferd mit seinem Huf vorbeigegangen?

Mann, nichts wie hin nach Klagenfurt, sagte Neger Negersen, zum Nullenanschauen und verhöhnen, auf nach Klagenfurt, vielleicht kann man auch beiläufig irgendeine Minderheit verunglimpfen oder ein paar Deppen sauber quälen. Genau, sagte ich, das macht mir einen Spaß. Er sagte: Einen gescheiten Spaß muß es schon machen. Und vielleicht ist ja auch Klagenfurt bedroht. Die Zukunft soll doch so bedroht sein, habe ich gelesen, ich glaube, das ist in einer Zeitung gestanden, daß alles so bedroht ist, sogar das Hörspiel, die ganze Kultur, alles muß verteidigt werden, alles ist bedroht, vor allem von der Zukunft glaube ich, oder von einer Rakete, oder von was ist jetzt gleich die Zukunft wieder so bedroht, fragte er. Ich glaube am meisten von der Zukunft, sagte ich, oder vielleicht vom Fernsehen. Darauf er: Genau!, vielleicht gibt es das gar nicht in Wirklichkeit, das Klagenfurt, das gibt es doch bloß im Fernsehen, oder ist das Fernsehen schon wirklicher als wie die Wirklichkeit, oder ist die Wirklichkeit wirklicher als wie das Fernsehen? Jaja, sagte ich, muß alles verteidigt werden, ist voll wichtig, muß gegen die Literatur verteidigt werden, oder für oder von oder wie oder was, für Literatur heißt es doch jawoll Heil Hitler da reihen wir uns ein, Kulturverteidigung voll geil voll wichtig. Da brennen doch praktisch brennende Fragen, sagte er, die brennen bloß so bei diesem Thema. Gibt es eine literarische Literatur? Brauchen wir die Literatur? Hat es eine Zukunft, das Literarische? Alles voll wichtig, ist der Fußball rund? Hat jedes Spiel 90 Minuten? Ist das nächste Spiel wirklich immer das schwerste? Und ist das Atom beklagenswert? Das sind doch alles Fragen, die endlich einmal gefragt werden müssen. Genau, sagte ich, ich muß mich auch dauernd Fragen fragen: Wie geht es weiter? Wie muß es weitergehen, gerade jetzt, nach dem ersten Roman, was muß ich tun, daß ich nicht auch so ein blöder Literatenblödel werde, der locker und dumpf Kunst um Kunst hinschreibt. Nein nein nein, immer alles zerschlagen, sagte ich, das Erreichte sofort immer wieder in Klump und kaputt und mausetot schlagen, sonst hast du die Scheiße. Ja, sagte Neger Negersen, dann hast du die Identität, die Stabilität, und am Ende sogar noch einen Sinn. Da rief ich aus: Gehe weg, du blöder Sausinn, ich will von dir Dummem Langweiligen nie nichts wissen. Den sollen die professionellen Politflaschen, die Staatsidioten, diese ganzen fetten dummdreisten Kohls vertreten; den sollen die Peinsackschriftsteller vertreten, die in der Peinsackparade, angeführt von den präsenilen Chefpeinsäcken Dings und Dings, von Friedenskongreß zu Friedenskongreß, durch die Zeitungsfeuilletons und über unsere Bildschirme in der unaufhörlichen Peinsackpolonaise ziehen, und dabei den geistigen Schlamm und Schleim absondern, den das Weltverantwortungsdenken, das Wackertum, unaufhörlich produziert, dieses ganze Geschwerl, dieses Nullenpack soll ruhig noch jahrelang den BIG SINN vertreten. Wir müssen etwas Wichtigeres tun. Wir müssen ihn kurz und klein zusammenschlagen, den Sausinn, damit wir die notwendige Arbeit tun können. Die ist was viel was Schwereres, die notwendige Arbeit ist: die Wahrheit schreiben von allem, die keinen Big Sinn nicht hat, aber notwendig ist, notwendig ist das einfache wahre Abschreiben der Welt.

Da hat es mich umgeschmissen, weil ich so Maßloses von den Göttern gefordert habe, muß ich zur Strafe als Todlahmer im Bett liegen, und die Angst geht nicht weg, und ich kenne mich selbst nicht mehr. In meinem Kopf tobt ein wildes Tier. Wer bin ich? Wozu gibt es das Denken in mir, wenn es nur ein Denkentoben ist gegen mich? Ich liege ruhig. Ich muß schlafen. Kein Schlaf kommt. Das Bett schwitzt, aber meine Füße sind an eisige Eisbrocken angeklebt. Ich werde Buße tun. Meine Augen sind ausgestochene rote blutige Löcher. Ich kann nichts sehen. Ich kann nicht denken. Die Welt ist tot. Keiner hilft. Meine Verzweiflung schreit. Sie schreit: Dich gibt es gar nicht. Du kannst das schwere Deutsch nicht. Da erbrennt mein Kopf vor Schmerz. Ich muß ihn aufschlagen an der Tischkante. Da fällt das Hirn heraus. Ihr könnts mein Hirn haben. Ich schneide ein Loch in meinen Kopf, in die Stirne schneide ich das Loch. Mit meinem Blut soll mir mein Hirn auslaufen. Ich brauche kein Hirn nicht mehr, weil es eine solche Folter ist in meinem Kopf. Ihr folterts mich, ihr Schweine, derweil ich doch bloß eines wissen möchte, wo oben, wo unten ist und wie das Scheißleben geht. Wie geht das Scheißleben? Wenn es mir keiner sagt, dann muß ich es eben tun, das Schreien, laut werde ich schreien, bis mir die Angst vergeht. Und ich schreie nichts Künstliches daher, sondern echte Schreie, die mir blutig bluten. Aber noch in meiner schwächsten Schwäche bin ich soo stark. Denn ein letztes Gehirnzellenlein in meinem Kopf weiß: Ich werde die Augen wieder öffnen. Ich werde die Welt wieder sehen. Ein Gieriger wird wieder schauen. Durch die weit offenen Einfallslöcher wird das Draußen wieder in mich stürzen, ja!, der Sog wird der alte sein, und dankbar, vieles viel Dankeschön, werde ich mich wieder verneigen dürfen vor der so sichtbaren Welt.

Da haute ich auf den Tisch, weil es so wahr war. Oder war das die Theke, wo ich daraufgehaut habe? Wir waren ja noch in dem Nachtcafé. Wann fahren wir endlich in das Subito? Sofort, sagte ich, ich muß bloß noch eines hier ausnützen, wo ich schon die prächtige Gelegenheit habe. Denn das ist ja das dritte Herrliche an Klagenfurt, neben der stinkenden Anwesenheit der vielen Scheiße und dem unübersehbar lehrreichen Triumph des Titans, daß man das eigene ausgedachte Denken selber öffentlich herzeigen darf und es nicht nur auf ein Papier hin gedruckt wird. Herrlich ultrawichtig wichtiger Moment. Und diesen Moment, sagte ich zu Neger Negersen, darf ich nicht vorbei gehen lassen, ohne zum Schluß wenigstens ein paar Sätze in der Sprache des Manifests gesagt zu haben.

Wir brauchen keine Kulturverteidigung. Lieber geil angreifen, kühn totalitär roh kämpferisch und lustig, so muß geschrieben werden, so wie der heftig denkende Mensch lebt. Ich brauche keinen Frieden, weil ich habe den Krieg in mir. Am wenigsten brauche ich die Natur. Ich wohne doch in der Stadt, die wo eh viel schöner ist. Schaut euch lieber das Fernsehen an. Wir brauchen noch mehr Reize, noch viel mehr Werbung Tempo Autos Modehedonismen Pop und nochmal Pop. Mehr vom Blauen Bock, mehr vom Hardcoreschwachsinn der Titel Thesen Temperamente Und Akzente Sendungen. Das bringt uns allabendlich in beste Trinkerlaune. Nichts ist schlimm, nur die Dummheit und die Langeweiler müssen noch vernichtet werden. So übernehmen wir die Weltherrschaft. Denn alles alles alles geht uns an.

Und jetzt, los ihr Ärsche, ab ins Subito.

KID P. 1984

Hoch auf das Zuhausebleiben

Am Anfang war das Ausgehen. Und die Idee hatte was für sich. Zeitweise war es wahrhaftig beinahe gut. Es fiel mit der IDEE des POP zusammen. Zuletzt redete man 1982 vehement vom Pop, und das war, wie alles, was mit RICHTIGEM POP zu tun hat, eine Lüge, denn, wenn schon, dann war 1981 das letzte Jahr des Pop. Nie setzte sich die IDEE richtig durch, aber man schwindelte ein bißchen, redete sich ein und glaubte daran und schon durfte man sich gebärden wie jung, den Hansel machen und ganz und überhaupt schlimm über die Stränge schlagen. Es wurde gelacht, getanzt, getrunken, gefeixt, nette sorglose Abende und das andere Geschlecht auf sich aufmerksam gemacht, ganz sinnesfroh, ganz Triebhaftigkeit. Es war amüsant, lächerlich und zeitvertreibend, und es ging eine Weile gut. Nebenher ging man ans Bauen und Konstruieren, großsprecherische Thesen wurden entworfen, lustig für den Augenblick, aber als der Spaß Über- und Unterbau erhalten sollte, hatte es ein Ende. Es wurde zuviel. Zu viel Grütze im Kopf. Zu viel originelles Denken. Nie war so sehr Besonderes an all dem Tollen und Toben (oder für die, die sich, sooft sie sich hinreißen lassen zu dem Versuch, den Schlingel zu probieren, dabei ertappen, als recht betrübliche und wenig passable Figuren dazustehen (nehmt mich zum Beispiel): dem Danebenstehen und wissend schmunzelnd daran teilhaben), aber nun wurde es zu offenkundig, alles in

Chruschtschows Rede gegen den kleinbürger-

Die Literatur, ja unser ganzes Schrifttum und das künstlerische Schaffen überhaupt, spielt bei uns heute diese bedeutende Rolle: den Menschen erziehen und in das Bewußtsein des Volkes jene fortschrittlichen Ideen einpflanzen, von denen sich unsere Partei leiten läßt. Nicht von ungefähr nennt man bei uns die Schriftsteller Ingenieure der menschlichen Seele. Doch erfüllen auch alle diese Aufgabe voller Ernst und Gewissenhaftigkeit?

Ihr wißt, daß ich nur zu gerne selbst übers Land fahre, mich unter die Menschen begebe und mit meiner Nase in dem herumstöbere, was im Sozialismus noch im Argen liegt. Denn nichts kann den persönlichen Eindruck ersetzen, wenn man selbst alles sieht. Oft treffe ich dabei auf junge Menschen, die sich voll Ungestüm an die Architektur des Kommunismus begeben. Doch merken sie dann, welch weiter Weg noch vor uns liegt, welchen Mut und welche Ausdauer wir auf ihm brauchen, beginnen sie zu verzagen, und schließlich kapitulieren sie vor dem Ernst täglicher Plackerei und flüchten an den warmen Ofen. Dort warten sie, daß alles wie von selbst geht, der Kapitalismus naturgemäß seine Lebensfrist zu Ende lebt, gleich einem alten Ackergaul, der letzten Endes alle viere von sich streckt und auf dem Schindanger endet. Ihnen sage ich: Kostet nur die Früchte kleinbürgerlichen Konsums, aber nie werdet ihr dann den Genuß erleben, die Lakaien des Imperialismus toben zu hören. Kann es Süßeres geben, als mit den Feinden der Arbeiterklasse zu raufen?

Neben diesen armen Irregeleiteten sind da aber noch Besserwisser und ewige Kritiker, die niemals die Mühsal täglicher Arbeit kennengelernt haben.

allem stellte es sich als ziemlich blödsinnige und einfältige Angelegenheit heraus, und es war wirklich an der Zeit, zur Besinnung zu kommen. Das fing 1982 an, und letztes Jahr wurde es ganz akut. Die IDEE dieses

Jahres, die NEUE IDEE, der neue POP, ist die ALTE IDEE. Altes Denken, alte Werte. Etwas Sozialismus. Style Council. Das Jahr des ›alten Mannes‹.

lichen Defätismus und Modernismus

Verzogene und verwöhnte Gestalten zumeist, sogenannte Künstler, die am liebsten mit dem Wodkaglas in der Hand dem Kommunismus zuprosten. Ich werde euch eine Geschichte erzählen. Mit den Mitgliedern einer Brigade irgendeiner Traktorenfabrik unseres Landes spazierte ich zur Entspannung im vor dem Werksgelände gelegenen Wald und zeigte auf die Baumwipfel: »Schaut auf die Tannen, auf ihren Schmuck, auf die Schneeflocken, die spielen und in den Sonnenstrahlen funkeln. Wie ist das unwahrscheinlich schön! Und da kommen die Modernisten, die Neunmalklugen, die uns verlachen, und wollen diese Tannen mit den Wurzeln nach oben zeichnen und behaupten obendrein, das sei das Neue, das Progressive. Es ist unmöglich, daß solche Kunst jemals die Anerkennung normaler Menschen findet.« Und die Genossen Werktätigen nickten mir zu: »Nein, diese Menschen sind keine Kommunisten.« Da lachte es in mir, und ich dachte: Ich mag euch Leute!

Euch allen, die ihr mit Wort und Tat für ein besseres Leben im Sozialismus einzutreten habt, laßt das eine Lehre sein. Nicht mutloses Wehklagen, nicht Gejammer noch Resignation vor der Unermeßlichkeit vor uns liegender Aufgaben, nicht selbsttrügerische Flucht in Behaglichkeit, aber auch keine intellektuelle Überheblichkeit, nur hervorragende Werke von großem revolutionären und schöpferischen Pathos dringen tief in die Herzen und das Bewußtsein des Menschen ein, wecken in ihm ein hohes Staatsbewußtsein und die Entschlossenheit für das Glück der Menschen zu kämpfen. Die Schöpfer solcher Werke genießen mit Recht und verdienen die Anerkennung des Volkes.

Die Aufgaben des ›alten Mannes‹? Zuhausebleiben und ein restauratives Ambiente schaffen. Sich in kleinbürgerlicher Geborgenheit gefallen. Ein gutes Buch zur Hand nehmen und ein liebevolles Weiblein, wie es, übermächtig lebensklug, noch in Dickens-Epen zu finden ist. Harmlose Vergnügungen, denen ohne sonderliche Gefährdungen und Aufregungen nachzugehen ist. Die Beine lang machen und bisweilen zum Telefonhörer greifen und sich dann und wann in maßloser Übertreibung von den letzten Zuckungen des in Agonie dümpelnden Nachtlebens Bericht erstatten zu lassen. Von wem? Nun von euch, die ihr doch nicht lernt und immer wieder hinausgetrieben werdet durch Unbekümmertheit, Gedankenlosigkeit und sexuelle Notdurft.

Aber wenn ihr schon völlig wider der historischen Notwendigkeit darauf beharrt, es sei so vorderhand noch auszugehen, dann laßt euch doch bitteschön nur an den richtigen Stellen sehen. Was ist richtig, was ist falsch? Falsch ist: Geld und Geist. Man ist attraktiv und gebildet, aber nicht zu sehr. Das Mondäne wird mit dem Aufgedonnerten, das Laszive mit dem Vulgären durcheinandergebracht. Der Marxismus manifestiert sich im New York-mäßigen, selbstzufriedenen »intelligenten Vollrausch« und spielt den Onkel für kichrige New Wave-Mäuse mit dem Verstand von gestern (sofern mit überhaupt einem). Wie isses nun bloß hart, das Leben, wie es uns belästigt in all seiner Niedertracht und den Tag verhagelt. Wir wissen, aber wir werden nicht ZU marxistisch dabei.

Dann schon eher unters gemeine Volk gemengt, wo sich Krethi und Plethi herumtreiben. Wenn es hier auch nicht ist, das Richtige, das Gesunde, Anständige, dem ich geneigt bin, meine große, geheime und unerfüllte Liebe, Achtung und warmherzige Zuneigung entgegenzubringen, hin und wieder, so ganz hin und wieder, hat es dann doch winzige versöhnliche Sternstunden des urbanen Groove, daß wir danebenstehen und daran uns ergötzen können. Dann läßt der Tiger, diese Kreuzung aus Rock Hudson und Hans-Peter Briegel, das Tigerbecken kreisen, und wenn er urplötzlich seine Lippen schürzt und übergangslos zu einem Tigerlächeln verzieht, ist es schon Spitze und verdammt gelassen männlich, und die Mädchen quietschen dazu. Sein Freund Franz Gans, ausgestattet mit dem klassischen Franz Gans-Erkennungszeichen, dem nach unten verrutschten Becken, steht in gelangweilter Abwart-Faul-Haltung daneben, aber auch er ist nicht zu halten, sobald die »Schnitte« mit erregtem Hüftschwung bereitwillige Geilheit signalisiert. Dann nimmt er Balzhaltung ein und tobt wie eine Salmonellensau. Laßt dazu noch die IDEE des guten alten POP erschallen (Philip Oakey von der Liebe schluchzen, jetzt neu/alt, Trash und immer gut), und ich will zufrieden sein. Drumherum, reihum und mittendrin dann die Scharen niedlicher Mädchen, die (wie sie so dastehen, hilflos und vom Leben alleingelassen, schutzlos den Horden gemeiner, abscheulicher Frank Elstner-Schnauzbärte ausgeliefert, wo sie doch auch nur ihren Spaß, ihren Anteil, ihr kleines bißchen Vergnügen haben wollen, bevor sie ihrer geschichtlichen Bestimmung anheimfallen und zu Sekretärinnen werden) in ihrer kleinen Poussierlichkeit niederste Lüsternheit aufflackern lassen. So ist das hier. Aber für euch ist das ja nichts, das Leben. »Was habe ich schon zu tun mit den niederen Klassen! Die sind nicht neurotisch. Die haben animalische Begierden.« (Dr. Ludwig Bessner, Zürich)

PETER GLASER 1984

10	**Zur Lage der Detonation**
11	**Ein Explosé**
20	(lauffähig auf allen gängigen Systemen)
30	Besonders aus den Arealen der Jüngeren wird in den letzten Jahren das Gerücht immer vernehmlicher,
31	Langeweile,
32	Lahmarschigkeit und Literatur stünden für so zirka dasselbe.
40	Diese 3 L haben sich im Laufe der 70er Jahre zu den unlustigen Schenkeln eines kulturellen Bermudadreiecks gefügt,
41	worin Begeisterung verlorenging.
50	Angst,
51	Trauer und unheimliche Nachdenklichkeit jeder Art sind in dieser Zeit zu den Kristallisationspunkten von Geschriebenem geworden.
60	Das Neo-Gefühl »Betroffenheit« wird epidemisch.
70	*Botschaft* wölkt aus den meisten Texten, wenn die Sprache sich nicht gerade wieder in Selbstbespiegelungen theorietrunken um sich selber dreht;
72	Sinn wird gestiftet was das Zeug hält.
80	Die kritische Sensibilität erreicht das Stadium,

81 in dem man mit einem Teleobjektiv
seinen eigenen großen Zeh fotografiert.

90 25jährige erbringen mit viel Fleiß
den Nachweis,

91 daß sie schon genau so verhärtet schreiben
können wie 60jährige.

100 Sie dürfen sich dann,

101 nach der Hardcore-Lektüre von Bukowski-Stories,

102 zum Ausgleich drei Stunden lang wie
Johnny Weissmüller fühlen.

110 Atemnot herrscht vor,

111 programmatische,

112 ideologische.

120 Oder der Autor implodiert ganz
zu einem hochlichtempfindlichen und
melancholischen »Ich«,

121 das verzagt durch die Grotten und Dome
seines Innenlebens flaniert.

130 Der Tiefsinn erreicht 1974 erstmals
den Grund des Marianengrabens.

140 Hinter der immer wieder bekundeten Betroffenheit
macht sich eine gespenstische Leere breit;

141 es wird nur noch moralische Fitness trainiert.

150 Die Einfühlsamkeit wird zu einem sprachlichen
Elektronenrastermikroskop,

151 womit kammerjägerhaft noch in den nichtigsten
Ritzen des Seins gestöbert wird.

160 Ebenfalls Mitte der 70er Jahre ortet
Peter Handke in Paris eine der letzten
wahren Empfindungen Europas.

170 Es kommt zu Zusammenstößen zwischen
Ordnungskräften und Humorlosigkeit.

180 Die literarischen Nachklänge der Beat-Poesien
haben inzwischen längere Bärte als ihre
alternativen Pfleger,

181 gehen flöten in dem Versuch,

182 durch inständige Verwendung illuminierender
Namen wie »Hollywood Boulevard«
Europa zur 2. Region endloser Highways
umzudichten, und finden ihren Kernbegriff
in dem Wort »irgendwie«.
190 Die Hinlänglichkeit des Leidensdrucks,
191 mit dem der Kampf gegen die allgemeine und
spezielle Entfremdung mit der nötigen
zartbitteren Innigkeit angetrieben wird,
192 fängt an abzubröseln.
200 Dickere Dinger müssen her:
201 Atomkrieg,
202 Apokalypse,
203 Umweltvergraulung.
210 Ohne ergreifender zu werden,
211 zumindest doch spannender,
212 dehnt sich die Literatur zwischen
gewichtiger Allerweltsverantwortlichkeit,
213 lustlosem Ernst und
214 – machen wir ein Bild:
215 Rotlicht im Wohnzimmer,
216 für einen allein.
220 Um von den Atmosphären zu sprechen,
221 denen sie ihr zerknittertes Image
zu verdanken hat.
230 Es ist ja nicht so,
231 daß keiner mehr ein Buch liest;
232 trotz Televisionen.
240 Immerhin:
241 es ist unmodern geworden
242 – besonders bei den Jüngeren –,
243 zuzugeben,
244 daß man Bücher liest.
250 Ein Hauch von Papierstaub und
Körperlosigkeit und Öde streicht durch
die Aura der Literatur.

260 Rundum fliegen die Lichter der Reklamen,
261 Verkehr rauscht durch die großen Städte,
262 »Ich kenne das Leben,
263 bin im Kino gewesen«,
264 wir hören scharfe zügige Musik;
265 zugegeben:
266 nichts Neues.
270 Aber keine Lust mehr,
271 jedes Gefühl,
272 jeden *Einfall* erst mit der kritischen
   Lochzange entwerten zu müssen.
280 Die Methoden von Protest und Widerstand,
281 die in den 70er Jahren entwickelt worden sind,
282 sind unwirksam geworden,
283 Liturgie.
290 Am zivilen Ungehorsam kann sich längst
   das Innenministerium abarbeiten wie an einem
   Sandsack,
291 um »das System« bei Kondition zu halten;
292 genauso die Unterhaltungsindustrie,
293 die uns vom Klassenkampf als Brettspiel
   bis zur Zeitlupenwiederholung des
   Reagan-Attentats wohl versorgt.
300 Literatur als Gebetsmühle des
   »Andersdenkens« also,
301 das sich schon lauschige Nester in der
   Konformität eingerichtet hat.
310 Sie wogt in der Verschwommenheit
   nicht des Träumers,
311 aber des Unaufgewachten.
320 Sie schlummert wohlfeil in dem
   sorgsam formulierten Gemurr,
321 womit sie als Gegenentwurf umgehend
   alle Unverschämtheiten der Wirklichkeit
   kontrapunktiert;
322 eine geistesgeschichtliche Blei-Ente;

323 ein Radiergummisaurier,
324 der ein wenig friedensbewegt und ein wenig
     arbeiterklassisch ein Auge aufklappt und
     satt vom Großen Wort mit einem sachte
     misanthropisch angehauchten Stirnrunzeln
     in die Runde blickt.
330 '77 setzen die Musiker einen Punkt:.
340 Sie lassen wüstes,
341 unverblümtes Getöse hören,
342 unmittelbar aus den Zentren des Geschehens.
350 Desgleichen die Maler mit lustigen,
351 unbekümmerten,
352 knallbunten Schmieragen;
353 – bleib mir mit der Kunstgeschichte weg!
360 Songtexter:
361 die ersten Schreibenden zum Ende der
     literarisch hinsiechenden 70er,
362 denen der Kragen platzt:
363 Rawums.
370 Wer die Lyrik eben noch am blanken Zeilenfall,
371 der dürftige Prosa kleinhackt,
372 zu Tode stürzen sah,
373 der wird belehrt:
374 es geht noch.
380 Aber schon wie.
390 »Keine Atempause,
391 Geschichte wird gemacht,
392 es geht voran«
400 Die Schriftsteller stehen ein wenig
     betreten vor dem feuchten Fleck,
401 den ihnen die Neue Welle unter'm Türspalt
     durchgeschwemmt hat,
402 und flüstern einander zu:
403 Keiner hat's gesehen.
410 Denn der Literaturbetrieb ist eine
     Institution für kulturelle Zeitlupe,

411 und was ein ordentlicher Schriftsteller ist,
412 der formuliert profund,
413 gediegen und gemessen,
414 und da dauert das Ausdrücken eben seine Weile.
420 Außerdem sind Bücher nicht
als saisonale *Hypes* angelegt,
421 wie etwa Schallplatten;
422 ein Buch ist etwas Edles.
430 Und mit ihrer Gemessenheit
haut sich die Literatur langsam und eingehend
selber k. o.
440 Das beste Buch des Jahres '81
ist eine Schallplatte:
441 »Monarchie und Alltag« von Fehlfarben.
450 Hupps,
451 schon werden Magisterarbeiten geschrieben:
452 »Punk –
453 Versuch der künstlerischen Realisierung
eines neuen Lebensgefühls«.
460 Akademiker basteln sich ihre eigene
Untergangsstimmung,
461 sie erörtern wieder einmal
»Das Ende der Literatur«.
470 »Nein,
471 wir lassen uns nicht mehr abspeisen
mit der Reflexion –
472 was Wüste ist,
473 zeigt einem David Lean im »Lawrence of Arabia«
einfach besser,
474 denn er zeigt es wirklich.«
480 Musikjournalisten sprechen vom Stil der Zeit,
481 dem »Spiel mit allen verfügbaren Stilen«.
490 Die Literaturkritik ist orientierungslos
und wedelt mit ein paar verbliebenen
-keiten und -ismen nach allen Seiten.
500 Einigen Autoren geht ein Knopf auf:

501	Rawums.
510	Auch in der Literatur wollen
	lange eingedämmte Eigenschaften wieder
	glasklar zum Ausdruck kommen.
520	Ungebremst von ameisenhaft
	durcheinanderkrabbelnden Bedenken;
521	selbstsicher.
530	Adrenalintreibend,
531	störend und ungehalten.
540	Schnittig,
541	schräg,
542	witzig.
550	Treffend.
560	Strategien zwischen rabiater Ablehnung
	und offensiver Affirmation werden erprobt.
570	Damit kann man Textkonsumenten
	wirksamer hochgehen lassen als bisher.
580	Und es ist höchste Eisenbahn,
581	wenn schon die Widersetzlichkeit in
	Sprachlosigkeit wegschrumpelt:
582	»Schweigen für den Frieden«
583	(und die dazu nötige Trauer ist auch noch taub).
590	Wichtig ist jetzt:
591	sich nicht festnageln zu lassen,
592	oder gar selbst festnageln.
600	Rawums.
610	Der umsichtige Literat hält sich
	fern vom Modischen.
620	Nur keine Neue Druck-Welle.
630	Er scheut das flüchtige Vergängliche
	und sucht den zeitlosen Zuspruch.
640	Er zwinkert den Wachposten zu
641	die den Zonenrand zwischen hoher und trivialer
	Literatur in Europa kontrollieren,
642	bis dann in seiner Wohnung eine dicke
	rumorende Sprechblase unter dem Bett

hervorkullert und ihn in Angst und Schrecken
versetzt.

650 Rawums.

660 Der kühne und spektralfeuernde Überschwang
bei den Musikern und Malern
tut inzwischen auch wieder moderater.

670 Eine Euphorie von vielen ist abgekühlt.

680 Wenn es sich nicht so sperrig anhören würde,

681 könnte man sagen:

682 wir schreiben längst die Post-Wave-Ära;

683 außerdem ist nicht wichtig,

684 wie das heißt.

690 Neue Vorkriechzeit für Avantgardes,

691 die es ja bekanntlich auch nicht mehr gibt.

700 Der Dachbegriff ist abgedeckt;

701 die Bemühungen und Vorstöße von Einzelnen
und kleinen Gruppen,

702 »im Kampf gegen die herrschende Dummheit«,

703 verbindet nach wie vor ein »agreement«,

704 das keine Trendlinie als Bodenmarkierung braucht.

710 Auch in der Literatur macht man sich
nun auf die Socken,

711 dem zunehmenden Schwinden von Wirklichkeit
entgegenzuwirken.

720 Die Grüne Welt wird lange schon
von der *zweiten Natur* überbaut,

721 der menschgemachten,

722 und nun,

723 in den 80er Jahren,

724 fühlen einige bereits eine *dritte Natur*
anwachsen,

725 eine immer geschlossener vernetzte
elektronische Umwelt;

726 und inmitten der Magnetic Media Metropolis
werden neue Sichten überprüft und
der eigene Stand,

727 werden neue Geschichten geschrieben.
730 Zu viele Gefühle sind nur behauptet
     und eigentlich gar nicht mehr vorhanden,
731 oder Kino-Gefühle geworden;
732 und was interessiert mich die Weltlage,
733 wenn keine Milch mehr für den Kaffee
     da ist.
740 Das poetische Denken setzt im Sprung
     über theoretische Hemmkanten weg,
741 mit Blick auf etwas Unangestrengtes.
750 Etwas Hellsichtiges,
751 Heiteres,
752 das dem blutigen Ernst eine Leichtigkeit
     verleiht,
753 ohne ihm die Eindringlichkeit zu nehmen.
760 Und durchaus auch mit Aussichten auf Krach:
761 Rawums.
770 Wenn der Erzähler durch die Stadt geht,
771 erbebt die Haut der Welt.
780 Das Sicherheitsglas der Auslagen,
781 das Blech der Autos und das,
782 welches geredet wird.
790 Die Menschen erschauern,
791 von dem wie mit Curare getränkten
     Blick des Erzählers berührt.
800 Der Nervenkitzel,
801 den viele für die Große Angst gehalten haben,
802 klärt sich einen Augenblick lang;
803 dann wird gelächelt.
810 Lichtschnell wie durch Glasfaser
     schießen die Bilder,
811 die Sounds,
812 die Fingerspitzengefühle,
813 jedes und jedes,
814 und die Krawatte fliegt im Wind.
820 Die modernen Zeiten

hechten in das Gedächtnis des Erzählers,
821 werden in Formulierungen vereist,
822 intonieren Phantasien.
830 Die Aufmerksamkeit ist schneidig und
verwundert.
840 Oder die modernen Zeiten
zünden unmittelbar,
841 ohne Literatur:
842 Rawums.
850 Sie werden im Erzähler an die Startrampen
für noch zu schreibende Geschichten gerollt,
851 später in die Armmuskulatur gefunkt
und in die Schreibmaschine gefingert.
860 »Authentizität«
ist bloß ein Sprechfehler
durch die Zahnspangen christlichen Beichtzwangs.
870 Mensch,
871 wenn die Wirklichkeit zu langweilig wird,
872 mußt du sie erfinden.
880 Und Hypothesen sind Sentimentalitäten:
881 Mach es:
882 Rawums.
890 Aus der Schreibmaschine hängt dann
ein trockenes Blatt Papier.
900 Der Erzähler steht mit einer Zigarette im Mund
am Fenster,
901 während die Dämmerung über der Stadt niederstürzt
wie ein Turmspringer aus Dunkelheit,
902 und die Aluminiumfensterrahmen
im Silberjodidlicht glitzern.
910 Er fragt sich:
911 Mensch,
912 kann an dem trockenen Blatt etwas sein
von einer erträumten Größe,
913 von einer wie Licht und Helligkeit
auseinanderfliegenden Erleichterung?

920 Es muß;
921 es muß;
922 es muß.
930 Der Erzähler hält fest,
931 daß er sich nicht aus dem Fenster
stürzen möchte,
932 und er fühlt sich einer tiefinnersten
Zuversicht verpflichtet.
940 Er geht vor:
941 Rawums.
950 Mit jedem Schritt schreibt er sich
Boden unter die Füße,
951 und anderen.
960 Und er findet prächtige Stücke im Keller:
961 Spannung,
962 Verständlichkeit,
963 Unterhaltungswert,
964 Esprit,
965 Thrills:
966 Rawums.
970 Der Erzähler ist achtsam,
971 gründlich,
972 *straight* und präzise,
973 ein Weltspion in niemandes Auftrag,
974 und doch für viele unterwegs
975 (nicht für alle).
980 Es ist scharf an der Zeit,
981 davon schreibt er und weiß,
982 daß es,
983 nämlich Sehnsucht zu wecken
und ein Bild von Befreiung zu geben,
1984 immer noch wirkt.

Juni 1983, *Moskau*
Juli 1983, *Washington D. C.*
Peter Glaser

Zitate:

000 Die Zeilenmarkierung in Zehnersprüngen und
Subnotationen ist nach dem Listing-Schema
von Computerprogrammen zitiert.

232 »Televisionen« zur Verfügung gestellt von
Volker Kaukoreit (1983).

262 aus dem Lied »Grauschleier«

263 von Fehlfarben (1981)

350 das »lustigen« stammt aus einem Text von
Rainald Goetz.

390–392:   aus dem Lied »Es geht voran« von Fehlfarben.

452 Hollow Skai alias Holger P.

453 (Hannover, 1982)

470–474:   aus »Wartezeit« von Michael Rutschky (1983)

481 Diedrich Diederichsen (1982)

702 Diedrich Diederichsen (1982)

814 übersetzt aus einer italienischen Modezeitschrift (1982).

860 irgendwelche Hippies (1968)

902 das »Silberjodidlicht« stammt aus einem Text
von Peter Rosei.

1984 zitiert nach der Kalenderheadline des
gleichziffrigen Jahres.

BERG LAUCHSTAEDT 1985
THOMAS MEINECKE
THOMAS PALZER

Das Jüngste Gericht geht in die Berufung

... PALZER: Gut. Trotzdem möchte ich noch auf was hinweisen. Und zwar, daß ja das Denken also das Gehirn eine, die beiden Gehirnlappen eine ... LAUCHSTAEDT: Die rechte und die linke Hemisphäre. PALZER: Ja, nee, daß die beiden Gehirnlappen einfach äh ähm ... LAUCHSTAEDT: Nee nee, also das ähm das Gehirn besteht mehr als aus zwei Lappen. PALZER: Ja, also ich mein' die beiden Gehirnhälften, daß die ähm wie zwei Pflanzenblätter sind, ja also ihre Herkunft also eine pflanzliche Herkunft haben in der Morphologie ... LAUCHSTAEDT: Hm. PALZER: ... und, woran du dann also ablesen kannst, daß das Denken sich aus dem Fühlen heraus entwickelt hat, daß das Denken ein, wie soll man sagen, ein instrumentalisiertes Fühlen ist, und daß also die Logik nichts anderes ist als so wie wir sowieso ähm Helle, Dunkelheit empfinden, fühlen, und unsere Logik ... LAUCHSTAEDT: Ja, aber das muß jetzt nichts mit 'ner pflanzlichen Herkunft zu tun haben. PALZER: Doch, einfach wenn du ... LAUCHSTAEDT: Wenn du jetzt die beiden Hemisphären ansprichst, dann ist es auf der einen Seite, ist es bei beiden Seiten ein Denken, bloß auf der einen Seite ist es mehr ein simultanes, räumliches Erfassen, auf der anderen Seite mehr ein analytisches, sprachliches Erfassen von ... PALZER: Ja, das meinte ich gar nicht, ich mein' jetzt einfach nur wirklich vom Phänomen her gesehen ist es, ist der Gehirn ist das Äuß die Struktur des Gehirns pflanzlicher Herkunft. LAUCHSTAEDT: Versteh' ich nicht. PALZER: Äh, der die beiden Gehirnhälften sind wie äh ineinander äh wie zur zur zu Kugel, wie ein zur Kugel gewordenes Blatt, verstehst du, wenn du ...

LAUCHSTAEDT: Wie 'ne Walnuß, meinst du. PALZER: Nein, verstehst du, wenn du dir eine Blume vorstellst, die zwei Blätter kriegt, wo sich die Blätter dann schließen, und das ist eine Art ... MEINECKE: Ja, was nützt dir das. PALZER: Ja, daraus kannst du ableiten, daß also das Denken das Denken und Fühlen also nicht, jetzt mal, von daher eben auch Beruf und Berufung, äh nicht getrennte Sachen sind, sondern daß das Denken und daß das Denken sogar nach dem Fühlen, also aus dem Fühlen entspringt und nicht äh, das ist ja auch oft so, Adorno oder so, der, oder Adorno nicht ... LAUCHSTAEDT: Ja, oder das äh also das Fühlen, wenn, dann liegt es nur im Hirnstamm, und der Hirnstamm ist ja noch nicht ... PALZER: Ich mein' jetzt nicht die Lokalisierung, was jetzt nochmal was anderes ist, wo sich das einzelne jetzt lokalisiert, wenn das so stimmt, sondern ich mein' jetzt wirklich einfach mal phänomenal gesehen äh ist ähm also hat zum Beispiel, wie soll ich es sagen, der Herzrhythmus oder alle wichtigen Bewegungen im Leben, Koitus, Herzrhythmus, die Bewegungen des Meeres, äh die dieses Hin- und Herschwingen ... LAUCHSTAEDT: Hm. Im autonomen Nervensystem ... PALZER: ... ja, also, wo du noch erkennen kannst, wo du hergekommen bist, das Leben, so im Gehirn, am Gehirn siehst du noch, daß es ursprünglich irgendwann mal, daß es pflanzlicher Herkunft ist, ja, ich mein' jetzt also nicht ... MEINECKE: Das ist doch Quatsch irgendwie. PALZER: Nee. MEINECKE: Das find' ich völlig völlig äh, das ist doch nur irgend'n Bild. PALZER: Nee, das ist kein Bild. MEINECKE: Es genügt doch, wenn du sagen würdest, das das Denken ist aus dem Fühlen abgeleitet oder aus dem Fühlen entstanden ... PALZER: Ja, aber das muß eben ... MEINECKE: Ich mein', wenn ihr euch jetzt so festreitet, ob jetzt das Gehirn pflanzlichen Ursprungs ist ... LAUCHSTAEDT: Ja, aber das Fühlen hat ja auch schon zwei Seiten, eine Lustseite und eine Unlustseite. Wenn wir da wieder zum Beruf kommen, wie auch jeder Beruf eine Lust- und eine Unlustseite hat. PALZER: Na gut, ich wollt' ja auch auf was ganz anderes hinaus, aber können wir auch so machen. MEINECKE: Nee, was worauf wolltest du hinaus. PALZER: Ähm. Daß eben ja auf dieses äh auf dieses Berufung, Beruf-Berufung und Fühlen-Denken, wo man Berufung mit Fühlen in Analogie setzen kann, und ich auch schon sagen würde, daß das, weil ich eben auch glaube, daß das Denken sich aus dem Fühlen herausentwickelt hat und also etwas nach dem Fühlen etwas ist, was nach dem Fühlen kommt, daß das schon das erstere das sozusagen dem oder Mythos-Logos, ja ... MEINECKE: Ja, das ist doch klar. Ich meine, damit rennst du doch 'ne offene Tür ein. PALZER: Gut. MEINECKE: Nee, find' ich wirklich, weil das ist irgendwie genau natürlich der Unterschied, klar.

THOMAS MEINECKE 1986

Das waren die achtziger Jahre

Dafür, daß die sogenannten oder auch achtziger Jahre nunmehr als abgeschlossen, wenn nicht vollendet zu gelten haben, gelte ich mittlerweile als Spezialist; vielleicht, weil sich derartiges bereits 1978 in der von mir mitbegründeten Zeitschrift Mode & Verzweiflung finden läßt, vielleicht auch, weil heute jeder zweite eine solche Sicht der Dinge zu teilen pflegt, ohne sich über die tieferen Beweggründe hierzu im klaren zu sein. Als bestes Indiz dafür mag die schlechte Angewohnheit manches Zeitgenossen gelten, das Kind sogleich mit dem Bade, will meinen das Prinzip der Hipness sogleich mit den achtziger Jahren, deren man sich zu Recht überdrüssig wähnt, auszuschütten. So einfach nämlich kommt man dem Problem nicht bei.

Wenngleich Mode & Verzweiflung in eben diesem Jahr das Erscheinen eingestellt hat, soll hier ein letztes Mal wiedergekäut werden, weshalb sich noch heute selbst beste Freunde stundenlang mit der einen Frage, wann denn die achtziger Jahre nun eigentlich zu Ende gegangen seien, durchaus kontrovers zu beschäftigen vermögen. Ist dem einen beispielsweise Kriterium, daß der berühmt-berüchtigte Meta-Kult des Pop-Sommers 1982 zur vernichtenden Inflation der Idee geführt hat, erkennt der andere den Dolchstoß bereits am Sylvesterabend 1980, nachdem sich Langhaarige seiner Talking-Heads-Platten bemächtigt hatten. Wobei wir es mit jener Liaison dangereuse zwischen Intuition und Intellekt zu tun

haben, welche sowohl den guten als auch den schlechten Historiker ausmacht.

Obwohl ich der heute verbreiteten Mode, den für hip zu halten, der ein Ding als erster gutenachtküßt, längst skeptisch gegenüberstehe, zwang natürlich 1980 (mehr als dies heute der Fall wäre) der langhaarige Genuß von nervös-urbanistischen, gerade die Vereinzelung, niemals aber den gemütlichen Gleichschritt beschwörenden Hymnen der Talking Heads zumindest zu kritischer Reflexion.

Während sich die Talking Heads selbst erst im folgenden Jahr, nämlich durch die linkische Vernegerung ihres Klangbildes, ins stilistische Aus schossen; um allerdings fünf Jahre später, altersweise gewandelt (und Altersweisheit meint oft nichts anderes als Alzheimersche Krankheit, bei der das Gehirn zur Walnußgröße schrumpft), zu einem konsumtiven Selbstplagiat ihrer Frühphase zurückzukehren, das tatsächlich noch dem allerletzten Vorgestrigen selbst 1986 den pathetischen Einstieg in jenes Konvolut ermöglichte, das er für die achtziger Jahre hielt.

Tatsächlich materialisiert sich in einer Band wie den Talking Heads Segen und Fluch, feierliche Geburt und Alzheimersche Krankheit eines Jahrzehnts, das Die achtziger Jahre genannt wurde und vor ungefähr zehn Jahren als das nächste große Ding um den eiernden Globus geschickt wurde.

Die siebziger Jahre waren eigentlich niemals dermaßen propagiert worden. Sie dienten lediglich der schlachtmüden 68er Generation (hatten doch die sechziger Jahre weitgehend in denselben stattgefunden) für ihre Rückzugsgefechte, später als Therapie- und Erholungsstrecke, was dem wehleidig gewordenen Hippie schließlich weniger verschleierte denn schmerzhaft ins sensible Bewußtsein führte, daß sein historischer (Schrot-)Schuß letztendlich in den Ofen gegangen war. So jedenfalls hatte kein Jack Kerouac, kein Beatnik gewettet.

Und so mußte erst die New-Wave-Kultur (naturgemäß vorerst im Gewande der Subkultur) mit ihrer, wie sie fatalerweise glaubte, entideologisierenden These, daß es gesellschaftspolitisch weder Täter noch Opfer mehr gäbe, heranbrausen, um Platz für die achtziger Jahre zu schaffen, war es doch für die siebziger Jahre, in deren Zenit man sich immerhin befand, bereits deutlich zu spät, noch beim Namen genannt zu werden. Außerdem waren diese zu zwei Dritteln von Kreaturen aus den sechziger Jahren bevölkert. Man durfte abräumen, und endlich einmal ungerecht sein.

Hinzu kam die nicht minder elektrisierende Erkenntnis, daß ein jedes Neues sein historisches Pendant besäße, was die Formulierung des Hier-und-Jetzt weniger im Heute, als im Gestern-und-Morgen nahelegte. Was dem Boring Old Fart jedoch als Austauschbarkeit erschien, besaß in Wirklichkeit Prinzip und Strategie. Das Spiel mit der Umkehrbarkeit der Medaillen (von deren Kehrseiten bislang immer behauptet worden war, daß sie ihr anderes Selbst zumindest moralisch negierten) brachte auf die alte Frage Kopf-oder-Zahl eine ganz neue Antwort hervor, nämlich Kopf-und-Zahl, was nahelegte, daß von nun an sogar Geist und Geld zu-sammengingen. Hier war man anfangs von sich selber überrascht.

Unter der jedem Altlinken (der erst Jahre später begreifen sollte, daß postlinks schließlich auch links war) hochverräterisch vorkommenden Maxime Historismus alias Relativismus setzte die Neue Welle endlich zahlreiche Spielregeln der Mode ins rechte Licht. Dem modernden Traum von der Subversion (dessen endgültigen Ruin ich vielleicht damit illustrieren kann, daß ich kürzlich tatsächlich von einer Suborganisation der FDP um ein Referat zu diesem Thema angehalten wurde) begegnete man mit der lustbetonten Praxis absolut nicht beliebiger, sondern sorgfältig kybernetisch abgeleiteter, vor allem taktischer Stilübungen, deren Spielwiese einige Zeitschriften, von Mode & Verzweiflung bis Sounds, aber auch jene zahlreich aus dem Boden sprießenden neuen Bands abgaben.

Der Hippie diente dabei als Haßobjekt (denn es galt nun vorrangig, sich auch im Haß zu üben), und die siebziger Jahre (deren zahlreiche Stil-blüten erst gegen die mittleren achtziger Jahre angemessener ästheti-scher Würdigung unterzogen werden würden) wanderten frühvollendet auf den Schrottplatz der Geschichte. Worum übrigens niemand weiter traurig war, handelt es sich doch bei den siebziger Jahren um das so-wohl von dem Sechziger- als auch Achtziger-Jahre-Klon ungeliebte Jahr-zehnt.

Dabei hatten bereits 1972 (dem Schlüsseljahr der Post-68er-Generation, also der zwischen 1955 und 1960 geborenen) Bands wie Roxy Music (als Initialzünder des Achtziger-Jahre-Mythos) die Devise der Künstlichkeit ausgegeben und damit erst mal alles Authentische auf unbestimmte Zeit diskreditiert. Ein altbekannter historischer Mechanismus, der seine Anwendung auf den Pop allerdings erstmals zur New-Wave-Blüte vor ungefähr zehn Jahren erlebte. Die Kunst des Zitats war plötzlich in aller Munde, dem Handwerk zeitloser Fingerfertigkeit (beispielsweise des ausdauernden Sologitarristen) dasselbe gelegt.

Wer hat Angst vor den achtziger Jahren? hieß denn auch bald eine Broschüre der Ariola über ihre neuen Bands, während man sich in den Cafés bei Neonlicht (welches als künstlicher als das der Glühbirne gefeiert wurde) schaurig-schöne polyesterne Visionen von 1984 erzählte, die das sogenannte Orwell-Jahr beim tatsächlichen Eintreffen zu purer Nostalgie stempeln sollten. So kam es, daß man bereits 1980 auf 1984 zurückblickte.

Das intelligente Spiel mit Stilen, welches stets Rechenschaft vor seinem historischen Kontext abzulegen vermochte, war bald zum Volkssport degeneriert, dem der Scharfsinn der ursprünglichen Idee naturgemäß Stück für Stück geopfert werden mußte. Aus subtilster Ironie (heute Patentrezept jedes Kulturidioten) war bald mittels einer aus Frankreich (wie sich herausstellen sollte, nicht sachgemäß) importierten Meta- und Simulations-Begrifflichkeit jenes plumpe Als-Ob-Gebaren geworden, mit dem wir uns bis heute in fast jeder Ausstellung, fast jedem Konzert, fast jeder Lektüre herumschlagen müssen.

Sogar die letzten Bastionen des Hippietums ließen sich, nachdem sie sich ihrer zotteligen Matten so spät entledigt hatten, daß den ersten Neo-Psychedelikern die ihren bereits gewachsen waren, minimale Zöpfchen in ihren Nacken stehen, um zu signalisieren, daß sie es gar nicht so meinten. Die ersten Kurzhaarigen jedoch, gegen Mitte des vergangenen Jahrzehnts, hatten es tatsächlich so gemeint. Spätestens ab diesem Moment der verschieden motivierten, aber nivellierten, wenngleich distinguierbaren Haarlängen mußte der endgültige Niedergang der achtziger Jahre als unmittelbar bevorstehend erkannt werden.

Der Stil, ursprünglich wichtigste Waffe gegen eine borniert Linke, hatte sich (mit dem Gegner seiner Hauptkonstituante verlustig) von seiner geschichtlichen Relevanz gelöst und somit in neugewonnener Unverbindlichkeit jenen hysterischen Taumel sich jagender und gegenseitig in den Schwanz beißender Mikro-Moden vom Zaun gebrochen, in dessen unaufhaltsamer Akzeleration jeder wache Zeitgenosse notgedrungen zum Steilwandfahrer werden mußte. Andauerndes Steilwandfahren jedoch besitzt nicht nur den Nachteil ungesunder Zentrifugierung, dient es doch auch, im Gegensatz zur Bewegung in der Ebene, keinem empirischen Vorankommen. Die ewige Steilkurve des Lifestyle führte schließlich zu kaum etwas anderem als der Verflüchtigung fast aller kritischen Positionen. Endlich war alles gleichzeitig erlaubt, die große Stunde des Gutdünkens hatte geschlagen, und jeder Stenz posaunte es in den Äther: Anything Goes.

An allen Straßenecken begegnete man jetzt selbstbewußten Gecken, welche diese Socken oder jene Krawatten allein aus einem Grund (und zwar für einen Spottpreis) erstanden hatten, weil sie nämlich schon wieder gut waren. Kein Wunder, daß die achtziger Jahre auf diese Weise bereits gelaufen waren, bevor sie kalendarisch noch richtig begonnen hatten.

Um der zunehmenden Ungemütlichkeit, die der vermeintlichen Erkenntnis, sich selbst überholt zu haben, zugegebenermaßen innewohnt, entgegenwirken zu können, führte man nun den Mythos vom Post-Age (mit seinem Haupt-Alibi, daß wir in der Postmoderne lebten) in die Pop-Kultur ein. Jetzt war alles ganz einfach. Heerscharen von Diskurse-Schreibern traten auf den Plan und erklärten ihrer begeisterten Leserschaft, wie alles mit jedem zusammenhängt. Selbst Marx war plötzlich wieder da, als Fußballspieler, staunte man.

Ein letzter Versuch, den einstigen Stil zu retten, vor allem dessen taktische Imponderabilität durch vergleichbares Raffinement zu ersetzen, darf in der Entwicklung einer subkulturellen Strategie des Klatsches um 1981 gesehen werden. In einer gleichgeschalteten Situation galt es noch einmal, die Spreu vom Weizen, den Spitzel vom Helden zu trennen. Die mittels der Propagandawaffe Klatsch forcierte Bildung immer engerer In-Zirkel trug letztendlich jedoch lediglich zur fortschreitenden, nervösen Überinformation der offenen Subkultur bei, die sich bald zur Massenkultur ausgewachsen hatte. Der Krieg um die verrückten Achtziger schien ausgefochten, aber er hatte sich, wie mancher verlorene Krieg, gelohnt. Er war auch tatsächlich nicht so verloren, eher zu früh gewonnen worden.

Wenn eine Band wie ABC, die während des Pop-Sommers '82 absoluten Hip-Status besaß, diesen erneut und erst recht bestätigt bekommt, wenn sie drei Jahre später ein So Hip It Hurts anstimmt, bleibt nur die Frage nach der Parole der neunziger Jahre offen. Denn die haben, das dürfte klargeworden sein, längst begonnen.

Wenngleich ich hier, um mich ein letztes Mal wiederkäuend selbst zu plagiieren, Verfremdung durch Authentizität vorgeschlagen und damit die Ernsthaftigkeit meiner vorhergehenden Ausführungen aufs Spiel gesetzt habe, läßt sich kaum von der Hand weisen, daß sich noch heute weite Teile unserer Generation unter jenem Schock befinden, den sie sich selbst versetzt haben, als sie, wenn auch nur für einen Moment, an die (phantasmagorische) Postmoderne glaubten.

Natürlich gehört es bereits seit geraumer Zeit zum guten Ton, auf dieselbe zu schimpfen, wie man ihr andererseits gleich wieder verfällt, wenn man unterschreibt, daß die verzwirbelte Problematik dieser, durch die achtziger Jahre gezeitigten, schwindelerregenden Wendeltreppe von Moden und Meinungen ausgerechnet in der tödlichen Beschleunigung ihres Teufelskreises zu lösen sei. Abgesehen davon, daß in dieser Perspektive ein bitteres Echo des alten Schwindels von der Subversion mitschwingt, erscheint es mehr als zweifelhaft, daß die Wendeltreppe plötzlich (und wann?) ihre Geländer sausen ließe, um alle Werte in den freien Orbit (wo sie erst recht ins Trudeln gerieten) zu entlassen.

Von Dialektikern, synthetisch denkend, hat sich eine ganze Generation, nunmehr additiv denkend, zu Tautologen entwickelt. Deren Rechnung 1 + 1 ergibt zwar 2, mit einiger Ausdauer (sprich Konsequenz) gelangen jedoch auch sie, wohin man schon immer gelangte: zur liegenden 8 nämlich, ins Unendliche.

JOACHIM LOTTMANN 1987

Mai, Juni, Juli

Roman
Auszüge

Ich stapfte den langen Nachhauseweg zu Fuß ab, um die vielen neuen Gedanken ordnen zu können. Die Folge war, daß ich am nächsten Morgen mit der festen Gewißheit aufwachte, ich müsse so schnell wie möglich den ›Roman mit Biß‹ schreiben. Und das konnte nur sein: der Konfessionsroman, also die Beichte, die schonungslose Abrechnung mit mir selber, der Authentizitätsbolzen. Ich mußte schreiben, wie mir der Schnabel gewachsen war, atemlos unmittelbar hechelnd ehrlich distanzlos! Nur so bekam die Sache ›Biß‹. Und worüber wollte ich Zeugnis ablegen – über die Wirklichkeit natürlich! Und wo kam die Wirklichkeit her?

Die war da. Ich mußte nur auf die Uhr gucken und eine Stunde abwarten, und schon hatte ich sechzig Minuten astreine Wirklichkeit, die ich nur noch in ehrliche Worte zu kleiden brauchte. Ich wartete den folgenden Tag zur Gänze ab und setzte mich erneut an den Schreibtisch. Zwischen Wirklichkeit und Dokumentation lag nichts weiter als acht Stunden Schlaf. Ich spannte das Papier ein.

Sollte ich gleich mit Auswürfen, Ausrufen, Flüchen beginnen? Oder mit dem Wort ›Verdammte Scheiße‹? Oder sollte ich mich untersuchen, ob es mir irgendwo körperlich schlechtging, mich zwickte, juckte, reizte? Oder … sollte ich vielleicht erst einmal ein Buch über Dada lesen? Dada hatte mich nie interessiert, hatte mich immer mit Verachtung erfüllt, aber diesmal sollte ich meine diesbezügliche Arroganz vielleicht aufgeben?

Endlich fiel mir das passende Textprinzip ein. Man mußte, ganz klar, einfach JEDEN Zipfel der Wirklichkeit beschreiben, ohne Ansehen der Wichtigkeit. Jede Sekunde mußte beschrieben werden! Jede Sekunde. Ich begann.

•••

Erschöpft brach ich über der armen Schreibmaschine zusammen. Erst wenige Stunden hatte ich geschafft, trotz der vielen Seiten, und der Abend hatte noch kaum begonnen. Ich hatte noch nicht einmal angefangen zu berichten, ich war noch immer im Vorfeld. Allein die Stunden, die ich mit Kippi Kippenberger in der Disco verbracht hatte, mußten ein Vielfaches an Seitenzahl verbrauchen, ganz zu schweigen von dem anschließenden Bordellbesuch und, vor allem, dem glückhaften Wiedertreffen mit Evelyn morgens um halb sieben in einer der radikalsten Spätbars der Stadt. Nein, es war nicht zu schaffen. Bei dem Tempo brauchte ich das ganze Buch nur für diesen einen Abend, und alle anderen zweiundzwanzig Romanfragmente guckten blöde aus der Wäsche.

Andererseits hatte der Verleger zwar gesagt, ich solle die zweiunddreißig Romane schreiben, aber auch, ich solle einen ›Roman mit Biß‹ verfassen. Er hatte AUSDRÜCKLICH konzidiert, meine Stärken lägen in der ernsthaften Avantgarde, aber er hatte auch gesagt, den Kollegen gefiele etwas Einfaches von mir besser.

Ein unlösbarer Konflikt. Am nächsten und übernächsten Tag machte ich eine Reise in die Provinz, um für das Avantgarde-Popmagazin meines Sandkastenfreundes, dem ich gerade soviel zu verdanken hatte, eine Reportage zu schreiben. In die Provinz fuhr niemand gern, so daß man froh war, daß ich den Auftrag übernahm.

Mitsamt Fotografen fuhr ich nach Münster und Osnabrück, um die dortige kulturelle Szenerie für die Zeitschrift zu überprüfen.

Natürlich hatte ich keine große Hoffnung, dort tatsächlich intellektuelle Fährten zu finden, Spuren eines wie auch immer gearteten Geistes. Ich kannte die Provinz noch aus den Tagen der Überlandfahrten mit Erich Mende und dem IOS-Vater und wußte, was da los war, aber ich mochte dem Freund die Bitte nicht abschlagen. Auch hatte der Verleger mir einmal den guten Rat gegeben – gleich bei unserer ersten Begegnung Anfang der 80er Jahre –, ein Schriftsteller dürfe den Journalismus niemals vergessen, da er so viele Bücher gar nicht verkaufen könne, wie notwendig wären, um davon für immer leben zu können. Selbst Grass müsse wahrscheinlich heimlich, unter Pseudonym, kleine Artikel für ›Petra‹ und ›Hör zu‹ buchstabieren, über Haus und Garten oder Kochtips, irgend etwas Praktisches, mit eingebauten Markennamen (›Nehmen Sie folglich noch zwei Eßlöffel BISKIN ...‹), wofür es noch mal Extrakohle gab. Und gerne tat es der große Mann auch nicht.

Aber – man will ja leben. Ich bestieg einen Bummelzug, gab dem Fotografen die Hand, der mich in Windeseile aushorchte und auf beeindruckend angenehme Weise vorführte, was das ist: Yuppietum. Ich sagte, ich sei so etwas wie ein Schriftsteller, und er erwiderte, das sei großartig, da würde ich sicher einen Fotografen brauchen. Da müsse ein Foto für das Titelbild des nächsten Buches geschossen werden, ein Foto für die Rückseite, mehrere für die Seitenklappen, Dutzende für die Glanzseiten im Innenteil, Hunderte für die nationale und internationale Presse – und er würde sie machen! Da ich noch immer seine schwere Hand die meine umklammern sah, hatte ich somit eingeschlagen. Der Deal war perfekt, der andere Mitarbeiter bezeugte es.

Der andere Mitarbeiter: Er hieß Kirk und hatte einen riesengroßen Kopf, war erstaunlich jung und bis in die Zehenspitzen motiviert. Er wußte noch nicht, daß er geradewegs mitten in die Hölle fuhr. Er hatte Illusionen. In der Provinz, dachte er, müsse es doch auch nette Leute geben. Die mufflige Unfreundlichkeit des Bummelzugschaffners nahm er nicht zur Kenntnis. Aufgeregt sprach er von neuen Romanen des Engländers Tony Parson, von bestimmten amerikanischen Schreibtätern, die das Schreibprinzip des CUT UP erfunden hätten, und davon, daß die kleine Stadt, in die wir gerade fuhren, Münster, die größte Abonnentendichte für seine Pop-Zeitung in ganz Deutschland hätte. Das Gesicht dieses freundlichen Mannes war zeitlos und gütig, was an den winzigen Augen lag; er hatte den Kopf eines Nilpferdes und die Augen eines Wellensittichs, dazu die gewichtige, ruhige Vorgehensweise eines Pottwals – alles Dinge, die vertrauensbildend wirkten.

CUT UP, ließ ich mir erzählen, bedeutet, daß zwei Schriftsteller, wie z. B. der Pottwal und ich, zwei kleine, batteriegetriebene Instantdrucker-Schreibmaschinen kauften, Stückpreis sechshundert Mark, und damit in den Dschungel fuhren, also in das Erzgebirge zum Beispiel. Dort würden wir dann beide um die Wette schreiben, kontinuierlich Rotkäppchensekt in den Mund gießen und gespannt verfolgen, was die Finger und die Instantdrucker machten. Jeder schrieb, so schnell er nur konnte. Je schneller, desto cut up. Am Ende wurden alle beschriebenen, bedruckten Seiten wie Karten gemischt, wahllos zusammengeklebt und veröffentlicht. Ein zweites Mal erbot sich der Yuppieknipser, den gemeinsamen Dschungelband mit wilden Fotos zu würzen. Der Aufenthalt selbst brachte erwartungsgemäß nichts, worüber zu berichten sich gelohnt hätte. Die Leute waren provinziell, lebten ihr Leben, litten, starben. Dennoch mußte ich, als ich zurückkam, etwas zu Papier bringen! Die deutsche Pop-Avantgarde hatte Hunderte von Spesenmark ausgeworfen – da durfte ich nicht kneifen. Ich setzte mich also hin und dachte nach.

Das war ein Fehler. Wenn ich nachdachte, fielen mir zwölf neue Cut-up-Projekte ein, aber keine kulturellen Impressionen aus dem Bistum Münster. Ich wollte vorsichtig-ausgewogen vorgehen, nachdenklich, um den vielen Einwohnern dort gerecht zu werden. Als daraus nichts wurde, schrieb ich einfach drauflos und hackte in der Rekordzeit von nur dreißig Minuten meinen Report in die quietschende Maschine.

»In der einen Stadt (Münster) lungern Penner und Studenten auf allen Plätzen, Brunnen, Parks und Toiletten; in der anderen (Osnabrück) freuen sich einkaufende Frauen. Die Polizei hat alles saubergefegt. Kein Penner weit und breit. Die Menschen gehen zum Friseur. Studenten sind abgezogen, studieren woanders. Die Mädchen sind hübsch, gehen gerade, lachen viel. Größer könnte der Unterschied nicht sein.

Provinz ist nicht gleich Provinz, wie man sieht, auch riecht. In Münster durchzieht ein säuerlicher Geruch nach ranziger Wohngemeinschaftsbutter, Weihrauch und ungewaschenen Füßen Raum und Zeit. Nachts schläft man schlecht, hustet viel, hat Angst vor Jazzrock und Steely Dan. Die Menschen allerdings, die Leser dieses Magazins, die in dieser Hölle ausharren, die also unter fünfzigtausend Studenten meist älteren Semesters leben, nicht weichen, morgens aufstehen und arbeiten, während die ganze Stadt schnarcht, pooft, dumpft, nichts tut, das Bafög in Meinungsscheiße umsetzt, im kollektiven Müßiggang versinkt, Medienwissenschaften studiert mit Nebenfach Soziologie (Doktorarbeit, geplant, eines 32jährigen: Jugendrebellion als Widerstand): diese unsere

Leser sind HELDEN. Ihr täglich Werk läßt sich allerhöchstens mit dem 80jährigen lebenslangen, unermüdlichen Wirken der Mutter Theresa in den Elendsvierteln von Kalkutta vergleichen. Münster ist die größte Prüfung, die einem jungen Menschen auferlegt werden kann, und Gott sieht ganz gewiß aufmerksam zu und weint vor Rührung, wenn wieder so ein junger Hiob den Gräßlichkeiten standhält. Die Stadt mit der mit Abstand größten Studentendichte und gleichzeitig geringsten Arbeiterschaft (es gibt keinerlei Industrie bei 260.000 Einwohnern, statt dessen einen allmächtigen Bischof, dem alle öffentlichen Gebäude gehören) hat Sunny Domestosz hervorgebracht. Verglichen mit Sunny hatte Hiob es leicht. Hiob hatte Hof, Pferd, Frau, Geld und Wichtigkeit, auch wenn es ihm zwischenzeitlich abhanden kam.

Osnabrück ist schon NDR, nicht mehr WDR, hat Industrie, fegt die Bürgersteige, ist evangelisch. Das schönste Gebäude ist keine Muffkirche, sondern der Bahnhof. Die Zeitung bringt auf Seite 1 ein Interview mit Staatssekretär Möllemann: Muß man sich vorstellen, die Redakteure von so einer winzigen Zeitung, wie sie sich redlich und feurig darum kümmern, einen echten, lebendigen und sogar einflußreichen Politiker zu gewinnen, auch wenn es nur der allseits belächelte Möllemann ist. Hier, in O., kann man auch Bürger fragen, wie Boris Becker gerade gespielt hat. (›Boris Becker? Sechsvier, sechszwei, sechssieben, sechsvier gegen Mecir.‹) Dieselbe Frage in Münster löst grenzenlosen Argwohn aus.

Aber, wie schon zu erwarten, die Menschen der Osnabrücker Szene sind keine Helden. Sie sind wach, freundlich, quick, hören die richtigen Platten, verbringen ihre Jugend, werden später Stützen des Geisteslebens mit angemessener Entlohnung. Gut, gut. Ein achtzehnjähriger Skater namens Wolfram verblüfft dort mit dem lexikalischen Wissen unseres Chefredakteurs (er spielte auch, in richtiger Reihenfolge, alle 22 Lieblingstitel des Meisters, eine Liste, die er kraft logischer Kombination von 150 seiner Artikel zusammensetzte), andere Osnabrücker stehen ihm kaum nach. Aber Helden? Niemals. Es gab vor langer Zeit eine Fußballweltmeisterschaft in Mexiko, wo in einer Stadt ohne Luft, in Monterrey, bei Temperaturen von 60 Grad, ungeschlachte, aber grundgute Bergarbeiter den Ball ins Tor tragen mußten. Einer von ihnen, der tapferste, hieß Briegel und wird von uns niemals vergessen werden. In Münster gibt es auch so einen, und er heißt Jürgen.

Jürgen hat in den vier Tagen, in denen die Kulturkontrolleure in der Stadt waren, nicht einmal den Mund aufgemacht. Aber er war immer da, wenn Gefahr abgewendet werden mußte, wenn Sanchez Förster überlaufen hatte, wenn ein Weg durch eine Straße gefunden werden mußte, in der aus drei Kneipen gleichzeitig Livemusik von Bruce Springsteen auf einen zuschmerzte, wenn Video- oder Comic-Künstler mit aufgedrehten Segeln auf einen zuliefen. Jürgen war immer da. Selbst als sich die nicht trinkfeste Bevölkerung, Helden eingeschlossen, gänzlich unter den Tisch getrunken hatte und als Gastgeber nicht mehr zur Verfügung stand – wer saß da, auf all den Bierleichen, unerschüttert? Der Typ eben. Zu Hause, in seiner neun Quadratmeter kleinen Unterkunft, die übrigens frei war von Wave-Zeichen und nur aus einem Bett und einem Fotoalbum bestand, zeigte er, milde, gleichgültig, ernst, die Bilder von dem Album; natürlich nur, weil wir ihn darum baten. Und was waren das wohl für Bilder? Ernie, Flasche und Flat Top beim Kotzen? Martin Mainstream, Dieter und Tex beim Cramps-Gig in Lüdinghausen? Mit den Kumpels auf Londontour, abseits der Klassenreise? Pseiko schon wieder knille, noch bevor es angefangen hat? Nein, keineswegs. Es waren kleine Instamatik-Fotos, die während der Zeit seiner Jugendgruppenarbeit im Rahmen der gewerkschaftlichen Knappschaftsjugend gemacht wurden, vor vielen Jahren. Damals hatte er mitgeholfen, daß Kindern auf Wandertagen nichts zustieß oder daß Behinderte zu einem Spanienurlaub kamen. So sprach Gott: Wenn es auch nur EINEN Gerechten unter diesen Mauern gibt, will ich Münster verschonen. Dank Jürgen kann die Stadt weitermachen. Wenn er mal wegzieht, schlägt der Blitz ein in das faule Nest, in dem es übrigens Millionen von umweltfreundlichen Fahrrädern gibt, da Autos verboten sind. Aber nein – wenn Jürgen wegfällt, bleiben noch die anderen Helden, Veronika zum Beispiel. In ihrer Wohnung kann der Besucher für Augenblicke vergessen, daß er in Münster ist – und das heißt etwas. In keinem anderen Winkel der Stadt ist es so, denn der seit Jahrzehnten ungemistete studentische Wildwuchs dringt durch jede Ritze, erfaßt alles und jedes. Ihre Wohnung ist sozusagen eine Station auf dem Mond, und zwar eine, auf der die zierliche Astronautin schon seit Jahren aushält.

Helden gibt es, die sind gebrochen. Die lassen sich nichts anmerken, woran man erkennt, daß sie Helden sind, sie jammern nicht, sind hilfreich, anregend, liebenswürdig, intelligent und sagen am Ende dann doch, ohne Not, mit toten Augen: Aus mir wird nichts mehr. Und man kann nicht widersprechen, weil es die Wahrheit ist, weil die Kraft nicht gereicht hat für diese Stadt, dieses Zeitalter, diese so ungünstige historische Sekunde, in der sie leben und sich hochrappeln sollen. VOR zehn Jahren wäre es gegangen, IN zehn Jahren ebenso, in jeder ANDEREN Stadt hätte er auch noch eine Chance gehabt, aber MÜNSTER 1986, nein, sorry, Handtuch, das war zuviel. Stellvertretend für alle, die an dem Muff erstickt sind, muß und wird einer in die Welt ziehen und sie alle rächen, einer, der titanische Kräfte zu besitzen scheint und dessen gerade erschienene Platte ›Barkin at the Moon‹ exakt den BOMBEDRAUF-EFFEKT haben wird, den man sich wünscht: Sunny Domestosz.«

Mein Problem hatte ich noch nicht gelöst. Sollte ich, wie der Verleger meinte, einen ›Roman mit Biß‹ schreiben, oder lieber, wie der Verleger ebenso dafürhielt, dreiundzwanzig verschiedene Romane ohne Biß? Oder sollte ich, Herrgott noch mal, eben doch die Geschichte mit dem Lolitagirl und dem Midlifebock hinter mich bringen, um etwas Geld in die Hände zu bekommen? Ich konnte dem Midlifebock ja die Züge des Verlegers geben, dann würde es gleich mit einer hohen Startauflage gedruckt! Ich beschloß, wenigstens einen VERSUCH zu unternehmen, das erotische Werk noch zu vollenden. Sechzig Seiten existierten ja schon. Wenn ich einmal Langeweile hatte, wollte ich mich, ganz nebenbei, daransetzen. Sozusagen als Feierabendvergnügen, wie der Altbundeskanzler Schmidt, wenn er abends Orgel spielte. Aber bis dahin ...

Das Dumme an dem ›Roman mit Biß‹ war, daß ich nicht so schnell schreiben konnte, wie ich erlebte. Um eine einzige Stunde authentisch wiederzugeben, brauchte ich einen ganzen Tag an der Schreibmaschine – ein Unding. Sollte ich mich wieder mehr an das Wesentliche halten? Oder dem Leser unzusammenhängende Zeitbruchstücke zumuten? Eine halbe Stunde vom Montag, zwei Minuten vom Dienstag und den Freitagvormittag? Genauso wollte ich es machen. Wenn der Leser nichts mehr verstand – was kümmerte es mich? War ich meines Lesers Hüter? So setzte ich mich grimmig vor die Maschine, um weitere Augenblicke meines Alltags aufzuschreiben.

ALS ICH GERADE ZWÖLF Jahre alt war, trat der erste Mann aus dem Fernseher in mein Leben. Er hörte auf den Namen Johnny Blue und arbeitete irgendwo in Amerika auf der Ranch seines Vaters, die »High Chaparral«, also hohes Buschgewächs hieß. Sehr staubig war es dort, und rauhe Sitten herrschten. Johnnys Vater hatte immerzu schlechte Laune, weshalb Johnny oft weinen mußte. Blonde, blauäugige, bittere Tränen. Die Tagelöhner von Johnnys Vater, derbe Burschen die, fragten sich dann abends am Lagerfeuer, wo sie Wache hielten, weil in den Bergen ringsum zottelige Indianer lauerten, was bloß aus Johnny werden solle. Eine Frage, die mir kurios erschien, denn soviel stand für mich, unerbittlich romantisch, fest: Irgendwann träfen Johnny und ich zusammen, bezögen eine weiße Villa in den Hollywood Hills mit Sonnenaufgängen, Sonnenuntergängen, und hin und wieder schaute Margit Rietti, die Unverwüstliche von »Bravo«, zum Exklusiv-Interview vorbei, um ihrer Leserschaft von unserem Glück zu künden. Nur, worin dieses bestehen könnte, das blieb mir – noch vor dem Sündenfall, gänzlich unvertraut mit jener gefährlichen Phase, die alle Jungs angeblich durchmachen, picklig, kurzsichtig, zahnbespangt – recht unklar. Mein dreizehnter Sommer – schwül, mückenstichig, voll Nivea-Sonnenschutz-Creme – klärte mich auf, buchstäblich im Handumdrehn: Ein blonder blauäugiger Bootsjunge zeigte mir die Hollywood Hills in den Dünen von Cuxhaven. Meine Begeisterung hielt sich in Grenzen.

Häufig wartet eine Pubertät mit den unliebsamsten Überraschungen auf. Fünfzehnjährig mutierte ich in ein hübsches Mädchen, hübsch wie hübsche Mädchen eben hübsch sein können. Fortan mußte ich unter den mißmutigen Blicken meiner Klassenkameraden im Sportunterricht immer bis zum Schluß der Fußballmannschaften-Aufstellung warten; im Grunde warte ich heute noch. Zum Ausgleich sprach ich extravagantem Lebensstil zu. Ich trampte. Nur so, ohne besonderes Ziel.

Einmal nahm mich ein wohl fünfzigjähriger Landwirt auf großer Fahrt in die Stadt im Ford Escort mit. Nach kurzem Schweigen tändelte seine breite rothäutige Rechte mit meinem schmalen linken Knie an. Das kannte ich schon. Ruhig gab ich dem forschen Landmann zu bedenken: »Nein. Ich bin kein Mädchen. Ich sehe nur so aus. Aber ich bin kein Mädchen.« Doch der faßte sich schnell und ließ fünfe grade sein. Im Autoradio schmetterten Knabenchöre Besinnliches mit Kirchenhall. »Ich hasse Knabenchöre«, machte ich einen, zugegeben, lausig unbeholfenen Abwehrversuch gegen die bedenklich meine Leibesmitte erkundende Bauershand. »Komme du erst mal in mein Alter, dann weißt du die auch zu schätzen«, sprach's und spielte wenig später das alte Ich-fahr-mal-eben-rechts-raus-Spiel mit mir. Meine Abneigung gegen Knabenchöre verhärtete sich.

Die Stufen rauf ...

Jahre danach ist aus dem hübschen Mädchen der bekannt »asthenische Knabe mit dem mordenden Blick« geworden, ecstasy meets contact lensens, und der hockt nun tagein, tagaus sehr unglücklich und einsam auf den Stufen, die zum Tempel Pop führen, und harrt der Dinge, Wesen und Erscheinungen, die dort Einlaß begehren. Eines Tages tritt eine Gräfin aus Köln hinter ihn und raunt: »Der da«, sie zeigt auf einen kleinen Mann mit beeindruckend falschen Goldohrringen zu beiden Seiten seines Habichtkopfes, die fragilen Hände mit silbernem Totenkopfschmuck geschmückt, um den schlanken Hals eine Python mit dem Namen Sister George, lesbische Schlangenhaut die, der, hin und wieder über eine Marmorstufe stolpernd, dem Eingang des Tempels entgegenstrebt, »der da heißt Marc Almond. Manche nennen ihn einen Hohepriester. Vor Jahren verstieß er sich selbst aus dem Tempel, jetzt begehrt er wiederum, eingelassen zu werden! Nun, hurtig hinan! Frage ihn, was er dort oben will. Und wage nicht, ohne eine gute Antwort auf diese Stufen zurückzukehren!« Marc Almond, bei Gott!, den hatte er glatt vergessen, und ist es ein Wunder? Kein politisches Engagement, kein Heroinskandal, keine Nebenrolle in einem schlechten Film zwischen den Studioterminen – wer soll da einen Pop-Star erinnern können?

Grübelnd steigt der junge Astheniker dem um eineinhalb Wochen älteren Hohepriester hinterher, anläßlich dessen sich folgender innerer Monolog einplaudert:»Ich habe doch alles gottverdammte Recht, auf diesen Marc Almond sauer zu sein! Nicht nur haben wir – also ich, Ludwig Wittgenstein, Ricky Shayne, Egon Krenz und King Ad Rock – uns alle Mühe gegeben, und das ein Leben lang, gewisse Beziehungen zum eigenen Geschlecht nicht in den Mittelpunkt des öffentlichen Interesses geraten zu lassen, wenn es ums Showbiz und nichts als das Showbiz ging, was uns mehr oder weniger gut gelang, und müssen uns dabei doch seit 1978, seit Gründung von Soft Cell und Marcs erstem Auftritt in der Leeds Polytechnic – exzentrisch, semi-pornographisch, queen bitchig – arg hintergangen, ja, düpiert fühlen, da solch dreiste Performance letztlich von Erfolg, neun Top-20-Singles und drei Hit-Alben gekrönt wurde; nicht nur haben wir – also ich, Tom Cruise, Christian Klar, H-D Genscher, Zodiac Mindwarp und Hubert von Meyerinck (wir nannten ihn Hupsi) – alles bloß Erdenkliche getan und in Kauf genommen, bestimmte, nun sagen wir, leicht feminine Anzüglichkeiten, welche wir unter uns Humor heißen, für Film, Funk und Fernsehen in männlich gegrummeltes Method Acting umzuformen, was nur sehr mehr oder weniger gelang, und müssen uns dabei doch getäuscht sehen seit 1983, seit Marc Almonds zunächst verkündetem Retirement, am folgenden Tage um so heftiger in Angriff genommener Solo-Karriere, weil wesentliches Element von Marcs kleinem Glück auf dem weiten Felde Pop-Business eben jene unter Verschluß gehaltenen Anzüglichkeiten wurden, mittels ödem New Yorker Underground à la Lydia Lunch und Jim Foetus stark snobistisch, dank Verweisen auf Jaques Brel und Judy Garland, Tango und Flamenco und andere Dritte-Welt-Errungenschaften mit Traditionalismen angereichert, was ihm bei unglaublich ausverkauften Live-Konzerten auch noch ›Marc! Marc! Marc‹-Rufe aus kräftigen, tätowierten Jungmännerhälsen einträgt – und da werden wir, also ich, Sergej Eisenstein, Lord Byron, Robert Howard und Fatty Arbuckle, echt sauer, weil, das hätte man uns vorher sagen können, daß man die mit so was kriegt – und vereinzelte unschuldig-gütige Frauenherzen; als ob all dies noch nicht reichte, versetzte Marc Almond im Katastrophenjahr '86 seinen letzten beschwingten tödlichen Hieb, mit ›Stories Of Johnny‹ (glatt im SPEX-Poll 86 unterschlagen) – und alle Helden heißen Johnny, das wissen wir seit Patti Smith –, hat also einem wehmütig definitiven Abschied von der Pubertät das Wort gesungen – und der ist nicht üblich bei uns, also mir, Bruce Springsteen (ja, der auch), Nick Kamen, Curiosity cilled the Cat und Rob Lowe – unter herzergreifender Anteilnahme eines ... KNABEN-CHORES!«

Kopfschüttelnd betritt er den Tempel. Im Atrium viel Volk, immer Party! Party! Masken und Flitter und hungriges Fleisch. Wo ist Marc? Gerade verschwindet der hinter schweren rubinroten Vorhängen in ein Seiten-gelaß linker Hand. Noch ehe er verstohlen folgen kann, tritt ihm eine blonde Tempeljungfrau in den Weg, die von allen Mandy Smith genannt wird. Mandy, außer Atem: »Oh, Olaf! Gut, daß ich dich treffe! Stell dir vor, Patsy, diese blöde Gans, behauptet doch tatsächlich, es gäbe noch drei Pop-Kritiker, die mich nicht gevögelt hätten ...« – »Kannichsein!« – »... doch, sagt die Kröte! Und um ehrlich zu sein, erinnerte mich das ir-gendwie an dich.« – »Äh, weißt du, Kleines ...« Aber da stürmt schon Mar-kus Peichl heran mit dem Ruf: »Oh Mandy! Mandy! Du toll neuestes Ding! Da hinten gibt es Orgien! Orgien!« Er reißt sie an der syphillitisch beaus-schlagten Hand fort in einen Pulk munter schwatzenden Partyvolks, von dem niemand weiß, wer es eingeladen hat. Aus dem heraus degelt Dieter Degler rotbeschuht: »Und ich sage euch, ich habe schon im SPIEGEL-D II-Ressort gekifft!« Raunen! Staunen! Andreas Juhnke kichert haltlos blond. Im Trubel der nun überstürzten Ereignisse gelingt es dem Mordäugigen, hinter schwere rubinrote Vorhänge zu schlüpfen.

... hinter schwer-rubinroten Vorhang ...

Stille. Kühle. Das Auge gewöhnt sich allmählich an dunkle Tristesse. Aber was ist das? Das kennt er doch?

Und wieder nieselt Regen ins Rotlichtland. Kaduke Kreaturen kriechen aus Kellern. Neon lächelt selig im Dunst des Asphalts. Ein alter Mann gleitet auf dem schlüpfrigen Pflaster aus. Den ruft Olaf an: »Holla! Huys-mans, alter Knabe! Wie steht's ums Morbide? Ist es noch so recht dishar-monisch, so zwischen Irrsinn und Verbrechen?« Doch Huysmans rappelt sich hoch, starräugig, glatzköpfig, und wankt in die nächste Peepshow, wo sie zu Ehren von hundertfünfzig Jahren Kapitalismus dem alten Ferkel den Minutentakt aufgehoben haben. »Pst! Pst!« macht es da aus einer finsteren Ecke. »Guten Tag. Ich bin das Mädchen von der Plattenfirma Virgin und habe ein buntbedrucktes Mickey-Mouse-T-Shirt an. Gefällt es dir?« – »Nie habe ich ein schöner buntbedrucktes Mickey-Mouse-T-Shirt gesehen! Gibt es das auch in Schwarz?« – »Oh, das weiß ich nicht«, klagt es mit tränenerstickter Stimme. Dann, gefaßter: »Drüben im Hotel ›Hafen Hamburg‹, das noch im Bau befindlich ist, wartet Marc Almond auf dich, um dir alles über seine neue LP zu erzählen!« – »Nein, ist das wahr! Die mit dem einer Erzählung von Truman Capote entliehenen Titel ›Mother Fist And Her Five Daughters‹, die gleich mit einem Tango und Caramba und Olé loslegt, danach ein sehr schön verfremdeter Boogie namens ›There Is A Bed‹ – sollte man den nicht als Single auskoppeln, nein? –, gefolgt von rührendem Schwulst und Helden-Ballade, hin und wieder unterbrochen von einem reizend einfachen Stück Pop wie ›Ruby Red‹ – das so schwer zu machen ist, ich weiß –, mit viel Pomp und Posaunenklang hinterher?« – »Ja, genau die! Aber du hast nur eine Dreiviertelstunde Zeit, weil, dann kommt die Hamburger Morgenpost dran, du weißt, die mit der interessanten täglichen Pop-Kultur-Seite, deretwegen nun die Geschichte der Pop-Musik neu geschrieben werden muß.« – »Doch nicht die, wo letztens stand, Schwule seien kreativere Künstler, weil sie keine Kinder zeugen können?« – »Ja, dabei weiß doch jedes aufgeklärte Arschloch, daß die das trotzdem können. Denken dabei wohl eher an die kleinen Buben, als daran, woher sie kommen, was?« – »Also nein! Immer gut aufgelegt, immer Spaß, nicht?« – »Aber klaro. Sind dir schon meine neuen Silberstiefeletten ins Auge gefallen? Nur Sechsundneunzig-Mark-achtzig, doller Preis, bei Mini-Goertz, gehe jetzt nur noch dahin, treffe ja auch die Christiane Kaufmann da, sage ich doch neulich, Christiane, sage ich, hast du schon von dem Ding mit Wolfgang Joop und Hape Kerkeling, oder war das jetzt Stefanie Tükking? Ach nee, kann ja nicht, die hat ja mit der Margarethe Schreinemakers ...« – »Sehr schön, aber wo geht's zu Marc?« – »Dort lang, immer nur links halten ... Ach, da geht er hin. Nun ist er fort ... Nie will einer meine interessanten Geschichten hören ...« Traurig, Abgang, Sturz ins Bodenlose, aber noch im Fallen der überraschte Ausruf: »Also neien! Banaski, daß ich dich hier tref ... Aaargh!«

... links halten zum Pfauenthron ...

Auf scharlachrotem Pfauenthron sitzt Marc und rümpft die Nase: »My dear, hier reichen sie den Kaffee mit Cream statt mit Milk. Amüsieren tut mich das wenig.« Apathisch wedeln nackte Nubier-Sklaven mit Palmenwedeln; hin und wieder bringen schlanke, bleiche Caravaggio-Lausejungen neues Oel, um die Männer aus Afrika neu einzuölen. Der Saal – Mahagoni-Flucht! Sieben Meter vor dem Thron ein Korrespondentenstühlchen, Bauhaus-Imitat, geschmacklos, in dem sich ein ungeduldiger Olaf Dante Marx windet, den Notizblock gezückt, die Stimme heiser vor Erregung: »O Vogelköpfiger! Herr über tausend tätowierte Knaben! Der du dir die blonde Stirnlocke überraschenderweise wieder schwarz färbtest – was übrigens viel besser aussieht, doch dies nur nebenbei ... O sprich in meine wißbegierigen Ohren: Was machst du hier im Tempel Pop? Was willst du ihm?« Und also spricht Marc Almond, des Lesers zweitliebster Sänger (who's that fucking child molester Nick Cave?), mit sympathischem Hüpfer in der Stimme im Falle eines Bonmots.
»Naja, eigentlich versuche ich, soweit weg von Pop wie irgend möglich zu kommen. It stinks! Konsumiert nur noch sich selbst. Mit meiner neuen Platte habe ich einen für mich sehr notwendigen Schritt weg von diesem Desaster gemacht – in Richtung, nun, äh, europäischer Volksmusik, versetzt mit Jazz, Chanson. Pop erstickt ganz offensichtlich alles, was interessant an ihm sein könnte, zugunsten eines allgemeinen Gleichklangs.« – »Aber dieses Dissidententum endet doch unfreiwillig da, wo es dir gelingt, immerhin recht oft, perfekten Pop zu machen.« – »Ich denke nicht in solchen Kategorien. Ich habe ja meine Rolle in der Pop-Welt gespielt. Mit zunehmendem Alter merkte ich, daß ich nie wirklich paßte. Also will ich es auch nicht mehr.« – »Truman Capote sagte mal, Musiker seien faule Träumer mit einer diamantenen Gitarre im Gefängnis. Wäre das auch eine Definition für Marc Almond?« – »Nun, er sagte drei Sätze später aber auch: ›Nicht alle Männer lieben ihn.‹ Haha.« – »Wirklich Gefängnis?« – »Ich hatte es nie sonderlich bequem, das ist wahr. Man ist einsam, und das zerstört am Abend die Freude über die Talente, die man hat.« – »Aber ist Pop nicht der große gutherzige Befreier aller Gefangenen dieser Welt?« – »Pop ist alles andere als romantisch. Pop

heißt populär, populär heißt erfolgreich, und um erfolgrgich zu sein, darfst du kein Außenseiter sein.« – »Die späten Achtziger sind doch recht freundlich für Außenseiter. Siehe Morrissey und Robert Howard.« – »Ich mag Morrissey sehr, er hat so ungeheuer viel gewagt. Aber auch er läßt doch nach, und der EMI-Vertrag ist in diesem Kontext ein Pakt mit dem Teufel. Aber vielleicht kann ich da nicht mitreden, weil ich außer Coil und Diamanda Galas kaum zeitgenössischen Pop höre.« – »Sondern?« – »Franzosen wie Brel, Barbara, Juliet Greco ... Und Joni Mitchell, fällt mir grade ein, sie war wunderbar früher.« – »›Blue‹ ist wie Goethe.« – »Genau. Aber sonst ... Judy Garland mag ich gerne. Soviel Schicksal!« – »Das ganze alte Camp-Zeugs also.« – »Schon. Aber ich bestehe nicht auf einer Camp-Attitüde.« – »Du ziehst Resümee.« – »Ja, ich transzendiere Camp durch das, was ich kann, auf ein anderes Niveau. Lord Byron etwa ist ja fester Bestandteil der Camp-Mentalität, aber doch vor allem ein großer Dichter.« – »Und heute wird der Camp-Schrott recycelt, siehe Marilyn.« – »Tower of talent, yes. Hat nie wirklich existiert.« – »Einsame Menschen haben heilige Bücher ...« –

... von hinten rein ins Tempel-Artrium

»Oh, kennst du das ›Dictionary of Angels‹? Einfach wunderbar! Und Wilcox natürlich, Huysmans, Rimbaud, Genet, Williams ...« – »Und hinterher in einen guten Film! Wie ich höre, magst du Jean-Philippe Cadinot. Ich habe neulich seinen neuen Film gesehen, mit diesem niedlichen Bübchen aus ›Minette Sauvage‹ auf Abenteuer in Venedig.« – »Kenne ich, sehr schön ist auch dieses Ritual in der Kirche, wo diese drei Mönche in Lederschurzen ... äh, in was für Kinos gehst du eigentlich?« – »Dahin, wo ich nie Bekannte treffe ...« – »Ach ja. Ich gehe auch meistens alleine aus. Wandere herum. Dangerous places. Sehe Schmutz und Schönheit, Schönheit durch Schmutz. Dieser romantische Ich-bin-nur-Darsteller-in-einem-gigantischen-Film-Voyeur. Obwohl ich auch gerne mal teilnehme ...« – »Erzähl!« Nicht druckbar ... – »... naja, was ich sehe, fasse ich auch gerne an, hehe. Ein bißchen Todessehnsucht, dieses willkommene Versprechen auf Ungewöhnliches.« – »Für jemanden, den so was wie Todessehnsucht umtreibt, müßte die Thatcher doch das rechte Regime sein?« – »Der Trick mit der Todessehnsucht ist doch der, daß man hinter-

her immer wieder gerne nach Hause geht, um mal richtig auszuschlafen ... Nein, ich hasse die Thatcher, was sie meinem Land antut ... Aber ich will auch nichts mit diesem unsäglichen Bekenntnis-Pop à la Weller und Bragg und Kemp zu tun haben, der eigentlich nur zweierlei beweist: To be unselfish is selfish, und ich muß nur lange genug meine Inhalte unter die Leute bringen, damit diese Inhalte ungefährlich werden, weil sie niemanden mehr interessieren.« – »Und was bist du?« – »Jajaja, ich bin Sozialist. Aber einer, dem der Sozialismus nicht weit genug geht.« – »Das sagen sie alle. Aber was paßt dir denn nicht?« – »Sexuelle Unterdrückung. Polizeiterror. Armut. Diese furchtbare Negation alles Menschlichen, dessen Abziehbild, der Yuppie ... Übrigens wie Kinnock, auch ein Yuppie.« – »Was uns wieder zum Pop führt. Deine besten Momente sind purer Pop. Also warum tänzelst du mit diesem Ich-will-nichts-damit-zu-tun-haben-ich-höre-Brel herum?« – »Also gut. Ich mache Pop. Aber Pop jener interessanten Sorte, die kein Airplay kriegt, weil sie angeblich subversiv sei. Ich halte das für eine Beleidigung, schließlich gelten die Pet Shop Boys auch als subversiv.« – »Oder die Beastie Boys.« – »Genau.« – »Obwohl King Ad Rock enorm gut aussieht ...« – »Das wäre schön, wenn die Dummheit auch noch häßlich wäre ... Eigentlich mag ich diese Idee des Subversiven, sich von hinten an die Leute heranschleichen, sie langsam, sehr langsam zu erwürgen ... Wenn das nicht geht, ihnen wenigstens einflüstern, sie sollten ein bißchen anständiger sein, nicht mehr sexuell unterdrücken ...« – »Ist diese sexuelle Position wichtig für dich, ich frage bloß, weil auch ich ...« – »Hahaha! But sexual position is always important, my love! I got to watch my back!« The sudden and unexpected death of Olaf Dante Marx. Stotter. Blush. »Ist schon klar. Ich bin nie Teil einer Gemeinschaft gewesen, weder der schwulen, noch der heterosexuellen. Und das kann einen umbringen. Kennst du wohl nicht?« – »Doch.« – »Ja ... Ich war immer draußen und habe mir fasziniert und neidisch das Leben drinnen angeschaut. Zu Hause. In der Schule. Und deshalb tue ich doch nicht zuletzt das, was ich tue: Meine Sehnsucht stillen im Lied, meine von allen zertrampelte Sehnsucht nach Teilnahme. Schließlich werde doch auch ich es verdient haben, daß man mich hin und wieder mag.« – »Ja.« – »So Olaf, we put it like this: Ich will doch nur, daß ihr mich liebt.«
Nach diesem herzensguten Fassbinder kippt ein ungeduldiger Morgenpost-Reporter das Bauhaus-Imitat-Stühlchen um; Dante wälzt sich epilep-

tisch unter großem Nubier-»Yo, man, def!« übers Holzgetäfelte, while Marc faints gracefully, argwöhnt schwach: »Die Zeit ist noch nicht um! Betrug!« Da nimmt ihn eine überdimensionale Mickey Mouse unter den Arm: »Das reicht jetzt, Mann. Genug!«, trägt den Zappelnden sachte durch Rotlichtland, wo die Peep-Shows schließen, fröhlich ein »Missionary Man« pfeifend, zu robinroten schweren Vorhängen, gibt ihm einen Klaps auf den Hintern, so daß er ins Tempel-Atrium rollt, wo er hingehört. Nacht. Leiber liegen ineinander verschlungen wie Kehricht zusammen-gehäuft herum. Einsam wippt ein erigiertes Glied im Wind, den Sterne machen, zuckt kurz, spendet grauen Lebenssaft über Patsy Kensits füllig gewordene Hüften. Patsy, ein »Always something there to remind me« murmelnd, dreht sich träge auf die andere Seite. Vereinzeltes Schnar-chen, asthmatisches Stöhnen im Schlaf des kollektiven Kadavers. Weiter hinten lodert friedlich eine Freebase-Flamme in Blixa Bargelds funkeln-des Gesicht. Dante, verstört stolpernd, ruft: »Niemand mehr da für ein gutes Gespräch?« Aber immer doch. Im NME-Redaktionssekretariat brennt noch Licht. Dort hocken Cath CarroII, The Legend! und Neil Taylor zusam-men bei einer guten Tasse Tee und schwarzem Yorkshiro-Pudding. Das gibt ein Hallo! Die alten Freunde antworten, die alten Freunde fragen, die alten Freunde sagen: »Na, wenn das nicht David Quantick ist, der Olaf eine wichtige Nachricht bringt von der Gräfin aus Köln, die Stund um Stund auf den Tempelstufen stund und allmählich keinen Bock mehr hat und Dante unverzüglich zu sprechen wünscht!« David, sob: »That's what friends are for!« The Legend!, der Schwarmgeist, kollabierend: »Aye, truth! aye, how I value thee!«, Cath nickt am Telex ein, Neil onaniert still vor sich hin. Aber tun wir das nicht alle irgendwie immer wieder? Schwer vollmondiges Mondlicht liegt auf der Gräfin Haar, das, gerauft, pappig auf die Tempelstufen fällt. Olaf oder Dante oder beide zusam-men versuchen unbemerkt an ihr vorbeizukommen. Doch sie, die Falken-äugige, mit allen Wassern gewaschen: »Halt! Wo willste hin? Was sagt Marc? Nun sprich!« Olaf oder Dante oder beide zusammen: »Bolschewik, der ich bin, verrat ich's dir nicht!« Die Gräfin aus Köln verfärbt sich mal gelb, mal grün, dann dunkelviolett – aber das ist moonshadow-mäßig echt schwer auszumachen. Plötzlich trifft sie aus heiterem Himmel ein wahnsinnig blitzmäßig greller Blitz, sie ex- oder implodiert, jedenfalls ... nach einigem Tohuwabohu steht sie als Julie Burchill without drag da und führt adagio Klage über schwule Künstler und ihre schwul-sentimen-tale Schreiberlings-Gefolgschaft. Als der Morgen dämmert, sagt Julie: »Na, egal. Ich geh' jetzt rüber in die KiWi-Kantine, heute mordsmäßig Blue-Shell-Party angesagt. Kommt's Sensibelchen mit?« – »Aber nur, wenn wir das Silberbesteck für unseren gemeinsamen Haushalt mit-gehen lassen!« – »Und ob!« Hand in Hand bummeln die zwei Verliebten rüber zum Verlagsgebäude. Schmunzelnd denken Olaf oder Dante oder beide zusammen noch: »Wie gut, daß sie nicht weiß, daß ich Pamela Barnes-Ewing heiß und fürchterlich detailmäßig träume ...« Aber diese Rechnung hat Pam ohne den brillant bemuskelten Querelle-Matrosen hinterm Kantinentresen gemacht.

CLARA DRECHSLER 1987

Erhabene Sinnlosigkeit: Slayer

ANGELS OF *NERV!* DAS Blöken auf meinem Recorder sagt »brummelbrum-melgraul SATAN SATAN«. Ja, danke, King – setzen.
Eigentlich habe ich hier im Kreise hochgestimmter Heavy-Metal-Musiker nichts zu suchen, stimmts? »Kerrang« mußte sich letztens zwei Seiten darüber abwinden und -winseln, daß sie die erste Slayer-LP nicht moch-ten und auch die zweite, »Hell Awaits«, nur zur Kenntnis nahmen. Pech, Pech, und dabei schafften sie es, in einem Interview noch weniger O-Ton unterzubringen als z. B. wir. Wir haben solche Probleme nicht, denn erstens ist uns sowas *egal* und zweitens verkehren wir, glücklicherweise, darf ich wohl sagen, mit dem bekannten und auch in diesem Heft schon öfter aufgefallenen Künstler Albert Oehlen, dem Slayertext-Nachdich-tungen schon immer gut genug waren, daran eine Farblehre von fies gelb bis kackbraun aufzuziehen.

Da staunen Sie, was? Weil so schönes Wetter war, das in mir eine verständliche Sympathie für amerikanische Hardcore-Spinner erwachen
ließ, die, wenn sie nicht grade Milch trinken und ihren Körper in Form
halten, vielleicht in mildem Klima Dosenbier trinken und sich mit Lärm
umgeben – sagte ich mir: cool und nett wäre es doch, heute ein Slayer-
Interview zu machen, sich danach diese brüllend lustigen Hanneman-
King-Leads reinzuziehen. »The advent of thrash!« So dachte auch Tom
Araya, der zartgebräunte, gut gesunde Bassist und Sänger, der mit Wohl-
gefallen auf die herumliegenden oder aus den Biergärten des Ruhr-
gebiets heranschlendernden Menschen betrachtete: »Was für ein Wetter!
Leute liegen herum! Wie in *Amerika*!«
So sieht der aus. Ein Mensch, der das Leben von der heiteren Seite zu
nehmen weiß. Ficken, Fressen, Kiffen, Saufen, dabei sich das Lebemann-
bäuchlein von der Sonne bescheinen lassen. Recht so. Man lebt. Wie Du
und ich, versucht Araya später einem Fanzineredakteur zu suggerieren,
von dem man zumindest sagen kann, daß er dieses Jahr noch nicht
lange in der Sonne gelegen hat. King und Hanneman erfreuen uns durch
deftige – das pralle Leben, Sinnenmensch, etc. – Schilderungen aus ihrer
Männerfreundschaft, wie sie nachts im Hotelzimmer sich friedlich ins
Gesicht furzen. »Sieh' sie dir an«, schüttelt sich Tom Araya, der nichts
ißt, weil er sonst vor Nervosität kotzen muß. King und Hanneman haben
es sich zwischen den Schmorpfannen, in denen nach »Gesund Kochen
auf Tour«-Rezepturen das Essen bereitet wurde, gemütlich gemacht.
Die kotzen nicht vor dem Auftritt. Sollte es *noch* teuflischere Aspekte
an Slayer geben? Umgekehrte Kreuze? *Faschismus?* Der Übungsraum ist
fruchtbar noch, aus dem das kroch? Na klar. Perverse Faschistensäcke,
aber das ist mir doch egal.
In Amerika und England hat es Probleme mit der Veröffentlichung des
Albums gegeben, allerdings ist nicht ganz klar, ob hierfür rigider Antifa-
schismus sorgte, oder bigottes religiöses Gefühl, das durch einen Text
wie »Jesus Saves« verletzt werden könnte. Slayer als alte Satanisten glauben nicht, daß Jesus uns retten wird, und überlassen es der gutmeinen-
den White-Metal-Band Stryper, hinter ihnen aufzuräumen. Werden Stryper im Kampf gegen das Böse erfolgreich sein? Wir können nur beten in
dieser Schlacht von doof gegen doof. In Deutschland hat es keine Probleme mit der Veröffentlichung gegeben, nicht etwa, weil in den Plattenfir-

men der Faschismus ausgebrochen ist, noch etwa, weil man bei näherer Prüfung erkannt hat, daß »Angel Of Death« vielmehr eine tiefbetroffene Abrechnung mit dem Auschwitz-Schlächter Mengele ist, sondern mit dem unvergleichlich coolen Hinweis darauf, daß hier eh kein Schwanz die Texte verstehen wird. Schlau.

Dabei haben sie wirklich nichts verbrochen, in der Hinsicht. Dieser kleine Song ist definitiv koscher, wenn mir dieser köstliche Scherz gestattet sei.

Kerry King: »Naja ... Jeff hat diesen Text geschrieben ... es ist ja nur, weil er immer so deutsche Bücher liest, stimmts?«

Jeff Hanneman: »Jo«: »Mein Kampf, Mengele, Schweinhunds usw. usf.« Hanneman liest nicht viele deutsche Bücher, weil er überhaupt nicht gerne viel liest, aber wenn, sind sie ihm Inspiration. Vergessen wir das.

Kerry King: »Also – ich sehe immer Horrorfilme ... ›Altar Of Sacrifice‹ fiel mir nach einer Comedy-Show ein ...«

Tom Araya: »Ach nee. Was soll das gewesen sein? ›Rache der Hirnamputierten‹?«

Kerry King, der sonst an einem Stachelkissen erkennbar ist, das er um den Arm trägt, gleicht nun einem lieben Bärchen, im kuscheligen Jogginganzug, da Backstage, und das Blut gerinnt einem in den Adern, wenn man daran denkt, wie sich der Mann nachts quälen muß, wenn er sich wieder Anregung für einen neuen Songtext geholt hat.

»Alpträume! Diese Horrorfilme ... wenn ich 'rauskomme, ist immer alles in Ordnung, aber später dann ... wenn ich so drüber nachdenke ... es geht mir so im Kopf 'rum – dieser letzte da, wie hieß er noch, hat mich *fertig* gemacht. Ich war am Ende! Aber Jeff hier hat erstmal Alpträume! Ich schlafe ja mit ihm in einem Zimmer, das ist nicht auszuhalten.«

Einer dieser Alpträume war auch die Vorlage für das künstlerische und metalmäßig unkorrekte Cover von »Reign In Blood«, auf dem ziegenköpfige Biester und geknechtete Päpste, Pfaffen und andere Gerechte in haifischverseuchten Blutseen waten. Wir sind, was Alpträume angeht, Kapazitäten, und Tom Araya mag nicht zurückstehen und erzählt, wie irgendwelche Schweine ihm letztens die Eier absäbelten, in seiner Leber rumbohrten, kurz, »mit der Zunge am Gehirn leckten«, bis er sich fühlte, wie der Heilige Sebastian höchstselbst. Der Einzige, der mit solchen Exzessen nichts zu tun hat, ist Dave Lombardo, der kurz ausgestiegene und dann wegen Unersetzlichkeit zurückgekehrte Drummer, der eine Kokosnuß bearbeitet und ein gutes Stück davon gezielt in meinen Schoß befördert, perfekte Gastfreundschaft.

An das Faschismus-Problem wollte ich mich noch einmal anders heranschleichen, über Beastie Boys und Rick Rubin, die schließlich als die Juden, die es am ehesten mit Slayer aushalten müssen, auch am ehesten gegen Auschwitz-Reden vorgehen müßten. Schließlich ist doch diese friedliche Koexistenz ein Widerspruch, der auch in Amerika auffallen müßte.

»Falsch. In Amerika sieht man das nicht in dieser Weise. In Amerika sind Leute keine verdammten Dänen oder Deutsche oder Juden sondern eben Leute. Rick Rubin ist Jude und mag unsere Songs. Er weiß, daß es nicht so gemeint ist.«

Und außerdem sind die Beastie Boys noch viel schlimmer und bekämpfen Nazis wenn überhaupt in ihrem eigenen unvergleichlich direkten Stil (siehe SPEX Nr. 5) und Rick Rubin ist ein Mann, der vor nichts zurückschreckt, dem niemals etwas Furcht einjagt (höchstens vielleicht Jeff Hanneman, der in einer dunklen Ecke steht und »Buh« macht, aber auch das war nur müßige Spekulation).

Da versagt doch die Zunge! So ein Scheiß! Es gibt Dinge, die *kann* man nicht aussprechen, da reicht die dichterische Kraft nicht mehr hin, und dann kommt das zum Tragen, was Slayer eigentlich auszeichnet, der Moment, in dem King oder Hanneman in ihren vortrefflichen Texten nicht weiterkommen ...

King/Hanneman (im Chor): »LEAD!!!!!« und sogleich werden sie von einem königlichen Gitarrengemetzel entbunden, einem rasenden Tänzchen über den Hals einer ihrer vierhundertzweiundsechzig in Reih und Glied stehenden Gitarren, entfalten in teuflischem Wechselspiel King/Hanneman/Hanneman/King und dann beide zuuu-gleich! und vorbei ist der ganze Spuk, ehe man sich vom ersten Schrecken erholt hat Ehrlich, zum *Brüllen.* Es gibt einfach heute nichts, was mich so erheitern kann und rühren, wie Hanneman und King, die gewissenhaft auf der Bühne ihr Gewinsel absondern! Die erhabene Sinnlosigkeit muß überzeugen, außerdem, neue Ordnung oder auch nicht, sind Hanneman/King-Solos die einzigen Dinge auf der Welt, die *von alleine ordentlicher werden,* (im Gegensatz zu Diederichsens Schreibtisch oder diesem Artikel), in kürzester Zeit fügen sie sich zu zerbrechlichster Schönheit und vergehen. Du lachst dich schlapp.

Vor dieser Präzision muß peinliches Bühnengehabe verblassen, und folgerichtig verzichten Slayer nun auf absolut alles, was an sexistischen oder anderen Prollposen dem Metal-Künstler und seinem unerbittlichen Kritiker bisher zur Verfügung stand. Den Brückenanschlag von schwanzigen Posen zu faschistischen Ambitionen kann man hier getrost zugunsten der Erwägung fallen lassen, daß die strenge, ästhetische Komposition der Bühnenchoreografie durchaus eines Fahnenappells vor dem Reichstag würdig wäre, wenn man noch ein paar Leute mehr rekrutieren kann (und, natürlich, auch jedem Temptations-Auftritt zur Ehre gereichen würde). Schönheit kann Sauberkeit sein! Ganz klar.

Die Kraft und die Herrlichkeit ... wie soll ich mich ausdrücken? Faschistische Ästhetik im Konzertsaal habe ich in letzter Zeit oft still genossen, es geht ja doch nicht ohne, heißt es mit oberflächlichem Bedauern festzustellen. Ich weiß nicht, wie ich mich dafür entschuldigen soll, daß dies hier wieder ein Grundsatzartikel wird, außer mit dem Hinweis darauf, daß ich ihn für recht *verständlich* geschrieben halte.

Siehe: auf die Bühne der Essener Grugahalle senken sich zwei falschrum hängende Kreuze, die von der nahenden Ankunft Satans künden sollen. Tom Araya erklärt derweil mit bedrohlicher Stimme, es gäbe Schwachköpfe, die behaupten, der Stift sei mächtiger als das Schwert, was natürlich kompletter Blödsinn sei, haben sie schonmal versucht, einen mit dem Kugelschreiber zu erstechen und so. Ich stehe hinten und schaue auf die Ärsche der Zuschauer und fühle mich den Knaben auf der Bühne verbunden, weil uns dieselben niederen Gefühle treiben, ich aber die denkbar bessere Position habe. Grund eins: *Sie* müssen diesen Komikern mitten ins Gesicht schauen, während ich die richtige Position für einen schnellen Tritt mit anschließender feiger Flucht besetzt halte. Grund zwei: Unser Credo ist doch, nichts zu sagen haben, aber immer die Schnauze aufreißen, immer groß Eindruck schinden wollen, und in dem Fall ist doch der Stift, es darf auch eine Schreibmaschine sein, handlicher, als dieses Riesenequipment, das Slayer mit sich schleppen müssen, wie lange mußten King und Hanneman üben, und so, ganz zu schweigen von der dritten Alternative *Schwert*, denn damit macht man sich ja nun doch höchstens lächerlich, wie dieser Kölner Studienrat, der aus Paranoia immer nur mit Schwert und Armbrust bewaffnet den Supermarkt betrat.

Der moralische Totalausfall stand allerdings noch aus. Dann lieferte dankenswerterweise der NME den Beweis dafür, daß Slayer Faschisten durch und durch sind, und zitierten Tom Araya mit einigen kuriosen Äußerungen über seine Chilenische Heimat, Pinochet brings und was das Herz begehrt. Klar doch, Chile brings. Weiß ich doch. Deswegen lebt er ja auch in Amerika, das es wahrscheinlich noch mehr bringt. Und wer soll sich darüber aufregen? Vielleicht ich? Ich, der ich neulich beim Nudelessen schon vier Seiten Celine las, der ja im Alter bekanntlich auch nicht mehr ganz gesund war, weil ihm in Augsburg ein Ziegel auf den Kopf gefallen war? Jeder gute Amerikaner liest Bücher über Nazidoctors, kann rechts nicht von links unterscheiden, weil Leute für ihn Leute sind und ist ansonsten doof wie Brot. Patricia Morrison würde noch heute jeden Mexikaner in die Grube schmeißen, weil die arbeitsscheu sind und keine Trinkgelder geben, das haben wir damals nicht geschrieben, weil wir uns bei Gun Club auf »künstlerisch wertvoll« geeinigt hatten. Haut mir doch mit *der* Scheiße ab. Wahrscheinlich ist es eh gelogen, Hitler hat die Autobahnen gebaut, fahrt euch darauf tot, Demokratenspinner. Den Rest regelt Sky Saxon.

ANDREAS 1988
NEUMEISTER

Äpfel vom Baum im Kies

Auszüge

Wie ausgemacht, flüchten wir im Schutz der dicken Luft jeder in eine andere Richtung. In einem günstigen Augenblick überquere ich die vielbefahrene Olympiastraße, stoße endlich in dem Mischwald Richtung Maising auf mein dort abgestelltes Mofa. Schiebe es an und fahre eine unwegsame Abkürzung hinunter zur Wirtschaft. Da hocken sie alle, wie ich sie alle kannte, wie sie immer dahocken und wie ich mich oft dazuhockte, so auch jetzt. Rutsche da nur so herum, erst später komme ich an einem festen Platz zu sitzen. Schließlich ist das Bier aus, und wir haben Hunger, aber jetzt ist das Geld aus. Sagt der Werner, wir könnten ja zu ihm nach Andechs fahren. Wir könnten vorher noch in Erling unten halten und uns vom Muhagg was pumpen. So steigen wir ein in Werners Ente und schauen, daß wir davonkommen. Thomas sitzt auch vorne. Er schiebt die Kassette in den Schlitz. Patti Smith drinnen, während draußen das pflanzliche Grün nur so vorbeihuscht. Wer nach Andechs fährt, der ist schon auf dem besten Weg nach Rom. Sehr schwankt das Auto. Ich hoffe sehr, daß uns jetzt kein Radfahrer entgegenkommt. Eigentlich fahre ich selbst Rad und fluche auf die entgegenkommende Ente. In der Linkskurve im Wald vor Jägersbrunn ist es ein Baum, der uns entgegenkommt. Endlos lange dauert es, hinten ist auch keine Bremse, also habe ich lange nichts zu tun. *Ask the Angels* bricht ab, und Bleche schieben sich zusammen. Aus diesem Gewirr raucht es heraus und ich denk, es brennt. Thomas und Werner rinnt das dicke Blut übers kreideblasse Gesicht. Hinten ist mir nichts passiert. Hinten denk ich, die mußt du schleunigst rausziehen, weil es gleich explodiert, aber es ist nur das verdampfende Kühlerwasser. Flach liegt da der Werner, hinter dem Ellenbogen sticht ihm ein roter Knochen aus dem Fleisch. Beim ersten Haus, beim zweiten Haus, wo ich den Notarzt rufen will, macht niemand auf, die stehen erst nachher glotzend am Fenster, als sie ein Blaulicht sehen. Damit es sportlich zugeht, ärgert sich die Polizei, daß der Notarzt schneller war als sie. Die Uniformierten sind nicht die gleichen wie am Schmalzhof. Weil zwei Bierflaschen neben dem Auto herumkugeln, meinen sie gescheit, die hätten etwas mit dem Unfall zu tun gehabt. Hätt ich sie aufklären sollen? Hätt ich ihnen klarmachen können, daß wir alle tot gewesen wären, hätte die Kassette schon unserem Musikgeschmack auch nur des folgenden Jahres entsprochen? Sie fragten auch mich nach Verletzungen, aber ich wollte nichts haben, so schnell wollte ich weg. Ask the angels, wohin.

•••

Die meisten kommen mit ihren Autos. Die letzten, die kommen, schieben die ersten gerade wieder heim. Vom Sonnenöl fängt der See an zu glitzern. Die vom Dampfer winken denen vom Ufer. Die vom Ufer, die auch gern auf dem Dampfer wären, winken nicht zurück. Abends bricht der Verkehr zusammen. An diesen Sommer-Wochenenden im Sommer. Familien hungern auf Sonntage und bleiben in ihnen stecken. Es braucht jetzt bloß noch ein Gewitter dazukommen und sie bleiben bis zum Montag im Sonntag stecken. Zehntausend Familiengewitter in zehntausend Sonntagsautos, so schwül kann es draußen gar nicht sein. Drei Stunden für die siebenhundert Meter von Kempfenhausen nach Percha, so lange dauert das Gewitter draußen nicht, das kann sich verziehen. Drinnen kann es immer schlimmer werden. In einen Faradayschen Käfig kommt kein Blitz hinein, aber auch keiner heraus. Vom dämmernden Grasen der Straßenrandkühe. Gern mag ich, wie der heiße Teer dampft, wenn die letzten Wolken abgezogen sind. Die Schwalben stürzen durch den Dunst, und kein Hase weit und breit. Von breitgewalzten Igelleichen. Da sind schon ein paar Faradaysche Autos ineinandergeschoben, modern scheppern die Perchaer Kirchenglocken. Der Notarzt kommt nicht durch! Der Notarzt kommt nicht durch! Die Sturmwarnung hat sich wundgeblinkt. Ein Blinder muß verloren sein, der das Blinken nicht sieht. Früher wars der Taube, der die Sirene nicht hörte. Der Rest der Menschheit ist gerettet. Die Sturmsirene hatte die Seeanwohner zu sehr belästigt. Der Rest der Menschheit kommt in seinen Sonntagsautos um. Bis ans andere Ufer schwappt die Wiedererkennungsmusik vom Undosa. Ein letzter Tanz (Beneidet sei der Taube). Der Rest der Menschheit tanzt auf dem Deck der Seeshaupt (Gesegnet sei die Seeshaupt). Ich war ja immer beleidigt gewesen, wenn wir mit der Tutzing oder der Bayern, statt mit der Seeshaupt, gefahren sind. Die Seeshaupt ist das größte Schiff der Weißen Flotte, und mit einem kleineren zu fahren kann nur ein notdürftiger Kompromiß sein. An der Seeshaupt haftete ein Hauch von Hochsee-Atmosphäre. Unsinkbarkeit. Dreimal täglich Starnberg – New York. Durch keinen Gletscher aufzuhalten. Einen Eisberg als Spielball betrachtend. Blitz und Donner als Nervenkitzel belächelnd. Seeshaupt, oh Königin der Weißen Flotte, nimm meine schüchterne Sehnsucht mit an Bord und trage sie an ekstatischere Gestade! Verschwende deine Weisheit nicht, doch hilf mir bei der nächsten Schulaufgabe! Laß mich von deiner Weltkenntnis abbeißen!

· · ·

Wann war der Chileputsch? Konnte ich wissen, daß grundsätzlich etwas faul sein muß, wenn hier über streikende Arbeiter wohlwollend berichtet wird? Ein Oberschüler interessiert sich für alles, was in der Welt passiert. Er weiß auch, daß in Chile, wegen dessen enormer Länge, das Transportwesen eine ganz besonders große Rolle spielt. Thomas war für die CSU, später FDP, ich entschied mich für die SPD. Gregor aber reimte *Verrat* auf *Sozialdemokrat*, und ich verstand durchaus nicht, was er noch alles zu fordern hatte. Als schließlich Willi Brandt ins Undosa kam, hatte ich einen Zahnarzt-Termin. Mit seinen Handgriffen ließ sich der Kulzer Zeit. Wer zu spät kommt, steht auf dem Gang. Zu speziellen Anlässen wird schweren schwarzen Limousinen mit Sondergenehmigung die direkte Zufahrt über die Seepromenade zum Festsaal gestattet. Daß Brandt zurücktrat, war nicht meine Schuld. In der Klasse gab es zwei Parteien. Wegen einem DDR-Spion fiel die Entlassung aus den Spangenjahren in die Ära Schmidt. Schmidts Stimme war nicht mehr interessant.

Die Polizei, sie ist befreundet und sie ist behilflich. Sie ist in erster Linie beschränkt und bewaffnet. Von der Presse wird mit Schlagzeilen geprügelt und man muß sich fragen, zu wem hilft die Polizei? Zu wem helfen die Zeitungen und zu wem helfen die Tankwarte?

Frau beißt Hund

Hund beißt Exfrau

Hund beißt Verdienstkreuzträger

Einfacher Mann von nebenan wird Verdienstkreuzträger

Einfacher Mann gewinnt Haus

Hausbesitzer von Besetzern bedroht

Besetzern endlich die Grenzen gezeigt

Polizei zeigt sich standhaft

Polizei sorgt wieder für Ruhe

Grabesruhe um Doppelmord

Blutspur im Doppelmord

Blutspur führt zu Zigeunern

Zigeuner geständig

Zigeuner doch Alibi

Alibi stichhaltig

Stiche und Bißwunden

Bißwunden gefälscht

Weinende Frau mit falschen Haaren

Haare sind Beweis

Grüne Haare: Punks

Punks bedrohen die Republik

Deutschland von Punks gebissen

Bange Stunden

Zu wem helfen die Sozialdemokraten und zu wem hilft David Bowie wirklich? Wie fühlt sich eine Frau, die plötzlich ihr Benzin nicht mehr selbst raffinieren, ihre Thunfische nicht mehr selbst fischen, ihre Wälder nicht mehr selbst pflanzen, ihre Teppiche nicht mehr selbst knüpfen und ihre Häuser nicht mehr selbst bauen darf und kann? Ich selbst benütze nur noch Waren, die auch die Olympiamannschaft der Bundesrepublik benützt, also nur Waren von Firmen, die offizieller Ausstatter unserer Mannschaft sind.

Spätestens seit die Firma Schiesser ihre neue Unterhosenkollektion *Rebell* nennt, steht doch fest, wo das Potenzproblem europäischer Männer liegt. Welcher Abteilungsleiter wäre nicht viel lieber Ché Guevara? Das kann ich laut sagen. Selbst ein scheinbar allmächtiger südamerikanischer Diktator hätte in der Unterbekleidungsbranche keine Chance. Potenz heißt vom V.o.l.k. geliebt werden. Abgesehen davon spielte es im späteren Kaufverhalten natürlich eine gewaltige Rolle, daß die Tankstellen-Bausätze von Lego nicht mit Esso, sondern mit Shell beschriftet waren.

Ohne übertreiben zu müssen, kann ich durchaus entschlossen behaupten, alle Polizisten hätten einen Schnauzer. Mir kommt nichts aus. Ein Schnauzer will ja verzweifelt beteuern, daß sich die Nase seines Trägers nicht nach dem richtet, was ihm in den Mund gelegt wurde. Und die wenigen Polizisten, die keinen Schnauzer im Gesicht haben, die werden wohl einen zu Hause haben und feierabends mit ihm Gassi gehen. Das Herrchen hat schon daheim geschissen. Das Frauchen ist untreu und knutscht einen von der Feuerwehr. Wir haben zwei Weltkriege angefangen, jetzt wollen wir auch mal einen gewinnen! Besonders schrecklich muß es für die Sputnikschock-Generation gewesen sein. (Im Grunde will die Bundeswehr doch nur, daß wir sie liebhaben.) Ich rekapituliere: Als die Russen ihre Sputniks so erfolgreich in das All hinausgeschickt hatten, war es, als hätte man dem Westen die Luft ausgelassen. Den jeweiligen Aufsichtsratsvorsitzenden aber war es gelungen, den Westlern klarzumachen, daß der russische Vorsprung durch fleißige und ausdauernde Anstrengungen aufgeholt werden könne. Nicht nur Raketenbauer, alle betreffenden Völker waren angesprochen. So, und nur so, kam es bald zu Wirtschaftswunder und Apollo-Rakete. So groß war die allgemeine Erleichterung, daß wir zur Mondlandung schulfrei bekamen. Mir wurde ein Bilderbuch zum Thema geschenkt. So groß war die Euphorie, daß dem Nachwuchs ein voller Tag Bildungsrückstand zugebilligt wurde! Von da an hieß es für die Russen, sich anstrengen. Es liegt die Vermutung nahe, daß sich die Machthaber aller Nationen mit ihren jeweiligen Raumfahrtplänen gegenseitig absprechen und damit die Machtgeber ständig in Schach halten. Obwohl demnach zur Zeit vor allem die Russen zum Himmel schauen, bleiben auch die Deutschen weiterhin angesprochen.

1990 ...

»Mit Krachts Roman ›Faserland‹ [...] nahm die kurze Scheinblüte der deutschen Popliteratur 1995 ihren Anfang. Mit ›1979‹ ist sie an ihrem vorläufigen Ende angelangt«, schreibt Hubert Spiegel in seiner Rezension von Christian Krachts Roman *1979*, die im Oktober 2001 als Aufmacher der Buchmessenbeilage der *Frankfurter Allgemeinen Zeitung* erscheint.[1] Die Annahme, Krachts Roman *Faserland* sei das »Gründungsdokument einer literarischen Bewegung«[2] und habe den Boom der Popliteratur in den neunziger Jahren ausgelöst, wird heute von so vielen geteilt, dass man gar nicht umhin kann zu fragen, wie denn die literarische Landschaft vor dem Jahr 1995 ausgesehen hat. Was war los?

Anfang der 1990er Jahre wird im Feuilleton eine leidenschaftliche Debatte um die deutsche Gegenwartsliteratur geführt. Es äußern sich Kritiker und Autoren, Lektoren und Verleger, darunter Frank Schirrmacher und Maxim Biller. In ihren Texten ›Idyllen in der Wüste oder Das Versagen vor der Metropole‹ und ›Soviel Sinnlichkeit wie der Stadtplan von Kiel. Warum die neue deutsche Literatur nichts so nötig hat wie den Realismus. Ein Grundsatzprogramm‹ attestieren sie der deutschen Gegenwartsliteratur einen Mangel an Welthaltigkeit, an Relevanz, an Unterhaltungswert.[3] Dieser Befund wird längst nicht von jedem geteilt, natürlich gibt es zahlreiche Gegenstimmen und Gegenbeispiele. Aber viele Kritiker und Leser scheinen etwas zu vermissen, wenn sie, wie Matthias Politycki, fordern »Literatur muss sein wie Rockmusik« oder, wie Moritz Baßler, feststellen, »dass es bei der sogenannten Gegenwartsliteratur bis dato um die eigene Gegenwart eigentlich nicht gegangen« sei.[4]

Neue Räume tun sich auf Anfang der 1990er: In leerstehenden Lagerhallen oder verlassenen Kellern, nicht nur im neu zu entdeckenden Gesamt-Berlin, finden Techno-Partys statt, die einen Paradigmenwechsel markieren, der sich auch in Rainald Goetz' Text ›Soziale Praxis‹ aus dem Jahr 1990 niederschlägt.[5] Goetz beschreibt diese Zeit in einer Art Vorwort zum Band *Celebration*: »Wir dachten ja plötzlich, wir machen jetzt alles zusammen. Auch das Schreiben. Feiern, trinken, reden sowieso. [...] So war das Gefühl, rock'n'roll-style-mäßig, zu Beginn der Mitte der 90er Jahre. [...] Der Ort dieser Zeit war die Nacht.«[6]

Im Nachtleben, in Clubs und Bars, findet auch eine neue literarische Spielart statt: die Anfang der 1990er nach amerikanischem Vorbild organisierten Poetry Slams, die Anstoß geben für die 1996 erscheinende Anthologie *Poetry! Slam! Texte der Pop-Fraktion*. Für die Herausgeber Andreas Neumeister und Marcel Hartges repräsentiert die Slam-Szene ein »neues Verständnis von Literatur«, in dem »Spontaneität, Alltagsnähe, Gegenwartsbezug, Sprachwitz, Lustprinzip und Unmittelbarkeit« eine größere Rolle spielen »als die abstrakte, auf ein Expertenpublikum zielende Kunstanstrengung«.[7] Die von Hartges und Neumeister unter dem Stichwort »Pop-Fraktion« versammelten Autoren sind allerdings nicht allein der Poetry Slam-Szene zuzurechnen. Diese knüpft zwar, wie auch die Social Beat- und Prenzlauer Berg-Szene, an Konzepte an, die Ende der 1960er Jahre als Pop galten – Stichwort Trash-Ästhetik, Underground, Gegenkultur. Von anderen mit Pop verbundenen Konzepten und Verfahren wie Zitat, Simulation, Affirmation, Oberflächenästhetik oder Eklektizismus distanziert sich diese Szene aber dezidiert.

Ein ganz anderes Bild davon, wie neue Schreibweisen aussehen können, vermitteln in den frühen Neunzigern verschiedene Magazine, unter anderem die Zeitschrift *Tempo*. 1986 von Markus Peichl gegründet, ist das Magazin Anfang der 1990er der Ort, an dem Autoren wie Uwe Kopf, Maxim Biller, Peter Glaser, Moritz von Uslar oder Claudius Seidl Texte publizieren, die die Grenzen zwischen literarischem und journalistischem Schreiben produktiv verwischen. Im Spannungsfeld zwischen Gonzo-Journalismus und popintellektuellen Diskursen trifft man bei *Tempo* auf Neuauflagen der mit Pop assoziierten Affirmationsstrategien und Oberflächenästhetiken aus den frühen 1980er Jahren: so zum Beispiel in einem Porträt des Schriftstellers Bret Easton Ellis von Christian Kracht, in einer Michael-Jackson-Fiktion von Tom Kummer, in Marc Fischers Geschichte über einen Tag mit Kate Moss in Paris oder Rainald Goetz' Text über eine Reise mit Sven Väth, »Maniac Love – The Tokio Tapes«.

Ähnliche Ansätze lassen sich auch im *jetzt-Magazin* finden, das von 1993 bis 2002 montags der *Süddeutschen Zeitung* beilag und sich an eine jugendliche Leserschaft wandte. *jetzt* experimentierte mit emphatischen und identifikatorischen Schreibweisen, die sich an den Schnittstellen von Pop-Journalismus, Szene-Klatsch und Alltagsbeobachtung abspielten, häufig im Listenverfahren oder Tagebuchstil.

Zur gleichen Zeit, Anfang der 1990er Jahre, formieren sich in Zeitschriften wie *Heaven Sent* oder *Spex* neue Schreibweisen, in denen, wie Diedrich Diederichsen schreibt, das Lesen von ›Theorie‹ an die Stelle von Literatur tritt, Theorie aber nicht wissenschaftlich »durchgearbeitet«, sondern nach den Maßstäben von Pop »osmotisch aufgenommen« und »mit der eigenen Praxis, mit Stimmungen und deren Widerhall in der Pop- und Underground-Musik« abgeglichen wird.[8] Dietmar Daths erster Roman *Cordula killt Dich*, 1995 im Verbrecher Verlag erschienen, entsteht ebenso in diesen Zusammenhängen wie Thomas Meineckes Romane aus den 1990er Jahren.

Auch das *Zeit-Magazin*, das *SZ-Magazin* und später die ›Berliner Seiten‹ der *FAZ* gehören zu den Publikationsorganen, in denen in den 1990er Jahren neue Schreibhaltungen entwickelt werden. Viele der Autoren, die später von der Kritik als Pop-Literaten oder Pop-Autoren bezeichnet wurden, haben, bevor sie Bücher veröffentlichten, zunächst dort publiziert, neben den schon genannten auch Joachim Bessing, Rebecca Casati, Eckhart Nickel oder Hans Nieswandt. Die Beschäftigung mit aktuellen Themen scheint dabei nicht nur dem journalistischen Auftrag geschuldet, sondern auch auf ein tiefer gehendes, genuines Interesse an Gegenwartsphänomenen seitens der Autoren zurückzugehen, das sich in Ton und Textform niederschlägt. Benjamin v. Stuckrad-Barre schreibt über Waschsalons, Kassettenmädchen oder listet Fahrradladennamen auf, Benjamin Lebert erzählt von seinem Schulalltag, Sibylle Berg vom Bahnfahren im Liegewagen. Nicht alle genannten Autoren entwickeln Schreibweisen, deren Diskussion unter dem Begriff Pop zwingend ist, aber allen genannten Autoren ist zu eigen, dass sie keine Berührungsängste gegenüber bis dato als »unliterarisch« oder »der Literatur nicht würdig« angesehenen Themen haben. Dass es spannende neue Stimmen zu entdecken gibt, bleibt auch einigen Menschen in Buchverlagen nicht verborgen.

Christian Krachts Roman *Faserland* macht, zumindest in der öffentlichen Wahrnehmung, den Anfang. Werden in den Jahren zuvor noch diffus hier und da einige Texte mit dem Begriff »Pop« in Verbindung gebracht, so scheint man sich schon kurz nach Erscheinen des Romans im Jahr

1995 einig zu sein: *Faserland* gilt als Startschuss für eine neue Literatur, die bald zutreffend oder unzutreffend als »Pop-Literatur« bezeichnet wird. Die Aufmerksamkeit, die *Faserland* bereits vor der Veröffentlichung in Zeitschriften wie *Tempo* und *jetzt* auf sich gezogen hat, wird zu einem wichtigen Bezugspunkt für die ersten Reaktionen der größeren Feuilletons. Der Hinweis, *Faserland* werde »in den Popkultur-Ressorts der Republik als lange überfälliges Dokument des Zeitgeistes gefeiert«, setzt hier ebenso an wie die Bemerkung, das Buch habe »im literaturfernen Milieu der Glanzdruckmagazine großen Eindruck gemacht«. Klassifiziert als »Gesellenstück aus der *Tempo*-Literaturwerkstatt«, wird das Buch im bürgerlichen Feuilleton fast durchgehend als Ausdruck von ›Zeitgeist‹ und ›Lifestyle‹ begriffen.[9] Eine Ausnahme in der Rezeption bildet die differenziertere Einschätzung von Hubert Winkels, *Faserland* sei »kein Zeitgeistroman, aber einer, der die Attribute des Zeitgeistes bis hin zum Markenfetischismus ernst nimmt«.[10]

Ähnlich aggressiv und ablehnend reagiert das Feuilleton zunächst auf Benjamin v. Stuckrad-Barres Debütroman *Soloalbum*. ›Amoklauf eines Geschmacksterroristen‹ überschreibt der *Spiegel* seine Kurzrezension des Romans.[11] Reinhard Baumgart bespricht in der *Zeit* zwei Jahre später weniger den Band *Blackbox*, »ein Print-Event wohl eher als ein Buch«, sondern porträtiert den Autor Stuckrad-Barre als jemanden, der die »dunkle Gesinnungsuniform seiner Schreibgenossen« trage und dem man aufgrund seines »kurz geschorenen Schädels« lieber nicht »im dunklen Park begegnen würde«.[12] Alexa Hennig von Lange veröffentlicht 1997 ihren Roman *Relax* und muss sich gefallen lassen, dass in der *Zeit* kaum ihr Text besprochen wird, dafür ihr lockiges Haar. Das »Spice Girl« der Literatur ist geboren.[13] Man weiß noch nicht so recht umzugehen mit diesen jungen Autoren – und da geht man sicherheitshalber erst einmal in Abwehrstellung.

»Als hätte jemand ein stilles Kommando gegeben, erscheinen seit einigen Monaten in ungewöhnlicher Häufung Romane, die sich mit Pop befassen oder davon inspiriert sind«, meldet *Die Woche* im Herbst 1998: »Pop-Literatur kommt jetzt massiv.«[14] Unter diesem Schlagwort werden sowohl Bücher diskutiert, in denen über Pop oder die eigene Popsozialisation geschrieben wird, als auch Texte, deren Schreibweisen durch Popverfahren wie Oberflächenbeschreibungen, Gegenwartsphänomenologien oder popspezifische Archivierungstechniken geprägt sind, ohne dass von Pop selbst die Rede sein muss. Was die Texte bei aller Unterschiedlichkeit verbindet, ist der Abstand, der sie von einem – häufig verblüffend traditionsfixierten – konventionellen Begriff von Literatur trennt.Wie schon in den sechziger und achtziger Jahren setzen sich »Pop« und »Popliteratur« deshalb auch in den 1990er Jahren als maßgebliche Konzepte durch, ungeachtet der beträchtlichen Spannbreite zwischen den so bezeichneten Texten, wobei »Pop« oder »Popliteratur« dem einen als tendenziöses Schimpfwort gilt, dem anderen als programmatischer Leitbegriff.

Abgegrenzt wird die »Pop-Literatur« gegen Bücher, die sich dem »traditionellen Anspruch der Literatur« verschreiben, »teilzuhaben an kollektiver Erinnerungsarbeit durch historische Vergegenwärtigung«. Diese Unterscheidung nimmt Hubert Winkels in seinem Überblicksartikel ›Zur deutschen Literatur 1998‹ vor. Die in diesem Jahr erschienenen Bücher von Martin Walser, Hans-Ulrich Treichel, Walter Kempowski, Uwe Kolbe, Angela Krauß und anderen fasst er unter der Überschrift ›Vergangenheit der Gegenwart‹ zusammen. Die Bücher von Thomas Meinecke, Rainald Goetz, Andreas Neumeister, Benjamin v. Stuckrad-Barre, Alexa Hennig von Lange, Tim Staffel und anderen präsentiert Winkels dagegen unter der Überschrift ›Es werde Pop!‹. Das verbindende Moment der unter dem »inzwischen auch schon altehrwürdigen Namen Pop-Literatur« zusammengefassten Texte ist für Winkels deren Impuls, »Gegenwart als aktuelles Feld für Konstruktionen zu begreifen, an denen Technik, Alltag, Mode, Medien und Konsum stärker als die traditionellen Künste, zumal die literarischen, mitwirken«.[15]

Winkels belässt es aber nicht bei der Unterscheidung Pop- versus traditionelle Literatur. Er differenziert auch noch einmal innerhalb der Pop-Literatur »zwischen populärer Literatur, die mit Pop-Versatzstücken umgeht, und einer Pop-Literatur im eminenten Sinn«. Als Kriterium, das »einen deutlichen Schnitt« ermögliche, benennt er den »Grad an Reflexivität, über den ein Pop-Text gebietet«.[16] Diese Unterscheidung wird in der Folge von vielen Kritikern aufgegriffen: Autoren wie Rainald Goetz, Thomas Meinecke, Andreas Neumeister, Dietmar Dath oder Kathrin Röggla werden der »anspruchsvollen« Seite; Benjamin v. Stuckrad-Barre, Christian Kracht, Benjamin Lebert, Alexa Hennig von Lange, Elke Naters oder Joachim Lottmann der »populären« Seite zugerechnet. Zwingend ist diese Differenzierung keineswegs. Denn die Trennung zwischen »anspruchsvollem« und »populärem« Pop verstellt den Blick auf die spezifischen Qualitäten der einzelnen Texte und Schreibansätze. Und dennoch hält man im öffentlichen Diskurs an dieser Aufspaltung fest. Bald schon werden beide Autorengruppen mit zwei Verlagsnamen assoziiert: Suhrkamp und KiWi. Im Frühjahr 2006 geht diese Dichotomisierungsbemühung in die nächste Runde, als anlässlich der Veröffentlichung von Volker Weidermanns *Lichtjahre* eine Debatte entbrennt über eine wiederum von Winkels behauptete Trennlinie innerhalb des Literaturbetriebs, die zwischen der »KiWi-Kultur« (den »Emphatikern«) und der »Suhrkamp-Kultur« (den »Gnostikern«) verlaufe.[17] Doch auch schon Ende der 1990er Jahre gilt: Weder Verlage noch Autoren halten sich an die ihnen zugewiesenen Territorien. So sind in der von Christian Kracht herausgegebenen Anthologie *Mesopotamia* nicht nur die so genannten »jungen Popliteraten« vertreten, sondern mit Goetz und Neumeister auch zwei Suhrkamp-Autoren. Die beiden beteiligen sich Ende der neunziger Jahre auch am von den KiWi-Autoren Elke Naters und Sven Lager initiierten Internet-Forum www.ampool.de. Rainald Goetz tritt bei Stuckrad-Barres *Blackbox*-Tournee gemeinsam mit ihm auf. Und auch Thomas Meinecke relativiert die gängigen Grenzziehungs- und Gruppenbildungsbemühungen, wenn er betont, dass sich die »Suhrkamp-Autoren« zwar »unter diesem Begriff ›Pop‹« verstehen, aber gleichwohl »aus unterschiedlichen Löchern« kommen und »völlig andere Interessen damit« haben.[18] Analog dazu kann man festhalten, dass drei der am häufigsten diskutierten Beispiele für die Popliteratur der 1990er Jahre, *Faserland* von Christian Kracht, *Crazy* von Benjamin Lebert und *Soloabum* von Benjamin v. Stuckrad-Barre, die alle drei bei Kiepenheuer & Witsch erschienen, auf der Textebene kaum Gemeinsamkeiten haben. Vor diesem Hintergrund ist es keineswegs nur kokett, wenn Christian Kracht bemerkt, er habe »keine Ahnung, was das sein soll: Popliteratur«,[19] und heute seine Texte lieber nicht unter dem Begriff »Pop« versammelt wissen will.

Einige Stimmen in der Literaturkritik begrüßen die neue Pop-Literatur der späten 1990er Jahre zwar, doch skeptische Distanzierungen und umfassende Pauschalverrisse überwiegen. Die schärfsten Polemiken werden dabei nicht von Literaturkritikern formuliert, sondern von Schriftstellern wie Feridun Zaimoglu, der die Pop-Literatur als »Knabenwindel-prosa« abqualifiziert, Matthias Altenburg, der den Begriff »Pipi-Mäd-chen-Prosa« prägt, oder Maxim Biller, der den »Popismus« schon Anfang der neunziger Jahre angreift und bei einem Autorentreffen in Tutzing im April 2000 von »Schlappschwanz-Literatur« spricht und dabei auch die Pop-Literatur meint.[20]

Das Label Pop dient Ende der 1990er Jahre, wie schon in den 1960ern und 80ern, vornehmlich zur Abgrenzung von einer vermeintlichen Hochkultur, ohne dass jemand genau benennen könnte, was das ist, Hochkultur. Neu an diesen alten Grabenkämpfen ist, dass die Poplitera-tur Ende der 1990er Jahre in einer historischen Perspektivierung be-trachtet werden kann. Rückbezüge zu den frühen 1980er Jahren ergeben sich schon dadurch, dass mit Thomas Meinecke, Rainald Goetz, Maxim Biller oder Diedrich Diederichsen einige der für die Profilierung eines neuen Pop-Begriffs damals maßgeblichen Autoren weiterhin mit neuen Büchern präsent sind. Eine größere Rolle für die Diskussion Ende der 1990er Jahre spielt allerdings der erste Pop-Boom der deutschsprachigen Literatur in den sechziger Jahren. Längst literaturgeschichtlich abge-sichert und weitgehend in den Kanon der Nachkriegsliteratur aufgenom-men, werden die frühen Texte von Brinkmann und Fichte in den 1990er Jahren nicht nur als relevante Bezugspunkte, sondern auch als verbind-liche Maßstäbe für aktuelle Schreibweisen, Haltungen und Konzepte von Pop herangezogen – von Autoren und Kritikern, aber auch von Literatur-wissenschaftlern wie Johannes Ullmaier und Thomas Ernst, die beide im Jahr 2001 Überblicksdarstellungen zur Geschichte der Popliteratur ver-öffentlichen.[21] Frappierend sind die Gemeinsamkeiten in den jeweiligen Reaktionen auf die Texte. Brinkmann und Fichte gelten in den 1990ern als kanonisierte Vertreter subversiver, kritischer und ästhetisch wert-voller Popliteratur und werden in Anschlag gebracht etwa gegen die unter dem Namen »Das popkulturelle Quintett« versammelten Autoren Joachim Bessing, Christian Kracht, Eckhart Nickel, Alexander v. Schön-burg und Benjamin v. Stuckrad-Barre, denen anlässlich des 1999 im Hotel Adlon entstandenen Gesprächsprotokolls *Tristesse Royale* eben das vorgeworfen wird, was Ende der 1960er Jahre von vielen Kritikern als ein gemeinsamer Nenner von Brinkmann und Fichte formuliert wurde: Oberflächlichkeit, Inhaltslosigkeit, Konsumismus, Affirmation.

Aus dieser Perspektive erscheinen die verschiedentlich erzählten Verfallsgeschichten, denen zufolge Pop früher kritisch und subversiv gewesen, heute aber nur noch affirmativ und systemstabilisierend sei, in einem anderen Licht. Noch in einer weiteren Hinsicht ist der historische Vergleich aufschlussreich: Ende der 1990er Jahre stößt der von einigen Autoren explizit formulierte Wunsch nach nur kurzfristig aktuellen, nicht auf historische Haltbarkeit angelegten Texten auf Widerspruch, die entsprechenden Texte werden als »gut verkäufliche Trendliteratur mit schnellem Verfallsdatum« oder als ästhetisch wertlose »Jetzt-ist-Jetzt-Absonderungen« aussortiert.[22] Interessanterweise klang das im Frühjahr 1968 ganz ähnlich: Die zeitgenössische Kritik attestierte den Neuerscheinungen, die als Pop galten, eine höchstens saisonale Bedeutung und prognostizierte ihr baldiges Vergehen.

Die Rede vom ›Ende der Popliteratur‹, die Ende der 1990er Jahre parallel zum Diskurs über das ›Ende von Pop‹ einsetzt und auch von jenen Kritikern vervielfältigt wird, die das Phänomen einige Jahre zuvor ähnlich kurzschlüssig herbeigeschrieben und zu einem eigenständigen Genre aufgewertet haben, ist also keineswegs neu. In dem Maß, in dem Vergänglichkeit und Verfall immer schon in der Aktualitätsfixierung von Pop angelegt sind, erscheint die Rede vom ›Ende der Popliteratur‹ in der Kritik vielmehr als ein absehbar abrufbares Skript, als vorformulierter *cliffhanger* einer Fortsetzungsgeschichte, die schon Ende der 1960er Jahre erzählt werden konnte und seitdem ebenso eine Konstante in der Auseinandersetzung mit Pop ist wie die Faszination für die Vergänglichkeit von Moden und das verkürzte Verfallsdatum der Gegenwart.

Das ›Ende der Popliteratur‹, das gleichzeitig auch ein Ende der Spaßkultur und der Ironie markieren soll, wird im Herbst 2001 besonders anhand eines Romanes beschworen: Christian Krachts *1979*. Der Roman wird als »unironischer Abgesang auf Pop« gelesen, als Krachts »Schlussstrich« unter »jene seinerzeit unfreiwillig von ihm mitbegründete Bewegung«, mit der er eine »Lawine fragwürdiger, so genannter ›Poptexte‹ lostrat«.[23] In auffallend vielen Besprechungen von Krachts *1979* wird – anders als in Überlegungen zur Popliteratur üblich – philologische Grundlagenforschung betrieben. Einflüsse und Wurzeln werden benannt, meist aber ohne dass die besondere Art ihrer Verarbeitung näher untersucht wird. Denn *1979* markiert keineswegs einen Paradigmenwechsel von Pop und Oberflächenästhetik zu literaturgeschichtlich verbürgtem Tiefsinn und bildungsbürgerlich gesättigter Ernsthaftigkeit. Die verstörende Wirkung des Romans ist vielmehr, wie Wolfgang Lange in der *Neuen Zürcher Zeitung* anmerkt, gerade auf »jenes kalkulierte Spiel mit Stereotypen und Klischees zurückzuführen, aus dem Pop von jeher seine reizendsten Effekte bezieht«,[24] auf eine modifizierte Wiederaufnahme und radikalisierte Fortschreibung jener Verfahren, die Kracht auch schon in *Faserland* entfaltet hat. In dieser Hinsicht »bedeutet« *1979* kein Ende der Geschichte von Pop und Literatur.

Dass die Beziehung zwischen Pop und Literatur noch lange nicht am Ende ist, zeigt sich 2004 anhand der Reaktionen auf Joachim Lottmanns Roman *Die Jugend von heute*, Thomas Meineckes Roman *Musik* oder Kerstin Grethers Roman *Zuckerbabys*. Totgesagte leben länger. Anlässlich des Erscheinens von Moritz von Uslars Roman *Waldstein oder Der Tod des Walter Gieseking am 6. Juni 2005* im Frühjahr 2006 wird von einer »Rückkehr der Popliteratur« gesprochen, Uslar als »der Last Man Standing der Popliteratur« bezeichnet und in der *FAZ* unter dem Titel »Rhythmus statt Pop« immerhin in einer gewagten Argumentationskette behauptet: »Wenn Moritz von Uslar etwas ganz bestimmt nicht geschrieben hat, dann ist es ein Pop-Roman.«[25] Was denn nun? Tot oder lebendig? So viel ist sicher: Die Geschichte von Pop und Literatur ist eine Fortsetzungsgeschichte. Mit Pausen, Störungen, logischen Sprüngen. Einige Charaktere bleiben dabei, einige gehen kurz weg und kehren wieder, andere schreiben sich aus dem Skript raus oder werden rausgeschrieben. Gewiss werden neue Protagonisten auftauchen und sich auf neue Weise abzusetzen wissen von dem, was bisher geschah. Und immer wieder wird es aufgeschoben, das Ende.

1 Hubert Spiegel: Wir sehen uns mit Augen, die nicht die unseren sind, in: Frankfurter Allgemeine Zeitung 9.10.2001.
2 Moritz Baßler: Der deutsche Pop-Roman. Die neuen Archivisten, München 2002, S. 111.
3 Frank Schirrmacher: Idyllen in der Wüste, in: Frankfurter Allgemeine Zeitung 10.10.1989; Maxim Biller: Soviel Sinnlichkeit wie der Stadtplan von Kiel, in: Die Weltwoche 25.07.1991.
4 Matthias Politycki: Literatur muss sein wie Rockmusik, in: Frankfurter Rundschau, 7./8.10.1995; Baßler: Der deutsche Pop-Roman, a.a.O., S. 14.

5 Siehe S. 204–213 in dieser Anthologie.

6 Rainald Goetz: Celebration – Texte und Bilder zur Nacht, Frankfurt/M. 1999/2004, Klappentext.

7 Andreas Neumeister/Marcel Hartges (Hg.): Poetry! Slam! Texte der Pop-Fraktion, Reinbek 1996, S. 14.

8 Diedrich Diederichsen: Freiheit macht arm. Das Leben nach Rock'n'Roll 1990-93, Köln 1993, S. 163.

9 Vgl. Ilka Piepgras: Der Autor sinniert über seine Gedanken. Ein Zeitgeistbuch von Christian Kracht, in: Berliner Zeitung 23.3.1995; Gustav Seibt: Trendforscher im Interregio. Für Bessergekleidete: Christian Krachts Deutschland, in: Frankfurter Allgemeine Zeitung 22.5.1995; Thomas Groß: Aus dem Leben eines Mögenichts. Gesellenstück aus der »Tempo«-Literaturwerkstatt, in: die tageszeitung 23.3.1995; Eberhard Falcke: Die Nebenrolle der Saison. Zeitgeist-Tristesse in einem Lifestyle-Debüt von Christian Kracht, in: Die Zeit 7.4.1995.

10 Hubert Winkels: Zur deutschen Literatur 1995, in: Franz Josef Görtz u.a. (Hg.): Deutsche Literatur 1995. Jahresüberblick, Stuttgart 1996, S. 19.

11 N.N.: Amoklauf eines Geschmacksterroristen, in: Der Spiegel 7.9.1998, S. 209.

12 Reinhard Baumgart: Der Stimmenimitator – Benjamin v. Stuckrad-Barres öde-virtuoses Prosabuch, in: Die Zeit 39/2000.

13 Joachim Lottmann: Diese Locken – Alexa Hennig v. Lange ist die Antwort der Literatur auf die Spice Girls, in: Die Zeit 5.2.1998.

14 Ralf Schlüter: Raven statt Raunen. Was Briten und Amerikanern ein alter Hut ist, hält nun auch Einzug in deutsche Dichterstuben: die Popkultur, in: Die Woche 6.11.1998.

15 Hubert Winkels: Zur deutschen Literatur 1998, in: Volker Hage u.a. (Hg.): Deutsche Literatur 1998. Jahresüberblick, Stuttgart 1999, S. 5 u. 22 ff.

16 Hubert Winkels: Grenzgänger – Neue deutsche Pop-Literatur, in: Sinn und Form 51 (1999), S. 585.

17 Volker Weidermann: Lichtjahre – Eine kurze Geschichte der deutschen Literatur von 1945 bis heute, Köln 2006; Hubert Winkels: Emphatiker und Gnostiker, in: Die Zeit 14/2006.

18 Thomas Meinecke, zit. nach Daniel Lenz/Eric Pütz: Ich muss nicht schreiben, um nicht verrückt zu werden. Gespräch mit Thomas Meinecke – 11. Dezember 1998, in: Dies.: LebensBeschreibungen. Zwanzig Gespräche mit Schriftstellern, München 2000, S. 152.

19 Christian Kracht, zit. nach Anne Philippi/Rainer Schmidt: »Wir tragen Größe 46«, in: Die Zeit 9.9.1999.

20 Feridun Zaimoglu: Knabenwindelprosa, in: Die Zeit 18.11.1999; Matthias Altenburg: Pipi-Mädchen-Prosa, in: Die Woche 12.10.2001; Maxim Biller: Feige das Land, schlapp die Literatur. Über die Schwierigkeiten beim Sagen der Wahrheit, in: Die Zeit 13.4.2000. Siehe auch S. 218–221 in dieser Anthologie.

21 Thomas Ernst: Popliteratur, Hamburg 2001; Johannes Ullmaier: Von Acid nach Adlon und zurück – Eine Reise durch die deutschsprachige Popliteratur, Mainz 2001.

22 Ernst: Popliteratur, a.a.O., S. 75; Ingo Arend: Zwischen Chat'ma und Dogma. Literatur und Internet beim Berliner Schriftstellertreffen ›Tunnel über der Spree‹, in: Freitag 17.9.1999.

23 Peter Henning: Kippfiguren. Verstörendes Protokoll aus der Dandy-Hölle, in: Die Weltwoche 18.10.2001.

24 Wolfgang Lange: Snob auf Morgenlandfahrt. Christian Krachts hyperrealistischer Roman »1979«, in: Neue Zürcher Zeitung 23.10.2001.

25 Anett Krause: Junger Mann, Anfang Dreißig, sucht, in: Die Berliner Literaturkritik 15.8.2006; Andreas Merkel: Poetik der Runtergerocktheit, in: die tageszeitung 11.4.2006; Julia Encke: Rhythmus statt Pop, in: Frankfurter Allgemeine Zeitung 27.2.2006.

Soziale Praxis

»sing mir von Liebe und Glück«

Das Telefon läutet, Jahre waren vergangen. Der Zug rauschte dahin, und Flugzeuge donnerten in gemächlicher Kurve dem Boden entgegen. Liebe Linde, es riecht nach Kerosin und Mottenkugeln, sehr geehrter Herr Bauer, verehrte gnädige Frau.

Blätterte ich im Trauerraub, wären hinter völlig verschmierten Sachen, auf denen auch das forschendste Auge keine Gestalt wahrnehmen könnte, eingänglich melodisch grundierte Prospekte ferner Horizonte von der Stimmung der Worte düstere Wolken mit glühenden Rändern zu sehen, vielfach überlagert und so fast unkenntlich gemacht von mehreren Schichten abstraktiver Witze, und trotzdem käme aus der Tiefe dieses Raums als Gesang eines Matrosen zum Beispiel das führende Geleit der toten Göttin durch die Sprechblase zwischen den phosphoreszierend aus der Finsternis hervorpulsierenden Kreisen in den folgenden Worten folgendermaßen raus. Wir haben die weiße Honigmilch getrunken. Und jetzt verläßt der Kindermörder, nasse Tränen im Gesicht, die Höhle mit den Kerzen, es war ja Nacht, und im inzwischen geschlossenen Hotel Germania saß der letzte Gast im Keller auf dem Hocker an der Bar bei seinem Bier und rauchte eine Zigarette.

– Wie gehts dir denn?

– Njo.

– Bist dicka geworden.

– Jo.

– Bist dicker geworden, siehst aber trotzdem nich gut aus.

– Nee.

– Wie gehts Erna?

– Der gehts gut, die war neulich hier, da warst du aber nich da. Du siehst aber auch nich gerade gut aus.

– Nee. Man wird älda, Hans.

– Jo.

Der Reichstag war am nächsten Morgen, trotz beißendem Halsschmerz, bereits wieder weitgehend für die Sitzungen eines gesamtdeutschen Parlaments hergerichtet. Man müsse ihm nur noch die Kuppel aufsetzen. Und die glänzende Perle im Federkleid hätte sich, vom Suchscheinwerferlicht vernünftiger Begriffe erfaßt, sofort wieder verloren. Lieber Eduard, klarere Briefe wären mir lieber, aber ich kann einfach nicht glauben, das allerälteste der alten Lieder, die hier dauernd spielen, daß irgend etwas Nichtvernünftiges geschieht. Wiederum umgekehrt hat sich dieser Gedanke schon fast zum Wahnsystem verwachsen. Ich traue mich kaum mehr richtig denken, triebe, würde ich mich endlich treiben lassen, wohin.

Verrückt, sagten die Mädchen im Chor. War der Ausgang wirklich offen? Inzwischen glaubte ich, Schauplatz eines Experiments geworden zu sein, beobachtet zugleich von gütigen Geschicken und Dämonen, die in aller Ruhe, ohne einzugreifen, auf der Mauer lagen und sich höchstens gegenseitig ihre unsichtbaren fürchterlichen Fratzen zeigten.

Um sich zu erschrecken, spreizten sich die Arme der hoch rasenden Wolke der Rakete der Challenger in den Himmel, bis immer wieder am Ende das Astronautencockpit explodierte und zerfetzt zurückstürzte zur Erde in das Wasser eines Ozeans. Weißer Schaum und Gischt fuhren dadurch ungeheuer hoch, und wo was hinfiel, blühten dem Frühjahr Versprechen, Geplauder und Trug, süße Wonne, Blumenzier und glückliche Fahrt. Wer denkt da nicht an Walter und Otto, Phaidros, Jasmintee und unaussprechlich nahe, schambedeckte Namen. Mein Sohn, das sind die Brüste der Mutter. Küsse mich, und ich lebe. Fliehen die Winde die Stille, ruhen die Wolken, lacht wer im Schlaf.

Als ich zu Hause den Wasserhahn aufdrehte, schoß rostrot gestocktes Blut hervor. Unzulässig interessiert hatten sich sämtliche Erzählungen Dostojewskis bei Frau Pelz erkundigt, mit wem sie warum worüber gesprochen habe, wann, wie, womit. Die andere Seite schweigt, stellte keine falschen Fragen in die falsche Richtung. Das Telefon läutete, Max war am Apparat. Die Schwarzwaldklinik kommt.

– Fräulein, wissense was?

– Nee.

– Ihnen hängt ein Zettel am Mund.

– Wirklich? Was steht denn da drauf.

Grundlagen der allgemeinen Volkswirtschaft. Lieber Friedrich, Gerold von Braunmühl erklärte gestern im ersten deutschen Fernsehen in der sechsteiligen Fernsehserie Kir Royal zum Tod von Joseph Beuys die vierundfünfzig Billionen Mark Umsatz von Siemens seinem Fahrer zur Chronik der sogenannten Terrorakte gegen den militärisch industriellen Komplex. In Straßlach bei München ist Eckhard Groppler, ohne Vorstand für Forschung und Technik und Vorsitzender des Arbeitskreises Kernenergie im Bund deutscher Industrie zu sein, mit dem Kommando Mara Kagol angegriffen und getötet worden. Würde im Namen der Rose Helmut Qualtinger feststellen, Hubert Fichte habe sich zum amerikanischen Bombardement libyscher Städte nicht mehr geäußert, spielte diese Szene im Hades, 1986. Aber in der permanenten Konferenz aller Lebewesen würde unter der Lampe der Einsicht die öffentliche Hand menschliche Wärme produzieren, bekräftigte Leibniz: Ich lese Hölderlin.

Außer den zwei Kapiteln über Logik befand sich im Nachlaß des Märchens eine Schachtel mit einer ziemlich umfangreichen Sammlung von Zetteln verschiedener Typoskripte, Im Schwarzen Grund überschrieben. Um mich nicht gleich wieder in den manchmal extrem rauh strukturierten Hüllen einzelner Wortatome zu verfangen, folgte ich zunächst dem Straßenschild durch den Park und erklärte einem Schutthaufen der Baustelle Hüttenweg neun: Ich habe mir auf Michis Empfehlung hin Gerd Kegels Buch Sprache und Sprechen des Kindes gekauft, bin aber noch nicht dazugekommen, es zu lesen. Weiß eventuell jemand hier, wo es hier eine Tablette frisches Ecstasy zu kaufen gibt?

Da öffneten sich die Augen, und der Kalif begann sogleich zu erzählen. Sehr geehrter Herr Niels Werber, neulich reiste ich mit der Eisenbahn frühmorgens Richtung Wien, denn es war der Tag des Burgfestes von Thomasberg. Die höchste Geburtsjahresziffer im Merkur führte zu dem Artikel über zwei Bücher neuerer systemtheoretischer Literaturwissenschaft. Während des Lesens löste sich plötzlich der dort völlig richtig beschriebene gordische Knoten ganz einfach auf. Leider kann ich, da ich schriftlich Praktiker bin, die Theorie der Praxis der Kunst ohne den Schutz der Gleichzeitigkeit der Mündlichkeit der Rede nichtmündlich nicht erklären. Zum gleichen Zeitpunkt jedoch hat sehr wahrscheinlich irgendwo irgend jemand im Reich der reinen Idee in die gleiche Richtung geschaut und ist so auch Zeuge dieses Augenblicks der Selbstenthüllung dieser Wahrheit geworden. Das finde ich beruhigend.

Die Umstehenden hatten andere Sorgen, schüttelten mißmutig den Kopf, oder übten sich in der brutalen Kunst, ununterbrochen Unaussprechliches (– Liebt ihr euch immer noch? – Bitte. – Schlaft ihr immer noch jeden Tag miteinander? – Jetzt reichts aber.) direkt auszusprechen, wie nicht verboten künstlich alltäglich, oder von flehentlich wortkargem Widerstand erst recht angestachelt, extra spitz. Säße die Harmoniesehnsucht daneben, würde sie erst später verstehen, daß hier ein schriftanaloges Projekt im Alltag der Kunst sozialer Praxis getestet wird, interessant. Auf jeden Fall quälend, aber falsch?

Die letzte Seite ist verlorengegangen, weggeschmissen oder verworfen worden.

Dann war es Mai. Argument und Feuermelder waren rot lackiert, die Aufschreibungen Schreie, schrie die Schrift, betäubt zugleich von dem auf dem Heiliggeistfeld auf dem Polizeikessel gekochten Suppenkasper Beckenbauer, freundlichen Schimpansen und der Lust der Produktion normaler Raben. Frage: Wurden Sie wegen Gemütsleiden ärztlich behandelt? Das kostet mich ein Lächeln. Insofern würde Uli insgesamt ein lichteres Schieben erwarten im Raum hinter der Angst.

Ich weiterführende Literatur. Am folgenden Tag, während in den alten, nur mäßig verkraterten Ebenen der Arbeiterunfallversicherungsanstalt sich die Spur direkter Reden, von pulverisiertem Staub bedeckt, im herzlich Ergebenen verlor, listete die Inversion der Faltung eines sich ins Innere verschleudernden Vulkanismus den Anakoluth hier ab. Was wäre ein Anführungszeichen in der Musik? Wer war Immanuel

Kirch? Sollte ein Brief verloren gegangen sein? Eine Havarie hat sich im Kernkraftwerk Tschernobyl in der Ukraine ereignet. Ein Reaktor ist beschädigt.

Am Samstag nach der Explosion trug ich meine geperlte Gianna Nannini Latzhose in München über den Viktualienmarkt spazieren, als hätte ich zum ersten mal etwas erlebt verstanden. Ich habe Erde gekauft und die gelben Riesen gesät. Plötzlich schießt unter den Fingernägeln spitz das erste Grün hervor, und schon sinken die Pflanzen von der Last ihres rapide wachsenden Selbst beschwert in sich zusammen. Ist schließlich die Knospe fertig, wird sie abgeschnitten, oder in der wüsten Hitze negativer Tautologie dörr zerbrannt, oder anders abgetötet. Stein, kontrolliert bekannt, inzwischen Insasse der dreitausendseitigen Habilitationsschrift SEKTION KLINIK, zerschmettert im ersten Buch, Die Entstehung von Moskau, vom Gekrakel der Schrift hinunter in die manische Welt der Mikrogramme, erstarrt im zweiten, Berlin, zum Terror des Starrsinns des Willens des sich auf sich selbst einschlagend immer härter verhärtenden Steins, um schließlich im dritten Buch, In der Hölle von Leningrad, im längsten Telefongespräch eines Lebens in alle unterdrückten Argumente gegen alles ausgesprochen endgültig total kaputt zu zerfallen. Woraus dann wiederum als eine der zweiundzwanzig Samenkornsprossen die dreifach gelb durchkreuzt bekränzte Sonnenblumenblüte schwarz erblühte.

War die Realität abstrakt in der Weise der hier in der äußersten Oberfläche der Wortozeane driftenden Rede absolut realistisch wiedergegeben, würde dennoch die Fiktion von Kohärenz schon am Ende der dritten Zeile, die sie nicht versteht, zurecht einen erkennbaren Gegenstand fordern, der kann Multivitaminsaft heißen, Binde, Neuron, Reichsschrifttumskammer, alles, sogar Bedingung der Möglichkeit der Freiheit, Atlas der Weltgeschichte, Gesetz des Herzens oder Hegel, ganz egal, solange nur, wie hier etwa am Gegenstand Argument exemplifiziert, die Bewegungen der Worte nicht nur nach den Worten, sondern nach der inneren Struktur des Gegenstandes sich richten, und dem entsprechend ihre erst von da aus in alle Richtungen sich zerfransende Geschichte erzählen würden. Grundregel: Versteht man was nicht sofort, ist es imgrunde Mist. Umgekehrt kann aber bekanntlich kein Mensch schreiben, was er will. In meiner Zeit als Sekretärin beispielsweise mußte ich die über den Diktaphonkopfhörer mir diktierten Worte auf das Geschäftspostpapier tippen, oder zu Hause mit der Hand das vom Erlebten oder gefühlt Gedachten Vorgeschriebene in einen privaten Brief rein schreiben. Lieber Albert, ich bin jetzt hier und habe in den letzten Tagen in Kind dieser Zeit von Klaus Mann rumgelesen. Man faßt es ja kaum, ein geradezu surrealistischer Unsinn, leider aber völlig ernst gemeint. Wie kann so etwas passieren? Das Gegenteil eines sich selbst immer mehr ins Unaussprechliche hinein verdunkelnden Hirns wäre der flirrende Irrsinn eines derart rasenden Geplappers, daß man auch wieder sagen muß: bitte danke. Am besten müßte man vermutlich für Bedingungen sorgen, unter denen diese gegensätzlichen Zustände in einer vernünftigen Frequenz oszillieren. Schreibt dann mal einer ein so saugutes Buch wie Wenn ich einmal reich und tot bin, kommen ausgerechnet die allerschwerstbehindertsten Idioten daher, um öde vor sich hin greinernd nur mitzuteilen, daß sie noch nicht mal die Probleme, die hier so lässig gelöst sind als gäbe es sie nicht, und mit anderen Worten also überhaupt nichts begriffen haben von der Natur der Schrift. Guten Abend. Morgen gehe ich mal ins Bett. Das wird sicher schön.

Öffneten sich die Arme, stürzte der Körper rücklings in die Tiefe, umwirbelt von lustig aufgelegten Fliegen, durch die der Blick über die milde hügelige Landschaft einer nordspanischen Lebensgeschichte tanzte.

– Sagense, es gibt da beim Insel Verlag ein Buch, das heißt die Leiden des jungen Wörter oder so, gibts das noch?

– Ja, natürlich, einen Moment bitte. Hier.

– Aha, so, naja. Vielen Dank jedenfalls.

– Keine Ursache, hatte ich nämlich selber völlig vergessen, nur weil Raspe junge Wörter haßte.

– Ach, war das so schlimm? Der Arme.

– Nuja, wollenwer nicht übertreiben. Ganz andere Frage übrigens. Haben Sie vielleicht einen toten Vogel in der Tasche.

– Ich bitte Sie, wir sind hier doch nicht in der Kirche.

– Verstehe.

– Hja, dann will ich mal.

– Guuut. Letzte Frage. Kennen Sie eigentlich den schon. Gott erschuf mit lautem Gröhlen den Malermeister Albert Oehlen.

– Ist der von Eugen Kogon?

– Nee, davon weiß ich nichts. Müssense gelegentlich mal erzählen.

Im Anschluß an diese Geflattere müßte wieder ein Stück dicker Textbrei kommen, in dem irgendwas Depressives möglichst spastisch, ach was, nehmen wir doch gleich das alte Hirn, für das es sich vermutlich ziemlich unangenehm anfühlt, wenn sich sein Inneres versehentlich durch paar Jahre langen Alltag in echt sichtbares, praktisch eine ganze Wohnung in ein dauernd von einem Menschen, der obendrein unten an diesem Hirn dranhängt, durchtrampeltes Schädelinneres verwandelndes Leben hinausverwirklicht hätte, sich dauernd sich selbst gegenüber sehen zu müssen, so wie hier erzählt würde, um den ersten vom zweiten Coming Out genannten Dialog zu trennen, lieber Jochen.

– Wie wars für dich?

– Für mich wars okay, wars für dich auch okay?

– Wenns für dich okay war.

– War okay.

– Wars für mich auch okay.

– War echt okay.

– Okay.

Der Abschied, dritte Fassung. Gehirn und Seele waren, halt halt halt, schon wieder falsch, natürlich umgekehrt. Der Abschied. Gehirn und Seele hatten sich zerrissen, und die Berichte, die aus Stuttgart, Bremen oder Graz bestimmtes Zeug gegen Italien strichen, wichen seltsamen Geschichten, die richtig versteckte Richter nicht mehr nur im Fernsehen, sondern auf Postkarten und Telefonaten nackt, so nackt, sagte die Kluge, daß es knackt, verglichen. Ich erschrak. Kurze Pause, dann, drei Rätsel, Kluge, sollst du raten und dann bist du frei. Errätst du's nicht, bist du verraten.

Hier erschien in dem ihr zwischen mir und dir aufgehobenen Unterschied die alte Furcht in den Haarrissen von Sollbruchstellen im Gemüt Gewalten und Kräfte sich regen sehen jetzt. Was dann? Würden schleichende Schritte der Socken im Teppich und Tasten und Lauschen die Sinne der Nähe berühren sich trauen?

Kämmen wollten wir uns? Lähmten es Mut und Krug? Ach, wir rennen zu wenig, wenn es haltet, erkaltet der Tod in uns. Rast, flüsterte die Rose

Pfingsten Stimmen und verstand? Und licht erinnerte die helle Welle die Gesunden, bricht, die Drache aber nicht?

Hellere Überzitterung: Sagen im schnellen die Gelbe der raus. Willen den Sack, den Haußen zerübt. Müssenden wissen den? Krischne zerbrmst, ntzrpt, zrlmptst! Dö heidn de öh, di ih in di Hühl, de meiden die. Schmirstle Triumph, reißtmen min reiden fü chattmerch ahou. Ahou? In die Laude enda eige, unde hau die Tript, basengeda uhl un Unde dahuti, ul umä uwaih zi Chöde u au.

Und so begab es sich also, daß im neunten Monat Adamski im Kumpelnest zwei oder dreitausend am 24. September 1990 vor der Mutter auftreten und zu Energie und Killer englisch singen würde. Wenn ich nicht tot wäre, müßte ich jetzt leben in dieser uralten Geschichte, in der die Erde der Zeit das Eisen gab, damit sie den Himmel zerhackte und etwas entstünde, was die Zeit, die was sie erzeugte, sofort in sich hinein zurückvernichtete, endlich selbst entmachten würde. Liebe Linde, soeben ist über London ein ungeheuerlicher Regen niedergestürzt, es riecht nach heiß dampfendem Stein und nassem Teer und Schulanfang.

Und jetzt? Der Sohn des Sohnes, high on hope und letzter Gott, war auch längst tot. Und Kant hätte meinen können, die ganze Sache wäre wirklich böse ausgegangen, und die düsteren Dämonen dürften als hämische Sieger das Schlachtfeld verlassen. Aber der Prozeß, notwendig, um nichtsichtbare Eigenschaften wie Motive und Gefühle zu erschließen, war noch nicht beendet. Denn es war Abend geworden, und der Fernseher leuchtete: Magnificent Obsession. Eine Blinde sagte, I always dance with my eyes closed anyways, und ich, ich auch. Am Schluß, wenn es hieße, das hat sich niemals zugetragen, aber es *ist* immer, wie immer, Ende gut, alles gut, dürften die Augen ruhig weinen. Weil sie etwas sehen, was sie im Nichtnachhinein nie erleben, daß alle Wünsche in Erfüllung gehen mit der Zeit. Sogar der Mond war riesengroß aufgegangen über dem samtweichen Wasser des Weihers. Und unten am Bauch der sagenhaft schlank in die Lüfte sich hoch schwingenden Concorde blinkte stetig ein rotes Licht. Dann war es Nacht.

Da marschieren sie also wieder, die Exzesse von Und und Und dann. Dagegen verwahre ich mich, hatte Raspe beschlossen und sich sofort unter die Aufsicht Dritter gestellt im PARANOIA, wo hinter den Massen scheppernder, stampfender, fiepender, bipender, illender und chillender und schwerstens und tiefst umpf umpfender Sounds der Super Hardcore Raving Tracks aus einer allerletzten Ferne die letzten Worte der ruhigen Stimme des Erzählers kommen würden. Das war also die doppeltkontingente Geschichte der neun neuen Leben. Und wenn ich nicht gestorben bin, so lebten sie noch heute.

1990 MAXIM BILLER

Harlem Holocaust

Auszug

Und dann plötzlich blieb ich mit dem Blick an Warszawskis großem roten Schädel hängen. Er sah, umkränzt von einer leichten, milchigen Nebelbank, wie ein rohes, blutendes Stück Fleisch aus, das noch kurz vorher an einem Haken in einer Kühlkammer gehangen hatte, ein gespenstisches Denkinstrument. Es war der Schädel eines Mannes, der, ganz anders als ich, immer zielstrebig und hart genug gewesen war, um niemals von seinem Pfad abzukommen. Eine einzige Idee hatte Warszawski gehabt, der große Warszawski, die aber hat er wie einen Monolith behauen und bearbeitet, bis sie immer klarer und eindeutiger in die Köpfe des Publikums und der Kritik hineinging, um sich dort wohl für immer festzusetzen. Es war die Idee, die dem jungen Warszawski noch während des Krieges kam, in Amerika, in New York, als er anfing, Jazz zu hören, begeistert von schwarzer Kultur, schwarzem Alltag, schwarzen Menschen. Die Jazzmusik war für ihn eine Weile alles und die Subwayfahrten nach East Harlem so etwas wie die stets neuen Versuche, sich von der ganzen wehleidigen Schwermut zu befreien, die sich bei ihm zu

Hause immer mehr ausbreitete, proportional zu den ständig anwachsenden Informationen darüber, daß nach der Entmündigung des europäischen Judentums nun auch noch dessen kultische Verbrennung folgte. Warszawskis Bebop-Euphorie hatte den savonarolahaften Charme der Pubertät, sie war Begeisterung und Protestgeste in einem, denn der Siebzehnjährige betrachtete die amerikanischen Neger als seine Juden, Europa blieb für ihn so unsichtbar und versunken wie Atlantis, und das einzige, was er sehen wollte, war nicht dieses ferne, durch die Gespräche der Eltern und ihrer Bekannten verklärte und verkitschte Naturunglück, sondern die konkrete Zermürbung einer Rasse, die zehn Subwaystationen von der eigenen Wohnung entfernt lebte, arbeitete und um ihr Leben sang und musizierte. So beschrieb Warszawski später selbst seinen damaligen Zustand, der ihm, wie er fast jedesmal eitel anmerken mußte, nach wie vor imponierte.

Aber damit war es eines Nachts vorbei. Warszawski zeichnete in beinahe jedem seiner Romane die Szene nach, wie er im Winter 1944, nach einem durchgetanzten Abend im *Apollo-Theatre*, morgens um drei nach Hause kam. Er schloß leise die Tür auf, um niemanden zu wecken, er hatte »das Blut voller Synkopen und das Herz angefüllt mit Teilnahme und Sex« (aus *Harlem Holocaust*), er war aufgedreht und hungrig und hatte das Gefühl, er würde nie mehr in seinem Leben schlafen müssen, und so schlich er sich still, an den Wänden entlang, wo die Parkettdielen am wenigsten krachten, durch die dunkle Wohnung zur Küche, und er konnte sich erst im nachhinein daran erinnern, wie seltsam sakral und idyllisch das weiße Licht wirkte, das unter der Küchentür hervorschimmerte, ein ungebündeltes, vielstrahliges Licht, dessen Magie sich ihm auf immer eingeprägt hatte. »Es war«, sagte Warszawski vor ein paar Jahren in einem *Aspekte*-Interview, »wohl das Licht, das ein Mensch eigentlich nur einmal in seinem ganzen Leben sieht, und zwar im Moment des Todes, wenn schon die ersten Cherubim um seinen leichten Kopf herumtanzen und jubilieren.« Daß ich nicht lache ... Warszawski machte also langsam die Küchentür auf, und dann sah er seinen Vater, im Bademantel, die grauen Haare leicht zerwühlt und nach vorn gestrichen wie bei einem alten römischen Senator, er sah seine Mutter, in einem gestreiften Männerpyjama, und dann sah er einen Unbekannten, dessen dünne, nach links abgebogene Nase ihm als erstes auffiel. Der Mann hatte außerdem ein leeres, zweidimensionales Gesicht mit weiten Augen, die wie aufgemalt wirkten, und zerbissene, blau angelaufene Lippen. Obwohl er über einem dunkelbraunen Jackett den Tweedmantel von Warszawskis Vater trug, lag auf seinen Schultern außerdem noch eine karierte Wolldecke, was Warszawski deshalb sofort wahrnahm, weil es in der Küche – wie immer, wenn der Ofen lief – furchtbar heiß und stickig war. Und als er nun den Fremden apathisch sagen hörte »Es klirrt vor Kälte«, sah er etwas, das gar nicht war: Die beschlagenen Küchenfenster flogen auf, und der kristallene New Yorker Winterwind schoß in den überhitzten Raum hinein. »Gerhard«, sagte Warszawskis Mutter, »das ist mein Cousin Leo Schneider. Leo, das ist mein Sohn Gerhard, und wenn du ihm einen Gefallen tun willst, sagst du ›Gary‹ zu ihm, denn so nennen sie ihn alle hier, und wir manchmal auch, wenn wir es nicht gerade vergessen.« Aber der Cousin reagierte nicht, und obwohl sie ihn dabei angelächelt hatte, blieb sein zerstückelter Mund klein und ohne Regung. »Guten Tag, Leo«, sagte Warszawski, doch Leo schwieg weiter. »Er hat eine Menge Scherereien gehabt«, sagte Warszawskis Vater. »Mit wem?« »Ich weiß nicht, wie sie alle heißen, und du wirst sie sowieso nicht kennen, Freundchen. Halt, vielleicht sagt dir der Name von ihrem Chef etwas ...« »Welcher Chef, Papa?« »Aber nein, ich glaube kaum, daß man bei euch in Harlem über ihn spricht«, sagte Max Warszawski, und er hatte wie so oft diesen unerklärlich zurückhaltenden Tonfall, den sein Sohn Gary so haßte, weil er dann nie wußte, ob sein Vater gerade Spaß machte oder moralisierte. »Die Neger haben gestern ihren Dschungel gerodet, Papa, aus den Kokosnüssen haben sie Trompeten gemacht, aus den Palmenblättern Hemden und Hosen, um nicht mehr nackt herumzulaufen, und dann haben sie die gefällten Bäume so lange bearbeitet, bis Papier draus wurde, das Papier brachten sie in die Druckerei, und dort druckten sie die letzten Nachrichten aus Europa drauf und nannten das Ganze Zeitung«, sagte Warszawski ungeduldig und fügte hinzu: »Was willst du von meinem Leben, Papa? Was willst du? Soll ich mir die ganze Zeit euren Nazi-Quatsch anhören und unsere tausendjährige Leidensgeschichte memorieren? Soll ich jeden Tag für mein Volk Kaddisch sagen? Soll ich aufhören zu leben, weil die andern sterben?« Warszawski schrie plötzlich, seine riesigen Augenlider zitterten, und er fühlte den Rausch, der ihn ergriff, den Rausch der Wahrheit und Aufrichtigkeit und des Hasses auf all jene, die immer nur Theater spielen. »Es klirrt vor Kälte«, sagte Leo, alle drehten sich nach ihm um, gleichzeitig schlug Max Warszawski wütend mit der flachen Hand auf den Tisch, das große Brotmesser machte einen Satz und fiel herunter auf den Boden, wo es nur ein paar Zentimeter von seinem Fuß entfernt aufklatschte. Es gab einen Knall und dann einen zweiten, denn nun wurden die Küchenfenster tatsächlich von außen aufgerissen, im selben Moment sagte Max Warszawski: »Du bist ein frühreifer Scheißkerl, Gerhard!«, die Fensterläden gingen im Wind auf und zu, es klapperte und knackte, das war das Geräusch von Sturm, von zusammenkrachenden Masten, heruntersausenden Segeln und berstendem Holz, das normalerweise immer nur in Piratenfilmen vorkommt, riesige schmutzige Schneeflocken wehten hinein, Warszawskis Mutter sagte: »Er hat es nicht so gemeint, Max, und eines Tages wird er das alles noch besser begreifen als wir«, worauf Warszawski gequält aufstöhnte, aber dann sagte Leo noch einmal: »Eine klirrende Kälte ...«, und dann begannen die Schneeflocken auf dem grauen Tisch und auf dem grünen Fliesenboden zu schmelzen, und die Flecken, die übrigblieben, waren rot, dunkelrot ...

So schilderte Warszawski in *Harlem Holocaust* seine erste Begegnung mit einem Menschen, der den Nationalsozialisten entkommen war, und es war diese Geisterstunde, in der er später seine Initiation als Schriftsteller ansiedelte. Es wurde daraus auch ein Saulus-Erlebnis, denn Warszawski sollte in den kommenden Tagen und Wochen allmählich Leo Schneiders ganze Geschichte erfahren und wie ein Süchtiger aufsaugen und verinnerlichen. Natürlich büßte seine Negerpassion durch diesen neuen Impuls, den sein Leben in der Gestalt eines KZ-Überlebenden erfuhr, nichts von ihrer Kraft und Begeisterung ein. Aber nun hatte Warszawski eben eine zweite und wohl tiefere Schicht seines Innenlebens entdeckt, er spürte förmlich, wie es mit einem Mal archaisch-schmerzhaft in ihm brodelte und suppte. Seine Jüdischkeit war ihm jetzt alles: Ein Komplex der Verzweiflung aus Wollen und Müssen, wie er sagte, dem man einfach nicht entkam, weil die Tradition und die Feinde auf immer übermächtig blieben. So gesehen sollte seine Mutter – wenn dies denn tatsächlich ihre Worte gewesen waren – sehr schnell mit der Behauptung recht bekommen, ihr Sohn Gerhard werde die eherne Stigmatisierung seines Volkes eines Tages schon begreifen. Und wirklich: Der

allwissende, harte Warszawski, der selbsternannte Aufklärer, notierte
sich schon bald – zunächst nur mit der Hand, auf einzelne, lose Blätter –
Leos Erzählungen, die ihm dieser, nachdem er zu Kräften gekommen
war, bereitwillig diktierte: ohne all die Verheimlichungen und Tabuisie-
rungen, die solchen Geschichten später immer eigen waren, und ich
zitiere hier Warszawski selbst, der dazu einmal sagte: »Die Menschen, die
der Vernichtung entkamen, haben natürlich einen lebenslangen Schock,
einen Zustand der Verwirrung und der unterschwelligen Apathie. Es
sind Menschen, die wie Zombies unter uns leben, doch es plagt sie nicht
so sehr das schlechte Gewissen darüber, im Gegensatz zu ihren Nächsten
die körperliche Zerstörung überstanden zu haben. Vielmehr haben sie
einfach nur begriffen, daß Leben Tod ist, egal ob in Zeiten des Friedens,
des Krieges oder eben der Shoah, und so bilden sie, über die Grenzen
aller Staaten dieser Welt hinweg, wohin es sie nach dem Krieg verschla-
gen hat, einen Klub. Einen gigantischen, schweigenden Klub der weisen
Lebensmüden, die – durch fremdes, mörderisches Einwirken – wissen,
was wir Kinder der Ordnung nie begreifen werden: daß das menschliche
Dasein nur ein feuchter Fusel auf dem Kragen des Schöpfers ist. Sie
spüren die Exklusivität ihres Wissens, sie bedrückt sie und macht sie
auch eitel, und das ist der Grund, warum die meisten Überlebenden nie
von den Lagern erzählen, nicht einmal ihren Söhnen und Töchtern. Man
muß es verstehen, wirklich verstehen.«
Ich weiß nicht mehr, bei welcher Gelegenheit Warszawski dies sagte. Ich
habe ihn selten so ruhig und affektlos über eine Sache reden gehört. Mir
war klar, daß da der Holocaust-Häretiker aus ihm sprach, und das wird
der Grund gewesen sein, warum er dabei einen sanften Tonfall wählte.
Was mich an dieser Sentenz faszinierte, war der pennälerhafte Skeptizis-
mus, der ihr innewohnte. Aber das wußte Warszawski natürlich auch
selbst, weshalb er sich, soweit mir das bekannt ist, dazu nie mehr öffentlich äußerte. Dabei lag gerade in diesem Gedanken, in dieser ungewöhn-
lichen Betrachtung über das Leben nach dem Tod und die Erinnerung
daran, der Ausgangspunkt zu Warszawskis Ideen-Monolithen, zu seinem
publizistischen und literarischen Trick: Denn Gary Warszawski erzählte
in seinen Romanen und Short stories immer und immer wieder die
Geschichte von Leo Schneider, der der Deportation nach Polen entkam,
weil er sich, während seine Familie abgeholt wurde, in einem ganz

gewöhnlichen Kleiderschrank versteckte. »Es war«, schreibt Warszawski in *Die Stimmen der andern*, »ein hinterhältiger Kunstgriff des Schicksals, daß sie mich nicht entdeckten. Ich lehnte an den Kleidern meiner Schwester, ein Bügel drückte sich in mein Genick, und plötzlich war da der Geruch, den ich von meiner Schwester kannte, ein Geruch, der mich daran erinnerte, wie ich ihr als Junge beim Baden zusah, wie ich später ihre Unterwäsche stahl und anzog und damit spielte. Ich saß in diesem idiotischen Schrank fest, ich konnte nicht gerade stehen, ich bog den Rücken nach links weg, das Gesicht preßte ich gegen einen Wäsche-ballen, und alles war schwarz. Draußen summten die hektischen Stim-men der andern, aber ich stellte mir Ilses Büstenhalter vor und dazu, wie sie ihn langsam auszog und ihre langen, rosafarbenen Brustwarzen zum Vorschein kamen, und das machte mich so verrückt, daß ich eine Erek-tion bekam. Ich konnte mich nicht rühren, vor Angst und vor Erregung, aber dann hörte ich, wie sie noch einmal alle Zimmer durchkämmten, und als schließlich die Wohnungstür hinter ihnen zuschlug, von außen abgeschlossen und versiegelt, kämpfte ich mich aus dem Schrank her-aus, ich fiel auf den Boden, riß meine Hose auf und befriedigte mich. Ab jetzt, das wußte ich, war ich auf der Flucht, und das versetzte mich natürlich in Furcht und Schrecken. Hätte ich damals aber schon gewußt, wieviel schwerer in späteren Jahren der Alpdruck des Überlebens auf mir lasten würde, wäre ich sofort wieder ganz ruhig geworden und hätte mir wahrscheinlich noch ein zweites Mal einen runtergeholt.«

Die Kleiderschrank-Metapher ist klar. Warszawski griff auf Leos kon-krete Erlebnisse zurück, die er für seine Zwecke verfremdete und über-höhte. Außerdem aber betrachtete er nun sich selbst als einen Davonge-kommenen: Amerika, New York, die Jazzlokale – hier war sein Versteck, in dem er sich amüsierte, während der »weiße polnische Himmel schwarz wurde«. Diese Konstruktion, überzeugend und eingängig, setzte War-szawski mit pathologischer Sturheit immer und immer wieder ein: Die Nazis luden eine praktische Schuld auf sich, die Juden, die am Leben blie-ben, aber eine metaphysische. »Und das ist auch der Grund«, habe ich Warszawski mehrmals sagen hören, »warum – verrückte Welt! – die Kin-der der Täter mit der ganzen Vernichtungsmonstrosität viel leichter fer-tig werden als die Nachkommen der Opfer. Scheiße, was? Aber nicht un-gerecht, sondern wahrhaftig und typisch Jahwe ... Was für ein Arschloch!«

1992 MAXIM BILLER

Popismus

Letzte Woche habe ich einen Intellektuellen tanzen gesehen. Okay, tanzen ist vielleicht zuviel gesagt. Es war mehr so ein fast unsichtbares, nervöses Kreisen mit den Schultern, so, als hätte er vergessen, das Preisschild von seinem neuen Helmut-Lang-Pilotenhemd abzumachen, das ihn nun ständig am Hals kratzte. Zwischendrin hob er, um einen besseren Blick auf sie zu haben, immer wieder einen von seinen beiden honiggelben Prada-Loafers leicht an, was fast schon wie Wippen aussah. Und als sich dann in dem engen, heißen Club diese knallblonde Kurzhaarfrau mit dem tollen Busen und der noch tolleren Fendi-Brille an ihm vorbeidrängte, zuckte er so erschrocken zusammen, daß sein Körper richtig Groove bekam.

Ja, Sie haben richtig gelesen: Die Intellektuellen, die ich kenne, tanzen. Sie kriegen auch Prozente bei Paul Smith und Gratisdrinks bei den Eröffnungspartys von Gucci-Läden, sie verehren Madonna als die einzige legitime Andy-Warhol-Nachfolgerin, sie wissen, wo und wann die neuesten Drum'n'bass-DJs aus London auflegen, und sie sind überhaupt so wahnsinnig verrückt nach allem, was mit populärer Kultur zu tun hat, daß sie ständig darüber reden, nachdenken, schreiben. Dabei sind sie dann immer sehr, sehr aufgeregt, denn Pop ist für sie der Ersatz für genau das, wovon Intellektuelle immer am wenigsten haben und wonach sie sich deshalb um so verzweifelter sehnen – Pop ist für sie Leben, so wie das einst für Arthur Koestler der Spanische Bürgerkrieg gewesen war; für Ernst Jünger Verdun, für Václav Havel die Charta 77.

Stop! Woran merkt man eigentlich, wenn Intellektuelle aufgeregt sind? Ist doch klar: Innere Unruhe und Hysterie äußern sich bei ihnen vor allem durch eine gewisse ideologische und visionäre Überspanntheit sowie eine plötzliche, fast krankheitsartig ausbrechende Unfähigkeit,

Praxis von der Theorie zu unterscheiden, das Leben von den Idealen. Das ist bei den Intellektuellen, die ich kenne, natürlich nicht anders, aber daß sie sich deswegen gleich einem Therapeuten ihrer Wahl anvertrauen sollten, finde ich nun auch wieder nicht. Andererseits: Was soll man mit Leuten tun, die allen Ernstes – so wie etwa der Autor des einzigen Standardwerks über DJs, Ulf Poschardt – ihren Mode-Bolschewismus auf die von wüstesten Minderwertigkeitskomplexen getriebene Formel bringen: »Der falsche Haarschnitt, die falschen Schnürsenkel, der falsche Remix auf dem Plattenteller werden nicht geduldet«? Wie soll man jemandem wie dem *Spex*-Chefredakteur Christoph Gurk helfen, sich in dieser so sanft unbarmherzig-unentrinnbar durchkapitalisierten Welt zurechtzufinden, wenn er gleichzeitig davon halluziniert, »daß Pop so etwas wie Widerstand gegen die herrschende Ordnung sei«? Und wie soll man den Techno-Dichterfürsten Rainald Goetz von der Wahnvorstellung befreien, die schöne, trostlose, vergängliche Musik, die er so liebt, sei viel mehr als nur der allerneueste Soundtrack zum allerneuesten Popfilm, ja, ausgerechnet ihn, der beim Anblick der sich so ergreifend freizeitfaschistisch dahinwälzenden Love Parade nicht weniger ekstatisch und falsch als ein Zwanziger-Jahre-Expressionist ausruft: »Die Ordnung der bürgerlichen Klasse ist zusammengebrochen«?

Nein, die Intellektuellen, die ich kenne, brauchen trotzdem keinen Therapeuten, sie haben schließlich mich. Und ich kann ihnen ganz leicht helfen – indem ich ihnen erkläre, woher ihre so pathologische Besessenheit mit unserer Popkultur kommt, die absolut nichts mit Spaß, Freude, Weichheit zu tun hat, sondern immer nur akademischer Ernst ist, therapeutische Härte, ismischer Heilsglaube. Daß dahinter ihre ewig unbefriedigte Sehnsucht nach Leben steckt, habe ich schon angedeutet. Ich kann es aber noch genauer sagen: Wenn sich ein Intellektueller nach Leben sehnt, das er zugleich als Intellektueller per definitionem panisch fürchtet, hat er nur eine Chance, trotzdem seiner habhaft zu werden – er muß in seinem Kopf das Leben in ein totalitäres System verwandeln, in eine völlig theoretische Ordnung aus lauter Geboten und Verboten, Richtig- und Falschzeichen, mit denen er mal seine politische Gesinnung bestimmt, mal seine Sneakers. Schon bald stellt er aber fest, daß das Leben da draußen ganz anders ist, und das ist der Moment, in dem er anfängt, von Revolution zu träumen, von der Verwandlung der fremden

Welt in seine eigene Welt, vor der er sich dann nicht mehr fürchten müßte.

Lenin zitterte vor den Kapitalisten, Goebbels vor den Juden, Herzl vor den Antisemiten. Die Intellektuellen, die ich kenne, haben ganz einfach nur Angst zu tanzen. Noch mehr fürchten sie – und das macht sie zu den paradoxesten, verlogensten Revolutionären, die es je gab –, in Wahrheit all das zu verlieren, was das schöne kapitalistische Leben da draußen ihnen zu bieten hat. Sie wollen nicht auf Kruder & Dorfmeister verzichten, auf Ibiza und Tom Ford, aber als echte Intellektuelle können sie auch nicht aufhören, von Weltveränderung und Heilserwartungen zu reden, und dieser Widerspruch läßt ihr pathetisches Pop-Revolutions-Gerede so besonders flach, langweilig, nervtötend klingen, so fad und überflüssig.

Und Schluß. Ende der Sitzung.

1993 MORITZ VON USLAR

Ha! Ha! Superdoof?
Eine seltsame Begegnung der dritten Art mit dem Wortakrobaten Rainald Goetz

Aufschreiben, Mann, sagt er. Einfach aufschreiben, das ist es schon, ganz klar, ganz einfach, einfach drauf: Die Dinge aufschreiben.

Ein Scheiß, ein cooler Scheiß ist das. Bin ich denn blöd?

Gar nichts schreibe ich auf. Ich schreibe uff – na, so sage ich's mal und denke, das kapiert doch jeder.

Ich schreibe uff: Nicht die Dinger. Nicht das Denken. Scheißdenken, nicht das Fingern, Fummeln, Rumgeficke, das Nach-Wörtern-Fingern also, keine Formulierungen, Bilder, schöne Sätze. Kein Auf-, dafür das

Uffdenken. Uffschreiben. Also druff und druff und immer druff, feste, feste, uffs Papier, muß uffgelabert und uffgedacht und uffgeschrieben werden, so voll uff blöd und voll uff sexy, wie der große Bumm, der Housebeat, der von George Michaels »Killer/Papa Was A Rollin' Stone«. »Harte Suppe!« und »Läähsisch!« und »Wir sind ja druff!«. Hat natürlich einen richtigen Anfang, die Geschichte.

Im Hotel »Olympic«, München. Mein Zimmer war das mit der Nummer zwölf, mit Uffschreiben und all dem wirklich coolen Scheiß war nichts drin. Schreiben, lesen, das Telefon abnehmen, einfach sitzen, blöd gukken, einen Text anstarren, das ging an diesem Schreibtisch, so klein und krüppelniedrig, wie der war, alles nicht. Na, ich stand blöd rum, habe den »Kronos« in die Hand genommen. »Kronos«, das ist das Buch von Rainald Goetz. Ein wunderschönes Buch, so mit Papiereinband, blaugelb, gerade erschienen in einem Pappkarton mit vier anderen Bänden, alle wunderschön und blau-gelb.

Na, ich stand blöd rum, immer noch, hielt »Kronos« und blätterte drin rum, da fand ich vorne, so auf Seite sechs, ein Porträt, ein Automatenfoto, das Gesicht von Rainald Goetz. Sehr hart sah das aus und sehr korrekt, gut druff also, so mit 1a-Kurzhaarschnitt, Denkerstirn, Kämpferaugen, und er trug einen Militärblouson. Daneben, so auf Seite sieben, stand: »go go go ...«, zwölfmal und im Dreieck hingedruckt. »Moby« darunter, ein Zitat des New Yorker Techno-DJs also. Ein Supertext. Sieht super aus und klingt auch super, was für ein super Anfang für ein Superbuch! Ich verstand dann auch: ein Sammelband mit neun Geschichten aus neun Jahren. »Jährliche Berichte«, so heißen die Geschichten, »der konkrete Halt wirklich erlebter Geschichten«, so steht's zur Erklärung vorn drin.

Aus fast jedem Jahr ein Bericht, 1982 der erste, 1991 der neunte, und die Berichte sind also wirklich wahr. Ich fand alles super. Und dachte leise, ganz für mich: »›Kronos‹, Herr Goetz, ist ein Superbuch. Macht es da viel, wenn ich fast nichts verstehe?«

Rainald Goetz war pünktlich, und er sagte sowas wie: »Asozial! Voll der asoziale Zeitpunkt für ein Treffen!« Es war so halb acht abends, ein Superabend, so ein Münchner Sommerabend, gute Laune, Abendsonne. Windwölkchen kamen runtergepumpt vom Himmel, packungsweise und wie am Fließband, und wir standen draußen, mittendrin, um uns rum nur Bierkrüge und Biertische und Schweinekoteletts vom Grill. Schicke Münchner Mädchen waren da, die mit Dirndl und Chanel-Ohrringen, und ein paar Lackaffen, die mit Edwin-Jeans und Notizblock, Studenten also oder Zeitungsredakteure. Wir standen bei der Lesung des Münchner Autors Helmut Krausser. Rainald Goetz schaute sich auch um, bloß er war viel schneller. Die Hände in den Jeanstaschen, die Schuhe in den Boden reingestellt, Stirn, Augenbrauen, Nase und Kinn in einer Spannungskurve, wie Sensoren, Radargeräte ausgefahren, auf Empfang gestellt, hochempfindlich.

Rainald Goetz sah also alles, war superschnell und redete und redete, steckte sich mal eine Zigarette in den Mund, warf sie weg und steckte sich eine neue an, redete und sah noch immer alles. Und was er ansah, das wurde von seinem Lachen getroffen, von seinem supernetten Lachen, so krachlaut und hysterisch, mit Brustbeben, geballten Fäusten, Kopf, der nach hinten in den Nacken donnert, nach vorne schnellt und sich zur Ruhe schüttelt, ein echtes Hahahaa. »Super!« rief ich. »Super! Super!« Und heimlich dachte ich: Der haut den Lackaffen ganz sicher noch eins rein.

Später – Helmut Kraussers Lesung hatten wir kaum zugehört, so doof sahen die Zuhörer aus beim Zuhören und Nicht-Doof-Tun, so laut und lustig war Rainald Goetz, der das Stillsitzen auf seinem Stuhl nicht hinbekam und in den leisen Lesesaal sowas hineinrief wie »Harte Suppe!« und »Ha! Ha! Superdoof!« –, später also, als zehn Uhr schon durch und es draußen dunkel war, da trat Rainald Goetz mal zu mir hin, so auf blöd, normal und herzlich, sagte dann: »Verstehst' schon: ein asoziales Treffen. Heute abend kam Daviscup im Fernsehen.«

Im Zimmer Nummer zwölf. Da standen Preßholzschrank und Minibar und Scheißschreibtisch. Ich lag auf meinem Bett herum, die Füße in die Decke eingewickelt, den »Kronos« auf dem Kissen: »Das Polizeirevier« von 1982, der erste Text. Rainald Goetz denkt, er wird beobachtet, und bald kann er gar nichts anderes mehr denken. Es geht ihm also richtig schlecht und nur dann ein wenig besser, wenn er ein Bad nimmt früh um acht, sich anguckt, was das Fernsehen bringt, ein, zwei Bier heruntertrinkt auf ex. Dabei kämpft er – ohne Erfolg und ohne Rückschlag – gegen das »Zwangsgrübeln« in seinem Kopf. Muß elend ausgehen, geht es auch. Rainald Goetz träumt von »hinsetzen« und »richtig ausruhen«, und dann hofft er mal auf anhaltenden Schneefall. »Vielleicht kann ich für immer nur noch innerlich zerstörte und zerstörende Dinge denken. Ich will doch nur ein ganz normaler Bürger sein.«

Weiter: »Wir Kontrolle Welt« von 1983, der zweite Text. Rainald Goetz will Kontrolle, die Kontrolle über alles, über »Zeitungen und Magazine«, »Papierhaufen«, über das Fernsehen und seine Stars, Uschi Glas und Roy Black und Eduard Zimmermann, über die moderne Welt, die scheiße ist, und das »Hirntoben« in seinem Kopf. Härteste Kämpfe, die das »Wir« sich liefert mit der »Welt«, und die »Welt« steht bestens da, das »Wir« steckt Schläge ein, Kopfschläge, und geht zu Boden: »Irgendwann haut es die Fassung raus. Da hört das Denken auf. Zuviel Schmerz macht dumm.« Kommt hoch, auf die Beine, trumpft noch einmal auf: »Denken Arbeiten Kämpfen Siegen. Being Number One: Is Up To You.« Und geht k. o.: »Österreich-Deutschland 0 : 0. Der Vollmond scheint. Das Herz tut weh. Immer dieselbe Scheiße.«
Weiter: »Drei Tage« von 1988, der sechste Text. Rainald Goetz hat plötzlich gute Laune. »Text, Bier, Ecstasy«, so steht es unter der Überschrift. Und das sind sie, Rainald Goetz' drei Drogen, mit denen er denken, arbeiten, gute Laune haben kann. »Text«, das ist »Spex«, die Zeitschrift, für die Rainald Goetz viel geschrieben hat, das ist TEMPO, die Zeitschrift, die Rainald Goetz geliebt und gehaßt hat, weil sie »alle Richtigkeiten so tief in den Schwachsinn hineinverschleppt, bis nur noch Falschheit sichtbar ist«, das ist das deutsche Feuilleton, das Theater, der Soziologe Niklas Luhmann und »... die härteste Droge, die ich kenne«: »Bier«, das ist ganz klar gut, und das wird getrunken, zum Beispiel im »Café Baader«, in dem »wir heute die Biere trinken nachts«. »Ecstasy«, das lernt Rainald Goetz kennen, lieben, richtig einsetzen, das schluckt er in sich hinein mit »sehr zitternder Hand«, und das ist »unzerstörbar«, sehr nahe an der »echt geilen Droge GÜTE«, dem »Triumph aller zarten Kräfte gegenüber aller Gewalt«.

Weiter: »Ästhetisches System« von 1991, neuester und letzter Text im »Kronos«, der beste aller Supertexte. Beginnt mit: »Hier kommt die Geschichte eines rundum glücklichen Jahres.« Führt über: »Du weißt, daß uns nichts wirklich Schlimmes passieren kann, denn im Grunde sind wir okay.« Und endet mit: »Und friedlich zog die Zeit uns zugeneigt dahin.« Dazwischen steht Geschichte, ganz normale Geschichte, Alltag, Abenteuer, Alltagsabenteuer, Schwingen, Alltagsschwingen, das Hin und Her und Auf und Ab der Launen, beste, elendste, höchste Sehnsucht, Erlösung, größtes Glück überhaupt. Und dann steil nach unten: irrste Wirrnis, Zweifel, Zeitstillstand, größte Scheiße überhaupt. Doch diesmal macht das Glück die Scheiße platt, besser noch: Das kleinste Glück kann den größten Scheiß erledigen. Kleines Glück, das ist für Rainald Goetz das Größte – »saubere Hände, kalter Verstand, heißes Herz« –, das sind die Glückssekunden, Überraschungen, die kleinen Wunder, Wendungen, der Sekundenrausch, der explodieren muß zum Dauerrausch, zum Weltwunder, zu größtem Glück.

Und im Text heißt das: Freunde, beste, liebste Freunde – Olaf, Alfi, Michi, Woody, Hell heißen die DJs, die Helden des Nachtlebens. Mit denen kann Rainald Goetz Bier trinken, auf Reisen gehen, den Freundschaftsmüll zur Seite räumen, gute Laune haben, also »sauber ablachen« und »gut einen angammeln und ufflabern an den Nachmittagen bei einer Portion Eis«. Und Rainald Goetz liebt seine Freunde, tritt zu ihnen hin, starrt sie an, horcht sie aus, hält sie fest, hat sie bei sich, ganz nah, jetzt und in alle Ewigkeit.

So kann er loslegen, Rainald Goetz, der Erzähler, das Ich, die Hauptperson, die unter seinen Freunden, in seiner Gang nie mehr ist als eine von vielen Hauptpersonen. Rainald Goetz legt nicht los, er rast nach vorne, besinnungslos, kämpferisch, kühn, totalitär und roh, mit sperrangelweit aufgerissenem Hirn und Herzen, will erleben, was los ist, da draußen, im Nachtleben, in der »Nähe der Boxen und Musikmaschinen«, im »zwei Uhr Nacht Geschiebe im superrammelvollen ›Babalu‹«, auf Reisen, in Ostberlin auf »aufgerissenen Wegen, in Schächten, auf wankenden Brücken«, auf Ibiza in den »Zinnen einer weißen Ferienburg«. Dort oben in der Ferienburg finden Rainald Goetz und seine Freunde dann Stille, Frieden, Zuversicht und noch etwas: »Wir konnten uns alles erklären, gegenseitig, durch Schweigen und Zeigen oder durch Reden. Wir waren nämlich Menschenkinder.«

Ich lag da, gespannt, erschöpft, aufs Angenehmste mit mir selbst beschäftigt, und fühlte die Gedanken aufstehen, sich bereit machen, entrümpeln und neu einrichten in der Welt des »Kronos«. Häßlich, idiotisch häßlich starrte mich das Zimmer an. Und ich starrte zurück, idiotisch, als säße Madonna neben mir, splitternackt, Sid Vicious, blutüberströmt, Jimmy Dean, der auf einem Grashalm kaut. Sollte ich Fragen stellen? Nachfragen? Das, was Kritiker »kritisch hinterfragen« nennen? Rein ins Unverständliche, das Verständliche herauszufragen?

Wir lallten Topspeed, immer laut, immer lustig, immer blöd, und wir saßen draußen auf dem Land, Kuchenstücke, Tee und eine Tischdecke zwischen uns und um uns rum die Äste eines Apfelbaums, der in das Holzhaus hinter uns hineingewachsen war. Im Gras lag ein roter Plastik-ball, die Sonne schien, irgendwo fuhr ein Traktor los. Da sagte Rainald Goetz: »Ein totaler Scheiß ist das. Immer das Gerede um das Nichtverste-hen. Ich sage doch auch nicht dauernd: Das verstehe ich nicht.« Weiter schien die Sonne, und Tee und Kuchen schmeckten bestens. Da sagte Rainald Goetz: »›Soziale Praxis‹, das ist ein ›Kronos‹-Text, ist mein Lieb-lingstext, der beste, genau der, den ich immer schreiben wollte. Da sitzt jedes Wort. Da liebe ich jeden Satz. Da verstehe ich nicht, was nicht zu verstehen ist.«
Wunderschön schien die Sonne durch die Äste auf den Rest der Kuchen-stücke. »Lies doch einfach, was da steht!« sagte Rainald Goetz. Er spielte mit den Zigaretten, schob die Packung so zurecht, daß der Packungsrand parallel zur Tischkante lag. Die Hände zu Fäusten geballt in die Augen-höhlen reingedrückt, sagte er: »Lies meine Texte, und dann kannst du ja gute Laune kriegen oder sowas. Richtig: Komme gut druff! Das ist doch was! Du kannst auch schlecht druff kommen. Das ist vielleicht auch et-was.« Wir lallten weiter, hingerissen vom Topspeed des Gelalles, vom Klang der Wörter, vom Rhythmus. »Harte Suppe!«, das rief Rainald Goetz, wenn ihm etwas nicht in den Kopf reinging. »Läähsisch!«, das rief er, wenn er einverstanden war. »Na klar«, so fängt Rainald Goetz einen Satz an, »beim Dichterwettbewerb in Klagenfurt 1983, als ich mir die Stirn aufschnitt, da kam die Polizei, mich zu verhören. Ich denke, das war in Ordnung von der Polizei.« »Na klar«, sagt er, »Klagenfurt ist saugut zum Ablachen. Finde ich saublöd, da nicht hinzufahren.« Und: »Na klar, ich schreibe mal wieder einen Roman. Gibt doch keinen Grund, das nicht zu tun.« Rainald Goetz sagt auch: »Klar, ich werde mal in Berlin wohnen. Nicht in Kreuzberg, nicht in Schöneberg, im Wedding viel-

leicht. Ich muß ein paar Prolos sehen, wenn ich morgens aus der Haustür trete.« Endlos gingen wir spazieren, dann rasten wir die Autobahn entlang und hörten Eros Ramazzotti und die Pet Shop Boys. Vor einem Baggersee machten wir mal halt, und Rainald Goetz schwamm Schmetterling, bis das ruhige Wasser in Wellen die Bäume am anderen Ufer naßklatschte.

Das Scheißzimmer Nummer zwölf war mir sowas von egal. Rainald Goetz: ein großer Schriftsteller, ein Popstar, Held und Abenteurer, alles das, was ein Schriftsteller 1993 leisten muß, damit er cool vorneweg in die Zukunft reinschreibt – das ging mir durch den Kopf.

Sie hat natürlich ein richtiges Ende, die Geschichte, und sie endete nicht im Hotelzimmer: »Bleib hier stehen. Ich bestelle uns gerade ein Notbier.« Rainald Goetz stellte das große Gelbe mit dem kleinen Weiß zwischen die zwei anderen Biere und zog aus seinem Glas den Restschaum runter. Gemeinsam tranken wir vom Notbierglas, als der Bumm, der große Bumm, der Housebeat von George Michaels »Killer/Papa Was A Rollin' Stone« in den Tanzsaal reinbumste, ein weißes Rieseln von der Decke runterbrach, die Tänzermassen raus zur Mitte schoben. Ein Tanzmädchen mit Knallbrüsten hob die Arme, ein Tanzjunge mit nacktem Oberkörper drehte Pirouetten auf dem Kopf, da rief Rainald Goetz: »Mein Gott, wie ich schwitze! Wie ein Schwein. Schwitzt du auch so?«

Draußen standen wir, auf den Terrassen der Diskothek »P1«, mittendrin in der kühlen Nachtluft, zwischen Biergläsern und Goldknopfblazern und dem Summen der Nachtstimmen. »Ich weiß jetzt, wie mein Text anfängt!« schrie ich dazwischen. »Schreib es uff! Schreib's einfach uff!«, das schrie Rainald Goetz zurück. »Die Geschichte uffschreiben, das ist es, ganz klar, ganz einfach, einfach druff! Das ist der wirklich coole Scheiß!«

HANS NIESWANDT 1994

Exportware Techno

Wie der Opernball in Wien, so ist Sven Väths Geburtstagsparty in Frankfurt jedes Jahr das Top-Ereignis der Saison. Traditionsgemäß gibt sich zu diesem Anlaß der Hoch- und Tiefadel des Techno im Tanzpalast »Omen« ein Stelldichein: Graf Ata von Delirium, das Geschlecht derer zu Logic, der heimliche Freimaurer und Rosenkreuzritter Acid Jesus, Earl Oliver vom Herzogtum Hardfloor, der Pariser Libertarier Laurent Garnier, der Dichterfürst Goetz, um nur einen Auszug aus der Gästeliste zu nennen. Man trinkt, man raucht, man plaudert.

Der Abend beginnt verheißungsvoll: Als wir um Mitternacht im »Omen« eintreffen, tanzt die Jugend bereits, obwohl noch gar keine Musik läuft. Und als Monsieur Garnier die Soiree eröffnet, dauert es nur Minuten, bis die ganze Gesellschaft geschlossen in jenen mehrstündigen Zustand zwischen Agonie und Ekstase verfällt, der heute gerne »Hardtrance« genannt wird.

Harte Trance = schnelle Soße. Garniers Musik gefällt mir einigermaßen grauenhaft, und so wandere und schiebe ich, den Verstand auf Autopilot, zwischen den schon sprichwörtlichen zuckenden Körpern im Stroboskopgewitter umher, so gut es eben geht. Gastfreundliche Leutchen hier, denke ich, ständig wird man gefragt, ob man noch irgendwas braucht. Mädchen, so sexy und leer wie Winona Ryder in »Zeit der Unschuld«, reichen benommen machende Erfrischungen. Jungs, so nah am Zerbrechen wie der späte River Phoenix, offerieren komische Zigaretten und komische Gesprächsthemen.

Hat man sich erstmal ausreichend eingeweicht in dieser Soße, hält man es gut die paar Stunden bis zum eigentlich interessanten Teil der Party aus: Jene Zeit ab etwa sechs Uhr morgens, wenn das verdunstete Gehirn wieder von der Decke zu tropfen beginnt und sich mit all den anderen

Körperflüssigkeiten vermischt, die bis dahin im Übermaß geflossen sind. Wenn man es unheimlich eilig hat, noch mindestens fünf Stunden zu bleiben. Wenn man schon lange nicht mehr aufs Klo muß. Kurz: Wenn man mit weiten Augen dem nackten Wahnsinn ins Gesicht sieht und ihn als gemütlich empfindet.

Für diese Stunden des Tages macht das Frankfurter Label Harthouse Schallplatten. Milde, blubbernde Technotracks, nicht wirklich hart, dafür häufig wirklich weich und im allgemeinen sehr, sehr schnell. Die Drumpatterns sind simpel gestrickt, gerade und unfunky. Der Basskick kommt oft in eigentümlich hohen Frequenzen daher, und um die Frequenzen dreht sich grundsätzlich alles (nicht nur bei Harthouse). Tiefe Frequenzen werden gerne mit analogen Acid-Basslines gefüllt, in der Mitte, wie gesagt, die Bassdrum. Die hohen Frequenzen belegt man gerne mit Sparausgaben europäischer Funktionsharmonik: kleine, einlullende Melodiechen, große, bombastische Synthetik-Chöre. Fester Bestandteil sind sphärische, gedehnte »Trance«-Flächen in minimal-harmonischen Schönklangmustern.

Sie sind die Einlösung des Versprechens, das Hardtrance gibt: Sie generieren, bei dafür empfänglichen Menschen, ein Hochgefühl der wonnigen Erhabenheit, mit gelegentlichen religiösen Schauern, induziert durch hohe Dosen Butterkrem, Speed und Ecstasy. Hardtrance-dancer wollen Energie und Verzückung. Hardhouse-Platten sind ein Verzückungskonzentrat. Gleichzeitig hochwirksam und ungenießbar. Gleichzeitig geil und scheiße. Darin besteht ihr Reiz und ihre Qualität.

Für andere Stunden und Zwecke stehen den Besitzern Sven Väth, Heinz Roth und Matthias Hoffmann noch zwei weitere Labels zur Verfügung, Eye-Q und Recycle Or Die. Zusammen bilden sie ein gutgehendes, expandierendes Label, das sich weltweit wachsender Beliebtheit erfreut und in Amerika (SPEX berichtete) intelligenterweise von Def American gesignt wurde. Aber das stand ja schon alles im ›Spiegel‹. Harthouse hat als deutsches Label einen Status im ›relevanten‹ Ausland erreicht, der ungefähr dem entspricht, den etwa Can, Faust, weniger Kraftwerk, am ehesten Tangerine Dream zu ihrer Zeit hatten. Das kultige Ding aus deutschen Landen. Vor 15 Jahren hätte Rick Rubin Kraftwerk gesignt. Und ich behaupte, die Liebe, die Amis, Briten und Japaner deutschem

Techno im allgemeinen und Harthouse/Eye Q/Recycle Or Die heute ent-
gegenbringen, basiert weitestgehend auf denselben alten Reizmustern,
die speziell Kraftwerk und Tangerine Dream in den Überseegehirnen
produzierten.

Zum Teil sind diese Reize rein neuralgisch bzw. physisch: Der Beat, das
Blubbern, die Butterkrem. Andere Reize sind Teil einer archaischen,
kollektiven Vorstellung vom Teutonisch-Technologischen Komplex: Menschen, die zu Maschinen werden, Maschinen, die zu Menschen werden,
und alle sind gut, ökofreundlich, grün. Sind keine bösen Deutschen, sondern germanische Genies mit mehr Tiefe als andere. Tiefe, das ist die
Maßeinheit für Pathos und Ekstase. Während Sven Väth hier gerne als
dumpfer Disco-Glitzertyp abgetan wird (völlig zu Unrecht), scheint man
ihn sich anderswo als eine Art Cyberspace-Siegfried vorzustellen. Das
mag dem wahren Sven Väth auch nicht näherkommen. Aber es ist die
perfekte Figur des deutschen Popstars der 90er Jahre. Es ist Große Oper
(wie seine LP).

Väth und Roth sind charismatische Personen jenes internationalen For-
mats, bei dem sich eine durchaus kühne kreative Dynamik mit einem
Sinn für die Dynamik des Marktes trifft. In Amerika ist jedes gute Label
so drauf, in Frankfurt scheinbar auch, überall sonst scheint man Harthouse mit einer Mischung aus Haß, Neid, Mitleid und Beleidigtheit zu
begegnen.

Das stellte ich erstmals fest, als ich beschloß, die Harthouse-Haupt-
attraktion Hardfloor zu interviewen. Blankes Unverständnis bei guten
Freunden. »Harthouse«, so ohne Witz ein DJ zu mir, »das ist der Feind.«
Aber mir gefiel nicht nur »Hardfloor Acperience« und »Trancescript«,
mir gefällt auch Erfolg, mich interessieren die Bedingungen, nach denen
Erfolg entsteht, besonders wenn es sich um eine neue Version davon handelt. Wie bei Hardfloor. Wie bei Harthouse.

Heinz Roth formuliert es so: »Wenn wir Musik machen würden, für die
man 5000 Leute bräuchte, um sie zu vermarkten, dann würden eben
5000 Leute für uns arbeiten. Oder 5, je nachdem. Zur Zeit brauchen wir
dafür genau 23.« Während in den Discos des Wahnsinns die Kinder zu
den Trancedröhnungen seines Partners Sven tanzen, jettet er nach Mon-
treux, um mit dem dortigen Jazz-Festspielleiter bei einem ausgezeich-
neten Abendessen die Einzelheiten für den Recycle-Or-Die-Abend beim

nächsten Festival zu besprechen. Die Zange schnappt zu. Im großen Stil. Harthouse ist auf dem Weg vom Technolabel zum Kulturexport erster Klasse.

Roth bestätigt diesen Eindruck. Sein Ziegenbart und seine graumelierte Matte geben ihm etwas distinguiert-weises, zwischen Guru und Wissenschaftler. Er liebt es, Harthouse als einen Ort zu betrachten, an dem man wieder an die von den Nazis abgeschnittene, blühende, freie, weltläufige deutsche Kultur der 30er Jahre anknüpft. »Als man sich als Künstler noch über Kultur, und nicht über Politik definierte: Deshalb auch Instrumentalmusik.«

Oder auch als eine dieser ganz modernen, global vernetzten Firmen, in denen Geld keine Rolle spielt und ansonsten eben Künstler nach den neuesten Prinzipien der kreativen Selbstentfaltung an etwas gemeinsamem, HÖHEREM, mit zukünftigem Nutzen sogar für die, die es ablehnen, gearbeitet wird. Das Ganze hat auch etwas mit autarken Hoch-Technologien, möglicherweise mit Virtual Reality zu tun, jedenfalls mit dem ganzen Scheiß, der bisher nur in Vergnügungseinrichtungen und im Krieg Verwendung findet, den beiden magnetischen Polen unserer Gesellschaft. Aber das ist Zukunftsmusik.

THOMAS MEINECKE 1995
& THOMAS PALZER

Was war eigentlich an Amanda Lear gut?
Historische Gender Debatte, 8.2.1995

Meinecke: Also, ich leg mal ihre erste LP auf, einfach so, oder?
Palzer: Ja.
M: Du kannst schon mal Kaffee einfüllen. – Hast du die eigentlich auch, hier? I Am A Photograph?
P: Ja. Die erste und die und die Sado-Maso.
M: Was halt an dieser halt äh –
P: Ist jetzt, sag mal bei der zwoten Sado-Maso, kannst du mal gucken, wegen – ach so, das ist se ja gar nicht. Vergiß es.
M: Nee, das Gute an dieser Platte ist der Text zu I Am A Photograph. Das ist sozusagen die klingende Warhol Factory. Ähm. I am a glossy photograph. I am in color and softly lit. Over exposed and well blown up. Carefully printed and neatly cut. You can look at me for hours. I won't mind. I let you dream from a page of a magazine.
P: And I blow your mind.
M: Of course I'm a bit retouched. And my color has been processed. But cameras always erase. Fear lurking behind a face. I am a lie and I am cold. But I shall never grow old. My lips are parted but they are not for kissing. My eyes are open but I'm not listening. Das ist die umgekehrte, das umgekehrte Rotkäppchen, Käppchen. Guter Titel.
P: So hieß doch auch eine ihrer letzten Platten, oder? Irgendwas mit Lips. Artificial Lips.
M: Keine Ahnung. My breasts are round but my heart is missing. I'm a photograph. I'm a photograph. I'm better than the real thing.
P: E. T. A. Hoffmann. Voll E. T. A. Hoffmann, sozusagen. Wie hieß die Geschichte nochmal? Weißt schon.

M: Naja, jedenfalls wunderbar. Sie hat auch selbst die Texte geschrieben. 1977 haben wir jetzt hier.

P: Die Musik ist nach wie vor –

M: Sie hatte halt ihren ihren E. T. A. Hoffmann gelesen und ihren Baudelaire. – Tust du Milch rein? Nee, nä? Jetzt hast du meinen Becher. Ist egal. Nimm mal den hier: Ausländer. – Alles aufgenommen in München, natürlich.

P: Ja, in München?

M: Alle München, ja.

P: In diesen Donna Summer Studios? In diesem Munich Sound, wie dieses Stereo Binaural Lou Reed Dingsda in Norddeutschland.

M: Stereo Binaural war ja in Norddeutschland. In Wilster bei Brokdorf.

P: Genau. Und hier war dieses, dieser Munich Sound.

M: Äh, dies ist hier in München, das ist Arco und Ariola Studios, Munich. Aber das ist nicht Giorgio Moroder. Es wär besser, wenn es Giorgio Moroder produziert hätte, natürlich. Okay, was war also eigentlich noch mal gut an Amanda Lear?

P: Und warum ist vor allen Dingen jetzt irgendwie zwar in der Hinterhand als Erinnerung, aber das kommt irgendwie natürlich nicht von ungefähr, daß sie jetzt, daß man sich fragt, was war eigentlich damals an Amanda Lear – man kann nicht sagen: Jetzt ist Amanda Lear gut. Das ist Quatsch.

M: Nee, nee.

P: Aber man kann fragen: Was war damals an ihr gut?

M: Ja, sie war auf jeden Fall äh nicht zu gut. Deswegen war sie gut, sozusagen. Also man sucht ja das Schlechte im Guten, sozusagen.

P: Okay, aber was war damals sozusagen –

M: Und natürlich das Gute im Schlechten. Also – war ähm –

P: Was war – damals gab's ja auch äh, keine Ahnung, äh Pere Ubu oder wie die ganzen Gruppen hießen, äh. Was war sozusagen dieses welche Seite hat da Amanda Lear reingebracht?

M: Ja, ich bin ja immer nach Hause gekommen mit 'ner Pere-Ubu-Platte und 'ner Amanda-Lear-Platte, ist ja klar.

P: Ich hatte damals nur 'ne Amanda-Lear-Platte unterm Arm gehabt.

M lacht: Hast du sie eigentlich heute noch, diese Platte?

P: Dafür kaufe ich mir jetzt Pere Ubu.

M: Ich hab sehr viele Platten wirklich weggetragen, die objektiv besser sind als diese hier. Aber diese habe ich immer behalten. Ja, es ist halt das klingende Manifest, das ist äh sozusagen Künstlichkeit, äh gen-, es ist Gender, es ist 'ne Gender-Studie am eigenen Objekt, sozusagen. Also, es ist halt –

P: Ja. Es war vor allen Dingen damals schon äh nicht so – war damals schon so sandwichmäßig schlecht gebastelt – äh gebastelt, und dann auch noch eurotrashmäßig schlecht gebastelt, äh, was niemals so rein und so clean wie das jetzt irgendwie manchmal wieder losgeht. Also deswegen ist wahrscheinlich auch die Aktualität von Amanda Lear, die liegt schon darin, daß sie so, eben wie du sagst: das Schle-, das Gute im Schlechten. Also sie war nie so 'ne ausgestellte perfekte David Bowie äh –

M: Nee, nee, aber sie war halt trotzdem mit David Bowie im Bett, sozusagen. Das ist wichtig daran, daß sie natürlich durch die Schule gegangen war äh, sie ist ja das Roxy Music Cover Girl der zweiten Roxy Music LP.

P: Ja.

M: Und ähm – Dalís Muse, natürlich, sozusagen. Dalí soll ja die Geschlechtsumwandlung bezahlt haben, zum Beispiel.

P: Aha.

M: Das Interessante ist halt, daß sie sozusagen auch von der Geschlechtsumwandlung eigentlich auf 'ne sehr raffinierte Weise sozusagen äh – aus der auf 'ne raffinierte Weise Profit geschlagen hat, nämlich indem sie irgendwie lanciert hatte, daß es überhaupt in Umlauf geriet, und dann, sobald irgendwie Interviews äh darum sich drehten, das permanent abgestritten hat.

P: Ja, auch sehr sympathisch. Im Gegensatz zu heute, sozusagen, wo sie niemals die Rolle einnimmt äh: Geschlechterrollen sind doch frei verfügbar, und bitte: Wenn ich sein – wenn ich sein möchte, kann ich jetzt ab sofort 'ne Frau sein, ist alles nur sozial, sondern sie hat äh eben – ist zur Trans- als Transvestit sozusagen äh zur Welt gekommen und dann zur echten Frau geworden. Im Interview. Und hat's ja auch demonstriert. Ich mein, sie hat ja mit David Bowie geschlafen, und damit – im Grunde genommen hat sie David Bowie geschlagen, weil der immer so androgyn getan hat. Aber in dem Moment, wo sie mit ihm geschlafen hat, hat sie die Androgynität äh von David Bowie als so 'ne perfekte Poseurhaftigkeit ähm torpediert, aus den Angeln gehoben.

M: Aber einer geht ohne den andern nicht, sozusagen. Tja. – Aber damals bei Mode & Verzweiflung hatten fast alle diese ersten drei oder vier Amanda-Lear-Platten, weiß ich noch.

P: Das hing damals ganz bestimmt auch ganz stark zusammen mit mit Disco, eben. Aber eben, daß man eben Amanda Lear gemocht hat und nicht Donna Summer, obwohl die auch okay war, aber aber äh Amanda Lear war schon wirklich das singende Manifest, der Europ-, Roxy Music, okay Roxy Music ist auch Europäer, aber es war das äh schlampigere Manifesto, sozusagen.

M: Jaja, klar, aber also, Donna Summer war ja dann im Endeffekt sozusagen äh – lief auf den Schwulenparties, und sie hat dann sozusagen Mitte der achtziger Jahre, glaub ich, Super-Schwulenhetze äh mitgemacht, weißt du, sozusagen, äh hatte, war uncool.

P: Hmhm.

M: Hatte es irgendwie nötig, den McCarthy-Sauber-äh-Nummer plötzlich rauszu-äh-kehren. Hm.

P: Der Kaffee ist auf jeden Fall wunderbar schlapp.

M: Südamerikanisch.

P: Aber, aber wirklich also Amanda-Lear-mäßig. Der ist derart ausgedünnt.

M: Au, der ist wie – wie in USA, wo man noch äh, wo wir schon dreimal nachgefüllt gekriegt gehabt hatten. – Ja, mein Gott, was soll man sagen? Gut, die erste hieß also I Am A Photograph. Jetzt gucken wir mal kurz – dann kam eben die, die du Sado-Maso nennst, die aber Sweet Revenge heißt und, glaub ich, den Faust-Mythos – transportiert.

P: Das ist auch Klasse, find ich, weil die ist so so – ähm, also das gibt's ja auch von Bryan Ferry.

M: Echt?

P: Ja. These Shoes Are Made For Walking, oder so ähnlich.

M: These Boots Are Made For Walking.

P: Ja, genau. Gibt's auch von Bryan Ferry, auf der ersten. Da ist das um Meilen besser.

M: Aber was heißt schon besser? In dem Zusammenhang.

P: Besser, weil es eben –

M: – schlechter ist.

P: Schlechter, und weil ich finde, es ist ein einziger Angriff auf Frank Sinatra, sozusagen. Das auf jeden Fall –

M: Nancy Sinatra. Genau. – Nee, Amanda Lear habe ich gerade neulich kurz mal eben gesehen, da war irgendwie so 'ne Super-Modenschau im Fernsehen, wo eben die Couturiers sich sozusagen geleistet haben, wirkliche Prominente zu bitten, ah irgendwas zu modeln. Und da war eben tatsächlich auch natürlich Claudia Schiffer und der ganze Krempel dabei, aber eben auch Amanda Lear. Und hatte sich wirklich äh top rausgeputzt, sozusagen. Sah nicht aus wie aus den siebziger oder auch nicht aus den achtziger Jahren, sondern einfach aus den neunziger Jahren.

P: Topless over the top.

M: Genau. – Ja gut, jedenfalls der zweite – das zweite Album geht über: This is the story of a girl who sold her soul to the devil and won. Sie hat ja auch angeblich –

P: Der bessere Faust.

M: Ja, sie hat ja angeblich – und der schlechtere natürlich immer auch. Sie hat ja angeblich auch Germanistik studiert. Man weiß ja auch nicht die Nat-, man weiß nicht das Geschlecht und nicht die Nationalität. Das ist sozusagen das, was heute noch daran –

P: Paßt wie die Faust aufs Aug-, aufs Heute, sozusagen.

M: Genau, paßt. Weil man weiß nicht, äh ich mein, der Akzent, das ist doch, ist doch irgendwie Spanien oder irgendsowas. – Das ist Spanien oder Ita-, auf jeden Fall das Mittelmeer.

P: Ja, aber wie Italien, sozusagen, auch von seiner anamerikanisierten Kultur, so Vollbastard, weißt du, das amerikanische äh Glitzer. Es sind ja auch die Amis, die immer vielmehr diese Handies ha- äh die Italiener, die die Handies noch mehr haben als die Amerikaner, was schon kaum geht.

M: Die haben 'n Plumpsklo zu Hause und auf der Straße 'n Handy.

P: Wenn das nicht Amanda Lear ist!

M: Und guten Kaffee!

P: Nach unserem Geschmack, sozusagen!

M: Ich hab zwar kein Handy, aber auch kein Plumpsklo. – Genau, also dann kam 1978 eben die – diese Platte, wo sie eben so als Domina drauf ist, und dann kam eben neunzehnhundert-äh, wann ist denn das dann gewesen? Die nächste war dann wahrscheinlich ein Jahr später. Die hieß dann eben Never Trust A Pretty Face.

P: Die kenn ich nicht mehr.

M: Aber du kennst die nächste dann wieder. Die ist ja wunderbar: Diamonds For Breakfast. Ja, Never Trust A Pretty Face ist ja auch sozusagen, ähm, der Text des Titelliedes das Programm.

P: Der macht nicht automatisch aus, gell? Deswegen muß man es angukken.

M: Na gut. – Und dann gibt es eben auf äh der dritten LP Diamonds For Breakfast ein Lied, das tatsächlich Insomnia heißt.

P: Hmhm.

M: Auch noch ganz interessant. Ja, Thomas ...

P: Ja, leg doch das mal auf, Insomnia. Vielleicht kommen wir da mehr in –

M: Willst du mal hier das Fan-Buch angucken? Das heißt eben interessanterweise Wer hat Angst vor Amanda Lear? Und spricht sozusagen damit auch genau diese Ambivalenz an sozusagen dieses, ähm –

P: Ganz klar, der Wohlfahrtsausschuß –

M: Wenn du in 'ne Travestie-Show gehst und sozusagen irgendwie Angst hast, in der ersten Reihe zu landen. – Siehst du, da ist nämlich ein Kapitel – Bowie, da ist sie mit Brian Eno, Bryan Ferry, Bowie. Und dann kommt eben auch, es, es würde behauptet, sie wäre mal 'n Mann gewesen, und dann als Gegenbeweis Fotos sozusagen mit abgeschnittenem Schwanz. Das ist wirklich gut. – Nee, Insomnia ist einfach nur ein Liebeslied. Ach ja, dann ist sie ja zusammengewesen jedenfalls damals mit diesem äh – war sie doch mal auch das Liebchen von diesem Roger Peyrefitte, oder wie der heißt.

P: Hmhm. Jaja, der hat, glaub ich, sogar ein Buch geschrieben –

M: Da sind die Texte sehr schön auf deutsch übersetzt, also sehr deutlich.

P: Die Musik ist schon brutal schlapp.

M: Ja, eben, aber was hat uns trotz – das ist ja der Witz, durch die Schallmauer, durch die, durch das Korallenriff der schlechten Musik, wieso sind wir weiter rausgeschwommen, sozusagen? Ich glaub schon, daß es eben sozusagen Superpop äh ist, sozusagen, Super-, ja, Eurotrash.

P: Glaub ich auch, das ist eine der europäischen Ikonen, die Europa hat.

M: Wer waren die anderen?

P: Ja, weißt du –

M: De Gaulle ...

P: Okay, aber das ist sozusagen die Verbindung, weißt du, zwischen Europa und Amerika. Insofern –

M: Ja, aber ich denk schon noch an sowas –, was sind denn europäische Ikonen sonst noch, sozusagen?

P: Außer Adolf Hitler gibt's kaum was, sozusagen, nä.

M: De Gaulle.

P: De Gaulle, naja. Okay, Sartre und sowas, aber das ist alles jetzt gekommen.

M: Nee. Ja.

P: Ich glaub, damals gab's gar nicht so viele, du.

M: Ich glaub aber, in den USA kennt gar keiner Amanda Lear. Ich sprech manchmal mit Amerikanern, die kennen Amanda Lear nicht.

P: Das glaub ich auch sofort. Das ist, glaub ich, bestimmt ein europäisches, wenn nicht üb- nicht sowieso ein deutsches Phänomen, irgendwie. Aber trotzdem ist es ja nochmal –

M: Was hab ich denn im Pop-Alphabet gehabt? Hast du das eigentlich, das Buch?

P: Ja.

M: Oh. Viel geschrieben.

P: Ja, aber es ist doch interessant, daß auch mal – aber was heißt interessant –, aber schon, daß sie, aber warum hat Michaela, weißt du, das Follow Me nachgesungen. Das hat schon irgendwie was damit zu tun, als Reaktion auf bestimmte presbyterianische Strömungen, weißt du, die die – wo man eben gerne wieder, weißt du, nach Starnberg in den Beach Club geht, ähm, weil man es im Kunstverein manchmal nicht richtig aushält. Das ist wahrscheinlich auch so wie die, so, ja, von der anderen Seite aus gesehen, wie diese, wo du warst da, diese Romantik-Ausstellung, daß ein Riesen-Gedöns gemacht wird, weißt du, und dann der Ausstellungmacher selber, wenn ich das richtig verstanden habe von von dir und Michaela, äh, das schon so expl-, das schon so vor-, dem schon so vorgreift, daß man wirklich nur das Schlechteste äh in den Gang zum Klo hinhängt, äh, sozusagen alles aufhebt, was er eigent-was die Ausstellung vorgibt zu thematisieren. Also doch wieder umgeht. Oder?

M: Ja, sie haben halt die Nazikunst auf den Gang zum gehängt. Hm. – Ist halt die aufblasbare Spielgefährtin auch, natürlich, die Bryan-Ferrysche Inflatable Doll ist natürlich auch das, sozusagen.

P: I blew your mind. And you – oder wie geht das? I blew up your body, and you blew my mind.

M: But you blew my mind. Das ist auch 'ne fantastische –

P: Die das Gedächtnis blasen.

M: Das war auch gut. – Ist blöd, wenn man sich selbst zitiert, aber hier in der Sendung damals hab ich eben noch sozusagen sie als transatlantisches Pendant zu Grace Jones, deren Geschlecht zu keinem Zeitpunkt bezweifelt wurde. Äh sozusagen, äh-. Weil Grace Jones hat versucht, sich so trashig zu machen, hat es aber dann nicht geschafft. Sie blieb immer New York.

P: Ja, und Grace Jones war immer Cyberspace, sie war schon die Vorwegnahme von Cyberspace –

M: Ja, genau, der ganze Kram, eigentlich California sozusagen, von daher ist New York eigentlich –. Eigentlich ist, was Amanda Lear damals äh war –

P: Viel mehr New York.

M: Ist eigentlich das, was jetzt in Paris Is Burning und so erscheint. So so im ähm uplifting ähm äh Armenviertel.

P: Ja, plus das spanische Element, also finde ich irgendwie ganz wunderbar, daß auf der einen Seite du so mit dem Geschlecht spielst, wie Amanda Lear, plus das Spanische, aber ich bin, weißt du, ich bin trotzdem, weißt du, vehement sozusagen trotzdem darauf bestehen, daß man trotzdem 'ne Frau ist. Was es, auf 'ne ganz merkwürdig-, was es, glaub ich, nur in Europ-, in New York oder Kalifornien –

M: Das ist ja sehr spanisch, der New Yorker Kram da. Das sind ja schwarze und spanische –

P: Hispano-Amis.

M: Hispano-Amis auch. Das ist so 'ne Sache, so 'ne katholische Nummer, sozusagen, Silikonbrüste-Kult. Das gibt's in der evangelischen Kirche nicht.

P: Hmhm.

M: Und äh, ich finde, wenn es das heute irgendwie gibt, diesen Geist, der sozusagen, der sozusagen tiefgründigen Oberflächlichkeit sozusagen dann ist es eben so in den Houses Of Soundso and Soundso in New York, in den in den sozusagen Baudelaire-mäßigen, schillernden äh Armenparadiesen, wo sozusagen alles schön ist, und es hat soziale Sprengkraft.

So wie eben sozusagen die Unklarheit von Geschlecht und Nation sozusagen. Besitzt soziale Sprengkraft. Von daher war sie halt immer mehr als Grace Jones, die dann doch sozusagen einfach nur ein normales hübsches Model war, das sich versucht hat, sozusagen einen anderen, androgynen äh touch zu geben. Sie hat ja sozusagen in Interviews immer gesagt, vielleicht bin ja ein Mann oder sozusagen, während Amanda Lear das gar nicht nötig hatte.

P: Grace Jones war immer Brikett. Das war irgendwie, die war immer, weißt du, eindeutig klar, daß Grace Jones ein Brikett ist, irgendwie. Während bei Amanda Lear war es auf einer viel –

M: Strandholz.

P: Strandhäuschen?

M: Strandholz. Treibholz.

P: Strandhäuschen.

M: Strandholz sagt man das, glaube ich, im Englischen.

P: Treibholz?

M: Ja, Treibholz. Gestrandetes Treibholz. – Ja …

P: Den Kaffee jedenfalls findet man selten so amerikanisch.

M: Der amerikanischste Kaffee, der je in Europa gekocht war, den wir hier haben.

P: Den kann man literweise wegsaufen.

M: Mit Eis kühlen – 'nen Symbolistisches, symbolistisches Wesen sozusagen.

P: Ja klar, die hat viel mehr mit Mallarmé zu tun, weil du Symbolismus sagst, als Grace Jones, die hat wahrscheinlich das Wort noch nie gehört. Also, ich mein's nicht –

M: Muß man auch nicht gehört haben, aber –

P: Nee, ich mein's nicht bildungsbürgerlich, sondern die hat's überhaupt nicht–.

M: Ja, ich finde eben auch sozusagen New Yorks House-Häuser auch symbolistisch.

P: Was, Haus-Häuser?

M: House wie House-Music-Häuser, die Clubs, die – das sind symbolistische Vereine sozusagen, der ganze Krempel mit dem auch äh sozusagen, das Transsexuelle oder Transvestitische ist ja sozusagen die Anpassung an irgendan das andere, und nicht mehr aufzufallen, in dem anderen sozusagen aufzugehen, sozusagen nicht mehr aufzufallen. Und Grace Jones umgekehrt sozusagen als protestantisches Brikett, ja, will sozusagen auf- auffallen, und läuft sozusagen als Brikett durch die Straßen. Das Tolle an dem ganzen symbolistischen Kram ist sozusagen, daß das Symbol quasi sozusagen verschwindet auch irgendwo, also daß sozusagen äh, wie gesagt, daß dann plötzlich einer sagen kann, l'art pour l'art wär unpolitisch. Und das ist das Tolle daran, daß wir wissen, daß l'art pour l'art pour l'art revolutionärpolitisch ist. Und die wissen das auch und haben irgendwelche House-Häuser, und das merkt sozusagen nur der, der es äh, gemeint ist. Also der sozusagen mitmachen – das ist 'ne Mitmach-Geschichte, ja, das ist keine Provokations-äh-Protestanten-Nummer, sondern das ist sozusagen –

P: Teil einer Jugendbewegung. Teil einer großen Jugendbewegung. Ja klar, Grace Jones hat erstens – genau, glaube ich auch – sich selbst im anderen geliebt, und Amanda Lear – und die gender studies und sowas diese Diskussion versucht sich selber völlig aufzulösen und zum anderen zu werden, aber: sich selbst zu bleiben und den anderen als anderen zu lieben sozusagen, äh, das ist viel – viel mehr Amanda Lear, deswegen ist sie so offensiv und vergleichsweise aggressiver oder deswegen betont sie bei Interviews, sie ist doch eine Frau. Äh, Grace Jones ist einfach nur amerikanisch-egoistisch äh, und die gender studies sind sozusagen so protestantisch, weil sie sich sozusagen völlig auflösen, und nur noch den an-, da gibts nur noch den anderen, den sie lieben. Das mit den House-Häusern habe ich jetzt nicht kapiert, aber da kenne ich mich auch zu wenig aus. House-Häuser …

M: Kennst du nicht den Film Paris Is Burning?

P: Doch.

M: Da ist doch eigentlich alles drin. Das hat mich die ganze Zeit erinnert eben an ähm – Symbolisten.

P: Hm, hm.

M: An, äh, l'art pour l'art.

P: Hm, hm.

M: Supersprengstoff, finde ich.

P: Hm, hm.

M: Geheimwaffe, sozusagen, und darum auch eben Mode-&-Verzweiflungsmäßiges, strategisches Idiom, ja, also praktisch äh kein Frontalangriff, sondern unter äh – danke, ich habe noch –, sondern das, äh – mobile Anpassung, äh teilnehmende Beobachtungen, sozusagen, also – von mir aus auch dann doch irgendwie die Rehabilitation des Begriffs Subversion aus heutiger Sicht.

P: Du meinst, weil sie –

M: Warum haben wir eigentlich –

P: Chanel-Auslagen in New York angucken, und sozusagen, wo Amerika nach Europa schielt um sich mit Europa zu nobiliteren, sie aus Harlem, sozusagen, äh Euopa ver- äh vertrashen und damit Amerika subvertieren, so ungefähr ...

M: Was mich noch mal interessiert noch mal, wieso haben wir eigentlich damals den Begriff Subversion nicht gemocht und können jetzt darin was Subversives erkennen?

P: Weil damals Subversion sozusagen Einsteigen-durch-Aussteigen war und dadurch war das im Grunde genommen nur das Wort subvertiert, das war natürlich Subversion, aber das eben –

M: Das Wort war nicht brauchbar.

P: Das Wort war nicht brauchbar, und heute, glaub ich ähm –

M: Damals hieß das, Subversion war sozusagen identisch mit dem Marsch durch die Institutionen für die linke Lehrerschaft, oder so.

P: Bloß viel offensiver irgendwie, weil man eben nichts gesagt hat, sozusagen, nicht den –. Im Grunde genommen ist man zwar durch die In-, man ist von den Institutionen durchgeschleust worden, aber man ist nicht, hat sich nicht durchgeschleust durch die Institutionen. Man ist einfach –

M: Jaja, eben, aber dadurch die Diskredition äh Diskreditierung des Begriffs Subversion.

P: Ja.

M: Weil im Endeffekt ist natürlich nichts gegen Subversion zu sagen, wenn sie sozusagen so funktioniert, daß der, der ausgehöhlt wird ähm, erst im Moment, wenn es zu spät wird, das wahrnimmt.

P: Ja, immer Verschiebung –

M: Und, das find ich, funktioniert ein bißchen mit diesem ganzen ähm – das können die Amis gut.

P: Ja, aber als Euro-, äh in Europa konnte das Ama- Amanda Lear, auch aus heutiger Sicht, in anderer Perspektive, aber genauso raffin-, selten raffiniert. Verschiebungen, na? Es gab, ich glaube Amanda Lear, war, glaube ich, noch raffinierter als Roxy Music, sozusagen. Roxy Music war schon sehr stark Baudelaire-mäßig. Im Grunde genommen, jeder der Literaturwissenschaft studierte, der kann, der wußte, wohin der Hase läuft, was die machen. Aman- Amanda Lear war sozusagen in dieser Verschiebung nochmal gebrochen. Die hat also –, die war ganz schepps. Also das war, die ist auch heute noch ganz schepps, weil die sozusagen nicht Katha- Katharina-Rutschky-kompatibel, sie ist nicht Amerikanischer-Feminismus-kompatibel, sie ist zu nix kompatibel.

M: Nur für uns, halt.

P: Nur für uns, ja. Aber sie ist gleichzeitig nicht so dummdödelig, dumpfbackig wie Matthes & Seitz, oder, weißt du, den ganzen Scheiß. Sondern, genau wie du sagst, äh Ultrapop, Superpop.

M: Metapop.

P: Metapop, ja.

M: Vielleicht war es sozusagen der erste Metapop. Im Grunde genommen war es sozusagen vor vor New Wave, oder oder mit New Wave, na gut, es war mit, es gab ja schon Ultravox, My Sex, oder I Want Be A Machine, das kam ja auch von Warhol, und so.

P: Ja. Aber die haben das eben noch mit so Nick-Cave-mäßigen –

M: – Tiefe.

P: Mit Tiefe gemacht.

M: Metapop ist ja sozusagen eigentlich –

P: Die hat wahrscheinlich ihre Familie gehabt und drei Kinder und ist dann ins Studio gegangen in München und hat in Anführungszeichen mit Giorgio Moroder äh diese diese Platte aufgenommen, es ist nochmal, äh, völlig gef- gefühlsmäßig so 'nen satten Supermetapopdiskurs hingelegt, während alle anderen sich noch eher in den Gefilden mit schwarzen Anzügen rumgeschlagen haben, und, also sich erst frei gemacht haben von Europa, über über, im Grunde genommen bis Ende der achtziger Jahre hat das gedauert.

M: Ja, und ich meine, okay, man hat sozusagen ein oberflächliches, gesättigtes High-Society-Produkt vorliegen, zu Zeiten dieser Platten, aber davor mußte es ja auch den ganzen Dreck so des ganzen äh Transi-Undergrounds, und sozusagen, das ist es natürlich auch, was noch mitschwingt, daß die Diamanten sozusagen gestohlen sind, ja, daß praktisch äh... Der Pelz kommt vom Strich, sozusagen. Und das ist natürlich auch das, was einem gefällt.

P: Ja, plus doppelt, daß Amanda Lear bestimmt sozusagen, im Bilde gesprochen, nur ein einziges Mal in so einer Transvestiten-Show war, weißt du, und so halbgares Wissen wie Boa-Federn, das weiß sie irgendwie, und hat das sozusagen ganz schlecht äh nachgeäfft.

M: Ja, das ist aber dann schon wieder auch ein Bogen zu Courtney Love sozusagen und ihre Puppenkleidchen oder sowas, weißt du, äh, womit ja heute offensiv gespielt wird, sozusagen, was natürlich nicht nicht subversiv ist, sondern eben offensiv. – Und wie steht, wie stellen wir uns Madonna im Zusammenhang dazu äh hin? Ne andere intelligente Strategin, ja ja, eben.

P: Die ist schon auch okay, irgendwie. Die Voraussetzungen sind andere, die hat halt – klar, die, Madonna hat halt, auf den Schultern von Amanda Lear steht sie, sozusagen.

M: Ja, Aman–, Madonna ist das bessere Brikett, sozusagen. Ist natürlich, nä, sozusagen, nur die bessere Grace Jones...

P: Ja. Aber aber schon um einiges besser, weil sie Italienerin ist, glaube ich.

M: Ja, und katholisch, also, tut mir leid.

P: Ja, genau.

M: Ohne Katholizismus nicht denkbar, sozusagen.

P: Ja.

M: Wie Scorsese, sozusagen.

P: Ja. Mafia.

M: Und das ist ja bei ihr gar nicht. Was wär denn der Film-Director, der hier den Film dazu gemacht hätte? Ist gar nicht so einfach.

P: Ja, entweder Just Jaeckin, kennst du den? Der hat nur so Sachen gemacht wie Geschichte der O, und äh, oder, nee, ich mein gar nicht den. Quatsch. Wie heißt denn der, Mensch, der, weißt du, mit Jane Birkin Betongarten und so komische Filme gemacht hat?

M: Ja, den kenn ich aber nicht.

P: Egal.

M: Ja, oder sogar, ähm, wie heißt er? Der Klimbim gedreht hat und so.

P: Michael...

M: Dieser Kokser, da.

P: Michael äh nicht Schanze, aber so ähnlich.

M: Jaja, genau.

P: Der Beat-Club-Mensch.

M: Leckebusch.

P: Leckebusch, genau. Ist das, ist das Leckebusch? Ist das der Mann von Wencke Myrrhe? Ist der eigentlich schon tot? Der hat sich doch umgebracht, irgendwie so.

M: Ich glaube auch, der ist tot. Nee, aber hieß nicht Michael Lecke-, ich meine aber, ich meine noch jemand anders, der noch mehr so der Regisseur hieß doch nicht Leckebusch. Das ist noch jemand anders, glaube ich, der diese, weißt du, der Klimbim sich ausgedacht hat und den ganzen Scheiß. Der heißt nicht Leckebusch, glaube ich, obwohl es schön war. – Aber ich meine sowas, so wie sie hier in diesem, mit schlechtesten Münchner Berufsmuckern spielen muß, die eine Scheißmusik dazu machen, sozusagen, ähm, so hätte sie wahrscheinlich doch an der Seite von Ingrid Steeger, was jetzt um zwei Uhr nachts auf Pro 7 wiederholt werden würde, gestanden. Das ist eben auch so interessant, einerseits: Warum hat nicht Bryan Ferry eine Platte von ihr produziert? Die dann doch sozusagen so ent-, äh, oder Bowie ...

P: Damals war es okay, aber damals war Bryan Ferry oder so Sachen vielmehr an so europäische Kunstbegriffe gebunden. Heute ist das anders, sozusagen. Damals, glaub ich, war es okay, weil so über den eigenen Schatten konnte man nicht springen. Aber dieser Kunstbegriff heute, von heute, heutiger Sicht aus wird das klar, daß Bryan Ferry und David Bowie einen Ultrakunstbegriff davon hatten, und deswegen Amanda Lear tabu war, weil es einfach –

M: Wieso? Sie haben sie ja erstmal aufs Cover ihrer Platte getan.

P: Aber als Re-Model, sozusagen.

M: Re-Make, Re-Model. Ja, Amanda Lear ist Re-Make, Re-Model, und Grace Jones ist Make und Model.

P: Ja. Ich meine, so wie Malcolm McLaren, weißt du, mit Catherine Deneuve und diese Paris-CD da gemacht hat, die wirklich Klasse ist, und ich finde sie Klasse und Malcolm-McLaren-mäßig okay –

M: Ja, Malcolm McLaren ist ja überhaupt auch sozusagen, Malcolm McLaren oder Kim Fowley hätten auch mit Amanda Lear was machen können. Kim Fowley hätte ihr sicher eine schöne Platte gebastelt und hätte auch eingesehen, warum er das zu tun gehabt hätte.

P: Ja. Der hat sie bestimmt einfach nur nicht gekannt.

M: Eben. Westküste eben.

P: Die Musik ist heavy. So 'ne RTL-Thomas-Gottschalk-Show, wo hinten so 'ne Band spielt.

M: Klar, das ist die Gottschalk-Band.

P: Ja, aber sie hat, jetzt, wenn ich, ich hab das ja schon ewig nicht mehr gehört, erinnert mich das schon sehr –, die hat ungewollt wahrscheinlich auch so viel, sie klingt auch, die Musik ist wie TV. So ein bißchen wie diese, die du damals so toll fandest, diese schwedische Dame da.

M: Virna Lindt.

P: Ja, Virna Lindt. So ist die, bloß schlechter eben, weißt du, mit wirklich schlechter deutscher Fernsehmusik.

M: Ja, es gibt schon die –. Die Musik wird ein bißchen besser auf der nächsten Platte. Wir hören jetzt immer noch die erste, die wirklich schlapp, die musikalisch schlechteste ist. Aber stimmt, Fernsehmusik. Vielleicht ist das schon genug.

P: Jetzt sind wir schon fast –, jetzt machen wir es doch einfach fertig, oder?

M: Ja, Bryan Ferry hat sie überredet, zu singen.

P: Ja, also war es doch – hat er sie wahrscheinlich doch –

M: Er war ihre Muse, sozusagen. Das Wort décadence hatten wir jetzt noch nicht, sozusagen. Symbolismus, hatten wir gesagt, nä? Dann gab es noch diese wunderbare Sache, das habe ich ganz vergessen, dann gab es noch den tollen Skandal nicht nur wegen des Geschlechts, sondern auch, daß sie angeblich nicht wirklich singt bei ihren Shows. Und da gab es Gerichtsprozesse, wo sie bewiesen hat, daß sie wirklich singt. Wunderbar. Das finde ich supergut, irgendwie. Den Text von dem Notar, hier.

P: Wer hat da –, wer hat dagegen prozessiert?

M: Ist hier so: Der Notar Dieter Wallenfels mit dem Amtssitz in Wiesbaden begab sich heute auf Ersuchen in die Rhein-Main-Halle in Wiesbaden. Der Notar war von Frau Lear gebeten worden, sich durch persönlichen Augenschein davon zu überzeugen, daß Frau Lear bei ihrem Wiesbadener Konzert selbst sang, in Klammern live, und nicht etwa ihre Stimme im Play-back-Verfahren von einem Tonträger überspielt wurde. Der Notar hatte die Industrie- und Handelskammer in Wiesbaden um Benennung eines technischen Sachverständigen gebeten, der ihm bei dieser Aufgabe behilflich sein sollte. Auf Empfehlung der Kammer zog der Notar Herrn Peter Kosemund aus der Electronic-Abteilung der Firma Willy Hopf & Co. KG, Wiesbaden, hinzu. Der Notar wohnte dem Konzert bei, nachdem er schon zuvor Gelegenheit gehabt hatte, bei der Probe anwesend zu sein. Dabei war für den Notar offensichtlich, daß Frau Lear bei den in den Proben gesungenen Liedern live sang. Dies war unter anderem daraus erkennbar, daß sie Unterhaltungen mit Personen, die bei der Probe anwesend waren, in ihre Liedervorträge einbezog. Während der Vorstellung war für den Notar erkennbar, daß die Mundbewegungen synchron zu den Gesangsdarbietungen waren, die durch die Lautsprecher in die Halle ausgestrahlt wurden. Bei einigen Vorträgen bezog Frau Lear das Publikum durch individuelle Ansprache in ihre Liedervorträge ein und nahm Reaktionen aus dem Publikum auf. Hieraus war ersichtlich, daß eine Play-back-Übertragung unmöglich war.

P: Aber das war wahrscheinlich das, was keiner kapiert hat, daß sie sozusagen tatsächlich live play-back gesungen hat. Weißt du? Das war genau der Trick.

M: Wunderbar. Ja eben. Und das hat sozusagen die Zivilisation 1978 noch gar nicht denken können, sowas, daß es beides war. Interessant. Für uns heute eine Selbstverständlichkeit. Oder gar kein Thema.

P: Ja.

M: Einen Schwulen hat sie dann geheiratet, den äh äh Roger Peyrefitte, nä, oder hat sie den nicht geheiratet?

P: Keine Ahnung.

M: Nee, aber die hat einen Schwulen geheiratet. Finde ich gut, daß das sozusagen dann durch so indirekte Themen, äh, äh sozusagen: klar bin ich eine Frau und so, aber ich, natürlich, ich lebe mit einem Homosexuellen zusammen. Ist ja wunderbar. Da ist sozusagen alles drin.

P: Und auch alles dran.

M: Genau. Ja, und mit Andy Mackay befreundet zu sein, kann auch nicht schaden. Das ist doch genug.

P: Das war jetzt auch eine Art Playback.

DIETMAR DATH 1995

Cordula killt Dich!
oder
Wir sind doch nicht Nemesis von jedem Pfeifenheini

Roman der Auferstehung
Auszug

Letztes Kapitel vor dem Epilog und daher ein Großteil eines Großteils der Wahrheit über die FreundInnen

»And when I leave
You'll love to miss me
when I'm gone«
Motörhead; Rock'n'Roll

Wie senil muß man sein, um glücklich zu sein?
Ich bin 24 Jahre alt, werd's also wohl bald rausfinden.
Es gibt sie also wirklich die Abende, es gibt sie also immer noch: zu dritt in der Küche, Kaffee trinken mit Milch und Zucker, das Licht zu dunkel zum Lesen oder Vorlesen, aber zu hell zum Schweigen. Oh meine Freunde. Ich und keine Freunde? Meine Freunde sollen Rotze sein? Das soll ich geschrieben haben, ich dummes Schwein? Wo? Im ersten Kapitel dieses Buches, ah ja. Na, das glaube ich aber nicht. Das sehe ich anders. Das hast Du nicht richtig gelesen, nicht verstanden, im schlimmsten Fall wörtlich genommen. Nein, nein, meine Freund-Innen.
Ich will nicht darüber reden jetzt. Ich werde also darüber schreiben jetzt. Es sind jetzt zwei Wochen vergangen, seit Wolfgang verschwand. Die Dinge könnten anders sein, es ist vielleicht eine Schande, aber jetzt wird der Herbst sich in den Winter verwandeln, und die Welt wird immer

schöner, denn wir können wieder sterben, wissend, daß wir eines Tages, bald schon, wiederkommen werden.

So wie SIE. SIE ist zurückgekommen, und das geht so:

Heute war der erste Tag, an dem ich volle, ununterbrochene, auseinander organisch hervorgehende acht Stunden lang, seit dem Aufstehen morgens um zehn, nicht mehr an Cordula oder Wolfgang und deren wo und warum gedacht habe, das erste Mal fielen sie mir wieder ein, als Meikl ein Lied auflegte auf dem Plattenspieler, das von Kanten und Herzen, die brechen, handelte. Aber es war ein prima Tag, wirklich. Um Viertel nach zehn in der Früh' hatte das Telefon geklingelt, Katja hat den Hörer abgenommen, ich schlich benommen vorbei ins Bad und hörte sie rufen, als ich mich gerade ans Gesichtwaschen machen wollte: »Hey, Dietmar, ist für dich ...«, ich galoppiere also halbabgetrocknet, wach-schock-Gesichts-gefroren zum Apparat, nehme den Hörer Katja aus der Hand, es ist mein Vater am andern Ende der Leitung, der mich fragt, ob ich mit ihm essen gehen will heute mittag, ja, will ich, ist ja Sonntag. Er sagt, er ist um kurz vor zwölf da. Ich esse also bloß eine Scheibe Toast mit Butter zum Frühstück, Katja sitzt schon am Küchentisch und liest Comics. »Na, wie geht es dir?« frage ich sie murmelnuschelnd aus dem Toastkauen raus. »Was? Ach so, wie's mir geht. Es is' Sonntag, was? Ich bin heute von der Kälte aufgewacht. Gefällt mir, bin schon lange nicht mehr von der Kälte aufgewacht, hab dann geheizt, falls du das spürst hier drin ... und jetzt bin ich wieder müde, und deshalb leg' ich mich nachher wieder hin und schlafe mindestens bis zwei. Das finde ich schon ziemlich gut. Also, wie's mir geht: gut.«

Ich nicke, noch sind wir ja eigens jung, extra dafür, daß es uns gutgehen kann im Traurigen. Wenn man das Traurige auswendig kennt, so als Nichtmehrjunges, kann es einem drin auch nicht mehr gutgehen, aber solange es noch was Neues ist– Tod von Freunden, wie aufregend–, kann man sich drin irgendwie doch auch wohl fühlen. So ähnlich geht es jetzt Katja, und so ähnlich geht es mir auch. Um zwölf, selbstverständlich pünktlich, steht der Mercedes unten, und mein Vater fährt mit mir nach Schallstadt in ein Lokal mit richtigem Tiere killendem Metzger dabei, mein totes Tier ist gut, seines nicht so, sagt er. Wir reden herbstlich über so Politik und andere Dinge, wo wir nicht einer Meinung sind, ich seine ästhetische Herangehensweise (Lambsdorff findet er gut) aber nachvoll-

ziehen kann, doch, das ist irgendwie richtig, vielleicht weil ich gut gegessen habe und mein Bauch wirtschaftsliberale Ideen in den Kopf sendet, mein Bauch wählt jetzt womöglich sogar FDP. Aber ändert das die Welt? Zum Glück nicht. Leider nicht, dann könnte ich jetzt gegen meinen Bauch sein. Hätte ich mal wieder einen echt spannenden Feind. Nach dem Essen will er wissen, ob er mich zu meiner Wohnung fahren soll. Nee, eigentlich nicht, er soll mich mal zu sich mitnehmen, dann kann ich Meikl anrufen, ob der da ist (es ist zwei Uhr nachmittags am Sonntag, verdammt, da wird er doch zu Hause sein! Außerdem regnet es wie Sau). Und wenn er da ist, werd' ich ihn besuchen, den alten Hasen. Wir fahren also nach Freiburg zurück, in die Schwarzwaldstraße, gehen hoch in die Wohnung, in der ich die ersten Jahre meiner Freiburger Zeit auch gewohnt hab', und ich rufe Meikl an. Er ist da. »Hi, Dath. Ich hab heut' einen Tag, der isch total retro. Ich hör lauter alte Scheiße.«
»Alte Scheiße gleich gute Scheiße, Meikl! Ich komm' grad mal vorbei, wenn man nix dagegen hat.«
»Von mir aus.«
Also durch den schon feiner gewordenen Regen einen Weg lang, den ich besser kenne, als ich mich kenne. Und lieber hab ich diesen Weg von »Zuhause« zu Meikl auch, als ich mich je haben könnte. Denn der Weg, der zu drei Vierteln auch noch mein alter Schulweg ist, bedeutet (nicht nur MIR, sondern auch äh semiotisch: als Romantopographie-Element) mehr, als ich je bedeuten könnte oder wollen würde. Ich gehe über die große Kronenstraße, werde fast von einem roten Porsche überfahren, statt überfahren zu werden aber dann doch bloß mit sehr viel Wasser naßgespritzt, rette mich mit einem waghalsigen Sprung auf den Rasenstreifen zwischen den beiden Spuren, da rutscht mir die Umhängetasche vom Bügel, geht auf, und die neue SPEX und die letzte Ausgabe von HEAVEN SENT rutschen halb raus, fallen aber nicht in die Pfütze, weil ich den ganzen Klumpatsch gerade noch abfangen kann. Stopfe alles in die Tasche zurück und sehe mich brav um nach den bösen Autos, die bleiben aus, ich laufe über die Straße und stehe vor Meikls Tür, ich läute, es wird aufgetan. Tag Herr Staudt Tag Frau Staudt, ich betrete Meikls Zimmer.
»Na, Alter?«
»Ja, Alter.«

Wir reden. Wir hören Platten. Wir schütteln mit dem Kopf. Was ist eigentlich passiert? Wir grinsen. Wie lange ist eigentlich immer alles her? Er holt ein Doppelalbum aus dem Plattenschrank, nimmt eine Platte raus, legt sie auf, oh, die Thin-Lizzy-Live-Platte, und Phil Lynott singt:

The Boys are back in Town
The Boys are back in Town
The Boys are back in Town
The Boys are back in Town

Komisch, so lang ist das Lied gar nicht, aber als ich auf dem Weg zum Telefon in der Wohnung von Meikls Eltern aus dem Fenster sehe, ist es dunkel draußen. Die Straße sieht aber gut aus, das muß man ihr lassen, so durchs Fenster der warmen Wohnung. Ich rufe bei Katja an: »Hallo.«

»Hallo Dietmar, hab' mich schon gefragt, wo du so lange geblieben bist. Wir wollten doch ins Kino, was?«

»Ja, bin bei Meikl hängengeblieben.«

»Habt ihr Musik gemacht?«

»Nee, nur welche angehört. Die Profis können das ganz gut, mit dem Musikmachen, das ist schon mal schön, denen zuzuhören.«

»Ah ja«, sie lacht fast. Fast. Ich kann sie lächeln sehen, ihr Gesicht schwebt halbtransparent in der Dunkelheit draußen vorm Fenster. Dann sehe ich, daß es nicht ihr Gesicht ist, denn das Gesicht hat keine Locken. Es ist mein eigenes Gesicht, ich schlucke. Ich spreche. Immerhin, ich spreche: »Ich komm dann ... heim. Wir gehen schon ins Kino, ist ja erst halb sieben, ist ja noch Zeit.«

»Ja. Bis gleich.«

Ich verabschiede mich von Meikl, Meikl verabschiedet sich von mir.

Ich gehe tropfend nach Hause. Als Katja mir die Tür öffnet, sehe ich schon, daß im »Aufenthaltsraum« (in Wirklichkeit hat sich da früher meistens Cordula aufgehalten, also war das ihr Zimmer) jemand sitzt, aber ich sehe noch nicht, wer es ist, eine Frau, scheint mir. »Wer——?«

Katja nimmt mich ein bißchen zur Seite, flüstert mir ins Ohr: »Das ist Liz Disch. Sie hat vorhin angerufen, kommt wohl mit ihrem Haeckel-Buch nicht weiter. Ich glaub aber, in Wirklichkeit macht sie sich immer noch Sorgen wegen Wolfgang, oder Vorwürfe.«

Ich gehe an Katja vorbei ins Zimmer.

»Hallo.«

»Hallo, Journalist.«

»He, ich bin jetzt ROMANSCHRIFTSTELLER!«, blähe ich mich auf und laß die Luft gleich wieder raus, beim Dazusetzen, während Katja irgendwas in der Küche rumort.

»Wieso Romanschriftsteller?«, fragt Liz Disch, ehrlich interessiert, wahrscheinlich an allem, was nicht ihr Problem ist. Eine kluge Frau. Ich schau auf die Uhr, es ist schon acht.

»Ja, weil – …ich schreib' einen Roman über das Ganze. Also das GANZE, also Cordula Späth und so, und Wolfgang… auch über dich.«

Sie zieht den Mund schief, aber belustigt: »Ach ja, und wie heiße ich in dem Buch?«

»Ich nenne dich Lisa Irene Disch, und für deinen Spitznamen habe ich auch schon was: da nenne ich dich Liz.«

»Das ist das Bescheuertste, was ich je gehört habe. Nicht mal die Namen bei Heinrich Böll oder Eckhard Henscheid sind so doof.«

»Sag bloß, du findest deinen richtigen Namen weniger doof.«

»Darum geht's nicht, der ist nicht ausgedacht. Liz Disch, das ist so voll arm. Also Dath, ich mach' mir Sorgen.«

»Kommt doch jetzt endlich in die Küche, ich hab' keinen Bock, mir da den Arsch abzufrieren, wo ihr rumhockt«, brüllt Katja fröhlich vom Kaffeekochen rüber zu uns. Wir stehen auf und gehen rüber.

»Also, was ist mit deinem Buch?«, erkundigt sich Katja bei Liz Disch.

»Ich schreib es ja nicht alleine«, bemerkt Liz.

»Ja, ich weiß, diese Dame aus dem fremden Land«, werfe ich gespreizt ein, weil ich Co-Autorenschaften nicht mag. Das ist doch nix Kaltes und nix Warmes, entweder ein Kollektiv oder ein einzelnes, wichtigtuerisches Arschloch, aber nicht diese Ehen da. Typisches Vorurteil der Jugend, gewöhne ich mir morgen ab.

»Ja, aber wir schreiben nur den Haeckel-Teil zusammen, die anderen fünf Bände werde ich die nächsten Jahre selber oder mit wechselnden anderen schreiben«, erklärt Liz und trinkt Kaffee.

»Wie, die anderen fünf Bände?«, ich höre wohl nicht recht.

»Ja, der Haeckelteil ist nur der Anfang, die ersten beiden Bände werden von Naturwissenschaften handeln, aber alle sechs zusammen sind dann ein komplettes Werk, das soll ›Staat und Information‹ heißen.«

Katja freut sich: »Ach, wie Lenin, ›Staat und Revolution‹, sowas?«

»Ja, genau. Wir haben eigentlich nur für den Haeckelband einen Vertrag, aber ist mir egal, wo das alles erscheint, ich kümmere mich um das, was aktuell ist.«

Ich muß mich doch sehr wundern. Sie klingt ein bißchen wie ich, wenn ich meinen größenwahnsinnigen Tag habe.

Ein paar Minuten trinken wir schweigend.

»Sollen wir eigentlich jetzt noch ins Kino? Willst du mit, Liz?«, suche ich dann nach einem roten Faden.

»Eigentlich nicht, Kino sind mir zuviel Leute heute abend, aber danke. Ihr könnt ja gehen, ich muß eh wieder heim und ran«, macht Liz Anstalten, aufzustehen. Katja sieht sie an, der Blick ist Teil eines Gesprächs, das ich bis jetzt nicht bemerkt habe, zwischen den beiden. Dann sagt Katja: »Also, ich hab eigentlich keine Lust auf Kino. Wir können doch hierbleiben, oder?« Ist mir auch recht, und Liz sagt: »Ja, wenn ich ehrlich bin, hab ich auch keine Lust auf meinen Haeckel. Können wir nicht irgendwie Videos anschauen oder sowas? Alte Filme, habt ihr sowas da? Richtig wie so ein blöder Spontihaufen?«

So landen wir alle vor dem Videorecorder und schauen Dr. Mabuse-Filme an. Am Ende des zweiten Films, als Mabuse sich die Maske vom Gesicht zieht, und wir alle drei lachen, weil wir schon wußten, daß das kommt, sagt Liz ins Gelächter: »Also DAS kann ich aber auch!«, und sie macht sich mit beiden Händen an ihrem Hals zu schaffen, als hätte sie auch so eine Latexmaske auf.

Hat sie nämlich auch.

Ich denk', mein Herz bleibt stehen. Ich denk, mein äh Hirn geht schwimmen in der Lava, die aus toten Hunden rinnt, wie wir alle wissen. Katja steht der Mund offen. Liz zieht sich das verklebte Material – es sieht wirklich aus wie Haut, tausendmal echter als das Make-up von Mabuse im Film – vom Hals, dann vom Kinn, vom Gesicht, die Perücke löst sich auch vom Kopf. Sie hält die Maske in der Hand und läßt sie auf den Boden fallen. Hier und da kleben noch kleine Make-up-Reste in Cordula Späths blassem Gesicht, sie hat ein paar Schrammen und Spuren heftiger Gesichtsverletzungen auf den Wangen und an der Nasenwurzel. Sie atmet voll aus, als sie leise sagt: »Habt ihr euch eigentlich mal gefragt, warum man Liz Disch und Cordula Späth seit Cordulas Tod nie zusammen gesehen hat? Äh, andererseits hat seit meinem Tod niemand mich mit niemandem gesehen. Sorry, Leute. Ihr denkt wahrscheinlich jetzt, ich bin die größte Sau.«

Katja sagt gar nichts.

Ich sage gar nichts.

Katja sagt immer noch gar nichts.

Ich wiederhole, was Katja sagt, mit einigem Nachdruck.

Dann sieht Katja Cordula direkt ins Gesicht, und Cordula blickt geradeaus zurück, und Katja sagt: »Ehrlich gesagt, genau das hab' ich von dir erwartet. Das ist voll typisch.«

Vier Stunden später haben wir uns einander gegenseitig allmählich wieder ein bißchen beruhigt. Wir sitzen wieder in der Küche. »Eins wüßte ich aber gerne, Cordula«, stammle ich, noch ein bißchen ins Hirn getreten.

»Ja?«

»Was hat Wolfgang mit alldem zu tun?«

»Der? Der ist jetzt in Nevada und räumt die Trümmer weg. Dann schaut ihm der Vortexmann ins Hirn und zieht ein paar lockere Schrauben wieder an. Und Wolfgang ist wieder wie neu, und wenn nicht, und er kommt wieder und führt sich blöd auf, dann erziehen wir ihn halt gemeinsam.«

»Ja, müssen wir wohl«, seufze ich.

»Komm, wir gehen zu mir. Ich war ewig nicht mehr in meiner Wohnung«, fordert Katja uns auf, um die Benommenheit zu verjagen, ich meine, so eine Auferstehung ist echt zuviel verlangt.

»OK, gut. Aber meine Schachtel nehmen wir mit, damit nicht der Alte kommt und die Disketten von ›Staat und Information‹ klaut. Besonders das Kammerkonzert, der zweite Band wird fast nur das Kammerkonzert enthalten. Der arbeitet nämlich für die andere Seite.«

»Klar«, stimmt Katja grinsend zu. Die andere Seite. Was sonst.

Ich nicke nur kraftlos. Als die beiden sich anziehen, tret' ich unschlüssig von einem Fuß auf den andern. »Äh ... wenn ihr nichts dagegen habt, bleibe ich hier und schreibe noch den Epilog. Das letzte Kapitel ist ja wohl praktisch fertig dann jetzt. Ihr habt eh viel zu reden.«

»Behalt deine Anzüglichkeiten, Romanschriftsteller«, heuchelt Cordula clever Entrüstung.

Abschied.

Sie gehen.

Die Wohnungstür schließt sich.

Das Telefon klingelt.

Scheiße, wer besorgt mir jetzt die Diamondback-Regeln?

Ich schlurfe, immer noch wie unter Drogen, zum Hocker, auf dem der Apparat steht. Ich nehme den Hörer von der Gabel und halte ihn mir ans Ohr und spreche in die Muschel: »Hier Stephen King.«

»Hallo, Didi. Hier Titus. Ich wollt dir nur sagen, daß ich wahrscheinlich bald nach Freiburg ziehe jetzt, ich hab einen Studienplatz schon fürs nächste Semester. Geil, oder? Dann können wir jede Menge Zeug machen.«

»Ja, die Boys sind back in Town!« bestätige ich trocken.

Und die Girls.

Und das ist das Beste, was mir passiert ist.

1997 BENJAMIN V. STUCKRAD-BARRE

Jörg Fauser
Zum zehnten Todestag

Ten years after – da darf das alte Lied vom Rotlichtpoeten, vom Junkie und Trinker, vom Cut-up-Epigonen, E- und U-Gipfelstürmer, Song- und Schneemannschreiber mal wieder aus Leibeskräften gesungen werden, die alte Leier vom deutschen Bukowski, vom deutschen Verfasser amerikanischster Kriminalromane. Und dann wird erzählt, wie er – fast wie in einer seiner Geschichten – an seinem 43. Geburtstag, nach selbstredend feuchtfröhlichem Feiern, im – logisch – Morgengrauen überfahren wurde, draußen vor der Stadt. Feucht und fröhlich allerdings ist eine Assoziation, die nur Gelegenheitstrinkern einfallen kann. Fauser war diesbezüglich Profi – nicht fröhlich also.

Wenn jemand tot ist, ist er schnell ein Mythos. 1987: Die Nachrufer kübeln Pathos. Die Vernünftigen übertreiben ein bißchen, manche sehen gleich ganz schwarz für die Gegenwartsliteratur. Fauser konnte für sich zumindest eines reklamieren: Er wurde gelesen. Verstanden gewiß nicht immer. Zwar bezog er deutlich Stellung aus einer Ecke und einem Milieu, eben von dort, wo er sich auskannte – den vielzitierten Bars, Spelunken, Hinterhöfen und Stehausschänken: Orte, die Klischees anlocken wie Scheiße die Fliegen. Aber wenn er über die Menschen dort schrieb, ging es ihm nicht darum, ihr Außenseitertum abzuhandeln. Er sah in ihnen Durchschnittsexistenzen, deren Dasein »man vielleicht als FAZ-Leser als Außenseitertum betrachten kann, aber für meinen Geschmack nicht«. Was zunächst wie beliebige Polemik erscheint, verifizierte sich im FAZ-Nachruf aufs schönste: »Geschichten aus den unwirtlichen Winkeln, dem zwielichtigen Untergrund unserer Gesellschaft« wurden ihm dort wohlmeinend unterstellt. Seine Figuren hätten »alle den Anschluß an die große Welt versäumt und es noch nicht gemerkt«. Was aber ist die große Welt? Und was ist dann die kleine?

Wie einfach war es doch, Fauser als den Gossenpoeten mit besonderem Unterhaltungswert fürs Bürgertum abzuheften. So konnte es passieren, daß die Rezensenten nebenbei mal kurz Kokain und Heroin verwechselten, nicht wissend, daß Fauser genau das ausmachte: Der Selbstversuch ging bei ihm an allerlei Grenzen, seine Recherchen hätten einen solchen krimigewöhnlichen Lapsus niemals durchgehen lassen. 5 Kilo Koks und 5 Kilo Heroin sind schon ein Unterschied, das ist nicht einfach nur Lieschen Müllers Währung für Wahnsinn und jede Menge Ärger. Es legt darüber hinaus manche Koordinate fest – Rauschamplitude und -Intention, Kontaktpersonen und Ort der Handlung. Den Nachrufern war's egal: Unser Bukowski, irgendwie bedröhnt, erlebter Untergrund, Dreck.

Vornehmlich Männer schrieben über Fauser, und er schrieb nur über Männer – das Wasser bis zum Hals, das Glas in der Hand und die Bank im Nacken. »Das ist die einzige Welt, die ich kenne«, erklärte er einmal, warum seine Frauenrollen nur als Reflektoren zur genaueren Definition der männlichen Charaktere taugen.

Im autobiographischen »Rohstoff« schrieb er Letztgültiges zu Motivation und Drama des Schreibenden. Früh schon sei ihm klar gewesen, daß der Beruf des Schriftstellers »der einzige war, in dem ich meine Apathie ausleben und vielleicht dennoch aus meinem Leben etwas machen konnte«. Aber es war sein Dilemma, schreiben zu wollen, weil er gebannt war von der Kraft seiner Vorbilder: »Allerdings waren die guten Bücher schon alle geschrieben, sie standen in Buchhandlungen oder den eigenen Regalen, und so geriet ich zwangsläufig unter den Einfluß solcher Lebenskünstler wie Henry Miller oder Kerouac.« Mit allen Konsequenzen. Rauschmittel jedweder Art dienten ihm zunächst zur Flucht, später zur Fortbewegung, dann zu kontrollierten Ausflügen – also die klassische Drogenkarriere: »Wer das braucht, kann nicht sehr gut sein.« Schreiben mußte man auch ohne können. Man mußte ohnehin.

Fauser hatte sich Bukowskis lakonische Definition gut gemerkt: »Du entscheidest dich nicht für diesen Beruf – es ist genau umgekehrt.« Da lagen die Würfel und die Scherben, und los ging's. Da waren der Ärger, der Schwachsinn, die Frauen, die Drogen (die Revolution nicht so recht) und die Vorbilder: Fausers Frühwerk ist weder eigenständig, woher auch, noch besonders clever kopiert, jeder Satz geprägt vom bemühten Versuchen, vom Nacheifern. Machen heißt zunächst immer nachmachen, die Kunst besteht dann im Weitermachen, Besserwerden, und Fausers Devise führte über rauhe Bahn: »Die Technik kam dann schon, wenn man es nur ernsthaft genug mit dem Schreiben versuchte.«

Ernsthaft schreiben hieß für ihn auch, bedingungslos alle Fehler seiner Götter zu wiederholen – learning by dying, beinahe. Vorbilder im eigenen Land waren rar, die tonangebende Gruppe 47 fand Fauser »nicht innovativ« und damit wertlos. »Unser Lebensgefühl war von Amerika geprägt«, heißt es in einem für Fauser untypisch sentimentalen Those-were-the-days-Bericht. Doch war dies Amerika zunächst rein hypothetisch: eine Projektion, genährt aus dem Werk der Beatniks und ein schlichter Gegenentwurf zur drögen Heimat. Die lernte Fauser vor allem im unwirtlichen Frankfurt kennen und verstehen: »Wenn schon alles zum Kotzen war, hier zeigte man wenigstens offen, welche Kotze zählte.«

Ein Stadtmensch allenthalben. In »Rohstoff« kokettiert Fauser nicht übermäßig beim Loblied auf die Großstadt: »Kaum ein halber Tag auf

dem Land, und schon hatte man Sehnsucht nach den Gleisen, den Stell-
werken, dem Togal-Schild über den abgestellten Zügen, (...) dem Gesicht
der Masse, in der man verschwinden konnte, um sein eigenes Gesicht zu
wahren.« Dann gehen Fauser und sein Held eine Rindswurst essen. So
war das. Später reicht das Geld nicht für die Zeche. »Mit einer Boutique
verdient man sicher besser. Aber ich wollte immer schreiben. Und wenn
man's dann allmählich in den Griff bekommt, weiß man, warum man es
macht.« Und vor allem wie. Das Klischee vom einsamen, eigenbrötleri-
schen Dichter erzürnte Fauser immer. »Teilhabe an der Welt, das ist
schon schöner«, befand er sarkastisch. Als ob es da eine Alternative gäbe.
Schreiben hat vernünftigerweise im Kämmerlein stattzufinden, aber
drum herum ruft das Leben – und Fauser brüllte zurück. Doch ohne
Ruhe beim Reagieren und Verarbeiten ging's nicht: »und du bist nicht
da/und wenn du da wärst/könnte ich das nicht/schreiben.«

Daß pointenlos ausgerechnet ein Lkw das beendete, was Fauser recht
moralisch nicht nur als bloßes Durchkommen, sondern auch als das
»Einhalten bestimmter Spielregeln« verstand, paßt ins Bild. Suff und
Junk und Land haben eifrig an ihm gezerrt, und dann kam der Lkw.
Einfach so. Wumms. Sein gern zitierter »großer Bang mit allen Stem-
peln« war das sicher nicht.

Es ist natürlich die Frage, wie und ob man einen Todestag begeht. Man
kann pathetisch ein Glas erheben oder besser gleich eine Flasche. »Der
eine verträgt einen Löffel Rohopium, und der andere fällt um, wenn er
gegen Pocken geimpft wird«, hat William S. Burroughs zu Fauser gesagt.
Angeblich.

1997 SIBYLLE BERG

**Ein paar Leute suchen
das Glück und lachen sich tot**

Roman
Auszug

VERA trinkt Kaffee

Glückwunsch, sagt Vera. Das Wort steht in der leeren Küche. Fröstelt.
Schaut sich die Küchenzeile an, das Wort, und verkriecht sich unter der
Spüle. Stirbt daraufhin. Keiner ist da, um Vera zu gratulieren. Was soll
mir auch wer gratulieren, und vor allem wozu? Denkt Vera. Wer bis 30
nicht versteht, worum es geht, wird es nicht mehr begreifen. Vera trinkt
Kaffee. Sie guckt dabei ihre Beine an. Da sind blaue Adern drauf, die gestern da noch nicht waren. Seit ihrem 30. Geburtstag findet Vera andauernd Dinge an sich. Dinge, die zu einem Menschen gehören, der nicht
mehr jung ist. Das Leben ist wie Auto fahren, seit Veras 30. Geburtstag.
Eine Fahrt, so eine Straße lang, am Ende eine Mauer zu sehen, auf die
das Auto auftreffen wird. Und links und rechts nur bekannte Gebiete.
Das Auto fährt immer schneller, seit Vera 30 wurde. Warum anhalten.
Geht nicht. Aussteigen, um zu laufen, warum? Vera guckt aus dem Fenster. Bekanntes Gebiet. Ein Hinterhof und ein toter Baum und dann Fahr-
räder in einem dämlichen Häuschen. Damit die nicht frieren.
Ich könnte was rausgehen und mir Kuchen holen, denkt Vera. Sie guckt
aus dem Fenster und sieht sich über diesen Hinterhof gehen. Zum
Bäcker, der dämlichen Frau im Bäckerladen freundlich guten Tag sagen.
Obwohl sie der jeden Tag eigentlich lieber sagen würde, daß sie eine
blöde Kuh ist. Die runde, selbstzufriedene Frau beim Bäcker. Die nachts
bestimmt alleine in ihrem blöden Bett liegt und schwitzt. Weil sie so

dick ist und nicht schlafen kann, weil sie einsam ist und weiß, daß sie es bleiben wird. Noch viele Jahre. Und die dann im Laden steht, poliert und sich fühlt, als wäre sie Gott, in dem, was sie für Unbescholtenheit hält, in dem, das Angst ist.

Vera sieht das so deutlich, wie sie da in dem Laden steht, daß ihr unbehaglich wird. Und sie kurz denkt, ob das so ist, wenn eines den Verstand verliert. In welche Richtung läuft Zeit eigentlich, überlegt Vera, und dann fällt ihr ein, daß diese Frage nicht neu ist, und daß schon mehrere Menschen verblödet sind, an dieser Frage. Da könnte sie auch gleich über das Universum nachdenken oder Dinge dieser Art, von denen keines wissen kann, ob es sie wirklich gibt. Und weil das ja blöd ist, über so was nachzudenken, geht Vera raus. Über den Hinterhof. Zum Bäcker. Grüßt freundlich, denkt alte Sau, und kauft sich Kuchen. Und an der Ecke noch ein paar Margeriten. Als Vera klein war, waren die Margeriten im Garten das einzige Schöne. Der Rest war ziemlich scheiße. Aber die Margeriten waren schön. Vera war manchmal Margeritenarzt und mußte Operationen vollziehen. Ab und zu heirateten welche von den Blumen und so Sachen, und als Vera eines Morgens aufwachte, waren alle Margeriten weg. Ihre Mutter hatte sie umgegraben, in der Nacht. Vera weiß bis heute nicht warum, und sie guckt die Blumen an und fragt sich das. Sie geht hoch in die Wohnung, das darmige Treppenhaus, Geruch nach Bohnerwachs und nach Menschen, die nie ein großartiges Leben haben werden. Am Tisch, in der Küche sitzt sie dann und ißt den Kuchen auf. Sie guckt die Margeriten an. Guckt ihre Beine an. Und wußte schon unten auf der Straße, wie sie das machen würde. Jede Bewegung mit dem passenden Gefühl dazu. Herzlichen Glückwunsch, Vera, sagt Vera, und dann wird ihr schlecht, von dem Kuchen, und sie übergibt sich.

NORA hat Hunger

Ich wiege mich jeden Morgen.
Morgens ist es immer ein bißchen weniger.
Seit einem halben Jahr esse ich nur noch Gurken. Äpfel und Salat. Alles ohne Zusätze, versteht sich.

Zuerst war mir übel. Ich hatte Bauchkrämpfe. Aber jetzt geht es einfach. Wenn ich Essen rieche, habe ich keinen Hunger mehr. Mir wird direkt schlecht, wenn ich Essen rieche.

Gestern waren es 40 Kilo. Ich bin 1,75 groß. Vielleicht wachse ich noch. Dünner werde ich auf jeden Fall.

Ich habe es mir geschworen.

Seit ich nicht mehr esse, brauche ich niemanden mehr. Meine Eltern sind fremde Personen geworden. Es ist mir egal, ob sie mich beachten oder nicht. Ich bin sehr stark. Meine Mutter hat geweint, neulich. Ich habe zugesehen, wie das Wasser ihr Make-up verschmiert hat. Und bin rausgegangen. Es sah häßlich aus. Ich habe auch gesehen, wie dick sie ist. Sie sollte etwas dagegen tun. Ich verstecke mich in der Schule nicht mehr. Als ich noch dick war, bin ich in der Pause immer aufs Klo gegangen, damit sie mich nicht ignorieren können. Jetzt stehe ich offen da und denke mal, daß sie mich beneiden.

Ich sehe noch immer nicht ganz schön aus. Ich bin noch zu dick. Die Arme sind gut, da ist kaum noch Fleisch dran. Ich finde Fleisch häßlich. Und die Rippen sieht man auch schon gut. Aber die Beine sind zu dick.

Als ich noch richtig dick war, hatte ich irgendwie keine Persönlichkeit. Jetzt ist das anders. Ich bin innen so wie außen. Ganz fest. Mit einem Ziel ist keiner alleine, weil ja dann neben dem Menschen immer noch das Ziel da ist. Ich kann mich noch erinnern, wie es war, dick zu sein. Mal ging es mir gut, und im nächsten Moment mußte ich heulen und wußte nicht, warum. Ich meine, das kam mir alles so sinnlos vor. Daß ich bald mit der Schule fertig bin und dann irgendeinen Beruf lernen muß. Und dann würde ich heiraten und würde in einer kleinen Wohnung wohnen und so. Das ist doch zum Kotzen. Mit so einer kleinen Wohnung, meine ich. Das kann doch nicht Leben sein. Aber eben, wie Leben sein soll, das weiß ich nicht. Ich denke mir, daß ich das weiß, wenn ich schön bin. Ich werde so schön wie Kate Moss oder so jemand. Vielleicht werde ich Model.

Meine Mutter war mit mir bei einem Psychologen. Ein dicker, alter Mann. Mutter ließ uns allein, und er versuchte mich zu verarschen.

Mich verarscht keiner so leicht. Ich hab so einiges gelesen, ich meine, ich kenne ihre blöden Tricks. Und der Typ war mal speziell blöd.

»Bedrückt dich was«, hat er gefragt. Und so ein Scheiß halt, und ich habe ihn die ganze Zeit nur angesehen. Der Mann war echt fett, und unter seinem Hemd waren so Schwitzränder. Ich habe nicht über seine Fragen nachgedacht.

Ich meine, was soll ich einem fremden, dicken Mann irgendwas erzählen. Einem Mann, der sich selbst nicht unter Kontrolle hat. Der frißt. Ich bin weggegangen und habe den Psychologen sofort vergessen.

Ich habe ein Ziel.

Ich habe vor nichts mehr Angst. Ich denke nicht mehr nach. Das ist das Beste.

BETTINA guckt so

Ich liege neben dir und guck die Decke an. Vor der Tür, unten, so eine Ampel, die die Decke färbt. Ampeln ganz weit in der Nacht, da weiß ich immer nicht, was die sollen. Kein Auto da, das sie regeln können. Wenn auf der Welt nichts mehr lebt, werden die Ampeln immer noch tun, als wär alles in Ordnung. Ich frag mich, ob das ein deutsches Problem ist. Ich dreh den Kopf und sehe, daß du mich ansiehst. Munter bist. Ich zieh deinen Kopf zu mir, damit ich dir nicht in die Augen sehen muß. Damit du meinen Blick nicht siehst. In dem nichts für dich dabei ist. Außer Mitleid mit mir, daß ich schon wieder allein sein werde. Morgen wahrscheinlich schon. Oder laß es was länger dauern. Keine Ahnung, wie Verlieben anfängt. Und wie es aufhört. Ich greife nach dir, und wir fangen an mit unseren Körpern Sachen zu machen, die unsere Köpfe gar nicht mehr wollen. Ich fühle deine Haut und schmecke jetzt schon, daß sie mir bald fremd sein wird. Ich werde dich sehen, deine Haut, dein Fleisch und alles, und mir nicht mehr vorstellen können, daß es mal war. Fast wie meins. Ein letztes Umarmen. Solange es noch geht.

Zusammenschlafen mit dem Gefühl, das ist das letztemal. Und das bringt ja nun mal gar keine Nähe. Das bringt wirklich gar nichts. Und dann schläfst du ein. Ich höre zu, wie du schläfst. Noch weniger ahnend als ich selbst. Und ich schaue dich an, und die ganzen großen Sachen sind weg. Weinen zu wollen, vor Liebe. Beschützen zu wollen oder einfach nur anschauen, die ganze Nacht. Da ist nur noch jemand, der schläft. Und wo der Mund offen ist. Nix mehr da. Ich denk nur, daß ich morgen das Kissen wechseln sollte, wegen der Spucke aus deinem Mund. Draußen steht der Vollmond, und du schläfst, und warum laufen wir jetzt nicht draußen rum. Erzählen uns Gruselgeschichten, fassen uns an, weil wir Angst haben, wegen der Geschichten, fallen auf so eine Wiese, vom Mond beschienen. Der Mond und du und ich gehe raus und laufe im Bademantel die kalte Straße hoch und runter. Die Füße nackig und die frieren. Ich diese blöde Straße lang und die Kälte ist gut. Steigt das Bein lang und hat was Lässiges, so im Bademantel in der Großstadt. Ich bin wieder dabei. Ein urbaner Single mit nackigen Füßen.

RUTH langweilt sich

Es ist wirklich unangenehm langweilig.

Als ich jünger war, dachte ich, wenn ich viel daran denke, wie es ist, alt zu sein, dann kann mich nichts mehr überraschen. Ich dachte mir, es wäre wahrscheinlich ganz gut, alt zu sein. Ich habe mir vorgestellt, ich wäre so eine coole Alte, mit viel Schmuck und lila gefärbtem Haar. Und ich würde in einem Haus wohnen, in Nizza vielleicht, und das schwank- te immer, die Idee, wo das Haus sein würde. Auf jeden Fall wäre das Haus immer voll mit wirklich verrückten Menschen, die echt verrückte Sa- chen machen würden. Auf Tischen tanzen und so was. Und ich könnte über alles lachen, weil ich weise wäre und es besser wüßte. Was auch im- mer. Und so richtig klasse wäre es, dachte ich immer, daß mir im Alter die meisten Geschichten egal wären. Liebeskummer, Cellulite und so- was. Ich dachte mir, es müsse wirklich ganz nett sein, alt zu werden. Und jetzt bin ich alt und weiß gar nicht, wie es so schnell dazu kommen konnte. Ich bin nicht reich, ich dachte immer, das käme schon noch, aber es kam halt nicht. Es kam auch kein reicher Mann. Oder sagen wir mal, überhaupt ein Mann, der blieb. Immer dachte ich, es käme da noch ein besserer, weil ich ja auch immer besser würde. Aber das stimmte auch nicht. Es kamen eher immer weniger und schlechtere. Und auf einmal war ich alt. Ohne mich irgendwie weise oder eben alt zu fühlen. Ich fühle mich nur gelangweilt. Ich wohne also nicht in einem Haus in Nizza, sondern in einem verfluchten Altersheim. Die anderen hier, die sind wirklich alt. Ich nicht. Wenn eines noch an Wunder glaubt, ist es nicht alt. Ich glaube, das kann wirklich nicht alles gewesen sein. Es wird noch etwas ganz Großes passieren. Irgendwas, das mir klarmacht, wozu das alles gut ist. Das weiß ich nämlich beim Stand der Dinge nicht wirklich. Ich am Fenster und seh den totkultivierten Garten an. In meinem Haus in Nizza wäre mein Garten ganz verwildert gewesen. Ich hätte da jetzt draußen gesessen, mit ein paar Freunden, einige würden grad wieder auf dem Tisch tanzen, und ich würde mich vielleicht langweilen, wegen dieser permanenten Tischtanzerei. Wenn dem Menschen nichts mehr einfällt, glaubt er auf einmal, daß es einen Gott gibt. Hey, bitte lieber Gott mach, daß noch etwas kommt.

TOM geht weg

Die Luft riecht nach Großstadt, morgens um 4. Ein dicker Geruch. Nach schimmelndem Metall und Bäcker. Die Frau liegt oben. Wahrscheinlich weint sie. Wenn ich eine Frau wäre, würde ich auch weinen. Weil das so bequem ist, eine Flucht, die nichts ändert, falls ihr versteht, was ich meine. Die Frau weint also vermutlich. Ich nicht. Ich weine nicht, ich leide auch nicht. Ich gehe einfach nur nach Hause. Ich werde mir die Frau abduschen. Wieder durch die Bars laufen und suchen. Nach einer neuen Frau. Wenn Weihnachten ist, und ich kann euch sagen, das kommt immer schneller, als man so denkt, werde ich wieder vor diesem Kaufhaus hier stehen. Jetzt sind da irgendwelche Herbstsachen drin. Blöde Plastefrüchte und so. Aber Weihnachten ist da eine Eisenbahn drin, in dem Schaufenster. Die fährt durch verschneite Dörfer. Die Häuschen sind von innen beleuchtet. Ich steh da immer ganz lange. Stell mir Sachen vor, die in diesen Häuschen passieren. Irgendwo wird eine Katze geschlachtet, in den Ofen geschoben, die Därme an den Baum geputzt. In einem anderen Häuschen liegt der Großvater im Bett und ist schon geraume Weile tot. Da sind Fliegen, und die Enkel spielen mit dem Opa. Solche Sachen eben, und ich habe dann so einen Haß auf die Kinder. Die stehen neben mir und sehen meine Bahn an. Und die Eltern zwinkern, wenn die Scheißkinder fragen: Krieg ich so eine? Wir werden sehen, sagen die Eltern und zwinkern. Ich könnt die dann immer in die Schnauze haun. Ich weiß wirklich nicht, warum. Was ich sagen will, ist, irgendwie suche ich nach einer Frau, die Weihnachten mit mir diese Bahn anguckt. Und die mich nichts Blödes fragt. Die vielleicht so einem Kind eine runterhaut. Und die mir dann eine Eisenbahn schenkt. Aber ich habe so eine noch nie gefunden. Ich gehe jetzt heim, dusche. Und dann gehe ich wieder los. Und suche weiter nach der Frau, die mit mir zu diesem Schaufenster geht.

1997 ALEXA HENNIG VON LANGE

Relax

Roman
Auszüge

I: Chris

Musik ist jetzt komplett wichtiger. Musik hören und aus dem Fenster gucken und spulen. Bäume, Felder, Bäume, Scheinwerfer, Bäume, Lücke, Bäume, Lücke, Bäume, Musik. Mich spults. Ich will die Bäume anfassen, ich will einen Ast ins Auto holen, ich will einen Baum im Auto. Den bringe ich meiner Kleinen mit. Ich lehne mich aus dem Fenster und hole einen Baum ins Auto. Original. Ich schenke meiner Kleinen einen Baum.

»Ich schenk meiner Kleinen nen Baum!«

»Was machste?«

»Ich schenk meiner Kleinen nen Baum!«

Original. Das ist eine komplett gute Idee. Meine Kleine wird Augen machen, wenn ich mit einem Baum die Treppe hochkomme. Ich lehne mich einfach aus dem Fenster und pflücke mir einen Baum.

»Ich pflück jetzt 'n Baum für meine Kleine!«

»Mach das Fenster zu, Chris!«

»Ich pflück jetzt Bäume!«

»Spinnst du, Chris! Du kannst keine Bäume pflücken!«

»Woher weißte das?«

»Mach das Fenster zu!«

»Gleich!«

»Mann, Chris, komm rein!«

»Gleich!«

»Chris, du fliegst ausm Auto!«

»Ich halt mich doch fest!«

»Der Griff macht das nich mit!«

»Hä?«

»Komm rein, Chris!«

»Ich pflück doch nur 'n Baum für meine Kleine!«

»Mir reichts!«

»Wasn jetzt los?«

»Ich fahr nich weiter!«

»Warum hältstn jetzt an!«

»Ich fahr nich, wenn de dich ausm Fenster hängst!«

»Ich halt mich doch fest!«

»Vorhin haste auch vergessen, dich festzuhalten!«

»Aber ich will meiner Kleinen einen Baum mitbringen!«

»Vergiß es, Chris!«

Das ist vielleicht eine Scheiße hier! Original. Nicht mal Bäume pflücken
darfst du. Gucke ich eben weiter aus dem Fenster und höre Musik. Bäume,
Felder, Bäume, Lücke, Bäume, Scheinwerfer, Bäume, Musik. Mich spults.
Zahnpasta!

»Könn wir an ner Tankstelle halten?«

»Mußte pissen?«

»Nee..., ja, auch!«

»Was denn noch?«

»Ich muß Zahnpasta kaufen!«

»Relax doch ma, Chris!«

»Halt trotzdem an ner Tankstelle!«

Dann bringe ich meiner Kleinen wenigstens eine Tube Zahnpasta mit, wenn ich schon keine Bäume pflücken darf. Ich sehe mal aus dem Fenster und gucke, ob ich eine Tankstelle sehe. Bäume, Felder, Bäume, Lücke, Bäume, Tankstelle. Da ist eine Tankstelle.

»Halt!«

»Scheiße!«

»Komm gleich wieder!«

»Beeil dich!«

»Ich muß noch pissen!«

»Mach schnell, sonst komm wir nie an!«

Hoffentlich haben die hier überhaupt Zahnpasta. Kann ja sein, daß die hier gar keine Zahnpasta haben. Dann kann ich meiner Kleinen nämlich keine Zahnpasta mitbringen. Keinen Baum, keine Zahnpasta. Das ist dann komplett blöd, oder.

»Haste Zahnpasta?«

»Da drüben!«

»Wo?«

»Hinter den Keksen!«

»Wo denn?«

»Hier! Hast du keine Augen im Kopf?!«

»Kannste mich ma beraten?«

»Was willst du?«

»Welche istn davon gut?«

»Keine Ahnung!«

»Wie? Das mußte doch wissen!«

»Warum?«

»Du verkaufst das Zeug doch schließlich!«

»Na und?«

»Du mußt doch wissen, ob das Zeug gut is, das de verkaufst!«

»Zahnpasta is Zahnpasta!«

»Und warum gibts dann so viele Sorten?«

»Weiß ich nich! Kann ja nich nur eine geben!«

»Dann nehme ich von jeder Sorte eine!«

»Okay! 25 Mark!«

»Mach 28 Mark!«

»Danke!?«

»Ich probier die jetzt ma aus!«

Ich glaube das ja nicht. Der Typ kennt sich mit seiner eigenen Ware nicht aus. Das kann ja komplett der letzte Schrott sein, und er weiß es nicht mal. Merkwürdig. Ich pisse jetzt noch schnell an die Tanksäule, und dann geht es weiter.

»Komme gleich, Lenny!«

»Spinnst du, du kannst doch da nich hinpinkeln!«

»Warum nich?«

»Der holt die Polizei!«

»Quatsch! Ich hab dem drei Mark Trinkgeld gegeben!«

»Warum?«

»Warum nich? Der Typ kennt sich original nich mit seiner Zahnpasta aus!«

»Tut er nich, so?«

»Verkauft Zahnpasta und kennt sich nich damit aus!«

»Macht doch nichts!«

»Doch. Jetzt mußte ich von jeder Sorte eine kaufen!«

»Warum?«

»Weil der Typ nich wußte, welche gut is!«

»Is doch alles das gleiche Zeug!«

»Werden wir ja sehn!«

»Steig ein, Chris!«

»Fahr los, Lenny!«

Jetzt bin ich ja mal gespannt. Kann original nicht sein, daß es da keine Unterschiede geben soll. Die hat zum Beispiel rote Streifen. Schmeckt nach Zahnpasta. Diese hier hat zum Beispiel grüne Streifen. Schmeckt nach Zahnpasta. Diese hat zum Beispiel gar keine Streifen und schmeckt trotzdem nach Zahnpasta. Kann doch nicht sein, daß die alle gleich schmecken, egal ob die rote oder grüne oder gar keine Streifen haben. Gibts ja nicht. Das ist original alles das gleiche Zeug, und mir ist schlecht.

»Mir is schlecht!«

»Wenn de Zahnpasta frißt!«

»Ich muß doch rausfinden, welche am besten is!«

»Und?«

»Alles das gleiche Zeug!«

»Hab ich doch gesagt!«

»Scheiße!«

Die anderen beiden probiere ich lieber gar nicht mehr. Hinterher muß ich noch kotzen. Was mich jetzt aber doch mal interessiert, wie kommen eigentlich diese Streifen da so sauber drauf. Vielleicht sollte ich mal eine Tube aufmachen. Da müßte man doch was erkennen. Ist ja sowieso alles das gleiche Zeug. Ich meine, ist komplett egal, welche Tube ich meiner Kleinen mitbringe. Da mußt du original selber deine Zahnpasta testen, weil der Typ nicht weiß, welche die beste ist. Ich weiß es. Ist alles das gleiche Zeug.

»Weißte, wie die Streifen da drauf komm?«

»Nö!«

»Ich prüf das jetzt ma nach!«

»Wie willste das denn machen?«

»In die Tube gucken!«

»Aber nich hier im Auto!«

»Schon passiert!«

»Scheiße!«

»Scheiße, hast du 'n Taschentuch?«

»Nein!«

Jetzt klebt das Zeug überall an meiner Jacke. Scheißzeug. Was mache ich denn jetzt? Ich gucke aus dem Fenster. Bäume, Lücke, Bäume, Lücke, meine Finger kleben. Original. Rockstar mit Zahnpasta an den Händen. Ist ja lustig. Hast du schon mal einen Rockstar mit Zahnpasta an den Händen gesehen? Ich nicht. Meine Kleine. Dein Rockstar hat Zahnpasta an den Händen.

• • •

II: Die Kleine

Ach, ich liebe diesen Supermarkt. Man kann hier original echt alles kaufen, was das Herz begehrt. Zum Beispiel Terror-Tattoos. Das sind die abgefahrensten Teile, die es auf der Welt gibt. Für 1 Mark kriegt man so ein Tütchen mit den grausigsten Monster-Aufklebe-Tattoos, die man sich vorstellen kann. Mann, die sind einfach super, und Barb ist absolut süchtig nach den Teilen. Wenn die sich auszieht, hat die echt überall am Körper solche Teile kleben. Ich frage mich echt, wofür, weil die solo ist.

Man kann hier aber auch prima Brot kriegen. Ich schwenke da jetzt mal rüber. Irgendwie ist mir ja grade schon so ein bißchen schummrig und koksig. Hauptsache, die haben jetzt überhaupt noch Brot. Ich meine, wenn man sich hier die Menschenmassen ansieht, kommt einem schon so ein leichter Zweifel hoch. Die Typen sehen nämlich alle so aus, als ob die massenweise Brot fressen. Nee wirklich. Irgendwie teigig-bröselig. Mann, jetzt konzentriere dich bloß. Ich habe keine Lust, daß die Alte hinter dem Tresen merkt, daß ich drauf bin. Ganz ruhig und bloß nicht hektisch sein.

»Tach!«

»Ja bitte?«

»Ich hätte gern ein Sonnenblumenbrot!«

»Sonst noch was?«

»Nö, danke!«

»Bitte. Schönes Wochenende!«

»Ja, danke, gleichfalls!«

Wunderbar. Das ist ja richtig gut gelaufen. Ein Glück habe ich nicht mittendrin vergessen, weswegen ich hier bin. Das kann echt schon mal passieren. Da schwebt man in völlig anderen Sphären, und schwups hat man vergessen, was man kaufen will. Da steht man dann richtig blöd da, und dann dauert es eine Weile, bis es einem wieder einfällt, warum man da vor den Brötchen steht. Mann. Die schreiben hier immer mit so fetten roten Filzstiften den Preis auf die Brötchentüten. Wenn das mal nicht ungesund ist. Das stinkt dann alles absolut nach diesem hochgiftigen Lösungsmittel. Das zieht doch bestimmt dann voll ins Papier ein und dann in das Sonnenblumenbrot. Da kann man ja high von werden. Frißt man ein Stück harmloses Brot und ist hinterher super-stoned, weil die hier mit Mörderstiften ihre Preise auf das Papier schmieren. Kaum zu glauben. Man soll ja auch nicht an der Tankstelle belegte Brötchen oder so was kaufen, weil sich da irgendwie die ganzen Abgase drin absetzen sollen. Habe ich jedenfalls mal irgendwo gelesen. Das sind ja dann richtige Abgas-Brötchen. Super.

»Aua!«

»Entschuldigung!«

»Immer schön mit der Ruhe!«

»Ich hab nicht so viel Zeit wie du!«

»Aber doch wohl genug Zeit, um mir den Einkaufswagen nich in den Hintern zu schieben!«

»Offenbar nicht!«

»Schade!«

»Ja, das ist wirklich sehr schade!«

Nee, ey. Leute gibts. Habe ich doch vorhin schon gesagt. Die Leute rammen einem hier ständig ihre Einkaufswagen in den Arsch, weil sie einfach alle Angst haben, daß sie nicht mehr genug einkaufen können. Das ist ja wirklich der absolute Blödsinn. Idioten. Jetzt tut mir auch noch der Hintern weh. Wirklich, richtig doll reingerammt. Die sind doch alle blind hier. Ich glaube, ich kriege einen Schweißausbruch. Das ist der Nachteil an der ganzen Koks-Geschichte. Mein Kreislauf macht das echt nicht mit. Entweder mir ist so richtig schweine-kalt, oder ich fange wie blöde an zu schwitzen. Ey, bloß schnell raus hier. Sonst klappe ich noch zusammen, und dann stehen sie alle blöde um mich rum und glotzen mich an. Dann holen sie einen Krankenwagen, und schwups geht es mit Tatü-Tata ins Krankenhaus, und ich habe echt keine Lust zu erzählen, daß ich mir Koks gepumpt habe. Hinterher kommt man deswegen noch ins Kittchen. Wo haben die hier denn bloß die Zahnpasta stehen? Ich weiß es jetzt echt nicht. Die haben hier einfach zu viele Regale. Wie soll man sich denn da bloß merken können, was wo steht? Ich muß da jetzt mal ganz systematisch vorgehen. Am besten, ich fange hinten an und gehe dann immer jeden Gang von rechts nach links und gucke von oben nach unten. Ich glaube, so kann am wenigsten schiefgehen. Irgendwann muß ich ja dann an der Zahnpasta vorbeikommen. Hier gibts ja auch mal wieder keine Supermarkt-Suchhilfen. Ich meine diese Wesen in weißen Kitteln, die man fragen kann, wo die Zahnpasta steht.

Man ist völlig auf sich selbst angewiesen.

Such, such, such. Alle suchen hier. Vielleicht sind die deshalb alle so hyper-nervös und hektisch und schieben einem den Einkaufswagen immer hinten rein, weil sie nicht nach vorne sehen können, sondern in den Regalen nach was Brauchbarem suchen. Zum Beispiel. Spaghetti. Ich habe es absolut schon mal erlebt, daß mich die Leute hier für eine Suchhilfe gehalten haben, obwohl ich eigentlich nie im weißen Kittel rumlaufe. Warum auch? Gibts gar keine Veranlassung dafür. Aber trotzdem. Vielleicht sehe ich ja so allwissend aus. Kann ja sein. Ist doch auch ganz schön, oder?

Wow, ein Glück. Da ist ja die Zahnpasta. Erst mal tief durchatmen. Mann. Mein Kreislauf schlägt echt Purzelbäume, und ich merke schon, wie mir die Schweißperlen auf der Stirn stehen. Was nehme ich denn jetzt am besten? Die haben ja hier absolut und original alle Sorten und Variationen von Zahnpasta. Gibts ja gar nicht. Wie soll man sich denn da entscheiden können? Mal sehen. Gegen Zahnfleischbluten, klingt eklig. Mit Mundwasser, ist zu scharf. Chris mag lieber süßliche Zahnpasta, also Kinderzahnpasta. Tja. Da haben wir uns doch schon entschieden. Auf gehts. Ich brauche noch ein bißchen Gemüse und Fischstäbchen. Ich meine, vielleicht kommt Monsieur heute abend doch nach Hause, und da muß ich ihm ja was zu essen anbieten können. Fischstäbchen sind das beste. Ha, ich liebe sie einfach. Am besten ist es, wenn man die Dinger häutet, also die Panade vorsichtig abbeißt und dann erst den Rest auffrisst. Das ist echt absolut genial. Ich grabsche mir gleich mal die Packung mit 20 Stück. Von dem Zeug kriege ich einfach nicht genug, und das wird ein richtiges Kinderessen. Ich schwörs, meine Kinder kriegen später nur Fischstäbchen. Jetzt mal ganz flott zur Kasse. Puh, sind hier viele Leute. Da kriegt man sich ja kaum durchgeschlängelt und schon gar nicht mit so einem zugekoksten Gleichgewichtssinn. Ganz langsam und schön Augen offenhalten.

Mann. Die kriegen das ja hier echt nicht geregelt, mit ihren Kassen. Die haben hier fünf Kassen, und nur drei sind besetzt. Und das am Samstag. Nee, wirklich. Kaum zu glauben. Kein Wunder, daß sich hier alles vor dem Klopapierregal staut. Das machen die mit Absicht. Damit man noch tüchtig Klopapier kauft. Die haben hier aber auch wirklich exquisites Klopapier. So Lady-Lady-mäßig. Ganz weich, dreilagig, parfümiert und mit rosa oder grauen Blümchen bedruckt. Da macht ja Po-Abwischen gleich doppelt Spaß. Ich glaube, sowas will ich auch mal haben. Und schon hat es auch bei mir funktioniert. Ich meine, das mit dem Warten vor dem Klopapier-Regal und der Idee, so tüchtig Klopapier an den Mann zu bringen. Die sind ja hier wirklich ganz schön ausgefuchst. So ein bißchen Walnußeis kann ich ja auch gebrauchen. Gut, daß hier grade die Tiefkühltruhe steht. Eis liebt Monsieur nämlich sehr. Das kriegt er heute abend, als kleine Überraschung. Da freut sich mein kleiner Chris. Der liebt das nämlich wirklich richtig. Mann.

Hoffentlich geht das da vorne mal ein bißchen flotter. Ich kann nicht mehr. Ich will nach Hause. Hilfe, mein Kreislauf dreht durch.

Das gibts ja nicht. Jetzt kriege ich schon wieder von hinten was verpaßt. Ausgerechnet jetzt, wo ich schon so wacklig auf den Beinen bin. Ich drehe mich jetzt nicht um. Ich tue einfach so, als ob nichts passiert wäre. Ich ignoriere das einfach mal. Bloß niemandem in die Augen sehen. Die raffen doch sofort, was abgeht. Schweiß auf der Stirn, Riesenpupillen. Ich bin ja gleich an der Kasse. Mann. Schon wieder. Das gibts ja echt nicht. Was ist denn da hinter mir bloß los? Das geht auch nicht schneller, wenn man seinem Vordermann permanent das Ding hinten reinfährt. Idiot. Ich sage jetzt nichts. Ich bleibe einfach ganz ruhig. Ich bin ja gleich an der Kasse. Nur noch die Frau vor mir. Obwohl, wenigstens entschuldigen könnte man sich ja mal. Beim nächsten Mal drehe ich mich echt um. Zack. Jetzt reichts. Mann. Die Alte ist ja kalk-bleich. Die kann ja kaum noch stehen. Was ist denn mit der los? Die sieht ja schlimmer als Chris aus, wenn der voll Speed ist. Ich check das mal ab. Ganz leise sprechen und alles schön koordinieren. Dann kann nichts schiefgehen.

»Kann ich Ihnen helfen?«

»Nein, danke, geht schon!«

»Wirklich?«

»Ich hatte grade einen Kaiserschnitt ...!«

»Hilfe. Setzen Sie sich mal lieber hin!«

»Ich muß doch noch bezahlen!«

»Das kann ich ja machen!«

»Wirklich?«

»Na klar! Bevor Sie umkippen!«

»Danke!«

Mann. Auch das noch. Bin ich hier der Samariter, oder was? Na jedenfalls hatte ich keinen Kaiserschnitt. Gibts ja nicht. Die Alte latscht hier am Samstag im Supermarkt rum und hat grade einen Kaiserschnitt gehabt. Mit so was ist doch nicht zu spaßen. Ich meine, das ist doch schließlich eine richtige Operation. Was hat die denn für einen Mann, der die loslaufen läßt. Idioten gibts. Ich frage mich ja sowieso, wie sie den ganzen Kram nach Hause kriegen will. Soviel ich weiß, darf man nach so einer

Sache auch keine schweren Sachen tragen. Nee, wirklich. Absolut unglaublich.

So, jetzt bin ich an der Reihe. Am besten, ich zahle zuerst meine Sachen, damit da nichts durcheinanderkommt. Immer aufs Fließband gucken, bloß nicht unsicher werden.

»Ich zahl das getrennt!«

»Zuerst das, oder was?«

»Yes!«

»10,20 bitte!«

»Geben Sie mir noch ne Tüte dazu!«

»Dann machts aber 10,40!«

»Nee, die kommt zu den andren Sachen!«

»Ist doch egal, wo Sie jetzt die 20 Pfennig zahlen!«

»Nee, das is nich egal!«

»Na meinetwegen!«

Mann, Mann, Mann. Das paßt ja alles gar nicht in eine Tüte. Ich nehme lieber noch eine. Bevor da noch der Henkel abreißt und die arme Sau über den Boden kriechen muß, um ihre sieben Sachen wieder einzusammeln. So stark fühle ich mich ja nun heute auch nicht, daß ich dabei noch helfen könnte. Tolle Vorstellung, die hat so einen Kaiserschnitt, und ich breche zusammen, weil ihre Tüte platzt. Nee, echt. Da können die uns dann gleich beide einsammeln.

»Geben Sie mir bitte noch ne Tüte!«

»55,95!«

»Und den Bon bitte!«

»Schönes Wochenende!«

»Danke, ebenfalls!«

Mann. Die Tüten sind aber echt schwer. Wie will die Frau das Zeug jemals hier rausschaffen. Das kann ich ja kaum tragen. Was ist das denn überhaupt für ein Mann, der seine frischoperierte Frau am Samstag einkaufen gehen läßt? Also, an ihrer Stelle würde ich mich ja sofort von diesem Macker trennen, das Kind unter den Arm nehmen und abhauen. Der Typ läßt die einfach so am Samstag zum Einkaufen marschieren und das mit einem frischen Kaiserschnitt. Ich glaube das einfach nicht. So. Jetzt das Restgeld nehmen und den ganzen Kram zu der Alten schleppen. Mann, und das heute.

»Hier sind Ihre Sachen und das Restgeld!«

»Danke!«

»Gehts wieder?«

»Hmhm!«

»Also, dann, alles Gute!«

»Danke!«

Mann, Mann, Mann. Die Frau ist ja richtig leichenblaß. Wenn das mal gutgeht. Hinterher platzt die Narbe wieder auf, und dann geht das Theater erst richtig los. Nee, echt. Die soll ihren Kerl ohne Umweg auf den Mond schießen. So. Jetzt aber schnell nach Hause. Sonst schmilzt das Eis, und außerdem möchte ich das Treppenhaus hinter mich bringen. Wieder mal kurz mit dem eigenen Leben auf der Straße spielen und die Autos zum Bremsen bringen. Das macht Spaß, und irgendwie ist es ein glücklicher Moment, wenn man das Gefühl hat, gleich ist man tot, und dann hat dieser ganze Krampf ein Ende. Auf der anderen Seite wird mir echt schlecht, wenn ich daran denke, daß mich vielleicht mein notgeiler Nachbar grabscht, mich in seine Wohnung zerrt und mir da das Licht ausbläst. Seltsam. Ich meine, es gibt echt verschiedene Arten zu sterben. Einige sind angenehm und die anderen einfach nur scheiße. Ich muß mich jetzt echt beeilen, weil, wenn ich Barb nicht gleich anrufe, alarmiert die Alte noch die Bullen, und ich meine, bis jetzt ist ja ein Glück noch nichts passiert. Na dann mal los. Immer zwei Stufen auf einmal, am Treppengeländer hochziehen und beten. Gleichzeitig das Schlüsselbund in der Hand sortieren, den Wohnungsschlüssel festhalten und ganz schnell sein. Jetzt noch zwei Treppenabsätze. Da kommt jemand von oben runter. Die sieben Messer schlagen an seinen Gürtel, die Pistole ist entsichert.

RAINALD GOETZ 1998

Rave

Erzählung
Auszug

Erschütterte Hütte

> *»Der Sprachtransport dauert etwas länger.«*

... und eine Frau, kritzelt Schütte im Halbschlaf auf ein Papier, das –
die ... –
Er sinkt wieder zurück.
Er schläft.

Permanent Woody. Motte nonstop.
Die Musik hat gar nicht aufgehört, am Tag nach den nächtlichen Tagen. Sie spricht sogar von Milde jetzt, von Sanftmut und der Nahsicht
auf einen ihr usprünglich fremden, harmonischen Sinn.
Aus den Körpern der Schlafenden kommt sie genau so, wie sie, von zwei
Lautsprechern leise gespielt, dorthin wieder zurückkehrt, um Resonanz
zu finden, tief im Inneren der lebenden Wesen.
Eine Katze geht durchs Zimmer, miaut Marc ins Gesicht, zieht dann
weiter und schmiegt sich an Woodys Bein. Woody fährt ihr durchs Fell
mit der einen Hand, während die andere Hand mit Seelenruhe im Plat-
tenstapel blättert.
Er raucht, und sein Blick wandert durchs Zimmer.

Es gab einmal eine Zeit, wo es noch keine Worte gab, für das alles hier.
Wo das einfach so passierte, und man war mitten drin, schaute zu und
hatte irgendwelche Gedanken dabei, aber ohne Worte.

Gibt es denn das überhaupt? Überhaupt vielleicht schon, aber innen, im Kopf?

Klar, dauernd.

Es war die Ohne-Worte-Zeit, wo wir uns in allen möglichen Situationen immer nur so komisch anschauten mit großen Augen, den Kopf schüttelten und fast nichts mehr sagen konnten, außer:

ohne Worte –

pf –

brutal –

der Wahnsinn –

ohne Worte, echt –

Das war sozusagen unser Glücksgedicht. Gemeint war damit ein Erstaunen, eine Bewunderung für das Überwältigende, Umwerfende, das simpel und unspektakulär eben doch irgendwie Monumentale der Momente, in denen man drin war, die durch einen durch gingen, der Ausdruck des Gefühls, daß man es sich toller und abgefahrener gar nicht vorstellen konnte und noch nie erlebt hatte usw usw.

Großes Staunen also, große Ratlosigkeit.

Wo bin ich, was war das?

Hm?

Der Zustand danach: uff.

Und da, wo keiner noch so richtig genau wußte, wie das nun alles sozusagen wirklich heißt, kam statt dessen das Bedürfnis her, daß es sich erstmal einfach wiederholt. Dann wieder, und wieder. Ich weiß nicht genau, wie lange diese Zeit war, denn sie war so eins mit einem innen, daß sie nicht erinnert werden konnte.

Schön, extrem schön – aber doch defizitär. Es fehlte noch was. Und in jedem arbeitete es dann daran, auf irgendeine andere Art, an diesem inneren Ding.

Man hat ja den Herausschaffer um sich und in sich, er heißt: die Sprache, und fängt ganz leise an, mit seinem »Sch schsch ... –«. Aber dann bricht es und krachts und rumpelts und ratterts heraus: der »brr–«-Bruch der Sprache, gesprochen, ein »ah ... –«. Ein Erstaunen im Außen, ein Nicken, ein Ja. Ja, ich –. Ach was!, faucht es zurück, erzürnt, im Rachen, brutal das machen: »ch! chch!«. – Was denn? – Die Worte, die Krächzer, die Brecher, die krass sich raus Macher sich raus machen lassen, ins Offene, gelbe, giftgelbe des »e«. Verstehe, versteh. – Verstehen: den Schluß der Sprache verstehe ich schlecht. Vielleicht den Ort mit den Worten gewechselt haben und schließlich durch das Verstehen woanders stehen? Egal.

In Wirklichkeit war es ja eh anders. Oder zumindest auch anders zugleich. Wir sprachen doch nicht die Sprache nur mit Worten gebrochen aus uns heraus raus, sondern wir redeten eben mehr oder weniger, einfach so daher, wie man eben so redet, erzählten einander, was war, was geschehen und was so los gewesen war.

Zum Beispiel Weihnachten, wo wir diese österreichischen Schlankheitstropfen getrunken hatten, und ich mit dem Woody durch die weihnachtliche Fußgängerzone irrte, auf der Suche nach einem ruhigen Plätzchen, wo man bauen konnte.

Oder ganz früher mal, mit dem Hell und dem Steve, nachdem wir im Omen gewesen waren, eine der allerersten Omen-Nächte. Da saßen wir danach vormittags gut fertig auf dem Sonnenbalkon an der Körnerwiese, und wir machten einfach weiter mit allem, weil von allem noch da war, und die Musik kam leise aus dem Zimmer, wo die anderen schliefen, und wir saßen da also in der milden Glut der frühsommerlichen Vormittagssonne, stundenlang, endlos, und redeten und redeten.

So oder so ähnlich. So gingen die Geschichten doch dauernd, oder?, alle, überall.

Und so saßen auch wir später an diesem Nachmittag bei Martina im Two Sisters, und Virginia und Sassy erzählten der Anki, wie genau es nach der Szene auf dem Bartresen im Fat Fugo weitergegangen war. Überall saßen an den Montagen und Dienstagen die Zerstörten in solchen Grüppchen irgendwo rum und erzählten sich gegenseitig, was sie zusammen das ganze Wochenende lang erlebt und gemacht hatten.

Das Erleben, so blindwütig es auftrat, sehnte sich zugleich danach, sich zu verstehen. Und will das schon im selben Moment wieder vergessen, will das Verstehen zerstören, das Verstandene von neuem Erleben wieder zu Unsinn sich erklären lassen, durch Neues, wieder Wirres, Tolles.

Im Anfang waren Sprüche. Die Geschichten bestanden aus Wiederholungen der im Nachtleben jüngst geborenen Sprüche. Eine zeitlang konnte man wirklich das beste Gefühl dafür kriegen, was so losgewesen war, wenn man in der Groove den Comic anschaute und die von Zille gesammelten Sprüche darin las. Und man mußte sagen: stimmt, genau so ist es gesagt worden, von denen, von uns. So war es.
Dann wiederholten die Erzählungen auch die äußerlichen Daten, die Namen und Orte, Zeiten und Bewegungen, den puren Ablauf des Geschehens. Und mit der Zeit bekamen diese Geschichten so langsam einen irgendwie neuartigen Sound, ganz minimal nur, aber doch hörbar. Geschrieben hörte ich ihn zum erstenmal von Eve & Rave, wie wir bei den Partysanen im Büro unterm Dach diese Partydrogenbroschüre anschauten. Hey, was ist denn das? Endlich hat mal jemand den Ton getroffen. Wer hat denn das geschrieben?

Die Sprache hatte sich verändert. Im Inneren der Körper hatte das Feiern, die Musik, das Tanzen, die endlosen Stunden des immer weiter Machens und nie mehr Heimgehens, und insgesamt also das exzessiv Unaufhörliche dieses ganzen Dings – in jedem einzelnen auch den Resonanzraum verändert, den zugleich kollektiven Ort, wo Sprache vor- und nachschwingt, um zu prüfen, ob das Gedachte und Gemeinte im Gesagten halbwegs angekommen ist.
Man kann sich diese Schwingungsstrecke Seele Hirn hoch Wort durch Herz gar nicht weit genug vorstellen. Wahrscheinlich ist der Saturn das hier zuständige Distanzgestirn. Deshalb datiert das alles so lange, und ist auch seltsam verschattet von Melancholie.

Und wie nun also Woody da so saß und rauchte, und weder die Katze noch der momentane Spirit, weder die laufende Musik noch die durchgeschauten Platten, weder die Schlafenden, die da auf und um das Bodenbett herum gelagert lagen, noch er selber wirklich Gegenstand und Zentrum seiner augenblicklichen Aufmerksamkeit waren, sondern irgendwie eben alles das zusammen, auf irgendeine Art, –

Da war es wieder mal der Moment, in dem dieses spezielle Extrem kurz die Wahrheit war:

daß in jedem alles da ist,

daß jeder alles weiß,

und daß man das manchmal spürt und äußerst selten merkt, wie es sich auch noch nach außen äußert, auf eine immer wieder unerwartete Art. Daß Streit allein auch deshalb falsch ist, weil er das vergißt, und daß das Leben der Zerstörung, das wir führen, ein Geschenk und richtig ist, trotz allem.

Ich konnte nicht sehen, welche Platte Woody jetzt in diesem Moment auswählte und auflegte.

Ich lag da und schlief und hatte das Gefühl, als würde Basic Channels Neunte in mir laufen.

BENJAMIN V. STUCKRAD-BARRE

Soloalbum

Roman
Auszug

Roll With It

Gleich stehen sie vor meinem Bett. Gronkwrömmm. Das klingt nach Kieferchirurg, schwerer Eingriff, Kasse zahlt kaum was zu. Ein grauenhaftes Schmirgelgebrumm, und das kann ich nun nicht mehr ignorieren, schließlich kreischt das (was auch immer!) deutlich lokalisierbar direkt vor meiner Wohnungstür. Ich ziehe mir ein T-Shirt an, mache Licht und gucke durch den Tür-Spion. Draußen stehen viele Leute. Es ist ungefähr 2 Uhr nachts, die Leute tragen Uniformen, und ich glaube, gleich steckt der Bohrer oder die Dampframme, oder was immer das ist, direkt in meinem Bauchnabel. Sie klingeln übrigens auch Sturm, das wird aber durch das Gruselwerkzeug weitestgehend übertönt.
– Äh, hallo? sage ich vorsichtig, keine Ahnung, warum sie das hören, wahrscheinlich sitzt jemand mit einem Stethoskop an der Tür. Das Dröhnen erstirbt augenblicklich, die Uniformierten kommen näher an die Tür. Ich weiß nicht, WER sie sind und WAS sie wollen, bin tranig und verwirrt. Ich habe Angst.
– Hallo, hallo, ist da jemand? rufen die Menschen da draußen. Es hat keinen Zweck, entweder brennt es oder sie holen mich ab oder ich träume alles nur, das wäre schön, jetzt ist es sowieso egal, vielleicht wache ich ja gleich auf, jedenfalls mache ich dann mal die Tür auf. Vor mir auf dem Boden sitzt ein Mann mit einem riesigen Bohrer in der Hand, er guckt an

mir hoch, als sei ich gerade irgendwo ausgebrochen. Hinter ihm stehen Feuerwehrleute, Polizisten, Sanitäter. Zwei Männer schieben mich zur Seite und laufen in meine Wohnung.

– Hier sieht's ja aus! murmelt der eine, der andere geht auf den Balkon, dann ins Bad und ruft immerzu:

– Hallo, ist hier jemand, hallo?

Offenbar reiche ich allein ihnen noch nicht. Einer guckt mir prüfend in die Augen. Wir hätten uns beide mal besser vorher die Zähne putzen sollen. Er leuchtet mir mit einer Taschenlampe direkt ins Gesicht.

– Sind Sie alleine, hören Sie mich, geht es Ihnen gut?

– Ja, danke, sage ich. Alles klar. Kann ich sonst was für Sie tun?

– Ich glaube, wir können gehen, sagen die Feuerwehrleute.

– Wollten Sie Ihre Freundin nicht reinlassen? fragt der Taschenlampenmann.

– Doch doch, sage ich, und da sehe ich Isabell, die im Arm einer Frau wimmert. Die Frau kenne ich nicht.

– Das ist die Polizeipsychologin, hätte ja sonstwas sein können, erklärt der Mann. Und Sie sind wirklich o. k.? Wir haben hier Rabatz gemacht, das hätte Taubstumme geweckt. Und Sie haben uns nicht gehört, ja?

– Ich habe geschlafen.

– Dann haben Sie aber einen gesegneten Schlaf.

– Ja, vielleicht; ich dachte, ich träume.

– Und legen Sie mal Ihren Telefonhörer wieder auf, dann muß man Ihnen auch nicht die Tür aufbrechen.

(Und wie ich den aufgelegt hätte, wenn ich gewußt hätte, daß die Alternative so aussieht: Ein ungefähr 15köpfiges Expertenteam – wo sind eigentlich die Schlauchboote? – steht auf meiner Schmutzwäsche und beäugt mißtrauisch, dabei nicht desinteressiert, das Ergebnis von ein paar Wochen Depression und Trunksucht.)

– O jaja, genau. Und das Schloß, das ist jetzt, äh ...?

– Jaja, das ist hin, das ist klar, da müssen Se 'n ganz neues montieren, das ging nun nicht anders. Naja, denn mal gute Nacht, nicht.

Der Trupp verabschiedet sich, bleibt noch Isabell. Sie lacht hysterisch. Sorgen hätte sie sich gemacht.

– Wir waren doch verabredet, und dann war unten die Tür auf, und dein

Telefon war dauerbesetzt, da dachte ich, es ist was passiert, ein Überfall oder so, ich habe doch so laut geklopft.

Hatte sie auch. Und tatsächlich waren wir auch verabredet gewesen. Aber ich hatte es mir einfach plötzlich anders überlegt, war zwar schon rausgeputzt und in froher Erwartung eines schönen Ablenkungsmanövers mit dieser durchaus passablen Frau – doch dann wollte ich niemanden mehr sehen, keinen Quatsch mehr hören und reden müssen. Einfach allein sein und vielleicht irgendwann schlafen. Ich hatte den Telefonhörer danebengelegt und mir ein Kissen über den Kopf gestülpt, gegen all die hallo, du bist doch zu Hause-Geräusche. Da will man mal seine Ruhe haben und mag einfach keine Menschen mehr sehen – und dann kommt sofort ein Mannschaftswagen und zertrümmert dir die Tür.

Ich bin jetzt hellwach, sage Isabell aber, daß ich sehr müde bin, und schicke sie nach Hause.

– Nein, ich bin dir nicht böse, war ja lieb gemeint.

Morgen früh will sie mit jemandem vom Schlüsseldienst kommen und Brötchen mitbringen. Jaja. Der Typ hatte recht – hier sieht's aus: Der Teppich ist nicht mehr zu sehen, überall liegen Zeitschriften und Wäsche und Platten, die Feuerwehr wird sich wohl geekelt und gesorgt haben angesichts dieses Infernos, so was haben sie wahrscheinlich lange nicht gesehen. Seit Katharina weg ist (3 Wochen und 2 Tage), habe ich große Schwierigkeiten, den Betrieb hier aufrechtzuhalten.

Don't Look Back In Anger

Seit Monaten – ach, seit Jahren (das Ganze dauerte ja insgesamt 4 Jahre!) – wurde die Zweisamkeit wechselseitig immer wieder vernachlässigt, ausgesetzt, beendet und so weiter. Ich habe sie betrogen, ich habe mich anderweitig umgeschaut, mich nicht um sie gekümmert, schubweise dann wieder sehr – jedenfalls war es nie ganz zu Ende. Nun ist es das. Und zwar für immer und endgültig und nichts da mit nochmalversuchen, sondern viel schlimmer: *Laß uns irgendwie Freunde bleiben.* Das ist dann immer das deutlichste Signal für den finalen Genickschuß, das war's, aus, vorbei. Und jetzt? Ich habe keine Ahnung. So gerne würde ich die Liebe, die ich jetzt erst spüre, die sich jetzt erst freizusetzen scheint (im Moment der Ballabgabe quasi, wie bei der Abseitsregel), diese nie gekannte Zuneigung und Verbundenheit noch mal beweisen dürfen, aber ich darf SIE ja nicht mal mehr sehen. Was natürlich den klaren Hintergedanken hat: Sonst überlegen wir es uns noch mal anders und verlängern das Sterben durch kurzzeitiges Wiederauflebenlassen. Das ist schon alles durchdacht, sie hat ja auch recht – NEIN!, hat sie nicht. Ich liebe sie, bin der Beste für sie. Da ist kein anderer, das hat sie mir versprochen:

– Da ist niemand, darum geht es doch nicht.

Sondern um die alte Hitsingle der Verlassenen:

– Wir haben uns eben – und um dieses Wort kommt man wohl nicht herum – AUSEINANDERGELEBT.

Und wenn schon. Dann leben wir uns jetzt eben wieder zusammen, laß uns zusammenziehen, laß uns heiraten, in den Urlaub fahren, es versuchen, ein letztes Mal. Ich schreibe ihr Briefe, rufe sie an. Es hat keinen Zweck, das merke ich, und das stachelt meinen Ehrgeiz an. Lange nicht war ich so verliebt. Und das begreift sie nicht, das kommt ihr komisch vor:

– Ich hätte gedacht, daß es dir egal ist!

MIR!!!! EGAL!!!!

Der Mann vom Schlüsseldienst will 200 Mark für das neue Schloß.

– Oder 150, dann aber ohne Quittung.

Gar keine Frage, ohne Quittung, was soll ich mit einer Quittung? Jetzt wird die Einigelei auch noch richtig teuer. Einfach so: 150 Mark weg. Nur, weil ich niemanden sehen wollte, weil ich verrückt werde. Und einfach nur hier im abgedunkelten Zimmer liege und alles vermüllen lasse und nicht mehr ans Telefon gehe, aber doch wie ein Aasgeier auf den Anrufbeantworter schiele, denn vielleicht ist sie es ja. Die paar Anrufer legen auf. Oder es ist die Tante aus dem Büro, die fragt, wann ich denn wieder gesund bin, und ob ich an die Bescheinigung von meinem Hausarzt denke. Ich denke daran, Baby, aber ich habe weder Bescheinigung noch Hausarzt.

Unsere Hymne »Live Forever« kommt mir gerade recht. So simpel denkt man nun mal, wenn man alleingelassen ist. Ich höre sie immer wieder. Wahrscheinlich bin ich bald bei The Police angelangt – so lonely &

so unaufregend ist alles. Ich weiß ganz genau, vor einem Monat noch fand ich ihren Hintern zu dick. Sie hat danach gefragt, immer wieder, seit Jahren:
– Ist er nicht zu dick, der ist doch wohl zu dick!, und zunehmend undeutlicher habe ich halbwahr geschmeichelt:
– Nein, nein, Schatz, du siehst phantastisch aus, du und sonst keine.
Er war mir zu dick, darauf muß ich mich jetzt konzentrieren. Und erst ihre Eltern! Der Vater, der so dumm war und samstags immer betrunken vor dem Fernseher lag, schnarchend und mit offenem Mund, schon beim aktuellen Sportstudio, und der sonntags dann ballonseiden Tennis spielen fuhr. Mit dem BMW und ohne den Hauch einer Chance – gegen seine Tochter, seinen Bauch, meinen Haß. Er ist weg, ich muß ihn nie wieder sehen, nie wieder mit ihm gequält konversieren, es ist aus, vorbei, auch die fette Kuchenfreßmama ist somit weg und mit ihr der viel zu gut gepflegte Teppichboden und die Zinnkanone im sündteuren und abgrundtief häßlichen Einbauscheiß, wegwegweg. Außerdem hatte sie zu kleine Titten, hallo, wo guckst du zuerst hin, wenn du (nackte) Frauen siehst, was törnt dich an: Sind das breite Ärsche und kleine Titten, fette Väter und strotzdumme Mütter, Töchter, die »brauchen« ohne »zu« verwenden?
Kacke, es klappt nicht. Ihr Hintern war o. k., ihre Möpse auch, sowieso egal alles, wie auch die Eltern, SIE allein war es doch, sie war es, das war es.
Per Fax ist natürlich gemein. Dafür hatte ich das Ding nun wirklich nicht angeschafft. Bei aller Geringschätzung meine ich auch, man hat schon das Anrecht auf eine staatstragende Beendigungszeremonie mit Heulen und Umarmen und allem. Oder wenigstens ein Brief. Aber doch kein Fax! Warum nicht gleich per Sportflugzeugspruchband, oder Maren Gilzer dreht beim Glücksrad einfach mal »Aus die Maus« um. Das wäre doch toll.
So aber nur ein Fax, und auf 2 Seiten wurden einfach mal so in völlig nebensächlicher mir-doch-egal-Schrift vier Jahre letztgültig verhandelt und verurteilt, weg damit. Da fehlt der theoretische Unterbau, wird auch sie sich zum Schluß gedacht haben, das Fundament, die Legitimation. Und als könne das nun irgendwas nützen, hat sie einfach mal, völlig zusammenhanglos, ein Zitat von den Smashing Pumpkins dazugeschrie-

ben. Ein Satz, der uns erfreut hat, von einer Platte, die uns viel bedeutet hat, DAMALS. Aber jetzt einfach so isoliert, die Bedeutung zahlt der Empfänger:

»The killer in me is the killer in you«.

Gewiß doch.

Ich bin nun also allein. Diese Liebe war natürlich schon lange nicht mehr diese Liebe. Aber es war noch was. Plötzlich nun denke ich, es war das einzige überhaupt, das hatte ich vorher gar nicht gemerkt. Ich habe zwar einen neuen Job. Das Klischee wäre ja: Ich habe gerade meinen Job verloren. Und durch die Decke tropft es, und ich habe einen Kater, und der Kühlschrank ist leer, und im Briefkasten nur Mahnungen und Pizza-Prospekte. Stimmt auch alles, bis auf den Job.

Erst vor einer Woche hatte ich bei der Zeitschrift gekündigt, um bei einem Musikverlag anzufangen. Einfach so, damit mal wieder was passiert, denn eigentlich war es bei der Zeitschrift mehr als in Ordnung: Zwar hatte ich überhaupt keine Lust mehr, Leuten, die seit 20 Jahren dabei sind und die auch diese 20 Jahre älter waren als ich, regelmäßig mitteilen zu müssen, daß es nicht nur unnötig, sondern auch verboten ist, über neue Platten Sätze zu schreiben wie: Der Titel ist Programm, die pumpernden, durchaus zeitgemäßen Clubsounds gemahnen an das und das, die zuckersüßen, schwärmerischen Beatlesmelodien verzaubern, die Texte sind kantiger geworden, man darf gespannt sein auf die Tournee, doch klingt das Ganze inzwischen runder und somit auch poppiger, weniger gewagt als zuvor, die Mannen um die charismatische Frontfrau haben eine magische Bühnenpräsenz.

Diese Art Text kam jeden Tag aus dem Fax geschnurrt, egal von wem, egal worüber, das konnte einen schon runterziehen.

Dafür hatte man aber auch nur eine Woche im Monat wirklich zu tun, den Rest verbrachte man damit, Einladungen abzusagen, Post zu öffnen, neue Platten zu hören und sie dann irgendwie zu finden (gelungen oder enttäuschend, aufregend oder belanglos – ziemlich beliebig und unkontrollierbar, dieser Teil der Arbeit). Manche – viele! – Platten kamen auch ungehört auf den Stapel. Dieser Stapel wuchs dann und wurde, kurz bevor er schließlich umkippte, regelmäßig von einem völlig bekloppten, unseriösen (dabei aber grundfreundlichen) Händler entsorgt. Gegen Geld natürlich! Der ging von einem Redakteur zum nächsten – vier waren wir – und häufte alles auf einen Bollerwagen. Pro Stück gab es 5 Mark. Im Second Hand-Laden hätte man für den ganz besonderen Schrott von Bryan Adams oder Melissa Etheridge, Pearl Jam oder den Stones (oder wie die alle heißen, die man so haßt), natürlich um die 10 Mark gekriegt, aber diese Läden sind so wählerisch geworden und nehmen nur Bruchteile dessen, was man so pro Monat zu entsorgen hat. Gerade in einer Stadt wie Hamburg. Da gibt es ja mehr freie Journalisten als freiwillige Leser. Und noch bevor eine Platte veröffentlicht ist, exakt ab dem Tag ihrer Vorabverschickung an die Journalisten, kann man sie bei den etlichen Second Hand-Verbrechern finden. Diese werden dadurch immer anspruchsvoller und halsabschneiderischer. Außerdem sind es arrogante Idioten, die dich wie den letzten Dreck behandeln. Sie reden überhaupt nicht mit dir, fragen nur mal bei einer verkratzten Platte nach »Was ist denn mit der passiert?«, wollen aber natürlich überhaupt keine Antwort. Wollen nur sagen: Du störst, Fremder.

Aber deine Platten nehmen sie. Der größte Genuß ist es ihnen dabei, die Ware qualitativ zu sortieren. Weil dieser Vorgang so langwierig und peinlich ist (und diese Typen solche Arschlöcher!), stöbert man derweil im Laden rum und tut so, als suche man was. Dabei entdeckt man zunächst mal all jene Platten, die man vor Wochen selbst rangeschleppt hat. Und bekommt fast Verständnis für die Schnöselhaftigkeit der Händler. Verstohlen blickt man zum Tresen. Gelangweilt stapelt die Sau. Unterhält sich mit seinen wenigen auserwählten Stammkunden. Die lachen verschworen, rauchen, trinken Kaffee (den er ihnen erst kocht und dann pausenlos nachschenkt!) und sind scheiße gekleidet. Aber du willst was von denen, sonst könnte man das ja mal vorbringen, und dann wäre Ruhe. Und Ebbe in der Kasse. Das muß man auch bedenken.

Während sie mit den Stammkunden reden, können sie natürlich nicht weitersortieren, und wenn irgendeine Studentensau eine alte (!das ist ganz wichtig!) Genesis-Platte (das ist dieser Irrglaube, daß die früher mal gut oder besser waren – die waren aber immer scheiße!) kauft oder sich nach irgendeinem verdammten Eierkopf-Elektro-Hype erkundigt, dessen Besitz ihn in Ränge maximaler Zeitgeistballhöhe katapultieren wird (hofft er), hält der Kassen-Arsch (der sonst alles ignoriert!) natürlich genußvoll inne. Er weiß ja, daß ich warte. Er haßt mich. Und ich ihn, natürlich. Noch mehr aber haßt er den nächsten sich so nennenden »Journalisten«, der mit leeren Taschen (→ Geld) und voller Tasche (→ CDs) hereinspaziert kommt. Deshalb muß man samstags gehen, denn gen Mittag kommen sie (also: wir!) alle angekrochen, und dann gibt es schneller Geld, sonst wird das nie was, und zu lange will er uns auch nicht im Laden haben.

Dann die Abrechnung:

Für die 'nen 5er, für die 'nen 8er, für die 'nen 10er und für die hier so- gar 12, und für die hier (das genießt er so, darauf hat er sich schon die ganze Zeit gefreut, der Wichser), also diese hier (der ganze Stapel, mehr als man mitgebracht hat, so kommt es einem vor) – die nehme ich alle nicht, kein Interesse.

Na, phantastisch. Dann gibt es zerknitterte Scheine, und man trägt Phantasiequatsch auf die Quittung ein. Wegen der Spuren, wegen der Steuer, wegen allem eigentlich. Und da wäre es ja nun ein Witz, wenn er, gerade er, in seiner unseriösen Trümmerbude auf die Einhaltung solcher Formalien insistieren würde. Wäre ja völlig lächerlich. Wir wissen ja alle Bescheid. Und wir hassen uns. Aber wenn es Geld bringt. Ich kann sein zerknittertes Geld nicht ausstehen, aber es ist Geld, im- merhin, und da wollen wir mal nicht so sein. Aber das frische Automa- tengeld finde ich viel schöner, das ist so schön steril, damit hantiert man viel lieber.

Der Bollerwagen-Mann hatte immer schönes, frisches Geld. Keine Ah- nung, woher, ich habe ihn lieber nicht gefragt. Er war zwar verrückt, aber freundlich. Er hat beim Einpacken und Zählen einfach nur mit sich selbst geredet und bloß ganz manchmal auch uns irgendwas erzählt, von den Flohmärkten im Osten und dem weißichnich im Westen. Mit an- deren Worten, man starb also nicht, wenn man mit ihm Kaffee trank. Und er sparte sich das mit der Quittung, außerdem kam er innerhalb ei- ner Stunde und nahm den ganzen Schrott mit, da blieb man dann nicht auf Livealben von Toto, dem Best of Extrabreit oder neuen Versuchen der Rainbirds sitzen. Das war gut. Dem hat man sogar mal ein Ticket für Bob Dylan besorgt oder für irgendwelchen Weltmusikscheiß in einem ehemaligen Fabrikgebäude, aus Gefälligkeit, aus Geschäftstüchtigkeit, meinetwegen. Werbungskosten. Aber nicht mit Ekel. Das war in Ordnung.

Wenn er, den wir den Ossi nannten, obwohl er gar nicht aus dem Osten kam, aber dorthin verkaufte er unseren Müll, wenn der Ossi also dagewesen war, war natürlich gleich große Sause. Der Dealer konnte kommen, der Abend konnte kommen, im Prinzip konnte kommen, was wollte, und noch viel besser: Es konnte kommen, was wir wollten. Meist reichte das Geld – immer mehrere hundert Mark – nur für das Wochenende. Wir waren ja nicht blöd. Wir ließen ihn am Freitag kommen. Wenn es ganz eng wurde – und immer öfter wurde es eng –, dann kam er auch mal unter der Woche. Für einen Zwischenposten, dann gab es auch wieder was Gutes zu essen. Der Dealer kam dann natürlich nicht, das ging ja nun auch nicht immer, wir mußten ja auch noch diese Zeitschrift produzieren.

Wir bestellten also Pizza und Koks, durchaus bei verschiedenen Lieferservice-Unternehmen!, und dann mal gucken, was eher da war. Kam das Koks zuerst, mußte das Essen leider weggeschmissen werden, weil man dann ja keinen Hunger mehr hat, das nun wirklich nicht. Manchmal habe ich mich gefragt, ob wir da eigentlich einem Bedürfnis oder einer Zwangsläufigkeit hinterherleben. Immer über Rockmusik schreiben und mit abgehalfterten Musikern plaudern über neue Platten voll alter Ideen, und da ist es einfach so, daß es immer um die Orgie geht, zumindest bei so einem Blatt, und dann macht man das eben auch, gehört sich wohl so.

ELKE NATERS 1998

Königinnen

Roman
Auszüge

Gloria

Marie hat mich versetzt. Sie sagt, sie hätte ganz vergessen, daß sie Susan schon vor langer Zeit versprochen hatte, mit ihr auf diese Party zu gehen. Susan wollte da nicht alleine hingehen, weil sie dort einen Mann treffen wollte, der ihr schon ganz lange gefällt, und sie meint, daß sie ihm auch gefällt. Deshalb soll Marie mit ihr mitgehen, weil das dann einfacher ist für Susan, den Mann kennenzulernen, wenn sie mit Marie herumstehen kann und lachen, als wenn sie alleine herumsteht. Das ist wahr. Zu zweit geht alles leichter.

Mir macht das nichts aus, daß wir nicht ausgehen, weil ich nur wegen Marie ausgegangen wäre, in erster Linie. Ich bleibe zu Hause vor dem Fernseher, das habe ich schon lange nicht mehr gemacht. Das ist ein gemütlicher Abend, und im Grunde bin ich froh, daß ich nicht aus dem Haus gehen muß, aber trotzdem fange ich irgendwann an, mich zu ärgern, daß Marie mir abgesagt hat, um mit Susan zu dieser Party zu gehen. Ich ärgere mich immer mehr. Am meisten ärgere ich mich darüber, daß ich mich über Marie und Susan ärgern muß, anstatt mir einen gemütlichen Abend zu machen. Lorenz kann mir auch nicht helfen, weil der schon lange schläft. Er hat Jimi ins Bett gebracht und ist dabei eingeschlafen. Das macht er jedesmal. Am nächsten Morgen hat er deswegen schlechte Laune und macht mir Vorwürfe, daß ich ihn nicht aufgeweckt habe. Ich habe ihn aufgeweckt, aber da hat er mich nur angegrunzt und wollte nicht aufstehen. Das glaubt er mir nie. Ich habe auch schlechte

Laune, weil ich mich den ganzen Abend geärgert habe, anstatt mir einen gemütlichen Abend zu machen. Ich rufe Marie an, um ihr zu sagen, daß ich es blöd finde, daß sie, wenn wir uns verabreden, in letzter Minute absagt, um mit Susan auf eine Party zu gehen. Marie ist nicht zu Hause. Lorenz bringt Jimi in den Kindergarten, und ich lege mich wieder ins Bett. Das mache ich sonst nie, weil ich weiß, wenn ich mich wieder hinlege und schlafe, geht es mir noch schlechter, wenn ich wieder aufwache, und der Tag ist dann auch gelaufen. Ich schlafe und habe einen seltsamen Traum.

In dem Traum verliebte sich Thomas Kapielski in mich. Obwohl Thomas Kapielski ein wenig attraktiver, kleiner runder Mann ist, glaube ich, sah er in meinem Traum unglaublich gut aus. Freunde brachten mich in sein Haus. Die Wohnung war sehr ordentlich und voll mit merkwürdigen Dingen, die er sammelte. Darunter waren Angoraschlüpfer. Seine Exfreundin kam dazu, ein recht hübsches, aber reichlich überspanntes Mädchen. Sie sprang ständig herum, machte dabei *Buhhh* und *Ahhh* und wilde Grimassen. Das war albern, aber ich bewunderte ihre Anmut und die Gelenkigkeit ihrer Sprünge. Später las ich aus Kapielskis Buch vor. Die Exfreundin verbesserte jedes dritte Wort, das ich angeblich falsch aussprach. Anfangs war ich noch verunsichert, weil ich doch Kapielski nicht kränken wollte und dem Buch gerecht werden, doch bald war ich nur noch wütend, und ich schmiß der Kuh das Buch an den Kopf, schrie sie an, sie soll doch selber lesen, und verließ den Raum.

Kapielski ging mir nach. Ich hatte ein schlechtes Gewissen, weil ich sein Buch falsch vorgelesen und es dann noch seiner Exfreundin an den Kopf geworfen hatte, aber er war furchtbar freundlich, entschuldigte sich für sie, meinte, sie würde noch so an ihm hängen, und alles, was er schreiben würde, das wäre für sie, als wäre es er selber oder so einen Unsinn. Dann schenkte er mir noch einen Angoraschlüpfer und bat mich, auf seine Ausstellung zu kommen. Eine Galerie in der Georg-Kalb-Straße, am Adenauerplatz, und vielleicht könnte ich ja auch mal da ausstellen. Das klang verlockend, und ich versprach es mir zu überlegen.

Weil das ein netter Traum war, habe ich gute Laune, wie ich wieder aufwache, obwohl ich vom Telefongeklingel aufgeweckt werde. Aber da war der Traum schon zu Ende. Marie ist am Telefon. Sie will sich meine Schreibmaschine ausleihen. Deshalb ruft sie an. Ich frage sie, wie der

Abend war, und sie sagt, der Typ wär eine totale Pfeife gewesen und die Party todlangweilig. Sie wär dann auch schon bald gegangen und hätte sich mit Susan zerstritten. Mit der würde sie sich schon länger nicht mehr so richtig verstehen. Ich glaube, Marie erzählt mir nur deshalb, daß sie sich mit Susan nicht mehr versteht, weil ich das gerne höre und wir uns dann wieder besser verstehen. Deshalb sage ich, daß ich keine Zeit hätte, die nächsten Tage. Das scheint Marie nicht weiter zu bekümmern. Sie sagt, daß sie nur kurz vorbeikommen will, um die Schreibmaschine zu holen, und legt auf. Jetzt habe ich wieder schlechte Laune, deshalb gehe ich zurück ins Bett und hoffe, daß ich noch einen schönen Traum haben werde. Den habe ich aber nicht.

Ich wache mit Kopfschmerzen auf. Wie immer, wenn ich zuviel geschlafen habe. Das Telefon klingelt wieder, und diesmal macht mir das gute Laune, weil nämlich der Martin dran ist. Der Martin ist mein ältester Freund, und obwohl wir uns so selten sehen, weil er in München wohnt und zwischendurch auch in London, auch mein bester Freund. Jetzt ist er in Berlin und will mich besuchen.

Ich suche mir etwas zum Anziehen heraus, das ist besonders wichtig, weil der Martin mich nur selten sieht und mich so in Erinnerung behält, wie er mich zuletzt gesehen hat. Das ist etwas anderes als mit den Menschen, die einen täglich sehen. Da kann man auch mal einen schlechten Tag haben, und dann wissen die, daß ich gerade einen schlechten Tag habe, weil die wissen, wie ich an guten Tagen aussehe. Der Martin aber hat keinen Vergleich, weil er mich nur an einem Tag im Jahr sieht, und deshalb muß ich an diesem Tag so gut aussehen wie an meinen besten Tagen. Zudem liegt zwischen jedem Treffen eine lange Zeit, und wenn ich jetzt schlechter aussehe als beim letzten Mal, könnte er denken, daß es mit mir schon bergab geht. Deshalb muß ich bei jedem Mal, wenn wir uns sehen, besser aussehen als beim letzten Mal. Oder mindestens genauso gut.

Das ist nicht wegen dem Martin. Das ist so mit allen, die mich selten sehen. Schließlich tragen sie mein Bild in die Welt hinaus und treffen andere Menschen, die mich kennen und schon lange nicht mehr gesehen haben, und vielleicht sprechen sie dann über mich, und der, der mich schon lange nicht mehr gesehen hat, fragt den, der mich gerade besucht hat, und wie geht es der Gloria? Wie sieht sie aus? Und der andere sagt ihm das dann. Und der trägt es wieder weiter. Und dieses

Bild bleibt bestehen, bis es vielleicht Jahre später wieder korrigiert wird. Ich bin nicht besonders eitel, und es gibt sogar Tage oder Wochen, da ist es mir egal, wie ich aussehe und rumlaufe. Aber wenn mich jemand selten sieht, dann ist das etwas anderes, weil ich da mit meinem Äußeren meine ganzen Lebensumstände nach außen tragen muß, und dabei will ich gut dastehen. Das ist so. Gerade weil man immer älter wird und Angst hat vor dem Zeitpunkt, an dem man das unweigerlich sieht. Da will ich die Letzte sein, der man das ansieht, daß sie altert. Ich meine, Altern kann schon sein, aber mit dem Alter müssen andere Qualitäten dazukommen, die das wieder ausgleichen. Und deshalb wird es mit zunehmendem Alter immer wichtiger, wie man sich kleidet. Und nicht umgekehrt, wie manche Menschen glauben.

●●●

Marie

Gloria hat Besuch von Martin. Martin ist ein eingebildeter Kerl, der nur von sich spricht. Wir sitzen am Tisch und essen Schokolade, dabei spricht er ununterbrochen, und in regelmäßigen Abständen fallen die Worte Gucci, Prada und Helmut Lang. Ungelogen, da kann man die Uhr danach stellen. Ich wette, er selbst trägt auch nichts anderes, obwohl das, was er anhat, nicht einmal besonders gut aussieht. Er erzählt von seinem Freund in München, der auch ein Freund von Gloria ist und einen Philosophiedoktor und einen Porsche hat. Weil er einen Doktor in Philosophie hat und manchmal Platten auflegt, darf er mit seinem Porsche durch die Gegend rasen und sich aufführen wie die letzte Sau, und alle, besonders der Martin, finden das lustig und *total cool*, und auch Gloria lacht begeistert. Das ertrage ich nicht und gehe. Gloria bringt mich zur Tür und fragt, ob ich nicht mitkommen will, heute abend würden sie zusammen ausgehen, und das wäre doch nett, wenn ich dabei wäre. Ich sage, daß ich schon etwas anderes vorhabe, aber wir können später telefonieren. Gloria ist unangenehm aufgedreht und legt den Arm um mich und sagt, wie froh sie wäre und wie gerne sie mich hätte, und küßt mich. Da kapiere ich erst, daß die beiden völlig drauf sind, und weil der Martin wahrscheinlich die Taschen voll hat mit dem Zeug, sage ich zu. Weil es immer noch so schön ist draußen, gehe ich zu Fuß nach Hause. Das hätte ich nicht tun sollen. Gerade weil ich überhaupt nicht mehr an ihn gedacht habe, kommt Paul aus einem dieser Häuser heraus. Ich gehe auf ihn zu, und in dem Moment, als ich vor ihm stehe und er mich sieht, kommt ein Mädchen aus der Tür, und er legt den Arm um sie. Dann sieht er mich, und ich stehe direkt vor den beiden und kann nicht mehr so tun, als hätte ich nichts gesehen.

Mit Paul habe ich ein paar schöne Abende verbracht. Mehr war nicht, hätte aber werden können. Darüber wurde nie gesprochen, weil ich auch immer so getan habe, als wäre ich nicht besonders interessiert. Das habe ich getan, damit er sich mehr für mich interessiert und nicht, damit er sich um eine andere bemüht. Das war falsch. Ich hätte ihn anrufen sollen und sagen, daß ich ihn wiedersehen will, am besten jeden Tag, daß er mir gefällt und er vielleicht der Richtige ist. Zu spät.

Auf einmal bin ich mir ganz sicher, daß Paul der Richtige gewesen wäre, wie er so vor mir steht, mit dem Arm um dieses Mädchen. Das sieht so richtig aus. Nur das Mädchen nicht. Paul freut sich, mich zu sehen. Ihm ist das gar nicht unangenehm, und ich hoffe, daß das, was er im Arm hält, vielleicht nur seine Schwester ist oder Kusine oder eine alte Jugendfreundin. Er stellt uns vor. Sie heißt Roswitha, ungelogen, und er sagt nicht dazu, das ist meine Schwester oder Kusine oder Jugendfreundin. Er sagt nur, das ist Roswitha, und zu ihr sagt er, und das ist Marie, eine Freundin von Gloria. Das Mädchen sieht noch dazu richtig nett aus. Sie scheint Gloria zu kennen und gibt mir die Hand. Wir verabschieden uns. Ich gehe in die andere Richtung, weil ich ihnen nicht auch noch hinterherlaufen will, wie sie so schön und einig die Straße hinuntergehen. Wahrscheinlich haben sie die Nacht miteinander verbracht, und jetzt gehen sie in ein Frühstückscafé und sitzen in der Sonne und füttern sich gegenseitig mit allerlei Leckereien. Ich fühle mich so mies wie selten zuvor in meinem Leben. Obwohl ich gerne heulen würde, kommen keine Tränen. Meine Augen sind heiß und trocken, als hätte ich schon zuviel geweint in diesem Leben und keine Tränen mehr. Der schöne Maientag ist eine einzige Ohrfeige.

Zu Hause rufe ich sofort Gloria an, um sie nach dieser Roswitha zu fragen, eine winzige Hoffnung besteht immerhin. Da fällt mir ein, daß die zugekokst am Küchentisch sitzt mit diesem Martin, und als sie rangeht, lege ich wieder auf. Ich ziehe die Vorhänge zu und lege mich vor den Fernseher. Ich versuche mich an Momente in meinem Leben zu erinnern, die noch schlimmer waren als das, was ich gerade erlebt habe.

Ich denke, wenn ich an etwas richtig Schlimmes denke, dann kommt mir das, was ich gerade erlebt habe, gar nicht mehr so schlimm vor. Aber mir fällt nichts ein. Nicht einmal das mit meinem Onkel im Krankenhaus fällt mir ein, und das war wirklich schlimm. Ich versuche, an besonders glückliche Momente zu denken, um das Schlimme, das ich gerade erlebt habe, zu vergessen, aber da fällt mir auch nichts ein. Mein Kopf ist leer und hohl. Nur Paul und Roswitha dröhnen darin herum.

Ich schaue mir einen Film an über eine Krankenschwester. Die arbeitet in einem Hospital für alte Leute, die nicht mehr wissen, wer sie sind und woher sie kommen. Diese Krankenschwester ist so unglaublich lieb zu den verlorenen Alten, die manchmal weinen wie kleine Kinder. Wenn sie mit ihnen redet, streichelt sie ihnen über den Kopf oder hält ihre Hand, und manchmal hören sie zusammen Musik. Dann sitzen die Alten ganz still auf ihren Stühlen, und ein Leuchten liegt auf ihren Gesichtern. Manchmal tanzt sie auch mit ihnen. Das macht sie genauso aufmerksam und respektvoll, wie sie mit ihnen spricht.

Früher hat sie Ballett getanzt, aber sie sagt, sie war nicht gut genug, weil sie immer nur daran gedacht hat, alles richtig zu machen, und nie eins wurde mit der Musik, vor lauter daran Denken. Jetzt will sie als Krankenschwester alles richtig machen, aber das geht nicht. Das ist unmöglich. Das zerreißt sie, und sie will sich das Leben nehmen. Der Film gibt mir den Rest, und endlich kann ich heulen. Ich heule, bis ich nicht mehr kann, und dann schlafe ich ein.

Ich wache auf, weil das Telefon klingelt. Da ist es schon dunkel. Das Telefon hört nicht auf zu klingeln. Es ist Gloria. Ich bin froh, ihre Stimme zu hören. Weil ich nicht mehr alleine in meiner dunklen Wohnung herumliegen will, verabreden wir uns. Ich stehe auf und merke, daß es deshalb so dunkel ist, weil die Vorhänge zugezogen sind. Ich mache die Fenster auf, und draußen ist ein goldener Sommerabend. Die Luft ist warm und duftet, und auf einmal durchstrahlt mich ein Glück, obwohl ich gar keinen Grund dafür habe.

DAS POPKULTURELLE 1999 QUINTETT

MIT
JOACHIM BESSING, CHRISTIAN KRACHT, ECKHART NICKEL, ALEXANDER V. SCHÖNBURG UND BENJAMIN V. STUCKRAD-BARRE

Tristesse Royale

Auszug

Check in to another World.

Der Vorhang öffnet sich für Eckhart Nickel im Foyer des Hotel Adlon. Frisches Wasser plätschert aus vier Metern Höhe in Kaskaden über weiße Elefanten in einen Brunnen hinab. Darüber, in der Beletage spielt das Piano ein zerdehntes »Besame Mucho«.
Nickels Haar sieht wüst aus, auf dem Kopf trägt er noch immer seine Schlafbrille. Der Flug war höllisch, erzählt er Christian Kracht und Joachim Bessing, während diese die Einreiseformulare ausfüllen – überbucht, doppelt und dreifach, wie alle innerdeutschen Flüge. Die Frequent-Flyer-Lounge voller Proleten in Anzügen, reisende Händler darunter, die permanent telefonieren müssen. Seit der Abschaffung der Snack-Bazaars an den Gates, mit ihren Pizza-Brötchen, Joghurt und Äpfeln spräche eigentlich überhaupt gar nichts mehr für innerdeutsche Flüge mit der Lufthansa.
Die Zimmer sind noch nicht bereitet, weil die Vormieter den Late-Check-Out ausreizen. Hotelmanager Holger Schroth lädt zu einem Frühstück ein.

Seine Hausdame – schwarzes Haar im strengen Dutt, flache Schuhe, City-Costume von Donna Karan, weist den dreien einen Tisch in den Schaufenstern zur Straße zu. Leise auftretende Kellnerinnen bringen gekühlte Flaschen mit Kombucha, Rühreier, Bündnerfleisch mit Sahnemeerrettich, Müsli mit Erdbeeren und eingelegten japanischen Birnen. Dann stößt Benjamin von Stuckrad-Barre dazu. Er war in der letzten Nacht verlorengegangen, während der Launch-Party für 4:99, die neue Platte der Fantastischen Vier. Auf dem Revers seines silbergrauen Jacketts sind die Spritzflecken einer Champagnertaufe gut sichtbar eingetrocknet. Weitere Rühreier werden serviert.

Alexander von Schönburg kommt zuletzt. Er war schon in der Redaktion, früher am Morgen, und ißt jetzt im Stehen. Zwei Kellnerinnen halten ihm Teller und Glas, während er erzählt. Eine dritte bringt die Aschenbecher.

Dann kommt der Manager an den Tisch und bedankt sich für die erwiesene Geduld, die Zimmer wären jetzt soweit.

Nach dem Bezug der Zimmer trifft sich die Runde zum ersten Mal in ihrem Kaminzimmer, der Executive Lounge im vierten Stock des Adlon, mit unverstelltem Ausblick auf das Brandenburger Tor. Zwei sandfarbene Wildledersofas stehen etwas zurückgedrängt vom großen Besprechungstisch an der längsseitigen Wand. Darüber hängen zwei gerahmte Foulards der Juwelenfirma Bulgari. Daneben streckt sich eine wuchtige, mahagonifurnierte Schrankwand, die auch einen Getränkeautomaten enthält, fast bis an das einzige Fenster der Lounge heran. Auf der anderen Seite des Fensters ist der Gaskamin in die Wand eingelassen. Daneben ein niedriger Glastisch, hinter dem eine spanische Wand steht, ebenfalls aus mahagonifurniertem Preßholz.

Benjamin von Stuckrad-Barre läßt einen Cappuccino aus dem Automaten. Durch das zischende Geräusch des Milchaufschäumers aktiviert, springt der automatische Aufnahmemodus der Revox-Studiobandmaschine an. Die überall im Raum verteilten Mikrofone beginnen mit der Aufzeichnung.

CHRISTIAN KRACHT Ich würde gerne wissen, warum Alexander von Schönburgs Zimmer in etwa dreimal so groß ist wie das meine. Und auch wie die der anderen.

Alexander von Schönburg läßt sich in den ihm von Eckhart Nickel untergescho-
benen Sessel gleiten.

ALEXANDER V. SCHÖNBURG Weil eben jedes gute Hotel, zu denen ich auch durchaus dieses Adlon rechnen würde, mit einem Computersystem ausgestattet ist. Gute Hotels tun sich dadurch hervor, daß they keep records on their guests. Da stehen dann auch die Sonderwünsche drin, und es geht auch daraus hervor, wie oft man schon zu Gast war. Ich bin eben ein guter Gast des Hauses Adlon, und von daher bekomme ich automatisch ein upgrade. Aber ich kann euch gerne einladen, mich in meinem Zimmer – es ist übrigens keine Suite – zu besuchen. Das Schöne in Luxushotels wie diesem – und allein dadurch zeichnen sich Luxushotels letztendlich aus – ist das im Dreieck gefaltete Ende der Toilettenpapierrolle.

BENJAMIN V. STUCKRAD-BARRE Das findest du inzwischen in jedem Bahnhofshotel. Damit versuchen die Bahnhofshotels so zu tun, als sei es frisch und neu, was es aber nie ist. Die Besonderheit am Adlontoilettenpapier ist der Winkel, in dem das abgeknickte Ende der Toilettenpapierrolle mit der Adlon-Vignette fixiert ist. Der entspricht nämlich haargenau dem des aufgedeckten Plumeaus.

ALEXANDER V. SCHÖNBURG Wichtig ist dann nur noch, daß die Klos streng vom Badezimmer getrennt sind. Besonders wichtig ist dies, wenn man nicht alleine reist. Ich erinnere mich, daß es hier im Adlon in den Suiten auch zusätzlich noch eine Gästetoilette mit Gästetoilettenpapier gibt.

ECKHART NICKEL Wohnungen mit nur einer Toilette sind überhaupt ein Elend.

JOACHIM BESSING Oder Wohnungen, in denen sich der Hausherr ein Pissoir im Bad befestigt hat. Möglicherweise wird sich das Urinieren im Stehen vielleicht doch noch einmal durchsetzen, denn, wie wir wissen, weihte die tragische Susan Stahnke kürzlich auf einer Sanitärfachmesse ein Pissoir für Damen namens Lady Pee ein.

BENJAMIN V. STUCKRAD-BARRE Sie erklärte diese Geschmacklosigkeit auch noch damit, daß dieses Urinal ein modernes Produkt sei wie sie selbst auch.

Eckhart Nickel krempelt sich den Ärmel seines Hemdes von Ermenegildo Zegna
hoch und legt sich die Gummimanschette seines Blutdruckmeßgerätes an. Rou-
tiniert pumpt er die Manschette mit dem angeschlossenen Handbalg zu einer
prallen Wurst auf.

ECKHART NICKEL Habt Ihr Gebrechen, Leiden, irgendwas?

BENJAMIN V. STUCKRAD-BARRE Ich habe heute leichten Rückenschmerz, weil ich auf einer dünnen Matte auf einem Parkettfußboden schlafen mußte. Da meine Gastgeberin eine Lesbierin ist, waren in meinem Schlafzimmer auch noch zwei Katzen zu Gast, und die eine Katze sprang, während ich schlief, gegen den CD-Tower, und der Rainbirds-Backkatalog stürzte auf mich herab. Die Lesbe hatte nämlich früher einmal beruflich mit den Rainbirds zu tun. Katharina Franck, die Sängerin der Rainbirds, hat übrigens eine attestierte Bierallergie, und deshalb hat sich die Band im Endeffekt auch getrennt, weil sie immer dabeistehen mußte, wenn die Rocker ihrer Band ihre Biere tranken.

JOACHIM BESSING Eigentlich wurde ja nur ein Rainbird berühmt, nämlich der Gitarrist Rod Gonzales, der heute Bassist bei der Band Die Ärzte ist. Er ist dadurch, glaube ich, sehr reich geworden.

BENJAMIN V. STUCKRAD-BARRE Er hat es sogar hier in Berlin zum Besitzer einer Sushi-Bar gebracht.

JOACHIM BESSING Sushi sind ja bekanntlich zum Nußbrot der neunziger Jahre geworden. Schichtenverkehrt entspricht das exakt dem Abstieg der Caprese zum Nudelsalat der neunziger Jahre.

Christian Kracht entnimmt seinem Anzug von Ozwald Boteng eine Klarsichttüte, in der sich zwei beigefarbene Tabletten befinden.

CHRISTIAN KRACHT Eckhart, hast du gestern zehn von meinen zwölf Melatonin genommen, weil es sind jetzt nur noch zwei drin.

ECKHART NICKEL Ich habe davon, glaube ich, nur zwei genommen.

CHRISTIAN KRACHT Ach so –

Christian Kracht wirkt jetzt noch unglücklicher als zuvor.

JOACHIM BESSING Aber du schliefst doch sehr gut mit dem Melatonin.

CHRISTIAN KRACHT Ja sicher. Es ist ja keine Chemie. Es wird ja nur aus der Zirbeldrüse des Rindes gewonnen, glaube ich.

Christian Kracht räuspert sich. Benjamin von Stuckrad-Barre betätigt die Taste für Café Schümli am Kaffeeautomaten. Der Automat heult auf und schält ein sich schlängelndes, beiges Rinnsal in die bereitgestellte Tasse.

ALEXANDER V. SCHÖNBURG Joachim, bitte mache mal den obersten Knopf an deinem Hemd zu. Ich möchte sehen, wie der Kragen mit Krawatte aussieht.

JOACHIM BESSING Es ist leider kein Krawattenhemd.

ALEXANDER V. SCHÖNBURG Ach, kein Krawattenhemd?

JOACHIM BESSING Also erstens kann man zu den schillernden Stoffen von Richard James keine Krawatten tragen, also ich wüßte jedenfalls nicht, welche. Und zweitens ist es auch egal. Das Hemd ist die Krawatte.

Der Kreislauf des Geldes

JOACHIM BESSING Es geht nun also um den Kreislauf des Geldes, der keiner mehr ist. Es ist offenbar zur Praxis der Menschen unserer Generation geworden, nur mehr virtuelles Geld auszugeben. Geld, für das sie keinen Gegenwert mehr besitzen. Es geht um das Phänomen ihres ständigen Überziehens der Konten, ihres Nicht-Bezahlens oder In-Raten-Bezahlens, und ihres gleichzeitig immer weiter aufsteigenden Lebensstils, trotz ihrer tatsächlichen Armut.

BENJAMIN V. STUCKRAD-BARRE Was die Statussymbole dieses Lebensstils angeht, so wird in wenige ausgesuchte Dinge sehr hoch investiert, und andere Dinge, die noch vor zehn oder zwanzig Jahren essentiell waren, zum Beispiel Sofagarnituren, Autos und Schrankwände, fallen völlig weg. Man besitzt eben gar kein richtiges Sofa, vielleicht ja eines vom Sperrmüll, fährt aber Taxi.

JOACHIM BESSING Der Inhalt des Kleiderschranks kann schon einmal vierzigtausend Mark Wiederverkaufswert haben, dafür ist der Rest der Wohnung nahezu leer, und in der sogenannten Küche gibt es keinen Herd. Diese Wohnungen markieren lediglich Durchgangsstadien. Positionen auf dem Weg hin zum endgültigen Bild. Ein Symbol für das Nicht-Erreichen dieses Bildes sind dort die ungefaßten Glühbirnen, die von der Decke baumeln.

BENJAMIN V. STUCKRAD-BARRE Es gab bei früheren Generationen noch die angestrebte Gleichzeitigkeit von Anschaffungen. Zuerst das Auto – erste Etappe. Dann die Wohnung – zweite Etappe. Dann die gesamten Möbel – dritte Etappe. Dann Kinder – vierte Etappe. Dann ein eigenes Haus – fünfte Etappe. Dann das Ganze von vorne, aber mit dabei einhergehenden Verfeinerungen in der Qualität der Anschaffungen. Heute entsteht die Verschuldung aber nicht mehr durch Investitionen, sondern direkt und indirekt durch das Nachtleben. Früher nahm man einen

Kredit über zehntausend Mark auf, um die Wohnung einzurichten. Heute wird mit dem Kreditgeld herumgerockt.

JOACHIM BESSING In der zweiten Etappe werden dann mit neuen Krediten die lange überzogenen Dispokredite wieder aufgefüllt. Das Geld steht also überhaupt nicht mehr für Investitionen zur Verfügung. Es verschwindet in einer Zirkulation unter Null.

ECKHART NICKEL Das Interessante daran ist, daß sich sämtliche Geldvorgänge bald nur noch in einem Bereich abspielen, der unter Null beginnt und eigentlich Nichts-Haben, also Armut, bedeutet.

JOACHIM BESSING Es ist leider noch weniger, nämlich Minus-Haben.

ECKHART NICKEL Und trotzdem ist es unserer Generation möglich, dank den modernen Methoden der Geldinstitute sehr anständig zu leben. Tausendmal besser übrigens, als unsere Eltern in diesem Alter es konnten.

CHRISTIAN KRACHT Das liegt aber daran, daß wir hemmungslos über unsere Verhältnisse leben. Wir müßten im Grunde viel mehr Geld verdienen, um unseren Lebensstil rechtfertigen zu können.

JOACHIM BESSING Das würde, glaube ich, nicht wirklich etwas verändern. Meiner Erfahrung nach gebe ich, wenn ich einmal mehr verdiene, gleich noch mehr aus. Ich glaube, das geht auch allen anderen so. Das Öffnen der eintreffenden Kontoauszüge ist eigentlich auch überflüssig, es ist von der erzieherischen Wirkung her völlig wirkungslos, was dort geschrieben steht.

CHRISTIAN KRACHT Ich öffne selten die Kuverts mit den Kontoauszügen.

JOACHIM BESSING Der Kontoauszug an sich ist überflüssig, denn wenn mir der Geldautomat anzeigt, daß er mir nichts mehr auszahlen kann, weiß ich ja genau, wieviel Minus angefallen ist. Dann kann ich mir ungefähr ausrechnen, wann die Karte wieder funktionieren wird, und bis dahin funktioniert diese Karte eben nicht mehr.

ECKHART NICKEL Exakt. Bei mir beobachte ich darüber hinaus noch das Verhalten, daß ich mich noch weiter verausgabe, wenn mir außer der Reihe das Eintreffen einer größeren Summe angekündigt wurde. Ich spekuliere quasi mit den ausstehenden Geldeingängen.

BENJAMIN V. STUCKRAD-BARRE Wobei ja genau diese Geldeingänge nach der vernünftigen Rechnung dazu da wären, die Minusbeträge wieder mindestens auf Null aufzufüllen. Aber man empfindet diese Minusbeträge ja gar nicht als Schulden, sondern als einen Spielraum.

JOACHIM BESSING Schon bald nach Erteilung des ersten Dispokredits erscheint einem der Saldo Null als einzig wiederherzustellender Zustand. Null wird zum Ziel. Null wird zum gesunden Punkt.

ECKHART NICKEL Also nichts haben im Grunde.

JOACHIM BESSING Man fühlt sich gut, wenn man es wieder auf Null geschafft hat. Es hält aber nie lange an.

BENJAMIN V. STUCKRAD-BARRE Also verschiebt sich die ursprüngliche Null – die Null in der Form, gar kein Geld mehr zu haben – auf die üblichen minus sechstausend Mark.

JOACHIM BESSING Oder auch minus sechzigtausend Mark, das hängt nur von der betreuenden Bank ab.

ECKHART NICKEL Sollte daraus nicht auch eine neue Grundstimmung entstehen, da man ja der Bank immer etwas schuldig ist?

JOACHIM BESSING Nein. Das permanente Ausgeben von Geld in Summen, die einem nicht gehören, entsteht ja vorrangig durch die Geldautomaten. Müßte ich an einem Schalter bei einem Kassierer abheben, käme es gar nicht so weit. Es wäre mir peinlich, wenn er mir erklären würde, daß er mir nichts mehr auszahlen kann. Das Minus vor dem Saldo wäre mir da schon peinlich. Der Automat aber ist eine Art slot machine –

ECKHART NICKEL Der Geldautomat ist ein Freund.

BENJAMIN V. STUCKRAD-BARRE Er hat vor allem keine Augen. Selbst wenn man das Schalterpersonal nicht persönlich kennt, ist es peinlich, wenn sie einem in die Augen schauen und in ihrem Geist dabei eine Verbindung herstellen zwischen deinem Anzug und den minus siebentausend. Ich möchte vom Automaten die klare Nutzinformation »Geld« oder »kein Geld«. Mehr nicht.

JOACHIM BESSING Leider kommt aber irgendwann der Moment, in dem man seinen Kundenbetreuer kennenlernen muß, ein Gespräch mit ihm führen muß. Das ist ein einschneidendes Erlebnis. Würde von da an der Kundenbetreuer jeden Tag rund um die Uhr neben dem Geldautomaten sitzen, wollte man ganz sicher kein Geld mehr abheben. Diese Menschen sind professionell darauf trainiert, ein schlechtes Gewissen in noch nie gekannten Dimensionen herzustellen.

ECKHART NICKEL Immer, wenn man zum Schalter geht, verhält sich die Bank einem selbst gegenüber wie ein sich sorgender Pfarrer. Einmal wurde ich in meiner Filiale tatsächlich mit den Worten »Ah, endlich, Dr.

Nickel – Wir haben uns Sorgen um Sie gemacht« begrüßt. Daraufhin mußte ich dann der Filialleiterin erklären, daß sie eine Bank zu führen hat und kein Pfarramt und auch keine Seelsorge. Ich wies sie auf unsere Vereinbarungen hin und drohte ansonsten damit, die Bank zu wechseln.

JOACHIM BESSING Das Problem ist nur, daß man die Bank irgendwann gar nicht mehr wechseln kann, weil man dann zuerst seine Schulden abbezahlen müßte.

BENJAMIN V. STUCKRAD-BARRE Als ich von Hamburg nach Köln zog, mußte ich bei der Hamburger Sparkasse bleiben, was ungünstig war in Köln, weil ich zuerst meinen Dispositionskredit auffüllen mußte, bevor ich mein Hamburger Konto auflösen konnte.

JOACHIM BESSING Aber gerade während eines Umzugs werden doch die größten Investitionen fällig. Da zählt doch jede Mark.

Christian Kracht, der während dieses Gesprächs mehr und mehr in sich zusammensinkend geschwiegen hat, richtet sich auf, räuspert sich lautlos.

CHRISTIAN KRACHT Welche der deutschen Großbanken hat denn die beste Corporate Identity?

JOACHIM BESSING Die Deutsche Bank.

CHRISTIAN KRACHT Ich werde von der Privatbank Conrad Hinrich Donner betreut, und ich möchte niemals in meinem Leben wählen müssen zwischen Deutscher Bank, Dresdner Bank, Hamburger Sparkasse und wie sie alle heißen, weil ich finde, daß die alle schlimm aussehen. Die Logos sind schlecht, die verwendeten Schriften ein Grauen, die Gebäude furchtbar.Wie habt ihr es geschafft, euch für eine dieser Banken zu entscheiden?

BENJAMIN V. STUCKRAD-BARRE Ich mag das provinzielle Aroma, das die Sparkassen verströmen. Dieses angenehme Flair von Eduard Zimmermanns Aktenzeichen XY, das dort durch die Schalterräume weht, finde ich nett. Nachts hebe ich auch ganz gerne in der Sterilität der Citibank ab, obwohl man ja immer wieder Menschen kennenlernt, die selbst im Morgengrauen wegen der erhöhten Bearbeitungsgebühr der Fremdbanken den weiteren Weg zur Filiale ihrer Hausbank wählen.

CHRISTIAN KRACHT Aber es ist doch immens wichtig, wie die Bank aussieht. Auch wenn man die Bank nie betritt, hat man doch die Karten und die Eurocheques, auf denen Logo und Name der Bank aufgedruckt sind.

BENJAMIN V. STUCKRAD-BARRE Da wäre die Commerzbank für mich unmöglich. Dieser spröde gelbe Schriftzug, und vor allem deren groteskes Maskottchen, der Goldhamster Goldi, sind zutiefst abstoßend.

JOACHIM BESSING Noch schlimmer war da die Maskottchenfamilie namens Knax, mit der die Sparkassen früher ihre Jungkunden anlockten. Die Knax-Familie lebte in einer virtuellen Wikingerwelt im Schatten einer Räuberburg. Tapfere Helden waren dort zum Beispiel Pommfritz und Pommfriedel, zwei kartoffelerntende Bauern. Die Jungkunden durften in einen Knax-Klub eintreten, am Wochende wurde irgendwo eine Knax-Hüpfburg für die Mitglieder aufgestellt, und für die Konzerte der Rockgruppe Pur gab es verbilligten Eintritt.

ECKHART NICKEL Die Dresdner Bank, sonst gefällig durch ihren kühlen historistischen Stil, lockt seit einiger Zeit die Jugend mit einem schlimmen Konto, das »Grips« heißt. Toll fand ich aber das Jeans-Sparbuch, mein erstes richtiges Konto, gleich nach dem Postsparbuch.

JOACHIM BESSING Ein Konto bei der Postbank zu haben ist eine gesellschaftliche Bankrotterklärung. Nach einem Privatbankrott zum Beispiel nimmt dich nur noch die Postbank auf. Verlierer landen bei der Postbank. Ihre Ausrede dafür ist dann immer, sie hätten sich aus freiem Willen für die Postbank entschieden, weil die Postbank keine Waffenfirmen finanziert. Junkies sind immer bei der Postbank. Ich beobachte das im Postamt am Hamburger Hauptbahnhof. Die Junkies schauen dort nach, ob Mutter oder Oma auf dem Land ihnen Geld überwiesen haben. Wenn ja, heben sie alles ab und kaufen direkt vor der Tür ihr Heroin dafür ein. Das Heroin wird ihnen aber auch im Postamt von den dort herumstehenden Dealern angeboten. Früher konnten die Junkies das Heroin auch direkt im Postamt drücken, aber seit kurzem sind die Telefonzellen im oberen Geschoß kameraüberwacht, das geht also nicht mehr, immerhin.

Joachim Bessing zieht einen beschlagenen Plastikbeutel aus seiner Anzughose und inhaliert etwas Aceton.

BENJAMIN V. STUCKRAD-BARRE Die Volks- und Raiffeisenbank verhält sich zur Sparkasse wie Geha im Vergleich zu Pelikan. Geha und Volksbank sind genau dasselbe. Auch von den Farben her.

JOACHIM BESSING Ich schrieb ja mit einem Lamy, und zwar mit einem weißen.

BENJAMIN V. STUCKRAD-BARRE Ich, das muß ich gestehen, zeitweise sogar mit einem gelben.

ECKHART NICKEL Pelikan, blau. Ich möchte da gerne noch einmal auf das ebenso blaue Jeans-Sparbuch zurückkommen. Es war ein einmaliger ästhetischer Versuch der Banken, sich der Lebenswelt ihrer jungen Kunden anzunähern. Wenn man es lässig in der hinteren Tasche der Bluejeans mit sich herumtrug, franste es sogar nach einiger Zeit genauso aus wie eine alte Jeans.

JOACHIM BESSING Das Jeans-Sparbuch war eben authentisch. Die Bank zielte damit auf Mopedfahrer und erreichte sie auch. Aber heute gehen die Banken gerne einen Schritt zu weit. Konten sind Aktiv-Konten oder Power-Konten oder Fun-Konten, und die Umdeutung der schlichten Aufgabe eines Girokontos geschieht hier nicht mehr von der Hülle her, vom Sparbuch als Accessoire, sondern inhaltlich. Besonders hart im Slogan der Vereinsbank: Leben Sie. Wir kümmern uns um die Details.

BENJAMIN V. STUCKRAD-BARRE Wieso können wir denn nicht mit Geld umgehen? Wie kommt es, daß wir uns mehr leisten, als wir uns leisten können? Kommt das wirklich daher, weil wir nie richtige Not erlebt haben? Das ist zwar ein Gräfin-Dönhoff-Argument, aber wahrscheinlich stimmt es auch.

CHRISTIAN KRACHT Aber das ist doch eine so schlimme Welt. Meine Eltern zum Beispiel knipsen immer das Licht aus, wenn sie das Haus verlassen. Ich mache das nie, weil ich nicht in eine dunkle Wohnung nach Hause kommen möchte. Dieses Lichtausmachen ist eine direkte Folge des Nachkriegswahns.

JOACHIM BESSING Mein verstorbener Großvater hatte im Keller seines Hauses einen Extraraum, in dem er ganze Monatsrationen haltbarer Lebensmittel hortete. Falls der Russe wiederkommt.

CHRISTIAN KRACHT Und der Russe wird wiederkommen.

BENJAMIN V. STUCKRAD-BARRE Aber woher kommt es, daß wir Geld nicht anerkennen und es nur als Fortbewegungsmittel nutzen; daß wir es nicht akzeptieren wollen, daß unsere Geldmengen endlich sind? Das ist nicht falsch, aber krank. Wir verwenden es und lachen, weil wir die zeitweiligen Pleiten nicht als ernsthaftes Problem sehen. Die existentielle Bedrohung einer Familie bei einem Kontostand von, sagen wir mal: minus tausendneunhundert Mark, die sich dann tagelang kein Brot mehr kaufen kann, lernen wir nicht kennen. Auch bei minus neuntausend Mark nicht, denn es gibt immer leckeres Essen für uns in den Restaurants, die Kreditkarten akzeptieren. Es ist ein Spiel mit dem Niedergang. Es ist borniert.

JOACHIM BESSING Aber es ist kein bewußtes Spiel. Wir gehen einfach davon aus, daß Geld immer da ist. Wir wissen, daß es nicht zu Ende geht. Wenn alle Karten gesperrt werden und American Express dir Briefe schreibt, erfährt man für einen Moment die Bedeutung des Geldes. Aber dieser Moment ist kurz, und es geht immer weiter. Was ich in diesem Zusammenhang nicht verstehe, ist die neue und unverständliche Begeisterung der Deutschen für das Spekulieren an der Börse. Seit drei Jahren wird überall von jedem über Aktienkurse geredet, ich begegne Menschen in meinem Alter, die sich für Ron Sommers Telekom interessieren, die werden richtig fiebrig dabei.

BENJAMIN V. STUCKRAD-BARRE Die Börse hat dieselbe Proliferation erfahren wie zuvor Mallorca. Die Börse war auch einmal ein elitärer Ort, und jetzt können alle dort mitmachen. Ich selbst finde die Börse unattraktiv, langweilig und spießig. Der Neue-Mitte-Fun-Sport.

Ansturm auf das letzte Loch

JOACHIM BESSING Das Denken und Wünschen sehr vieler Menschen dreht sich offenbar um dieses eigentlich langweilige Tun und Treiben der Börsenhändler. Daß aber die bloße Ausübung eines stumpfen, kaufmännischen Berufs so etwas wie Glamour verheißt, versuchte uns die Zeitschrift Tempo schon einmal in den achtziger Jahren einzubleuen. Damals wurden die Warenterminhändler, die Broker, glorifiziert, heute ist es eben deren Fußvolk, die kleinen Schreihälse auf dem Parkett, die mit dem Bleistift hinter dem Ohr. Wie konnte es um Himmels willen nur zu dieser Entwicklung kommen?

CHRISTIAN KRACHT Es ist das gleiche Phänomen wie das des Golfspiels.

BENJAMIN V. STUCKRAD-BARRE Golf ist das Mallorca des kleinen Mannes.

JOACHIM BESSING Golf ist vor allem zum neuen Wandern geworden. Das Wandern, das uns Bundespräsident Carl Carstens in Form des Beim-Volkswandertag-pfeifend-durch-den-Harz-weit-Ausschreitenden beschert hat. Dort ist das Golfspiel angelangt, in den späten neunziger Jahren. Jeder golft. Und Prada stellt einen Golfsack her.

BENJAMIN V. STUCKRAD-BARRE Diese Entwicklung ist aber überhaupt nicht schlimm. Durch die Proliferation werden hier doch lediglich Dinge überführt, die schon immer hohl waren. Genau wie Mallorca, die Börse und das Golfspielen diesen Weg gegangen sind, geht und ging es auch den Flugreisen –

JOACHIM BESSING Dem Wort Flieger an sich –

CHRISTIAN KRACHT Dem Segeln –

ECKHART NICKEL Mobiltelefonen und Ralph Lauren –

JOACHIM BESSING Satellitenfernsehen und Hugo Boss –

BENJAMIN V. STUCKRAD-BARRE Calvin Klein –

CHRISTIAN KRACHT Donna Karan New York –

ECKHART NICKEL BMW und Marlboro Lights.

BENJAMIN V. STUCKRAD-BARRE Und genauso ergeht es den Kulturgütern. Zum Beispiel beim Gutfinden bestimmter Filme. Wie anstrengend ist doch die Diskussion über »Pulp Fiction« von Quentin Tarantino. Heutzutage weiß man doch gar nicht mehr, womit man sich mehr beschäftigen soll: mit der Meinungsbildung zu diesem Film oder mit der Meinungsbildung über die Meinung der anderen.

CHRISTIAN KRACHT Es ist eben nicht mehr möglich, eine Meinung zu haben.

BENJAMIN V. STUCKRAD-BARRE Du kannst dich nicht mehr für eine bestimmte Sache entscheiden, sondern nur noch für die Menschen, die einer Meinung über diese Sache sind. Egal welcher.

JOACHIM BESSING Und damit auch für den Lifestyle der Menschen, für die du dich entscheidest.

CHRISTIAN KRACHT Es ist wie beim Hören von Massive Attack, beim Benutzen von CKone oder CKbe – im Grunde sind dies alles tadellose Dinge; im Grunde läßt sich auch überhaupt nichts gegen »Pulp Fiction« sagen.

JOACHIM BESSING Aber wo liegt denn dann das Problem?

CHRISTIAN KRACHT Das Problem ist der Konsens.

JOACHIM BESSING Aber warum sträuben wir uns gegen den Konsens? Es ist doch eigentlich schön, ein Teil von etwas zu sein.

BENJAMIN V. STUCKRAD-BARRE Pop basiert gleichzeitig auf dem Prinzip des Ausschließens und des Konsenses. Pop entsteht aus der Verschachtelung, aus dem Segmentieren und in einer Gegenbewegung, die dann wiederum vielen einleuchtet. Als Hippie würde man naturgemäß sagen: Wie schön, daß die ausgezeichnete Band Kruder & Dorfmeister jetzt endlich einmal Erfolg hat. Aber wenn der Golffahrer schon damit anfängt, die gleiche Musik wie ich zu hören, wäre es ja nicht abwegig, daß wir auch ansonsten einiges gemeinsam haben, und deshalb wende ich mich dann von dieser Musik ab. Denn für den Lebensstil des Golffahrers möchte ich mich mit der Musik nicht entscheiden müssen, also für Kenwood-Aufkleber und Mobiltelefone am Gürtel. Das lehnt man ja ab. Kategorisch. Schwierig.

Wächsern, wie in Stein gemeißelt – also genau wie auf seinen Autorenfotos von Ali Kepenek –, verharrt Benjamin von Stuckrad-Barre minutenlang in grüblerischer Pose.

CHRISTIAN KRACHT Vor Kruder & Dorfmeister waren es Portishead. Davor natürlich Massive Attack, die während des Golfkrieges auf Joschka Fischers Anordnung ihren Namen in Massive ändern mußten, und davor waren es Soul II Soul.

ECKHART NICKEL Am schlimmsten ist das Konzert. Das Konzert ist die Urerfahrung, mit wem du deine Musik teilst. Wenn neben dir Stumpfstudenten stehen, die jede Zeile mitsingen, weil sie es witzig finden, und selbstironisch mitzusingen – das ist dann eine ganz harte Grenzerfahrung.

CHRISTIAN KRACHT Das Epizentrum dieser verfluchten Selbstironie ist der Pudel-Club in Hamburg.

JOACHIM BESSING Der Pudel-Club ist das Allerverkommenste. Dort tritt Tobias Albrecht unter seinem Künstlernamen Rocko Schamoni auf und spielt einen Kreistagsabgeordneten der FDP. Alle finden das dort lustig. Es ist das Grauen.

BENJAMIN V. STUCKRAD-BARRE In Hamburg findet die Selbstironisierung aber auch in ihrer pervertiertesten Form statt: sich durch Styles zu brechen. Das objektive Urteil, daß ein orangebrauner Synthetikpullunder immer beschissen aussah und aussieht, in den Wind zu schlagen und sich dann mit einer zu engen Trainingsjacke und mit zu kurzen Cordhosen auf eine Hafentreppe zu setzen, schales Astra-Bier und Persico zu trinken, Schlagerplatten von untalentierten DJs in wackelnden Plattenspielern zu hören – es ist schlimm. Deshalb mußte ich diese Stadt auch verlassen.

JOACHIM BESSING Es ist ja auch ein trauriger Rekord, daß es in Hamburg in einer einzigen Straße mehr Secondhandläden gibt als in ganz Berlin zusammengenommen. Eine monströse Range aus Schlaghosen, Trevirahosen, Pepitahütchen und zu engen T-Shirts steht dort zum Darin-Schwelgen bereit. Und die solchermaßen schlimmst eingekleideten, stinkenden Menschen, Menschen, die alle aussehen wie die Hamburger Band Tocotronic, halten diesen grausamen Pudel-Club am Leben, wo doch ansonsten die gesunden Zeitläufte ihn schon vor fünf Jahren verschlungen hätten. Ich muß es leider so sagen: Die Wurzel aller Ironie liegt in der sogenannten Hamburger Musikszene begraben. Ich meine damit Egoexpress, den Wassersportler Ulrich Rehberg, Ja, König, ja, Tocotronic, Die Goldenen Zitronen mit ihrem Schorsch Kamerun, den bereits genannten Rocko Schamoni, Stella, den weißhaarigen Reggaeforscher Günter Jacob, Die Sterne, Brüllen, das Silly Walks Soundsystem, das Lovetank Soundsystem, den Toaster Pensi, den Reggaeaktivisten Kai Jürgens, Dackelblut, Aura Anthropica, Knarf Rellöm, den Punkmagier Guido Schmalriede alias Manuel Muerte, Bürobert, Slime, Bernd Begemann, Die Braut haut ins Auge und Tilmann Rossmy.

In diesem Moment betritt Alexander von Schönburg den Raum. Er war schwimmen, danach zum Haarschnitt bei Gerhard Meir in dessen Salon LE COVP, der sich im Erdgeschoß des Hotels befindet.

BENJAMIN V. STUCKRAD-BARRE Generell möchte ich feststellen, daß Selbstironisierung immer schlechte Produkte zur Folge hat. Selbstironisches Musikmachen oder Anziehen sind möglicherweise immer noch erklärbar, aber nie wieder gut.

ECKHART NICKEL Der Witz daran ist ja die Mühe der Protagonisten, mit der dieses schlechte Aussehen jeden Morgen vor dem Spiegel herbeiziseliert wird. Heraus aus dem riesigen Müllberg von B-Turnschuhen aus den siebziger Jahren von Adidas –

JOACHIM BESSING Gerade Schorsch Kamerun zum Beispiel läßt ja auch seinen Kühlschrank einmal pro Woche von einem Food-Stylisten verschimmeln, das ist bekannt.

BENJAMIN V. STUCKRAD-BARRE Und zum Beispiel die Toilette im Pudel-Club – die ist schlimmer noch als das Pissoir im Görlitzer Bahnhof – und das mit Absicht –, dort ist es dermaßen ekelhaft und krankheitserregend, wird aber von den Hamburger Rockisten als authentisch und ehrlich empfunden.

JOACHIM BESSING Es liegt aber im Fall dieser Toiletten auch am Hamburger Protestantismus, daß sich diese Spießer dort das schlechte Gewissen, das sie beim Besuch einer Kneipe bekommen, in Form dieser Katastrophentoilette wie einen Demutsspiegel vor Augen halten. Eine Geständniskammer ohnegleichen ist das.

ALEXANDER V. SCHÖNBURG Pervers ist, daß wir letztendlich genau das Publikum bedienen werden, das wir verachten. Deshalb befinden wir uns in einem geschlossenen Kreislauf der Prostitution, der uns natürlich, wie dem Happy Hooker, sehr viel Spaß macht. Wir können uns gar nicht davor retten, uns von diesem Publikum zu trennen. Indem wir in der Publizistik arbeiten, bedienen wir genau dieses Publikum. Wenn ich zum Beispiel manchmal Etikettentips schreibe, verrate ich Geheimcodes und gewisse geheim vereinbarte Regeln und veröffentliche sie in einer Zeitung. Das tue ich in einer bewußten Zerstörung dessen, was ich auch beklage. Niemand darf eigentlich wissen, welche Kneipe in Notting Hill die beste ist, aber im Moment, in dem ich es im Condé Nast Traveller schreibe, zerstöre ich diesen Ort. Das ist unser Beruf. Genauso sitzen wir hier, verachten die Menschen mit den schlechten Cordhosen, die schlechtes Kokain schnupfen und in die Clubs gehen, die wir auch mögen, aber ablehnen, und letztlich werden genau diese Menschen unsere Leser sein. Das ist eben der Charakter der Kunst. Aber noch ein Wort zu Hamburg: Meine Lieblingskneipe in Hamburg war dort in der Hafenstraße. Das Trinken war dort billiger, wenn du auf der kleinen Bühne Geschlechtsverkehr hattest. Es war im Grunde ein Bordell, aber wer auf die Bühne ging, bekam eine Hure und einen Pikkolo umsonst. Wer im einsehbaren Séparée Sex hatte, bekam einen Preisnachlaß auf beide Serviceleistungen. Wer auf ein Zimmer wollte, zahlte den vollen Preis. Das ist genau die Situation, in der wir uns hier befinden. Wir ficken auf der Bühne, sozusagen.

Auenstraße

Man muß sich diesen Abend so vorstellen: Das Paar tritt über die Schwelle. Aus der fächelnden Brise (es ist Frühling) in die schwüle Bierluft. Er trägt eine helle Jeans, Turnschuhe von Nike und ein T-Shirt mit der Aufschrift »Festival de Cannes 1994«. Sie trägt eine dunkle Jeans, eine schwarze Handtasche und ein enges, weißes Oberhemd, das sie, einer plötzlichen Eingebung folgend, im Taxi noch schnell sehr weit aufgeknöpft hat. Sie stehen in einer Galerie in der Auenstraße, wo die Party eines jungen Künstlers stattfindet (das Thema seiner Ausstellung: »Die Vergänglichkeit des Blau«). Das Paar sieht sich nur kurz um, er dirigiert sie am Arm durch den Raum, wo vereinzelt Leute stehen, die sich ausruhen, Luft schnappen oder das anschieben wollen, was sich unten abspielt.

Weiter nach hinten in den Raum hinein führt eine Treppe nach unten. Bei jedem Schritt wird die Musik lauter, der Rauch dichter. Überall auf den Treppenstufen verteilt liegen Flyer.

Unten, am Fuß der Treppe, bleiben diese beiden, Georg und Anna, stehen. Das ist bei ihnen ganz unbewußt so einstudiert, der Zweck: Sie können alle Gäste sehen. Alle Gäste können sie sehen.

Man muß sich diese Situation so vorstellen: Kombination aus Anlaß, Licht, Zeitpunkt der Ankunft, Gefühl im Magen, Musik – alles paßt zusammen. Und aus diesen sozusagen idealen Voraussetzungen heraus gelingt Anna etwas ganz Außergewöhnliches. Sie kann für den Moment aus ihrem Körper heraus- und in die Umstehenden hineinschlüpfen.

So kann sie sich und Georg von außen betrachten. Sie sieht (da steht): ein bewundernswertes Paar.

Er stolz auf ihre Schönheit und Klasse: Anna war in Berlin auf der französischen Schule, sie ißt vegetarisch, sie füllt ihren Job in einer Werbefilmproduktion mit der entschlossenen Routine von einer aus, die weiß, daß sie die zweite Hälfte ihres Lebens nicht mehr arbeiten wird.

Sie stolz auf sein gutes Aussehen und seine Position: Er ist charakterlich vornehm, und seine Karriere als Schriftsteller nimmt gerade einen sehr erfreulichen Verlauf.

Beide vor allem stolz darauf, daß sie die Erwartungen, die man an ein perfektes Paar stellt, überaus souverän erfüllen. Komplett mit dem gelegentlichen Streit. So wirkt es nicht einmal überheblich.

Anna schlüpft wieder in sich hinein.

Und kann hochzufrieden beginnen, die Gäste zu scannen, um dem Abend eine überaus erfolgreiche Sozialstruktur zu verleihen.

Anna sieht ihn sehr schnell, den allseits beliebten, für seinen Zynismus bewunderten, um sein Geld beneideten Jakob. Der seit Jahren immer dieselbe Uniform trägt, schwarze Stiefel aus Leder, hellbeige Cordhose, die halb von den Hüften rutscht, hellgraues T-Shirt mit Mottenlöchern und eine herausgewachsene Ponyfrisur. Der gerne so tut, als wäre es ihm zufälligerweise wurscht. Dabei ist es ihm genau das gar nicht. Im Gegenteil: Er findet, er kann unmöglich in einem grauen Brooks-Brothers-Anzug herumlaufen, bei dem ganzen Geld, das sein Vater ihm hinterlassen hat. Jakob ist nämlich nicht nur bildender Künstler, er hat auch ein ganz feines Gespür für den interessanten Bruch entwickelt, was die äußere Wirkung seiner Person betrifft.

Anna jedenfalls weiß intuitiv – da ist ein guter Einstieg, eine gute Chance, eine (schon wieder) ideale Einleitung. Sie schickt ihr intensivstes Lächeln durch den Raum, zu der Bar, wo Jakob gerade den dritten Gin Tonic bestellt hat. Georg, er weniger selbstbewußt, vielleicht auch weniger talentiert für Spielchen, folgt ihrem Blick, landet natürlich auch bei Jakob und lächelt unbehaglich hinterher. Er weiß, daß er jetzt eigentlich dicht hinter Anna bleiben sollte.

Doch die drängelt schon voran durch Rauchende, Tanzende, Trinkende und nimmt sich vor, gleich etwas sehr, sehr Kultiviertes zu Jakob zu sagen, ihn einzukassieren, und den verbleibenden Abend dann sehr, sehr süß zu Georg zu sein. Anna brauchte nämlich schon immer etwas mehr Aufmerksamkeit als andere. Und: Sie liebt Strukturen.

Sofie wartet seit einigen Minuten in der Toilette. Einer, der zufällig hinter ihr gestanden und ihr über die Schulter geschaut hätte, würde ein wirklich hübsches, nicht besonders großes, gerade etwas abwesendes Mädchen im Spiegel sehen: Locken dunkelbraun, Augen hellblau, Mund wird gerade dunkelrot nachgezogen. Sofies Augenbrauen sitzen sehr hoch, was ihr einen für ihr Alter – 24 – etwas zu puppenhaft-erstaunten Gesichtsausdruck verleiht. Aber wenn die Glühbirne in der Toilette dieser Galerie, die übrigens bald abgerissen werden soll, ein bißchen stärker wäre, dann würden dem Beobachter auch die Mißmuts-Falten auffallen, die sich langsam immer tiefer in Sofies runder Stirn eingraben. Sofie zieht an ihrem Top; es ist neu, hat keine Ärmel, keine Träger, und noch hat Sofie nicht die perfekte Position dafür gefunden, es sitzt immer entweder zu hoch (unsexy) oder zu tief (auffällig) über ihrem Busen.

Sofies eigentliches Problem aber ist: Sie langweilt sich. Sie verachtet die meisten Menschen. Sie langweilt sich mit ihnen. Und deshalb tut sie oft Dinge, die sie lieber gelassen hätte, unter rein moralischen Gesichtspunkten betrachtet. Dazu muß man wohl noch sagen: Sofie hat praktisch keine Moral. Nie gehabt. Aber ein paar ganz unschmeichelhafte Spitznamen. Sofies Fußvolk, denn Freundinnen kann man sie eigentlich nicht nennen, kommt aus der Klokabine, eine nach der anderen, vier Stück insgesamt.

Eine kunstinteressierte Schwangere in einem bequemen Latzhosenanzug aus Jersey will an ihnen vorbei. »Schau mal an, da hat sich eine ficken lassen«, sagt Sofie laut.

Vor ein paar Jahren noch hätte Sofie jeden um den Finger wickeln können. Ihr gutes Aussehen, kombiniert mit dem Rückenwind eines Neuankömmlings in einer nicht allzu großen Stadt, haben ihr damals alle interessanten Kontakte vermittelt.

Statt dessen aber gilt Sofie heute wahrscheinlich als das suspekteste Mädchen der ganzen Stadt.

Nicht, daß sie hochmütig ist, nein: Sofie redet mit jedem. Sie ist blitzgescheit. Ihre spitze Zunge, ihre Angewohnheit, die Menschen gegeneinander auszuspielen, und die Tatsache, daß ihre stets ungeteilte Aufmerksamkeit denselben Menschen schmeichelt, haben in den letzten vier Jahren dazu geführt, daß Sofie eine wichtige, aber auch zweifelhafte Rolle in dem sozialen Gefüge der nicht allzu großen Stadt gespielt hat.

»Sie sind auch Künstler?« fragt Anna in einem Tonfall, den sie für kokett, auch für blasiert hält. Jakob ist vielleicht der einzige Mensch, der Anna durchschaut.

»Genau«, sagt er.

»Was für ein überraschendes, luxuriöses Dasein! Ich interessiere mich nicht für Kunst, aber sehr für Künstler. Ich finde, einen sollte man unbedingt im Bekanntenkreis haben. Allerdings nur den einen, sonst wird's kitschig.«

»Irgendwie zugenommen, was?« fragt Jakob ungerührt.

»Nein, aber du bist älter geworden«, sagt Anna bedauernd – das hört er nämlich gar nicht gern.

Anna und Jakob haben diese Art der Unterhaltung nie abgesprochen, finden sie aber sehr kultiviert, sehr *Dorothy Parker*: möglichst nur die schikken Stichworte und Halbsätze hin- und herschicken, damit der Grad der Vertrautheit, das unsichtbare Band und die Smartness ihnen und auch jedem Umstehenden bewußt werden. Diesen Intelligenz-Talk, bei dem alle Umstehenden zuhören, aber keiner mitkommen soll. Denn diese Art von Intelligenz-Talk, die wird irgendwann langweilig, wenn kein Publikum dabeisteht, das sich ausgeschlossen fühlen darf. Daß es in Wirklichkeit nur Gefasel ist, darauf ist komischerweise noch nie jemand gekommen.

Georg fällt auch gerade wieder darauf rein. Er steht hinter Anna und versteht nichts und kommt sich vor wie ein Trottel. Den gesellschaftlichen Ehrgeiz seiner Freundin beobachtet er halb bewundernd, halb schaudernd. Anna liebt ihn, das weiß Georg eigentlich. Aber wenn Jakob auftaucht, verschwindet seine Gewißheit dann doch. Das Salon-Gerede der beiden ist ihm unheimlich. Es erinnert ihn daran, daß Jakob und Anna zusammen auf der französischen Schule in Berlin waren. Daß Jakobs Vater ein prominenter Architekt war, die Eltern von Anna Professoren sind. Und daß sein eigener Vater Angestellter bei der Deutschen Bundesbahn war.

Was es tatsächlich ist, wogegen er anzukämpfen hat, kann Georg ja nicht wissen: Anna und Jakob haben ihre Affäre nämlich immer geheimhalten können.

Georg fühlt sich ausgeschlossen, kann das aber schlecht äußern, ohne wie ein Voll-Trottel dazustehen. Das will er nämlich auf gar keinen Fall. Schnell bestellt er sich ein Bier. Ein Übersprungs-Bier.

Nachdem er sich halbherzig mit einem ihm flüchtig bekannten Fotografen an der Bar über das Wahnsinns-Video zu Aphex Twins »Come to
Daddy« unterhalten hat und nachdem er einer Kollegin von Anna aus
der Werbefilmproduktion einen Tequila ausgegeben und mit ihr über
das sagenhafte Charisma des Schamanen Art Reed philosophiert hat, ja,
nachdem er Anna und Jakob geistig sogar kurz abgehakt hat, da kreuzt
sein Blick den von Sofie. Sofie, die mit ihrem Glas und ihrem runter-
gerutschten Top an die gegenüberliegende Wand gelehnt dasteht. Und
Georg und die Situation im Blick hat und mit halbem Ohr auf das ge-
schriene Gerede ihres Fußvolkes achtet und überlegt, welche Interessen
sie heute wahrnehmen könnte.

»Hat man dich abgehängt?« fragt Sofie, die plötzlich neben ihm aufge-
taucht ist, und Georg lächelt gequält. Er hat ein bißchen Angst vor Sofie
und will sich an ihr vorbeidrängen, weg von ihr und von der Bar. Sofie
macht im Umgang mit Männern manchmal den Fehler, sich nicht ein
bißchen dümmer zu stellen, als sie ist. Und eben weil sie so gescheit ist,
kommt ihr jetzt blitzschnell der Gedanke an eine Affäre mit Georg. Den
sie eigentlich als Langweiler verachtet. Weil er, wie vielleicht alle Schriftsteller, nicht ganz erhaben ist über den Verdacht, daß einer, der nicht
mit anderen Jungs, sondern mit dem Papier kämpft, kein Gewinner ist.
Nicht männlich.
»Du bist eifersüchtig auf Jakob«, sagt Sofie zu Georg, der jetzt hastig sein
Bier runterschluckt, als wäre es Wasser.
»So ein Quatsch. Entschuldigung, ich brauche noch ein Bier.«
»Sag's mir, ich bin unvoreingenommen wie eine junge Giraffe.«
»Anna braucht immer etwas mehr Aufmerksamkeit als andere.«
»Kriegt sie die nicht von dir?«
»Was weiß denn ich.«
»Anscheinend nicht genug. Du Profi.«
»Anscheinend.«
»Jakob ist ein Arschloch. Wenn ich du wäre, würde ich ihm aufs Maul
hauen.«
»Der kriegt auch noch aufs Maul.«
»Schau doch mal, wie er deine Anna anstarrt – so hat er auch einigen
meiner engsten Freundinnen das Herz gebrochen.«

»Ah, ja?«

»Aber deine werden wir dir zurückholen. Wir machen sie jetzt mal ein bißchen eifersüchtig. Sag, willst du lieber Drogen oder Sex?«

Georg, peinlich berührt, aber nicht ungeschmeichelt, grinst debil.

»Nur Spaß«, sagt Sofie, »holst du uns lieber zwei Gin Tonic?«

Georg wendet sich wieder zur Bar, ignoriert Anna demonstrativ und bestellt.

Anna beobachtet ihn aus dem Augenwinkel und lächelt überlegen.

Jakob geht schnell was ziehen.

»Was willst du denn mit dem?« zirpt eine aus dem Fußvolk an Sofie heran.

»Der«, sagt Sofie, »wollte schon in einer dunklen Ecke verschwinden. Da habe ich ihn wie eine Ratte am Schwanz aus seinem Loch gezogen. Seine Barthaare zitterten; er hatte solche Angst, daß er aus Versehen die Wahrheit gesagt hat.«

Eilfertiges Gekicher aus dem Fußvolk.

Die Affäre von Jakob und Anna hat vor ein paar Jahren begonnen. Ist dann kurz abgerissen. Und wird mittlerweile, beiderseits ohne großen Elan, fortgesetzt. Anna und Jakob überlassen es sozusagen dem Schicksal und dem Stilempfinden für den jeweiligen Augenblick. Das einzig Spannende daran ist mittlerweile: Alle schauen zu, aber keiner weiß davon. Was das bringen soll, wissen die beiden eigentlich nicht.

Anna sieht Georg mit Sofie reden und denkt sich: »Durchschau ich.« Sie beschließt, mehr so unbewußt, Georg zu ärgern. »Ist das heiß hier, gehen wir raus«, sagt sie zu Jakob, der ihr gerade ein bißchen zu viel faselt.

Sofie mischt Georg auf.

Anna fühlt sich überlegen, weil sie einen Schritt voraus ist.

Jakob setzt sich faselnd in Bewegung.

Anna schlüpft hinter ihm die Treppe rauf. Sie blickt sich nicht um.

Dann stehen Anna und Jakob vor der Galerie, auf der Straße, wo es noch warm ist, wo Anna sich geziert eine Marlboro Lights anstecken läßt und sagt: »Okay? Knutschen?« Wo aber Jakob statt dessen in seiner Hosentasche wühlt und ein paar Drogen schluckt. Woraufhin Anna sich an ein Auto lehnt, gähnt und sich zum ersten Mal an diesem Abend langweilt. Plötzlich fällt ihr auf, daß Jakob seine braunen Haare immer auf die eine Seite wirft und daß das sehr, sehr scheiße und affig und altherrenhaft aussieht. Außerdem bekommt Jakob eine Glatze, unter dem Schein der Straßenlaterne ganz deutlich zu erkennen.

Anna wird unruhig. Und unterbricht Jakob irgendwo mittendrin.

»Auch blöd hier oben.«

Ohne Publikum macht es Anna plötzlich viel weniger Spaß, ist es viel weniger kultiviert, mit Jakob zu reden, und sie drängt auf Fortsetzung des Abends in angemessenerem Ambiente. Außerdem hat sie das ungute Gefühl, gerade etwas Wichtiges zu verpassen.

Unten steuert Jakob auf die Bar zu, wo er zügig den vierten Gin Tonic kippt. Er ist jetzt für Annas Zwecke eigentlich nicht mehr zu gebrauchen. Keiner, so scheint es, schert sich um sie. »Du willst auch nie erwachsen werden«, wirft ihm Anna etwas zusammenhanglos an den Kopf. Und macht sich dann auf die Suche nach dem verpaßten Anschluß. An verschiedenen Händen schüttelt sie sich so durch den Raum: Fotografen, Kolumnisten, Fotografen, Architekten, Schauspieler, Fotografen, Industriedesigner.

Ganz hinten an der Wand sieht sie ihren Freund Georg, dem die Musik in den Rücken bläst. Er steht ja auch genau vor einer Box, aus der gerade ein Lied von Sonic Youth kommt. Das Anna, die den Titel nicht kennt und sich für Musik generell nicht interessiert, immer als besonders quälend aufgefallen ist, weil Georg es so mag. Der gerade irgendwie hintereinander-ineinander geschoben mit Sofie zur Tanzfläche hin wippt. Es drängt ihn so von hinten an sie ran, seine Arme sind vor ihrem nackten Bauch verschränkt. Und soeben beugt er seinen Kopf über ihre linke, ebenfalls nackte Schulter und legt sein Ohr an ihren Mund, damit er hört, was sie ihm sagen will (es handelt sich um die mittlerweile dritte Aufforderung, mit ihr aufs Klo zu gehen).

Fast liebevoll sieht das aus.

Anna muß einsehen: *Das ist jetzt nicht für mich inszeniert. Das passiert sowieso. Egal, wo ich bin. Alle können sie sehen. Alle können mich sehen.*

Anna wird heiß vor Scham.

Vielleicht einmal in hundert Jahren hat man in so einer Situation etwas Passendes zur Hand. In dieser Nacht ist es gerade mal wieder hundert Jahre her. Anna hebt die Hand mit der vollen Bierflasche und schleudert sie auf das ganz ineinander verkeilte Paar.

Anna kann die Flugbahn der hellgrünen Bierflasche mit goldenem Etikett – es handelt sich um ein Erzeugnis aus der Brauerei Jever – ganz genau verfolgen: Die Flasche macht einen hohen Bogen, dreht sich dabei, Flüssigkeit schäumt heraus, sie landet auf Sofies Brust, wo sich der Inhalt, begünstigt von der entschlossenen Wurfbewegung, über Sofies bauchfreies Top ergießt – ein besonders schlechtsitzendes, proletenhaftes, wie Anna schon vorher mit Genugtuung registriert hatte.

Sofie taumelt noch dichter gegen Georg. Anna hört ganz deutlich sein erschrockenes und irgendwie wahnsinnig tölpelhaftes »Was war denn das?«. Die Besorgnis in seiner Stimme macht Anna noch rasender. Sie stößt die Umstehenden beiseite und eilt die Treppe wieder hoch. Mit klopfendem Herzen, wegen ihrer undamenhaften Affekthandlung. Auch ein bißchen amüsiert über ihre eigene Chuzpe. Bei dem aufkommenden Gedanken, daß Sofie hätte tot sein können, muß Anna schnell noch grinsen, aus Versehen.

Oben stehen kaum noch Leute. Anna verschwindet in einem Hauseingang. Sie rutscht an der Wand runter und sinkt am Boden zusammen wie ein melancholisches Kleiderbündel. Vor ihr auf dem Boden liegen ein paar zerfetzte Flyer. Blöde, sie kann da jetzt nicht mehr runter. Auf keinen Fall. Sie ist sicher, daß einer kommen wird, sie zur Rede zu stellen. Irgend etwas an ihrer *Performance* war ungeschickt. Sie muß noch herausbekommen, was. Keiner kommt. Anna weiß nicht, was zu tun ist. Ziemlich lange weiß sie das nicht.

Unten hat Georg nichts kapiert, Sofie alles, sagt aber nichts. Erst zwei Stunden später, nachdem Sofie Georg unter einem Vorwand ins Klo gelockt und geküßt, nachdem Georg etwas Abwehrendes gestammelt und nachdem Sofie ihm höhnisch hinterhergekichert haben wird, wird sie ihrem Fußvolk in allen Einzelheiten davon berichten, mit dem triumphalen Resümee: »Das nächste Mal ist er fällig, so frustriert, wie seine Alte ist.«

Jakob ist noch mit Breitsein beschäftigt.

Georg ist orientierungslos und sucht nach Anna.
Die wartet immer noch und fühlt sich schlecht.

Georg steigt die Treppe hoch. Sofie und das Fußvolk sehen ihm verächtlich hinterher und finden, er sieht plötzlich aus wie ein doofer junger Hund.
Oben trifft Georg auf Jakob, beide einigen sich mit einer Handbewegung zum Gehen und treten hinaus.
Anna springt auf und rennt ihnen durch die dunkle Auenstraße hinterher und schreit: »Du hast alles kaputtgemacht!« Georg und Jakob bleiben stehen und warten auf Anna. Georg sagt gar nichts, Jakob hält auch lieber den Mund, und weil keiner eine bessere Idee hat, gehen alle drei wortlos nach Hause zu Anna und Georg, und dort setzen sie sich an den Habitat-Holztisch ins Wohnzimmer, und Jakob holt sein Pack raus und baut aus einem Flyer eine Rolle.
»Was soll ich tun?« schreit Anna. »Jetzt muß ich mich von dir trennen, ob ich will oder nicht.« Dann unterhalten sie sich wieder, bis Anna wieder schreit:
»Du hast mich und dich und uns blamiert. Du hast nicht auf uns aufgepaßt!« Georg sagt dazu gar nichts. »Warum, warum, warum?« schreit Anna. »Ich hau ab«, sagt Jakob, als das Pack leer ist. Draußen wird es hell. In ihren Gesichtern ist gar nichts mehr. »Wir sind niemand mehr, kapiert?« hetzt Anna. Georg blickt vom leeren, weißen Pack auf – in Annas leeres, weißes Gesicht.
»Gehen wir schlafen«, sagt er. »Nein«, sagt Anna, »denn wenn wir jetzt so einschlafen und morgen wieder aufwachen, ist alles vorbei.«
»Es ist schon alles vorbei«, sagt Georg. Und tatsächlich: Draußen wird es wieder hell.

Einige Stunden später wachen sie gerade noch rechtzeitig vor Ladenschluß auf. Er hat einen schlimmen Kater, sie hat ihre Handtasche verloren. Und beide schwören sich gegenseitig, das asoziale, klischeehafte Künstlermilieu in der Auenstraße künftig zu meiden.

ANDREAS NEUMEISTER 1999 2001

Pop als Wille und Vorstellung

»Die Idee, etwas wirklich Belangloses zustande zu bringen,
birgt offenbar bestimmte Möglichkeiten in sich.«
Mel Bochner

1.
Das Wort Pop kennt keinen Artikel

2.
Zu Pop hatten wir von Anfang an ein gutes Verhältnis. Zu Pop hatten wir von Geburt an ein ausgesprochen gutes Verhältnis. Zu Pop hatten wir von dessen Geburt an, die mehr oder weniger auch unsere Geburt war, das beste Verhältnis. Zu allen Popfarben hatten wir vom ersten Tag an ein positives Verhältnis. Zu Pop Art hatten wir vom ersten Tag an das denkbar beste Verhältnis. Ohne Pop wäre auch die zweite Hälfte des vergangenen Jahrhunderts vollends unerträglich geworden, ohne Pop, behaupte ich mal, gäbe es noch heute kaum Luft zum Atmen

3.
1973: *Disco 73* sehn. 1974: *Disco 74* sehn. Eine Musikzeitschrift als erste selbstgekaufte Zeitschrift. Die erste selbstgekaufte Zeitschrift hieß *Pop*. Die Zeitschrift *Pop* ging später mit der Zeitschrift Rocky zusammen. Und hieß folgerichtig *Pop Rocky*. Gibt's die noch? Hecks *Hitparade* sehn oder Richters *Disco* sehn. Das war entscheidende Jahre die alles entscheidende Frage

4.

The British Invasion. The German Invasion. There is a certain difference between the German and the British Invasion. Die German Invasion mit der British Pop Invasion vergleichen. Plötzlich kaufte Madeleine nur mehr englische Platten. Lernt ausländisch mit Popmusik! Wir sprachen vom Siegeszug der englischen Sprache. Wir sprachen von der internationalen Pop-Sprache Englisch. Englisch gelernt, um T. Rex im Original hören zu können. Annette hatte ihren batteriebetriebenen Plattenspieler mitgebracht, Waldi einen Stoß abgenutzter Platten. Vier Tage in diesen Sandsteinhöhlen oberhalb vom Fluß

5.

die Welt in der wir leben
die Stadt in der wir leben
die Straße in der wir leben
das Haus in dem wir leben
die Wohnung in der wir leben
das Zimmer in dem wir leben
das Bett in dem wir leben

6.

Encephalon: das im Kopf Befindliche. Die im Kopf gesamplete Musik zum Beispiel. Die in den Kopf eingescannten Bilder zum Beispiel. Die im Kopf abgespeicherten Wörter und Satzfetzen zum Beispiel. Urlaub in Graceland, Urlaub in Neverland. Urlaub auf der Skywalker Ranch. Wiederholt kreisen fremde Gedanken und Weltbilder verkleidet als eigene Gedanken und Weltbilder um einen imaginären Refrain. Tonbandschleife sagt: Ich bin das siebte Album von Kraftwerk. Urlaub im Kaukasus. Zweimal tanken in Baku

7.

Zu Plastik, zu Hartplastik, zu Lego und Vinyl for example, hatten wir von Anfang an das beste Verhältnis. Zu den Grundfarben hatten wir dank Lego von Anfang an ein enges Verhältnis. Auch zu Plastikmusik, zu synthetischer Musik hatten wir von Anfang an das beste Verhältnis. Plastik, es kommt darauf an, was man daraus macht

8.
Sprachen vom letzten Jahrtausend: K1, K2. Als Kommunen durchnume-
riert wurden. Als Wohngemeinschaften Kommunen hießen. Rote Sonne
über dem Würmsee. Lila Sonne über dem Chiemsee. Barockes Voralpen-
land als Poplandschaft mitten in Krautland. Amon Düül over Holy Berg
Andechs. Uschi Obermaier als Peggy in Rote Sonne Uschi Obermaier als
Monika in der Pop-Kommunen-Broschüre. (Die für den Schutzumschlag
verwendete Collage wurde von der Pop-Kommune erstellt und von Wolf
Mein unter Drogeneinfluß koloriert.) Uschi Obermaier, so heißt man hier
in der Gegend, wenn man zu spät den Kontinent gewechselt und sich nicht
wie Nico rechtzeitig von einem Namen wie Christa Paeffgen getrennt hat

9.
was ist eigentlich aus Anna Gordy geworden?
was ist eigentlich aus Rosy Rosy geworden?
was ist eigentlich aus Syreeta Wright geworden?
was ist eigentlich aus Laura Nyro geworden?
was ist eigentlich aus Beate Bartel geworden?
was ist eigentlich aus Lizzy Mercier-Descloux geworden?
was ist eigentlich aus Patti Paladin geworden?
was ist eigentlich aus Edie Sedgwick geworden?
was ist eigentlich aus Alfa Anderson geworden?
was ist eigentlich aus Sarah Lee geworden?
was ist eigentlich aus Maggy, Terre and Suzy Roche geworden?
was ist eigentlich aus Kathie, Debbie, Kim und Joni Sledge geworden?
was ist eigentlich aus Annette und Madeleine geworden?

10.
Zeitverkürzende Mittel, zeitbeschleunigende Mittel, zeitvernichtende
Mittel. Als ob das rasende Fortschreiten der Zeit irgendwas Bedauerns-
wertes wäre. Als ob das rasende Fortschreiten der Zeit irgendwie aufzuhalten wäre. Gegenwart als Alles. Gegenwart als Alles und als Nichts.
(Die Gegenwart dauert nur den Bruchteil einer Sekunde.) Pop sagt: Sei
froh, daß du nicht im Zeitalter der Schnurkeramik aufwachsen mußtest,
sei froh, daß du nicht im schier endlos währenden Zeitalter der Glocken-
becherkultur aufwachsen mußtest

11.

immer die längste Version auflegen
Punk und Disko gleichzeitig denken
immer die längste Version auflegen
Punk und Disko gleichzeitig denken
immer die längste Version auflegen
Punk und Disko gleichzeitig denken

12.

Das Wort Pop braucht keinen Artikel

13.

Pop sagt: Ich stehe zu meinem selbstzerstörerischen Drogenkonsum, ich stehe zu meiner latenten Homosexualität, zu meiner angeblich proletarischen Herkunft, zu meiner lächerlichen Glamoursucht, ich stehe zu meinen seltsamen politischen Vorstellungen und zu was sonst nicht noch allem

14.

Sprachen von all den gräßlichen Rückschlägen des Unternehmens. Sprachen von den grauenhaften, den gräßlich mißlungenen Alben unserer Helden. Alles Pop. Alles relativ. Alles relativ Pop. Sprachen auch von Human League. Sprachen von Human Leagues *Crash*-Album mit der stolz aufs Cover gedruckten, törichten Bemerkung: There are no sequencers on this record. (Entsprechend scheiße klingt das Ganze.)

15.

Brigitte Bardot sagt: Je danse, donc je suis
Green Velvet sagt: I don't think, therefore I ain't

16.

Pop ist Kommunikation. Selbst noch das winzigste Popgedicht will kommunizieren. Pop ist Kommunikation, die sich über Kommunikationsverbote lässig hinwegsetzt. Pop ist Kommunikation, die Inhalte kommuniziert, die sonst nicht kommuniziert werden würden. Im Idealfall ist Pop subversiv. Im Idealfall ist Pop populär. Im Idealfall ist Pop populär und subversiv zugleich. (Im Idealfall ist Pop subversiver, als man auf den ersten Blick erkennt.) Im Idealfall tritt der Idealfall tatsächlich ein. Im Idealfall kommt klasse Musik in die Charts. (Ich freue mich immer, wenn klasse Musik in die Charts kommt.)

17.
kontrolliert die Kontrolleure
nur wir sind Pop gilt nicht
kontrolliert die Kontrolleure
nur wir sind Pop gilt nicht
kontrolliert die Kontrolleure
nur wir sind Pop gilt nicht

18.
Pop-Geschmacklosigkeiten sind noch immer das beste Mittel gewesen, seine Umgebung zu testen. Alle Pop-Neuerungen wurden erst als Geschmacklosigkeiten verstanden. Zu Recht. Die weitaus meisten Pop-Neuerungen waren als Geschmacklosigkeiten, waren als Zumutung an eine feindliche Umgebung gemeint. Pop als Waffe zu bezeichnen ist nicht unbedingt falsch. Strategisch eingesetzte Pop-Geschmacklosigkeiten waren die längste Zeit die beste Waffe von allen. Pop-Strategien sind noch immer das beste Mittel gewesen, die unmittelbare Umgebung im eigenen Sinn zu manipulieren

19.
Bed Peace, Hair Peace. Andrew Warhola, Hubert Fichte, Patty Hearst and Martin Kippenberger have just left the building. Pop Art, Pop Lit, Agit Prop – kaum auszudenken, man hätte ganze Jahrzehnte ohne Glam Rock, Philly Soul, Acid House und all die anderen Hybriden auskommen müssen

20.
Revolution 909. Revolution 606. Revolution 303: Das Gerät, das die Revolution auslöste, wurde nach eineinhalb Jahren wegen Unverkäuflichkeit vom Markt genommen. Als Spanky und DJ Pierre das Gerät, das die Revolution auslöste, als Geniestreich entdeckten, war es im regulären Handel

schon nicht mehr erhältlich. (Das Gerät, das die Revolution auslöste, war ziemlich billig.)

21.
Chris Korda sagt: Buy! Chris Korda sagt: Buy more! Chris Korda sagt: Six billion humans can't be wrong! Es gibt eine Geschmacksfrage, es gibt eine Existenzfrage, und es gibt eine Nachfrage. Zuerst gibt es ein Angebot, und dann gibt es eine Nachfrage. (Sonntags ist es umgekehrt.) In der riesigen Lobby des Hotels Cosmos in der moldawischen Hauptstadt Chisinau gibt es selbstkopierte und handbeschriftete Kassetten mit Visage und Gary Numan zu kaufen. Es gibt dort auch einen alten Otto-Katalog zu kaufen. Kassettenwelt. Längst fliegen Milliarden und Abermilliarden von selbstzusammengestellten Kassetten unkontrollierbar quer durch alle Kontinente

22.
Zu Holzspielzeug hatten wir von Anfang an ein eher schlechtes Verhältnis: viel zu schlappe Farben, viel zu grob, viel zu wenig Details. Das System, in dem wir leben: Immer wollten wir Monopoly spielen. Nie wollten wir Mikado spielen. Wenn, dann wollten wir ein Gesellschaftsspiel spielen, bei dem man über die Gesellschaft was lernt

23.
Für wen haben die Last Poets, MC5, Curtis Mayfield und Robert Wyatt eigentlich gereimt? Musik für Straßenschlachten, Musik für verdeckte Aktionen. Jedes Label eine Guerilla-Bewegung. Zu wem helfen die Sozialdemokraten, und zu wem hilft David Bowie wirklich? Eine gescheite Agit-Prop-Band ist eine Band, deren Agit nicht nur gut propt, sondern deren Musik noch dazu was taugt

24.
Als ob nicht alles revolutioniert werden müßte. Als ob das Fortschreiten der Zeit nicht laufend beschleunigt werden müßte. Die letzten Dinge regeln! Sie haben 15 Sekunden Zeit. The end of the world as we know it ist der Beginn einer Welt, die wir nicht kennen. Das Leben zu einer einzigen Abschweifung machen. Das Leben zu einer einzigen Ausschweifung

machen. Je glänzender der Glamour, je größer der Pump. Behaupte ich mal. Pop als Droge zu bezeichnen ist nicht unbedingt falsch

25.
Das Wort Pop setzt sich aus drei Buchstaben zusammen. Das Wort Pop besteht aus einer einzigen Silbe. Auch das Wort Sex setzt sich aus drei Buchstaben, die eine einzige Silbe bilden, zusammen. Das genügt. Das Wort Sex setzt sich aus drei verschiedenen Buchstaben zusammen. Das Wort Pop setzt sich aus nur zwei verschiedenen Buchstaben zusammen. Das genügt. Das Wort Pop setzt auf Wiederholung. Und Klang

KATHRIN RÖGGLA 2000

Irres Wetter

Auszug

so kann man kein geld verdienen

eurofitneß beweisen und extra zur love-parade anreisen, das kann ja nur einem ostler einfallen, d. h. mehreren ostlern zusammen, doch das ist nicht wahr, denn wir sind keine ostler, wir sind österreicher und der love-parade dicht auf der spur. doch wie finden unter all den menschen, wie finden, wenn es nicht nach draußen geht in dieser s-bahn, in diesem verkehrsmittel, wie man nur noch zum spaß sagt, weil sie nicht mehr anhält, weil es massen an menschen unmöglich machen, die station zu benutzen, weil die ganze welt auf füßen ist, alkoholfüßen, wie sich hier drinnen herausstellt, denn der feuchte geruch setzt sich aus dreierlei zusammen: alkohol, schweiß und regenwasser.

doch eurofitneß beweisen und extra zur love-parade anreisen, das kann ja nur ostlern einfallen, ungarn zum beispiel, setzt er hinzu, und ich verstehe, wir sind nicht gemeint. ganz große klasse der typ, so sehen wir uns an, die gruppe neben uns reagiert aber nicht, sie unterhält sich weiter: man hat nichts verstanden, man hat nichts gehört. »das sind keine ungarn«, sagt plötzlich pieter, »but we are.« der typ glotzt uns einen augenblick an, meint dann: »quatsch.« – und: »ach, und wie lange wollt ihr bleiben?« doch wir antworten ihm nicht.

und wie lange wollt ihr bleiben? hat der uns eben gefragt, und wir antworten noch immer nicht, wir starren ihn bloß an, er aber hält das für mangelnde sprachkenntnis, und das gibt ihm den rest: wir sind wirklich ungarn, scheint ihm klar zu werden, warum auch nicht, habe auch ich mir inzwischen gesagt, nichts leichter als das. schlägt zwar pieters akzent durch, der schleicht sich nicht nach innen, nein, der kommt voll raus, der typ aber merkt rein gar nichts – die sind wirklich von da unten, beginnt er zu verstehen, und das beschäftigt ihn jetzt sehr: wir hätten den investmentjunkie am laufen, erfahren wir, das sei nicht so wie hier, man brauche im grunde nur rüber nach polen fahren, um gleich zu sehen: das ist nicht die ex-ddr – und dem kann man nur zustimmen, diese bemerkung ist ja ein wahrer brüller geworden in letzter zeit.

wir sind also ungarn, ist er nun überzeugt und benimmt sich gleich so: ich zeige euch den weg. sagt er glatt beim aussteigen zu pieter. er zeigt uns also den weg, und zunächst denkt man sich nichts dabei, im gegenteil, das ist ja ganz wunderbar, sage auch ich mir, kaum ist man angekommen, führt uns schon einer durch den ganzen lärm: trillerpfeifen, autohupen, schreie und gekreisch.
der *zoo* ist ein schlachtfeld, erklärt er auch schon die lage, begleitet von da-ist-ja-die-hölle-los-rufen, doch ich sehe keine hölle, ich sehe nur menschen, als wäre nichts – menschen in bewegung, menschen in freizeitkleidung schon am bahnsteig liegen oder die treppe hinunter stehen, eben menschen mitten im spaß. da hilft nur noch eines, broken english: please, excuse me, das ist das einzige, was hier noch greift.
im osten redet man ja praktisch nur noch englisch, da fängt niemand etwas anderes an – das ist unsere muttersprache, haben wir aber nicht

behauptet, das sprechen wir so in ungarn auch nicht, und doch fühlt er sich irgendwie von uns verarscht. da täuschten wir uns gewaltig, wenn wir dächten, wir könnten ihm was vormachen, da sollten wir bloß aufpassen, sagt er und lacht:

»ich führe euch zur *siegessäule*!«

»na, *siegessäule*, that's where the party is«, wird er schon lauter, und wir erheben keinen einspruch, denn so zum spaß erhebt man schnell mal keinen einspruch, man sagt sich, was für ein joke, ach, wie witzig, sagt man sich, er aber sagt sich: »ich meine, euer englisch hört sich gar nicht gut an.« – »macht nichts«, kontert pieter, »hauptsache, es funktioniert.« und wir denken, auweia, jetzt hat er das falsche gesagt – typisch, wird dem folgen, so seid ihr, immer bloß gucken, daß man durchkommt, doch ist er ruhig geblieben in seinen kurzen hosen, in seinen tennissocken und seinem suburbanen hemd. schwenkt nur seine plastiktüte in der hand, schwenkt sie hin und her, darin riecht es sicher schon angebrannt.

jetzt aber gilt es, schleunigst auf tiergartenlevel zu kommen, sehen wir den ganzen leuten rings um uns an, auf tiergartenlevel kommen, nichts leichter als das: sich so ein bißchen hochputschen mit einem bier oder zweien, so er, der mit sicherheit schon die eine oder andere margharita in kauf hat nehmen müssen auf seinem weg raus aus neukölln ... tempelhof, wie sich herausstellt, wer hätte das gedacht. tempelhof, wiederholt er nochmal: »I live in tempelhof. you know it?« ich nicke nicht.
versuchen wir auf tiergartenlevel zu kommen, doch schaffen wir es nicht mehr, denn er ist schon gewaltig abgesackt. wie erwartet wird nämlich die love-parade gerade zur ex-love-parade, als wir in die nähe des *großen sterns* kommen, stehen die leute nur noch da und starren wie benommen richtung *siegessäule*, als ob dort was geschähe, doch geschieht da nichts mehr, nur noch am rand werden melonen verkauft:

»ja, kaufmännisches talent, das brauchte man allemal.«

reagieren wir nun darauf wirklich nicht, sehen wir wirklich so betreten aus, habe ich tatsächlich so eine frage gestellt: »the party, it's over?« – er greift sich jedenfalls an den kopf: mensch, wie kann man nur so eine frage stellen, man braucht doch bloß auf die uhr zu gucken – aber alles, was ich sehe, ist: menschen im unbunten mix, alles, was ich sehe, ist: grenzen verlaufen ja genügend, aber eine uhrzeit gibt es nicht.

come together, so heißt doch nur noch ein t-shirt, nimmt man heute sehr schnell an, doch das ist nicht wahr, denn im ausland schließt man sich zusammen, im ausland spricht man sich noch an. aber auch das hat seine grenzen, auch da schlägt man an mauern und in pieters gesicht, denn wer ist schuld an unserer verspätung, wenn nicht ich, wer mußte noch ausgiebig frühstücken: du! so sieht er mich an.

– what's happening now? fragt nun auch anna beim zurückgehen in den park, dabei weiß sie es genau: uns trennen welten, das ist, was hier jetzt noch geschieht.

– seht sie euch an, beginnt der typ jetzt wieder von neuem, look at them!
– what, so anna praktisch schon auf deutsch, doch er hört sie nicht, redet allein auf pieter ein: über die im park befindlichen menschen und wie leicht man denen das geld aus der tasche ziehen kann mit all diesem kram: sektflaschen, t-shirts, trillerpfeifen, wasserpistolen – recht hat er, rund um uns gruppen von menschen, die ansonsten aufsicht feiern, lassen heute gewaltig aus, lassen heute gewaltig die hosen runter, gehen dabei immer von vorne los. denn come together heißt heute nicht nur ein t-shirt, come together ist heute nicht mehr abgebrannt, das verstehen die schon richtig, das erkennen die nun wirklich an: »ja, marktsegemente, die sich aufeinander zubewegen, die haben was in der hand.«
– das wüßten wir, meint jetzt pieter, wir hätten uns auch schon was überlegt, sagt er zu unserem neuen freund.
– ach was? so wir alle, und pieter antwortet: yessss.

nur so zum spaß sagen wir nicht nein, so zum spaß erhebt man keinen einspruch, so geschehen die meisten dinge auf dieser welt, doch, ahne ich, sind erstmal die sprachgrenzen überschritten, kommen gleich die körpergrenzen dran: »und was wollt ihr machen? etwa palatschinken verkaufen, muuuszzike machen?« lacht er, starrt uns weiter an: so investmenthaie seien wir wohl nicht, wir seien wohl mehr auf cultural exchange aus, nicht? »cultural exchange!« brüllt er mich plötzlich an.

ja, cultural exchange sei alles, was wir könnten.
ja, investmenthaie seien wir nun wirklich nicht.

anna gähnt. sie ist nicht mehr recht bei der sache, sie kann sich wohl
nicht mehr konzentrieren, jetzt flüstert sie mir schon wieder was zu,
packt sie mir gegenüber aus: was gestern abend geschah und wohin das
noch führen wird, wollte sie mir eben noch verraten und kann es jetzt so
ganz vergessen, denn wir nähern uns der *infobox* – das ist die *infobox*, sagt
er auch schon, da kann man raufgehen und zahlen sehen, da kann man
raufgehen und überblick haben. wir nähern uns der *infobox* und würden ihn wirklich gerne loswerden, husch husch, zurück ins körbchen,
würden wir jetzt gerne zu ihm sagen, doch das geht ja nicht. ich meine,
einfach sagen, man hätte eine verabredung, das ist keine echte option.
ich meine, einfach abbröckeln, das ist es viel eher schon.
wir wollten jetzt wirklich wohin, wo etwas los sei, verabschieden wir
uns, doch auf diesem ohr hört er nicht: »eben«, redet er stattdessen weiter, so könne man nämlich kein geld verdienen, »jedenfalls nicht so, wie
ihr das macht.« sagt er und schwenkt den beutel, der macht einen ganz
irre, dieser plastikbeutel macht einen ganz krank, doch noch lachen wir
so komisch, erzählen ihm, wir verdienten schon unser geld. »we make
our money!« da könne er sicher sein, jetzt aber wollten wir wirklich dahin, wo was los sei, ja, »wo etwas los ist!« so pieter, und laut und deutlich:
»where the party is!« ich.

»ware sein, heißt auf den verkauf warten, heißt also auch ausgestellt
sein, mindestens exemplarisch.« so hat er es womöglich gelesen, und so
sehen wir in seinen augen wohl auch aus, er denkt, man kann uns kaufen, er denkt, wir sind so geradeaus: »ja, auf den verkauf warten, und
zwar schleunigst!« habe auch ich im fernsehen gesehen: herrschaft der
sachzwänge, die nimmt er sich aber hier sauber heraus.
und dachte ich mir noch eben, jetzt bietet er uns sicher nen deal an,
jetzt macht er uns irgendein angebot, das man nicht ausschlagen kann,
jetzt kommen die wetten dran, die schlauen geschäfte, so weiß ich plötzlich: der spricht rein gar nichts an. sehe uns schon auf ewig in seinen
speicherwitzen hocken, tagelang: zuhören, wie seine tennissocken klingen, zuhören, wie sein tempelhofer hemd in der hose steht. zuhören,

wie sein plastiksack in der luft sich bewegt, hin und her, zuhören, wie er »so kommt ihr keinen schritt weiter« sagt – schlechte unendlichkeit, denke ich mir plötzlich und bekomme einen schreck: es muß was geschehen.

»wo ist die musik?« fragt nun pieter, da fällt es mir plötzlich auf: es herrscht eine seltsame stille im tiergarten, sieht man vom menschenlärm ab. da ist keine musik, ich meine gar keine – mensch, ist doch loveparade, muß doch musik drin sein, wo musik draufsteht, doch nein: da sind nur melonenschalen, dosen, plastik und papierfetzen, die allesamt höhenmeter erfinden, wo keine mehr sind. wir stehen mitten zwischen den bäumen, zwischen den lärmenden menschen, doch keine bässe, kein rhythmus, nichts von alledem. – das ist der entscheidende moment, denke ich plötzlich, der richtige moment, dachte ich eben noch, und habe ihm schon die plastiktüte aus der hand gerissen, laufe jetzt fort.

und so laufe ich und laufe, ich laufe, und keiner hält mich hier zurück. ja, nicht aufhören, sich zu bewegen, sonst wird man beton, nicht aufhören, sich zu bewegen gehört heute zum guten umgangston. und so laufe ich und laufe, und während ich laufe, fällt es mir endlich auf: ich laufe und laufe nicht rückwärts, doch fühlt es sich gerade so an.

die anderen erzählen später, er habe mir nur nachgestarrt und »is nicht wahr.« gesagt, »is nicht wahr«, hat er gesagt und sich umgedreht, und dann, als sei nichts geschehen, habe er tschüss zu den anderen gesagt, tschüss, habe er gesagt, während ich ca. einen halben kilometer weiter endlich den beutel aufmachte, um hineinzusehen. die anderen erzählen später, ich hätte nicht so ein ding daraus machen sollen, außerdem hätte ich ruhig mal bescheid geben können, man hätte ja schon weiß gott was vermutet. die beute außerdem, sagen sie, die beute müsse man doch teilen, lachen sie, »wir sind doch piraten!« – und recht haben sie –, rein gar nichts aber sieht man solchen sachen an, da ist ein schulterschluß mit der realität im gang. doch die dinge selbst sind ja undicht, sie alle haben einen übertragenen sinn, und so weiß ich: die welt als taubenschlag von angebot und nachfrage befindet sich in wirklichkeit darin.

THOMAS MEINECKE 2001

Hellblau

Roman
Auszug

Freitag, 26. Mai 2000. Mit geradezu quälender Langsamkeit schleppt sich der silberne Zug der Linie J über die schwindelerregende Williamsburg Bridge, um auf der anderen Seite des East River ins verheißene Schtetl einzutauchen. Vermilion hat mich stillschweigend bei der Hand genommen; am ersten Bahnhof nach der Brücke verlassen wir die U-Bahn, die hier eine Hochbahn ist. Mit klopfendem Herzen gehe ich neben meiner Freundin her, den Bahnsteig entlang, die steilen Stiegen hinunter, wo wir auf den Gehweg der belebten, im kühlen Schatten des eisernen Hochbahngerüsts liegenden Straße, den Broadway, treten. Ich habe eine schwarze Schirmmütze aus Baltimore auf dem Kopf. Vermilion trägt einen beinahe bodenlangen Wickelrock und eine langärmelige karolinische Bluse. Könnte ihre durch Haarspray fixierte Frisur tatsächlich für eine Perücke gehalten werden? Die spärlichen Stoppel, die ich mir während der letzten Wochen am Kinn stehen ließ, für einen Bart? Ein Windstoß läßt Vermilions Rock, für einen kurzen Moment, wie einen Vorhang aufgehen, läßt ihre sündhaft nackten Beine in der Mittagssonne leuchten. Erschrocken bleiben wir stehen und drehen uns um. Lediglich ein puertoricanischer Gemüsehändler lächelt uns von der anderen Straßenseite aus an und wirft uns eine spanische Vokabel, die wir nicht kennen, zu. Dann biegen wir, hinter fünf eifrig vor uns her eilenden Jünglingen in, trotz der enormen Hitze, schwarzen Mänteln, mit Zizes, schwarzen Hüten und wehenden Schläfenlocken, in die Marcy Avenue ein und passieren dort zunächst einige Mietskasernen. Angeblich fahren deren Aufzüge den ganzen Schabbes über durch und halten automatisch an jedem

Stockwerk, damit die chassidischen Bewohner nicht gezwungen werden, einen verbotenen Arbeitsschritt, nämlich das Drücken des Fahrstuhlknopfes, zu vollziehen. Auf den Bänken vor den Gebäuden sehen wir aber auch lateinamerikanische Familien sitzen, deren erwachsene Mitglieder nicht selten in den Betrieben der Chassidim arbeiten. Kriminelle Übergriffe seitens der Latinos, etwa Diebstähle, werden von den Chassidim mit Prügelstrafen geahndet. Sie verprügeln die Diebe, und dann lassen sie sie wieder laufen, weiß Vermilion. Als Brooklyns Polizei hier einmal aufkreuzte, um einen Chassid festzunehmen, bezogen die Polizisten so lange Prügel, bis sie von dem Gesuchten wieder abließen. Die Frommen hatten ihr Gemeindemitglied nicht abführen lassen können, da ihm im Gefängnis keine koschere Kost gewährleistet sein würde. Vermilion: Wenn auch nur ein Mitglied gegen den religiösen Kodex verstößt, fällt die gesamte Gemeinde in Ungnade.

Wir betreten eine verwinkelte Buchhandlung in der Division Avenue. Vorsichtig durchstöbere ich die vorhandenen englischsprachigen Judaica; hinter meinem Rücken, am gegenüberliegenden Regal, stehen mehrere Männer von extrem durchgeistigter Noblesse und blättern konzentriert in diversen Werken. Ihre Brillengestelle sind von einem Zuschnitt, den ich aus meiner Kindheit kenne. Ich kann mich des äußeren Eindrucks einer gewissen Hipness dieser Typen nicht erwehren und komme mir momentan ausgesprochen plump vor, barbarisch und ignorant. Vermilion, die einzige Frau im Laden, erwirbt ein in braunes Leder gebundenes Buch über den vormaligen Satmarer Rebben. Gut Schabbes, sagt der Buchhändler, als wir sein Geschäft wieder verlassen. Männer mit schwarzsamtenen Kissen in durchsichtigen Kunststoffhüllen unter dem Arm gehen an uns vorüber. Ihre Gangart, wie auch die der Knaben und Jünglinge, besitzt eine sympathische unmännliche Anmut. Eine sehr junge Mutter in einem farbenprächtigen Kleid, mit einem zierlichen Tuch über der gepflegten Perücke, schiebt einen breiten Kinderwagen mit Zwillingen darin vor sich her; begleitet wird sie von einem afrikanisch-amerikanischen Kindermädchen, mit dem sie in gebrochenem Englisch redet und das eine weitere Karre schiebt. Mir fällt auf, daß auch viele Väter Kinderwagen schieben. Nie zuvor habe ich irgendwo so viele Kinderwagen auf einmal gesehen.

Wir passieren Havemeyer Street, Roebling Street, nach dem Architekten der Brooklyn Bridge benannt, und bummeln die Bedford Avenue hinunter. Wir befinden uns jetzt so gut wie ausschließlich unter Satmarer Chassidim. Vermilion macht mich auf das weiße Anwesen des Rebben aufmerksam. Gelbe Schulbusse, hebräisch beschriftet, bringen die Schulkinder nach Hause, wo sie von ihren Angehörigen bereits auf der Straße empfangen werden. Noch nie habe ich so viele schöne Menschen auf einmal gesehen. Dem Kulturkreis, den du hier wahrnimmst, flüstert Vermilion, verdanken wir letzten Endes einen ganz bedeutenden Teil unserer amerikanischen Künste: In den dreißiger Jahren des zwanzigsten Jahrhunderts befanden sich Columbia, Warner Brothers, Paramount, Twentieth Century-Fox, Universal, Metro-Goldwyn-Mayer und die Goldwyn-Studios in jiddischem Besitz. Eingewanderte Juden aus Osteuropa legten die Fundamente für den Glamour Hollywoods, Tillmann. Ähnlich sah es in New York Citys Tin Pan Alley, einer zentralen Geburtsstätte der Pop-Musik, aus: Harold Arlen, Al Jolson und Eddie Cantor sollen Söhne von Kantoren gewesen sein, Irving Berlin, Vernon Duke und viele weitere waren Immigranten der ersten Generation. Gleichzeitig entwickelte sich die chassidische Musik zum erfolgreichsten Sektor der jüdischen Musikindustrie. Chassidismus: Plebejisch-religiöse Bewegung mit mystisch-ekstatischen Zügen. Auch der Sozialismus könne in den USA in erster Linie als jiddischer Import bewertet werden, behauptet Vermilion. Noch der 1937 gegründete Yidisher Kultur Farband habe hier den Stalinismus hochgehalten. Vermilion hat in Chapel Hill einen kompletten Jahrgang der New Yorker sozialistischen Zeitschrift Die Tsukunft liegen. Titel der beiden heutigen Satmarer Periodika Williamsburgs: Der Zeitung, im Privatbesitz Albert Friedmans, und Der Yid, in kommunalem Besitz, herausgegeben von einem Mann mit dem unglaublichen Namen Sender Deutsch. Beide erscheinen wöchentlich, beide kann ich, ihrer hebräischen Schriftzeichen wegen, nicht entziffern. Wenigstens gibt es von dem weltlichen, sozialdemokratischen Forverts, zu dessen Autoren die Nobelpreisträger Isaac Bashevis Singer und Elie Wiesel gehörten, seit 1990 eine englischsprachige Ausgabe namens Forward, für die Saul Bellow, Philip Roth und Joseph Heller Texte beitrugen. Auch Art Spiegelmans berühmter Comic Strip über den Holocaust ist zunächst im Forward erschienen. In Williamsburgs Geschäften werden aber weder der englische Forward noch der jiddische Forverts geführt. Vermilion sagt: Vor hundert Jahren war das hier einfach eine gutbürgerliche Gegend hochdeutsch sprechender Juden, doch schon um 1930 herum wurde in diesen Straßen fast nur noch Jiddisch geredet. Dabei sei bereits 1870 ein Blatt namens Di Yidishe Tsaytung in New York gegründet worden. Und an Manhattans West 16th Street steht noch heute das legendäre YIVO Institute for Jewish Research, das Yidisher Visnshaftlekher Institut, gegründet 1925 in Berlin, 1945 umgezogen nach New York City.

Wir verlassen die Bedford Avenue, wo diese sich anschickt, das Satmarer Schtetl hinter sich zu lassen, um die afrikanisch-amerikanischen Slums von Bedford-Stuyvesant und, weiter unten, das Lubawitscher Schtetl von Crown Heights zu durchqueren sowie jenseits von Flatbush, bei Midwood, noch einmal das Bobover respektive Stoliner Schtetl Borough Park zu tangieren, gehen zwei- bis dreihundert Meter die flankierende Flushing Avenue entlang und dann die Lee Avenue wieder hinauf. In den letzten Stunden, bevor die Geschäfte den Schabbes über schließen, herrscht hier ein enormes Treiben. Kurz vor der Überquerung des einschneidenden Brooklyn-Queens Expressway werden Vermilion und ich Zeugen, wie ein Schulkind von einem ungeduldig beschleunigenden, in falscher Fahrtrichtung auf eine Einbahnstraße zustoßenden Auto erfaßt wird, angefahren wird, Vermilion glaubt: überfahren wurde. Dann beendet der Frontalzusammenstoß mit einem entgegenkommenden Lastwagen den rätselhaften Spurt des offenbar ortsunkundigen Unglücksfahrers. Mehrere Männer schreien in hellen Stimmen auf, laufen verzweifelt hin und her, einer beugt sich über das Kind, das wir jetzt nicht mehr sehen können, einer hat sofort sein mobiles Telefon in Betrieb genommen, und keine zwei Minuten später eilen mehrere, aus amerikanischer Sicht: inoffizielle chassidische Ambulanzen herbei, mit spitzem Sirenengeheul und hinter den Kühlergrills verborgenen Blaulichtern. Mittlerweile hat sich eine aufgeregte Menschenmenge an der Kreuzung gebildet. Vermilion und ich aber bewegen uns langsam, schleichend, wie schuldig, mit zitternden Knien von der Ansammlung fort. Kaufen uns in einem Laden an der nächsten Ecke eine Flasche Traubensaft. Als sei nichts geschehen. Dabei hat das tragische Ereignis in meiner Wahrnehmung, durch die fromme Geschlossenheit der hiesigen Bevölkerungsgruppe, sofort eine Schicksalhaftigkeit von kollektiver Tragweite erhalten. Geradezu alttestamentarisch, denke ich, während Vermilion ihre Bluse über dem Davidstern zuknöpft, behalte diese Überlegung aber für mich, da die Vokabel alttestamentarisch im Deutschen, womöglich im gesamten christlichen Abendland, einen antisemitischen Unterton besitzt.

Wo auch immer Du Dich im Augenblick herumtreiben magst, Tillmann: Irving Berlins Schlager Yiddle on Your Fiddle: Play Some Ragtime war noch als die Parodie eines schwarzen Genres angelegt, von dem der Komponist nichts verstand. Mit Alexander's Ragtime Band versuchte er sich aber bereits als Genuine Ragtime Artist zu positionieren, wozu er Black Music in American Music umbenannte. George Gershwin fühlte sich Stoffen wie Porgy and Bess bereits näher als The Dybbuk. Jüdische Repräsentationen schwarzer Musik sind logisch keine ursprünglich schwarze Musik, und doch etablierte Gershwins Oper eine aberwitzige Schule afrikanisch-amerikanischen Kunstgesangs südlicher Zunge: Ein jüdischer Komponist lehrte die schwarzen Künstler des Nordens, wie sie authentisch negroid zu singen hatten. Ziemlich folgenschwer, Tillmann. Wozu mir einfällt, daß das jüdische Ziegfeld Girl Fanny Brice den schwarzen Komponisten Will Marion Cook bereits 1910 mit der Anfertigung eines sogenannten Coon Songs beauftragt hatte, den sie dann mit dem jungen George Gershwin am Klavier einstudierte. Hatte Cook nun ein Stück Black Music geschrieben? Zu Deiner dritten Frage: Harold Arlen, der Race Songs für schwarze Künstler wie Cab Calloway schrieb, gilt als der jüdische Songwriter mit dem ausgeprägtesten Gespür für den Blues. Wie den im Jazz berühmt gewordenen Klarinettisten Mezz Mezzrow und Artie Shaw wurde auch ihm der Status eines White Negro zuerkannt; sogar seitens der Blues-Sängerin Ethel Waters. Irving Berlin attestierte Harold Arlen anläßlich seiner Americanegro Suite, einen großen Beitrag zum Kanon amerikanischer Negerlieder geleistet zu haben. Bereits Arlens Vater, der Kantor Arluck, soll eine Truppe Blackface Minstrels in seine Synagoge eingelassen haben. Jetzt meine Frage: Hast Du eigentlich je nachgeforscht, wie viele arische White Negroes es im Verhältnis zu jüdischen gibt?

Für unseren weitläufigen Ausflug nach Crown Heights, Flatbush, Midwood und Borough Park haben wir uns in den Käfer gesetzt. Der muß auch mal bewegt werden, sagt Vermilion. Noch eben den Strafzettel in den Rinnstein geworfen, und schon befinden wir uns, knapp rechts vom Mittelstreifen, auf der stark befahrenen Bowery. Ich lehne mich zurück, empfinde Vermilions entschlossenen Fahrstil als sehr angenehm. Sie nutzt ihren Vorteil, wo immer sie kann; uns wird schon nichts passieren. Als junges Mädchen konnte Vermilion ja bereits Flugzeuge steuern. Jetzt geht es in rasantem Tempo über die Brooklyn Bridge. Heute ist Memorial Day, und die meisten Geschäfte haben geschlossen. Das wird in den chassidischen Vierteln ganz anders aussehen, verspricht meine Freundin, die findet, daß ich lustige rote Flecken auf den Wangen hätte, was ich darauf zurückführe, daß wir gestern tanzen gewesen sind, und zwar exzessiv von 17 bis 23 Uhr in einem Lagerhaus namens Vinyl, ehedem Shelter, direkt an der Einfahrt zum Holland Tunnel, auf einer Veranstaltung mit dem Titel Body & Soul, bei der überlebende Diskjockeys der legendären Paradise Garage jeden Sonntag von 16 Uhr bis gegen Mitternacht vor einer ethnisch gemischten Menge begeisterter, mehrheitlich schwuler Tanzender Disco- und House-Platten auflegen. Auf dem Flyer stand: For the month of May 2000 we would like to honor The Women of Body & Soul, weshalb Vermilion gestern auch gratis eingelassen wurde. Das gierige Gebell der Party People, von dem ich im Zusammenhang mit den Riten der alten Paradise Garage gelesen hatte, drang bis in den Garderobenbereich vor. Als wir den Raum mit der gigantischen Tanzfläche betraten, spielte die Musik noch relativ leise, doch keine zwei Stunden später, während draußen die Sonne noch immer hoch am Himmel stand, waren hier drinnen alle naßgeschwitzt wie kurz vor Sonnenaufgang. Jetzt konnte nur mehr das regelmäßige Aufheulen der Sirenen das ohrenbetäubende Volumen der hypnotischen Musik durchdringen. Joe Claussell, Danny Krivit und François Kevorkian legten abwechselnd auf, deutlich in der Nachfolge des sagenumwobenen, verstorbenen Larry Levan, Sohn einer Schneiderin aus Bedford-Stuyvesant, von dem erzählt wird, daß er einmal mitten in seinem Set die Kanzel verließ, um eigenhändig sämtliche sechs über dem Tanzboden angebrachte Disco-Kugeln zu polieren, auf einer Klappleiter, während sich die Platte, zu deren aufpeitschenden Klängen er seinen Platz verlassen hatte, schier endlos in ihrer Auslaufrille drehte.

Im Schrittempo läßt Vermilion ihren zinnoberroten Volkswagen durch das Bobover Schtetl gleiten, durch zahllose stille Straßen, an saftigen Vorgärten und sehr anmutigen Anwesen vorbei. Deutlich saturierter als im Satmarer Schtetl kommen mir die Gestalten auf den Gehwegen hier vor, aber auch weniger ätherisch in ihrer Ausstrahlung. Wir erreichen die 13th Avenue, die im nachmittäglichen Trubel liegende Einkaufsmeile von Borough Park, stellen das Auto in der 50th Street ab und mischen uns unter das Volk. In der Spielwarenabteilung von Eichler's Judaica Superstore entdecke ich eine kunterbunte Torah aus Plüsch. Vor uns an der Kasse: Touristen aus Israel. Der freundliche Angestellte spricht sowohl Jiddisch als auch Englisch. Ich traue mich nicht, ihn nach der jüdischen Ausgabe des Neuen Testaments, in der, laut Vermilion, eine Kontinuität des Jüdischen im Christlichen konstruiert wird, zu fragen. Zwei bildhübsche junge Frauen studieren das Regal mit den Neuerscheinungen chassidischer CDs. Sie sind, im Rahmen ihrer religiösen Vorgaben, perfekt modisch gekleidet; allein ihre seltsam seidigen, ins Rotblonde spielenden, kostbaren Perücken irritieren meinen heterosexuellen Blick. Wie zwei zum Leben erweckte Mannequins sehen die aus, flüstere ich meiner Freundin ins Ohr. Like female Impersonations from outer space. Auf ihren Händen balanciert Vermilion einen ganzen Stapel in schwarzes Leder gebundener Bücher. Als wir uns wieder auf der Straße befinden, erklärt sie mir, daß die verheirateten Frauen von Borough Park, im Gegensatz zu jenen in Williamsburg, nicht unbedingt kahlgeschoren sein müssen. Viele von ihnen trügen einen ansehnlichen Kurzhaarschnitt unter dem langen Scheitl, mitunter sogar einen schikken, bis zum Kinn reichenden Bob. Keinem Mann außer ihrem Angetrauten allerdings dürften sie ihr eigenes Haar zur Schau stellen. Zwei pralle, beige Eichler's-Plastiktüten baumeln an meinem rechten Handgelenk. Unübersehbar: The Fluffy Torah. Einem Zeitungskasten entnehme ich die aktuelle Ausgabe eines kostenlosen Anzeigers namens Torah Times und blättere, während wir langsam weiterbummeln, hinein: Die begehrten Glamour-Strumpfhosen aus Italien sind eingetroffen und ab sofort in Borough Park bei den beiden Family Hose Centers, bei Head to Toe, Hosierama und Hosiery & More erhältlich, in Flatbush bei Leggacy und Plan Ahead, in Williamsburg bei Gold's Accessories.

Wie angewurzelt ist Vermilion vor dem Schaufenster eines Perücken-
ladens stehengeblieben. Sie erzählt von reichen chassidischen Frauen aus
Brooklyn, die ihrer Scheitl wegen bis in die reformierte Upper East Side
Manhattans hinauffahren, wo der Hair Stylist Mark Garrison aus North
Carolina, seines Zeichens Southern Baptist, der schon Supermodels wie
Naomi Campbell, schwarz, und Cindy Crawford, weiß, coiffiert haben
soll, unweit des Leo Baeck Institute einen renommierten Friseursalon
betrieben. Angefangen hat alles vor etwa zehn Jahren, sagt Vermilion, mit
einer Braut, die sich ihre roten Locken, welche Garrison regelmäßig, seit
sie ein kleines Mädchen gewesen war, geschnitten hatte, zur Hochzeit
abrasieren lassen mußte und daraufhin den Ehrgeiz des Friseurs ent-
fachte, eine Perücke anzufertigen, die der natürlichen Anmut ihrer vergangenen eigenen Haarpracht möglichst nahekäme. Das Ergebnis muß
sensationell ausgefallen sein; jedenfalls empfahl die zufriedene Braut
den Haarkünstler in ihren Kreisen weiter, und schon bald hatte Mark
Garrison einhundertfünfzig kahle Kundinnen in seiner Kartei. Der für
den Forward schreibenden Journalistin Susan Kirschbaum schilderte er
den Prototyp seiner jüdischen Besucherinnen als ausgesprochen sexy
und exotisch. Garrison schneidet und frisiert ihre Scheitl, färbt sie,
reinigt sie, fönt sie und beherrscht dabei nicht nur die Ponyfrisuren,
berichtet Vermilion. Schneiden kostet stolze 600 Dollars, 75 Dollars das
Waschen und Trocknen, 150 das Nach- oder Umfärben. In Flatbush, bei
Chevi, zahlst du für Schneiden nur 195 Dollars, 50 für Waschen und
Trocknen und 60 bis 105 für das Nachfärben.

Say you saw it in the Torah Times: Heimishe Yingerman available to
do all kinds of van service, 718-436-4976. Men's Web Design Course,
718-972-9627. Borough Park, 36th Street, growing yiddishe block, 2 houses for sale, 854-5696. Large bungalow available in heimish Chassidish-
Yeshivish colony, 435-3251. Wedding dress, children size 8 & 12, young
ladies cocktail length dress, size 2-4, 4-6, 851-1657. 3 beautiful exclusive
designer maternity dresses for rent, 718-234-9614. Heimishe boys camp
looking for Geshmake Bachurim who want to learn, be lifeguards, and
have a great summer, 718-871-6572. Vermilion hat ihren Käfer vor einer
roten Ampel ausrollen lassen und ihren rechten Arm um meine Schultern gelegt. Lost woman's navy suit 18th Avenue & 47th Street, 718-972-

1451. Lost red duffle bag with a Taalis and tefillin and assorted other items inside, it belongs to a sick person and is a great mitzvah to return it, 436-1140. Found Talis bag with plastic & Pesach pillow plastic, name Horowitz, 438-7781. Donate your used decent sheitlach to Aniyim in Eretz Yisrael, Yad Rivka, 718-951-1799. Halblaut lese ich: Before you cut your long hair, give us a call, we'll pay you $ for it, 851-4058. Deines ist noch nicht lang genug, bemerkt Vermilion amüsiert und greift in meinen Nacken, nimmt meine Haare, ihr neuestes Steckenpferd, zu einem Pferdeschwanz zusammen. [...]

Andrea Dworkin: Scapegoat. The Jews, Israel, and Women's Liberation. Im Vorwort überfliege ich, daß die Juden, und also auch die jüdischen Männer, ein paar tausend Jahre lang als von Natur aus pazifistisch, genetisch pazifistisch, galten, wie die Frauen. Die Existenz des heutigen jüdischen Staates sowie dessen Verteidigung legen nahe, daß dieser Pazifismus eine soziale Konstruktion gewesen ist und keinerlei biologische Grundlagen besaß. Die offensichtliche Sanftheit der jüdischen Männer vor der Einrichtung des Staates Israel hat allerdings niemanden auf die Idee gebracht, daß Männer überhaupt so leben könnten wie die Juden. Vielmehr hat sie zahllose Pogrome und schließlich den Holocaust provoziert, schreibt die Verfasserin in Brooklyn, New York, im Juni 1999, als Vermilion und ich uns in Ocracoke kennenlernten. Meine Freundin hat sich das vielversprechende neue Buch Andrea Dworkins vor etwa einer Stunde im Souterrain von Shakespeare & Co. gekauft. Jetzt sitzt sie mir in Katz's Delicatessen gegenüber und verspeist mit großem Appetit ein Stück Käsekuchen, erzählt von einem Lubawitscher Rabbi namens Dworkin und fragt sich, ob die feministische Autorin Dworkin mit ihm verwandt sein könnte. Vermilion, die mir, der ich einen Kosher Frank gegessen habe, nun das letzte Stück ihres Kuchens in den Mund schiebt, hat im Forward einen Artikel darüber gelesen, wie der Feminismus langsam, aber stetig in die Enklaven der Ultraorthodoxie eindringt. Zunehmend werde es jungen Frauen gestattet, die Torah zu studieren, Englisch zu sprechen, das Bedienen von Rechnern und sogar das Autofahren zu erlernen. Die Satmarer Chassidim stellten in dieser Bewegung allerdings erwartungsgemäß das Schlußlicht dar. Gitty, eine junge Frau aus Williamsburg, im Kittelkleid, mit Turban auf dem Kopf, wurde dahingehend zitiert, daß sie sich durchaus als befreit empfinde. Sie sagte: Meine Schwägerinnen in Montreal sollten Sie mal sehen. Echte Fanatikerinnen. Sie tragen niemals Perücken. Ihre Mädchen müssen die Haare ständig geflochten haben. Ausschließlich lange Ärmel sind erlaubt. Ich könnte da nicht leben. Ich bin denen zu modern. Gitty findet autofahrende Frauen nicht prinzipiell unkeusch, schließt sich allerdings der Meinung ihrer Nachbarin Fraidl, einer Belzerin, an, daß weiblicher Motorismus ihre Verstellungen von Modernität doch eindeutig überschreite. Schließlich wollten sie durch derlei Verhalten auch die Heiratsaussichten ihrer Kinder nicht unnütz schmälern.

Interessant finde ich die Lehrpläne der Chassidim: Jungen, die vom Studium weltlicher Angelegenheiten traditionell ferngehalten werden, lernen täglich eine Stunde Englisch, die Mädchen dagegen drei bis vier. Auch in der Mathematik werden sie stärker gefördert; außerdem lernen chassidische Schulmädchen Soziologie, Geographie und den Umgang mit Computern. Logisch, ergänze ich, die Frauen gehen in die Welt hinaus, arbeiten als Lehrerinnen, Rezeptionistinnen, Kassiererinnen, damit ihre Ehemänner im Schtibl hocken und die Torah studieren können. Doch auch hier zeichnet sich, sagt Vermilion, wobei sie sich mit ihrem bräunlichen Lippenstift über die Lippen fährt, ein neuer, gleichsam feministischer Trend ab. Während die Satmarer ihre Töchter allenfalls mit den jiddischen Geschichten aus der Torah bekanntmachen, erlauben die Belzer und Wischnitzer seit einiger Zeit sogar die weibliche Lektüre von hebräischen Primärtexten aus der Torah; wenn auch bei den Wischnitzern zunächst nur in Form von Fotokopien. Ziemlich aufschlußreich, bemerke ich, wie das Hebräische andauernd männlich und das Jiddische andauernd weiblich kodiert ist. Das geht bis in den Tonfall hinein, sagt Vermilion. Der jiddische Sprechakt habe, selbst beim Bekunden bester Laune, etwas Schluchzendes an sich. Wie eine Klarinette. Während wir an Katz' Kasse anstehen, um für unser Essen zu bezahlen, erzählt meine Freundin von dem Dichter Yankev Glatshteyn, der seine jiddischen Gedichte zunächst unter weiblichem Pseudonym veröffentlichte. Die Bibel in der jiddischen Übersetzung werde auch die Bibel der Frauen genannt. Ich erwerbe ein zinnoberrotes T-Shirt von Katz', auf dessen Rücken Send a Salami to your Boy in the Army steht, dann treten wir auf die Houston Street hinaus.

BENJAMIN V. 2001
STUCKRAD-BARRE

Gastronomie

Das letzte Krabbenbrötchen meines Lebens schmeckte vorzüglich. Ich aß es an einem Donnerstagabend an der nördlichsten Fischbude Deutschlands, also bei Gosch in List auf Sylt. Am nächsten Morgen um 7:00 Uhr sollte mein dreitägiger Hospitanten-Dienst bei Gosch beginnen, ich war gerade angekommen, hatte ein schäbiges Lohnarbeiterzimmer in einer goschnahen Pension angemietet und wollte noch einmal auf der anderen Seite der Theke stehen, erstens aus Recherchegründen, zweitens hatte ich Hunger. Und drittens wusste ich noch nicht, was ich nun weiß.

In gekrümmter Fischbrötchenesshaltung ließ ich also die beim Brötchenbiss planmäßig aus den Brötchenseiten herausquellenden violettrosa Nordseekrabben und die schweinchenrosa Hummersauce zu Boden gehen, kaute hastig den süß-salzigen Brei, trank ein Bier, hörte Möwen und Syltvolk, Fett zischte, Gläser klirrten, die Sonne sank in die Nordsee, und ich erlag der Jeverreklamenromantik: Hafen, Kutter, Öljacken, Wind, kein anderes Bier, dazu Fisch im Stehen. Natürlich glaubte ich, sie holen all den Fisch direkt hier aus dem Meer. Na gut, den Lachs wohl nicht, aber alles schmeckt so frisch, denkt man, bloß, weil der Verkaufsstand so meernah liegt. Man glaubt so was ja gerne, eine Tiefkühlpizza wird durch das Beiwort »Steinofen« in den Rang der Frischware gehoben, vom Klang her, und was im Restaurant mit Kreide auf einer Tafel angeboten wird, kommt in die engere Wahl des Gastes, weil es doch so frisch ist, denkt er, Angebot nach Marktlage eben, man glaubt ja auch, im Fernsehen singen sie live, wenn da bloß ein Mikrophon vor den Akteuren steht. Kein Zufall, dass man bei Playbackauftritten das zum Dargestellten Eingespielte »Musik aus der Konserve« nennt.

Ich bestellte noch ein Bier, stand mit den Urlaubern um den Bestelltresen herum, fand mit denen, es ginge alles viel zu langsam, da hinterm Tresen, obwohl wir doch sahen, wie hektisch die Menschen dort herumhüpften. Das dauert vielleicht, ja, meins, hier, danke, Besteck nehme ich mir selbst, stimmt so, wurde auch Zeit.

Am nächsten Morgen um 7:00 Uhr werde ich kurz durch das Sylter Zentrallager geführt, von dem aus die Gosch-Filialen der Insel beliefert werden. Man zeigt mir die in Tablettregalen auftauenden Shrimps, die sich gerade in einem unansehnlichen Zwischenstadium befinden, triefnasse graue Matschblöcke, daneben das eingebeutelte Krebsfleisch; dort dies, hier jenes – ich kann mir kaum was merken, bloß, dass das einst sehr teure Krebsfleisch immer billiger und beliebter, dafür aber die Shrimps bald unbezahlbar werden. Ich bekomme einen Goschkittel mit eingesticktem Logo-Hummer und eine rote Schürze, und es geht los.

An einem Hebelkorkenzieher stehend entkorkt jemand einige hundert Weinflaschen. Der Korken wird nicht vollständig gezogen, aber nach dieser Halböffnung können die Flaschen später von den Servierkräften per Hand geöffnet werden, das spart Zeit, denn an der Theke ist es wahnsinnig hektisch, erklärt mein Kollege.

Ich versuche, ihm zu helfen, seine Handgriffe zu imitieren, über Fehler den Vorgang zu verstehen, mir dann eigene Erleichterungstricks auszudenken, wie man eben Sachen lernt. Sie behandeln mich gut hier, jeder hat mal so blöd angefangen, wusste nichts, kannte nichts, machte Fehler; geduldig erklären sie einem die paar Handgriffe, bis man die beherrscht, ist die Arbeit halbwegs interessant, danach wird es stumpf, gut zum Nachdenken, sagt einer, er kommt aus Polen und hat dort Ärger mit seiner Freundin, deshalb sei der Job im Moment genau richtig für ihn, sagt er.

Jemand kommt herein und schreit, wir sollen leiser sein mit den Flaschen, wenigstens bis 8:00 Uhr, der Nachbar würde sich sonst beschweren. Er geht wieder raus, wir gucken uns an, haben zusammen Ärger gekriegt, sind also jetzt ein Team, lachen, heben die Augenbrauen, wiegen die Köpfe, machen weiter, ein bisschen leiser, kleben ein neues Bestellfax an die Kühlraumtür und arbeiten es ab. Das Entkorken geht mir inzwischen gut von der Hand, zack, zack, nächster Karton, ich renne zum Kühlraum, neue Kartons holen, als ungelernte Hilfskraft will ich wenigstens eifrig wirken, den Betrieb nicht übermäßig aufhalten, da fasst mein Kollege mich entschieden am Kittel: »Nicht rennen, bist du verrückt?« Wir gehen in den großen Raum, in dem Meeresgetier in allen Formen, für Grill, Topf oder Pfanne vorbereitet wird: aufgespießt, aufgetaut, gehobelt, paniert, eingeölt und so weiter. Wir trinken einen Kaffee, es riecht nach geseiften Fliesen und Fischblut, mir ist übel, ich bin schon ziemlich erledigt vom Weinöffnen, es ist noch nicht mal acht.

Als Nächstes zeigt mir der über die Liebe nachdenkende Pole, wie man Krebsfleisch in eine servierbare Form bringt: Je zwölf Plastikbeutel müssen aufgeschlitzt und in eine Kunststoffwanne mit Siebwänden geleert werden, dann wird eine Plastikplane, ein Müllbeutel wohl, darauf ausgebreitet, man stellt sich in die Wanne und stampft wie eine Weintreterin fröhlich auf dem mit Folie geschützten Gewürm herum, um das Transportwasser aus dem Fleisch zu treiben, dann geht es später am Grill schneller. Bei jedem Tritt quillt rötliche Flüssigkeit aus den durchlässigen Wannenwänden, die Wanne kippelt gehörig, man muss sich an der Shrimpspresse festhalten, sonst fliegt man ins Waschbecken. Zu zweit heben wir dann die Wanne mit dem ausgepressten Krebsfleisch hoch, schütten sie in einen anderen Trog, pulvern exakt 2,2 kg Würzmischung drauf und wühlen mit Gummihandschuhen darin herum, dass es sich untermischt, die dabei aufsteigenden Gewürzpulverwolken beißen in der Nase, ich muss Acht geben, nicht in die Kadaverwanne zu niesen, kann es unterdrücken und fülle dann, wie man es mir gezeigt hat, zweieinhalb Schaufeln des nun gewürzten Krebsfleisches in Plastiktüten, lege die in eine Vakuumpresse – und fertig. Später wird es jemand essen. Die nächsten zwölf Tüten.

Neben mir steht plötzlich einer ohne Schürze, das heißt wahrscheinlich: in gehobener Position, er guckt mir zu, ich werde nervös, ein paar Würmchen fliegen neben die Wanne, ich stelle schnell meinen Fuß daneben, damit er DIE WARE (so sagt man zu all den Lebensmitteln hier) auf dem Boden nicht sieht. Ich kenne die Regeln nicht, weiß nicht, was mehr Ärger nach sich zieht, fahrlässige Krebsfleischverschwendung oder unhygienische Weiterverwendung der auf den Boden gefallenen Ware, deshalb schiebe ich das Zeug mit dem Schuh ganz an die Wanne, greife es dann unauffällig beim Bücken nach einem weiteren Beutel und mische es unbemerkt unter. Während dieser heiklen Operation redet der Mann fortlaufend, fragt mich, ob ich wisse, was ich da bearbeite, jawohl, sage ich, Krebsfleisch, das war ja früher so teuer, wird nun immer billiger, dafür ziehen die Shrimps unheimlich an, die ja in Vietnam gezüchtet werden – er nickt anerkennend, sieh mal an, sagt er, da hat ja jemand Ahnung, ich lächle, er lächelt, die Kollegen denken wahrscheinlich, ich sei ein Arschloch, das Radio war aber laut genug, es ist halb neun.

Der schürzenlose Mann nimmt ein Stück gewürztes Krebsfleisch aus der Wanne und beißt rein, kaut, ich schlitze neue Beutel auf, wie herum hatte ich eben noch mal die Plastikplane aufgelegt, keine Ahnung, gut möglich, dass die eben mit den Schuhen betretene Seite nun auf dem Fleisch liegt, und zum Takt eines Radioliedes verlagere ich mit einer mir effizient erscheinenden Wipptechnik mein Gewicht auf dem toten Getier, rhythmisch quietscht verdünntes Blut aus den Wannenseiten, ich halte die Balance. Der Mann ohne Schürze sagt zu einem Kollegen, das Fleisch sei etwas überwürzt, nicht unsere Schuld, doch werde im Herkunftsland ein wasserbindender Stoff beigemischt, um das Gewicht und damit den Erlös zu steigern, früher war es Phosphat, das sei nun verboten, aber die Lieferanten nähmen dann eben eine andere, noch nicht verbotene Substanz, und die in der gerade probierten Lieferung enthaltene sei offenbar so salzig, dass man etwas weniger Würzmischung als gewohnt verwenden solle. Der Kollege beißt ebenfalls in ein Krebsstück, nickt, und wirft das angebissene Tier zurück in die Wanne. Ich habe wieder eine Ladung fertig, nehme mir einen Kaffee, daneben liegt eine Schachtel Kekse, ich reiße sie auf, jemand am Herd ruft, das seien »Privatkekse«, ich entschuldige mich, lege sie zurück, er sagt, nun sei es egal. Blamiert fliehe ich in den Personalraum und verschnaufe neben einem Gummibaum. Draußen Sylt, der Tag beginnt, sieht schön aus, mir egal, ich hab zu tun. Neben den Schließfächern stehen CD-Kartons, auf den CD-Hüllen ist ein Mann mit weißem Bart und weißem Gosch-Kittel abgebildet: »Jürgen Gosch, 'n Sylter Jung – Lieder aus der alten Bootshalle«.

Auf dem Flur wird vorgesetzt geschrien, ich laufe hin, bei jedem lauten Ton fühle ich mich gemeint, hier bin ich. Ein weißer Gosch-Lieferwagen ist vorgefahren, ein dicker schwitzender Mann steigt aus, und redet vor sich hin, das einzige verständliche Wort ist »Scheiße«. Das sagt er mehrmals pro Satz. Dabei deutet er mit seinen behaarten Armen auf mich, auf den Wagen, auf die Müllcontainer am gegenüberliegenden Straßenrand, Scheiße, also räumen wir den Wagen aus, Scheiße, Papier, Glas, Pappe, Speisereste, Scheiße, Wagen leer. Wir beladen ihn mit frischem Zeug, mit Wein, Krabben, Pfeffermakrelen, Bratheringen, Filets, Spießen, Soßen, Muscheln – der ganzen Scheiße halt. Damit geht es zu einer Filiale, Sylt fliegt an uns vorbei, der Blick vertunnelt sich, kennt nur noch das Ziel, Kampen verflüchtigt sich in unseren Augenwinkeln, das wunderschöne Kampen, wir heizen einfach durch, wir bringen den Fisch, Kampen unterscheidet aus unserer Perspektive nichts von Schlumpfhausen, mit unserem Stundenlohn dürfen wir hier nicht mal aussteigen, Scheiße, am Zielort versperrt ein Biertransporter die Zufahrt, doppelt Scheiße, wir tragen die Eimer und Kisten, die sind scheißeschwer, schneiden in die Hände. Eisessende Urlauber gucken uns interessiert zu, erwachsene Männer tragen metergroßes Gummigetier hinter ihren hochbezahlten Kindern her und geben sich für 14 Tage mal interessiert und zugewandt, wir bringen nur den Fisch, Scheiße, hallo, wir sind es, die gut gelaunten Jungs von Gosch, mit unseren Kitteln und DER WARE sind wir die Maskottchen des Syltgefühls.

Wo ist die Seezunge?, fragt uns der belieferte Koch, ja, die Seezunge, Scheiße, da irgendwo im Styroporsarg. Wir fahren zurück, da stehen neue Kisten und Eimer, die Scheiße geht von vorne los, außer Scheiße sagen wir nicht viel bei der Arbeit, nur als ich mich in den Feierabend verabschiede, informiert mein Kollege, es gebe einen Puff in Wenningstedt. Gefragt hatte ich nicht. Ich stinke nach Fisch, esse ein Hähnchen, nie wieder Fisch (Oskar Lafontaine wählt ja wahrscheinlich auch nicht mehr SPD, und Berti Vogts wird Rudi Völler nicht uneingeschränkt die Daumen drücken), und lege mich schlafen.

Am nächsten Tag werde ich im »Kundenbereich« eingesetzt, im Lister Hafen, abends wird dort ein Fest stattfinden, weil Herr Gosch, unser Chef, zum »Wirt des Jahres« gewählt worden ist. Von wem, kann mir keiner meiner Kollegen sagen. Ich kriege ein neues T-Shirt (»Matjesfestival 1999« steht drauf), eine saubere Schürze und eine Plastikwanne, mit der ich dann durch die Bankreihen gehe und leeres Geschirr hineineinsammele. Die Essenden sind zumeist freundlich, sie nennen mich Junge, ich dienere, wenn sie ihre Teller einen Zentimeter hoch, mir entgegenheben, Danke, vielen Dank, ich mach das, lassen Sie nur. Die Wanne trage ich hinters Haus, zum Kücheneingang, wo es eng ist und heiß und laut. Die Speisereste werden in den so genannten Schweineeimer ausgeleert, ein Blick in das mayonnaisige Gewühl, in dem Fisch, Salat und Brötchen eins werden – und man ist satt für Stunden.

Das dreckige Geschirr wird abgeduscht und auf ein Schiebegestell geordnet, in die Spülmaschine geschoben, nach ein paar Minuten erlischt das Kontrolllämpchen, man öffnet die Maschine, eine Dampfwolke nimmt einem den Atem, das Geschirr ist so heiß, dass es mir erst die Finger verbrennt und dann von selbst trocknet, man stapelt es, dann wird es nach vorne gebracht und wieder mit Essen behäuft. Kurz danach gehe ich es wieder einsammeln, kratze die Reste in den Schweineeimer und so weiter. Es gibt circa 30 verschiedene Gläser, alle müssen in verschiedene Regale, vorne schreien sie schon nach neuen Gläsern, aber nach welchen – ich gehe lieber wieder Geschirr einsammeln und mich Junge nennen lassen, beziehungsweise Hey. So nennt mich jetzt ein weißbärtiger Mann, HEY!, schreit er und meint mich, mich und zwei Kollegen, wir eilen dorthin, er sieht aus wie der Mann auf den CD-Hüllen im Personalraum, das muss Jürgen Gosch sein. Wir sollen mehr Bänke und Tische aufstellen, befiehlt der kluge Geschäftsmann, wir nicken, rennen zum Lieferwagen, holen aus einem Lager mehr Bänke und Tische, rasen zurück zum Hafen, wo ein anderer Befehlshaber, nicht Herr Gosch, uns zeigt, in welcher Anordnung Tische und Bänke auf dem Hafenplatz zu verteilen sind, wir stellen sie genau so auf, da kommt der Wirt des Jahres wieder angelaufen, ruft NEIN!, NEIN!, NEIN!, SO!, SO!, SO!, also machen wir es so, so, so, aber das ist natürlich auch wieder komplett verkehrt, wie können wir nur so begriffsstutzig sein, gleichmütig verinnerlichen wir die neuerliche, lautstark formulierte Anordnung, machen uns wieder an die Arbeit, auch wieder falsch, Himmelherrgott!

Meine beiden Kollegen sprechen kaum Deutsch, Jürgen Gosch inzwischen auch nicht mehr, es kommen nur noch cholerische Geräusche aus ihm heraus, er herrscht mich an, weil ich die Bänke nicht exakt parallel zur Transportertür auf den Boden lege, bevor ich sie weiterschleppe, sondern beiseite, damit die Kollegen nicht stolpern, wenn sie aus dem Auto steigen, mit weiteren Bänken in der Hand, Herr Gosch, Sie können sich drauf verlassen, sage ich, wir bringen Tische und Bänke genau dorthin, wo Sie sie haben wollen, selbstverständlich, aber hier haben wir jetzt unser System zum Ausladen entwickelt, so geht es am sichersten und schnellsten, bitte, das müssen sie uns zutrauen, wir tragen die Sachen ja auch weiter –

WEISST DU WAS, KERL? DU PACKST JETZT DEINE SACHEN, JETZT, SOFORT, LASS DICH HIER NIE WIEDER BLICKEN!

Aber Herr Gosch, hören Sie, ich meine doch nur –

ES REICHT, ZIEH DIE SCHÜRZE AUS!

Ich lege die zwei Bierbänke, die ich noch in den Händen trug, auf den Boden, und gucke in Herrn Goschs Gesicht, das inzwischen die Farbe eines heißgeräucherten Stremellachses angenommen hat: Er brüllt, spuckt, jagt mich quer über den Platz. EINE UNVERSCHÄMTHEIT, krakeelt der Wirt des Jahres, ZIEH MEINE SACHEN AUS.

Am Kücheneingang bleiben wir stehen, ich ziehe die firmeneigene Schürze und das T-Shirt aus, (LEG DAS ORDENTLICH HIN, DA, DU!), stehe halbnackt vor dem schreienden Wirt des Jahres, zwischen uns nur noch der Schweineeimer.

Ich laufe weg, laufe, so schnell ich kann, das Brüllen wird leiser, am Strand ziehe ich meine Schuhe aus, laufe barfuß im Sand weiter und entdecke im Sohlenprofil meiner Schuhe ein eingeklemmtes Stück Krebsfleisch. Salzig, viel zu salzig.

2H, HB, 5B

Ophelia: Ihr Mund war noch mal anders als die anderen, nasser, glatter, irre geil glitschig insgesamt, und es wurden beim Knutschen die Hände hinter dem Rücken gefaltet und die Oberarme angespannt. JA! So stemmte man sich ineinander. Mund-zu-Mund-Knutschen sozusagen. Das volle Programm.

Das klingt ja geil! Könntest du das bitte noch mal ganz genau beschreiben? Ich meine: Was exakt sich da wie zugetragen und wie angefühlt hat? Fragen sind doch: Ersetzt Knutschen Sex? Kommt nach Knutschen automatisch Sex, oder könnte das – angenehme Vorstellung – auch auf Weiterknutschen rauslaufen und da irgendwo, im Nichts, als Nichtvielmehr, kleine Freundlichkeit zwischen Menschen, ausschnurren? Es knutschten also gegen halb sechs früh in nassen Kellern, über dessen Eingang der aus roter Pappe ausgesägte Clubname LIEBLING stand, zwei Körper, die – wie heißt es so schön? – zu neunzig Prozent aus Champagner bestanden. Und der Rest war Wasser. Ach, Ophelia! Oh du, mein Held! Jetzt könntest du langsam zugreifen, ja genau, bitte dahin, an die empfindlichen Stellen, sonst bin ich nämlich schnell weg und verschwunden, und es tut jemand anderes für dich, das muss dir klar sein. Tust du es bitte? Gut. Gern. Komm.

Die Gastgeberin hatte sich Rot erbeten. Also die T-Shirts von Levi's oder der schon bisschen ausgeblichene Stoff von der »Kung Fu Schule Wedding«. Oben: Dunkelheit. Unten: rotes Glühen. Es lief noch Reggae, die Musik, zu der man sich locker schütteln, aber – bitte – noch nicht ausrasten sollte (zu doll tanzen tun immer nur die Dummen), als die Gang der Nachtlebenarbeiter – Barfrauen, Barchef, sonstige Unersetzbare, Türsteher – schlendernd, schlurfend, mit routinierten Blicken, Handgriffen ihre Arbeiten verrichten gingen. Ihre Jobs: glasklar verteilt. Die Nachtlebengäste: erst die Gebeugten, die sich längs der Wände anlehnen und immer auf den Böden etwas suchen, dann die Geraderen, die sich mitten auf die Tanzfläche stellen zum Trinken, Wippen, Umherschauen, erst dann die Frauen. Es kamen: Angie, die Schönste. Julia, die Schönste. Ophelia, auch superschön. Es waren wieder alle schön. Die drei Schönsten waren schon da. Alle drei trugen Jeans, weiter oben etwas zu Enges, Kurzes, das den Bauchnabel frei lässt – obwohl: stimmt gar nicht. Bauchfrei war letztes Jahr. Das Sexding der Frauen, ihre speziell für diese Jahreszeit, diese Jahresstimmung eingestellte Männer-Anlock-Tour musste heute Nacht noch einmal ganz grundsätzlich neu erfühlt, konkret: ertrunken, ertanzt, ertastet werden. Was dauern kann. Es kann auch schief gehen. Es muss auch immer drin sein, dass es nicht knallt; dass man, schwankend, allein nach Hause geht, auch, wenn es schmerzt. Frauen: anders als Männer. Ihre moralischen Entscheidungen laufen irgendwie einsamer, stiller, in sich gekehrter ab, und am Ende haben sie Recht. Männer haben öfter Unrecht. Kaum vorstellbar, dass eine Frau, knutschend, blöd aussieht. Ein Mann, knutschend, schon. Und so wurde es, gegen Mitternacht, beiläufig plötzlich knallvoll.

Die Gastgeberin hatte sich den Thron aus Bierkästen hinter der Bar gesichert, von wo sie, lächelnd, in leuchtende Neonbahnen gekleidet, mit hochgestecktem Haar und übereinander geschlagenen Beinen, die Geschenke ihrer Gäste annahm. Herzlichen Glückwunsch, Süße. Zwischendrin gab es Freudenkiekser, Küsschen, wildes Umarmen. Freut dich das alles, die Postkarte, Plastikkette, Joan-Jett-CD? Na, hör mal: Voll! Küsschen links, Küsschen rechts hin. Sie ließ jetzt, bisschen zu ausdauernd, zu gekonnt, ihre Zungenspitze auf der Oberlippe liegen, wie das die feinen Damen in den feinen Salons in irgendeinem Ausland tun, als vom Plattenauflegerpult, das ihr Freund kontrollierte, die ersten Bässe in den Raum reingedreht wurden. Er, Freund, trug das T-Shirt mit der Aufschrift »2H HB 5B«: Ja, Wahnsinn. Die unwidersprechbar wahre Aussage. Wenn das kein klipp und klarer Aufruf ist zum Krawall, zum Gegenangriff, Widerstand, Fahnentragen, geschlossenen Marschieren auf den Straßen, zur Revolution. Sofort freudige Zustimmung überall, Nicken,

Wippen, Flaschenklirren. Nun muss sie raufgefahren werden, die Nacht der Nächte, heute wieder, einmal mehr. Ihr Freund: kurzrasiert, muskulös, unter Kopfhörern wippend, die Technik unter sich. Er wirkte halbnackt, dabei hatte er doch das T-Shirt an. What a man! Und sie guckte, durch den Raum, ihn suchend, auf ihn drauf. What a Lady! War sie Joan Jett? Eiskunstläuferin? Prinzessin von Jordanien? Eine noch mal anders komplizierte, jetzt ihre Routine ausspielende Schauspielerin? Draußen, vor den Türen, standen ihre Gäste für sie an.

Er, Dresdner, bewegte sich jetzt wippend zu ihrem Freund hin, bisschen Grundsätzliches klären: Die letzte Pils-Erfrischung wieder im »Piepmatz«, abgemacht? Abgemacht. Er goss sich rasch eine Flasche Bier über den Kopf. Prustendes Ausatmen, Strahlen, Männerumarmen, Bruderkuss, Zigaretten raus, Feuergeben. Das Leben ist schön, aber noch schöner wird das hier, unser Ding. Worauf du Gift nehmen kannst, mein Lieber. Oder, besser, noch ein Schluck hier aus der Flasche. Hallo, Süße! Passt alles? Passt! Es führten die Frauen Gute-Laune-Tänze auf, mit ihren Hinterteilen und Haaren, während die Männer die feuchte Luft boxten und der Deejay nur einen Finger hob. Deejay! Wir hören! Wir schauen dich an! Die Luft war jetzt irrsinnig weich und feucht. Bouncy air! Jetzt kamen die Frauen.

Als er nach ihr fasste, war sie schon komplett nass geschwitzt – wie alle hier: Aber sie trug das leuchtende Neon, das sich nass wie ein Schlauchboot anfühlte. Iiiih, bist du nass! Fass dich mal an! Iiiiiih! Jaaa! Er griff nach ihrem Arm und strich zum Ellenbogen hoch, an dem er sich festhielt, während ihre Hand seinen Oberarm fasste, zudrückte, da festhielt. Beide grinsend, beide nass. So konnten sie in die nächste Runde gehen, aneinander rütteln und sich festhalten. Da schaukelte jemand an den Heizungsrohren; da versuchte einer im Schneidersitz auf dem Boden hockend zu tanzen; da leckte jemand – Ihiih, wie peinlich! – den Hals einer Champagnerflasche entlang: Suck my champagne! Und die Uhr stand noch nicht einmal auf einem Drittel der Nacht. Er wollte eigentlich so eine Art spastischen Paartanz mit ihr aufführen, wie man ihn, so unvergleichlich spastisch, nur in der Tanzschule lernt, mit möglichst verstrickten Drehungen und Verrenkungen, an langen Armen. Man schämt sich ja auch dafür, dass man ja praktisch immerzu tanzen will. Aber als das heftigere Nicken des Deejays und die sich überlagernden Bässe den nächsten Track ankündigten, glitt ihre Hand von ihm ab, und ihre Körper schubten, vom Taumeln der Menge geschoben, geführt, gepolstert – Schub! –, zusammen. Brust an Busen! Gesicht an Gesicht! Er hatte sie jetzt von oben bis unten an sich dran – genau: Mund, Brust, Bauch –, als er ihn sie suchen sah, den Freund seine Freundin, den Deejay seine Frau und seine Leute, seinen Abend, sein Werk. Es lag eine tolle Zuversicht in seinem Blick, ein Augenzwinkern, ein in sich kräuselndes Grinsen – wenn Blicke einen Diener machen: Amüsier dich, Baby. Es ist deine Nacht. No fear! Du gehörst mir.

Da bekam er erst richtig Lust. Sofort senkte er seine Schultern nach unten, damit die Brustmuskeln sich spannten, und drückte, was er vor sich hatte, noch fester an sich dran. Ihr Nass auf seinem Nass, darunter das Atmen, Beben, Arbeiten, das Schuften zweier echter Menschenkörper. Es war jetzt – komischerweise – sofort ganz brutal wichtig, dass seine Hände ihre Hüften nicht berührten. Damit sie sich – insgesamt – noch näher kommen konnten. Also drückte er sie, seine Hände komisch abgespreizt, mit den Unterarmen an sich dran. So ging's. Sie jetzt: umklammert, umschlungen, umtan. Sie quiekte. Offensichtlich fand sie das auch ganz unvermeidlich richtig, was da gerade geschah. Jetzt ging es sofort, unbedingt gleich auf der Stelle darum, sie wieder möglichst weit von sich zu drücken, damit die Rückholbewegung danach noch kraftvoller, überwältigender ausfallen konnte: umwerfende Sache! Komm her, du Sau! I love you! Ich love you, too, mein Schatz. Bloß loslassen wollte er sie nicht mehr, und sie lächelte, sie hielt sich an ihm fest. Schubende Bässe. Es wurde jetzt ganz allmählich wirklich ein Tanz. Als ein neues, klirrendes Geräusch aus den Boxen aufkam, als Klirren wiederkehrte und als Klirren blieb, umfasste er sie mit einem Ruck, sein Arm rutschte um ihre Hüften, bis seine Hand auf ihrem Bauch zu liegen kam. Moment mal: jemanden auf den Bauch fassen. Das ist ja das Allerperverseste. Das ist ja vollständig verboten. Das ist ja so, als fasste man jemanden in den Mund hinein! Und mit der anderen Hand griff er ihr mitten ins Gesicht rein und drückte es zu Boden. Oh, Gewalt! Oh, bittersüße Zärtlichkeit! Oh, sink' hernieder, Scham! Seine Hand, drückend, auf ihrer Nase, ihrem Mund, ihren Haaren, die über die Böden strichen, während er ihren Oberkörper in ein Hohlkreuz zwang. Sie begriff sofort und ließ sich ganz fallen. Er spürte ihren Atem, er spürte nun, dass er sie halten konnte. Ihr Haar nun wie ein Pendel über die Steinplatten streichend. Als sie aus der Rücklage wieder nach oben schnellte, hatten die anderen Tanzenden Platz gemacht, und sie lächelte, ihre Haare wirr über ihren Augen, ihre Haare in ihrem Mund. Sie hatte sich erschrocken, aber nicht wehgetan, sie wollte – bitte so – jetzt weitermachen. Er ging in die Knie, wo er ihre Knöchel in die Hände schloss, und drückte zu. Da unten bisschen ausruhen, ihre Beine anschauen. Als er wieder hochkam, saß sie in seinen Hüften, das Kleid hochgerutscht, ihre nackten Oberschenkel um seine Hüften. Die vorstellbar brutale und zärtliche, die absolut naheliegende Geste wäre nun, mit der Faust über ihren gestreckten Oberkörper zu streichen – da echt mit äußerstem Druck entlangzufahren –, während ihr Kopf runterhing, baumelte, über die Steinplatten strich. Also tat er erneut, wie ihm geheißen, in etwa so. Sie wogten dann, prustend, an gestreckten Armen den Mindestabstand einhaltend, der sich für nicht verheiratete Leute gehört, mit irrem, bisschen schamigem Lächeln und der unheimlichen Lust daran, was noch alles passieren könnte, was noch alles drin war zwischen ihnen – als der Deejay, über seinen Pult, in die Technik hineingebeugt, die Glühbirne in die Tanzenden hielt und die hupenden ersten Takte von New Orders »Blue Monday« sich mit den sich verabschiedenden Bässen vermischten. Himmel, Nachtleben! Seligkeit! Diese Frau: Königin der Tanzfläche, die Gastgeberin. Erst allmählich sah er, dass ihn alle anstarrten, weil es sie war, mit der er tanzte. Was ist mit dem? Schämt der sich nicht? Er hatte plötzlich Angst, sich lächerlich zu machen, als Pleaseur des Femmes, Teaser, Dirty Dancer Patrick Swayze. Sag mal, knutscht ihr? Willst du die ficken oder was? Du! Spinnst du? Merkst du noch was? Ihr Freund, hineingebeugt in seinen Job, die Musik, hatte keinen Blick für die Tanzenden. Und dann war sie plötzlich verschwunden.

Als sie wiederkam – mit ausgestreckten Armen, wirklich irr flatterndem Blick –, sah sie noch nasser, frischer, strahlender aus als vorher. Einer der schönsten Anblicke auf Erden: wenn eine Frau komplett angezogen komplett nass geduscht ist. Sie hatte sich, wie man so sagt, frisch gemacht. Simpel: eine Frau, die es jetzt will. Ihre Zungenspitze auf ihren Lippen.

Er suchte nun, bisschen unlocker, panisch, dumm, nach einem Weg, sich ihm, dem Freund, tanzend als unschuldig zu präsentieren. Kaputte Szene. Im selben Zug wollte er ihre Nähe nicht verlieren. Das alles war ihr vollkommen klar und jetzt – auch egal. Sie suchte ihn als Tänzer. Sie glitten, strichen, rutschten übereinander her. Einmal wippte sie über ihm, ihr gekrümmter Rücken über seinem nach vorne gestellten Oberschenkel: Oh, Schauspiel. Einmal gelang es ihm, ihren gestreckten Körper auf seinen Armen ausbalancierend über seinen Mischpult haltend: Oh, Oper! Er, der hinter dem Pult: heldenhaft, ungerührt, bei der Sache, in seinem Sound. Es drückte die Tanzfläche die Tanzenden in Abseits, als sein Mund unter ihre Achsel gelangte – wo es schön war, weshalb er kurzzeitig gleich noch bisschen da blieb und den Mund so weit geöffnet hielt, dass er die Augen besser schloss. Drehung, neue spastische Verrenkung, sein Körper nun irgendwie in ihrem drin. Bleib so! Bitte kurz mal jetzt nicht bewegen, nichts machen, ganz bei mir sein, mir gehören, ginge das? Danke. Nässe. Wärme. Bässe. Wie lange können wir das so halten? Natürlich nicht so lang. Sie schenkte ihm volle fünf Sekunden. Das Anschmieg-Ding. Alter, ist das geil. Aber, ganz genau: so. Es ist genau SO geil. Offene Münder. Ihr Atem an seinem Hals. Sie an seiner Brust, seinem Hals, in seinen Ohren. Er spürte sein Männerding, das sich hoch hebende, nach oben drängende – der große Aua-Penis – stärker werden an ihr: Fiep. Fiep. FIEPEN. Er spürte, dass sie Kraft genug hatte, sich ihm entgegen zu stemmen, sich ganz ihm zu überlassen. Er spürte, dass jetzt nicht mehr viel kam. Was denn? Jetzt gleich? Gleich hier? Och nö. Sie sprang ab, Haare schüttelnd. Sich schüttelndes Frauenhaar, weiß man ja, braucht mindestens einen Quadratmeter Platz. Lass uns nicht blöd sein. Weißt du – es ist doch meine Nacht, mein Geburtstag. Cool. Einverstanden. Nicht blöd sein finde ich auch immer cool. Sie spielte jetzt, lächelnd, sich durchs Haar fahrend, ihr ganzes Schauspielerinnenkönnen aus. Ihre Rätselhaft-Nummer. Er: zu nass. Wirklich scheußlich nass. Und da wusste er, Dresdner, dass er sein T-Shirt auszuziehen, besser, es auswringen und ein frisches anziehen musste. Hallo, Ophelia! Weinst du? Quatsch. Sonst aber alles am Platz bei dir? Schön, dass es dich gibt! Komm schon! Näher! Her zu mir!

Als er an Ophelia zerrte und sie küsste, sah er ihn – den Freund – seine Freundin irgendwohin dahinten auf den Sofas auflesen. Dann trat die

Gang der starken Frauen auf, die Über-Dreißig-Jährigen – was für eine Wohltat – und die Jungs mussten runter von der Tanzfläche. Schwere Frauen, schwere Gesäße. Sie standen da Schulter an Schulter, nackte Arme, Biere in der Hand. Eine nahm einen Schluck. Eine trug einen Stroh-Cowboyhut auf dem Rücken. Sie würden die Nacht nun zu dem hinführen, was man sich morgen früh wieder als schier unglaubliche Geschichten der vergangenen Nacht erzählen lassen wird. Freund bei Freundin, zwei zusammen. Komm, Schätzchen. Ja? Still. Gemeinsam Plattentasche tragen. Schlafen gehen.

2004 JOACHIM LOTTMANN

Die Jugend von heute

Roman
Auszüge

Ich besuchte Elias nun täglich. Das erinnerte mich an unsere gemeinsame Zeit Anfang des Jahrtausends, als Berlin noch boomte und hipper war als New York. Aber jetzt passierte nicht mehr viel. Meistens fand ich einen der Jungen schlafend vor, hingeworfen auf ein Sofa, das Gesicht in ein Kissen vergraben, leicht schwitzend in den Military-Jugendklamotten, während der andere aus dem Computer Stücke von St. Thomas, Blackalicious und Blonde Red downloadete. Sie hatten Hanfpflanzen im Fenster und diese fünfstöckigen Hi-Fi-Türme, von denen ich dachte, es gäbe sie nicht mehr. Aber in der Kifferjugend blieb die Zeit stehen, und Berlin wurde wieder zu jener alldeutschen Drogenhauptstadt, die es vor der Wende gewesen war.

Elias warf gequält den schlafenden Kopf hin und her, ohne die Augen aufzumachen. Lukas las die »Süddeutsche Zeitung«. Das kleine Fenster der unsanierten Altbau-Arbeiterwohnung ließ das ohnehin kaum vorhandene Novemberlicht nicht durch. Ich sagte laut, daß ich dieses finstere Stalingrad nun verlassen würde, noch heute. In meiner Wohnung befände sich nur noch ein gepackter Koffer.

Elias schnellte hoch. Sein Gesicht war rot vom Schlaf und sah etwas blöde aus. Aber er sagte etwas Interessantes.

»Wir fahren jetzt nach Tempelhof, damit du mal checkst, wie es in Deutschland außerhalb Berlins aussieht!«

Er meinte, Tempelhof sei wie Hamburg oder Frankfurt, wie Kiel, wie Hannover. Oder zumindest so, wie diese Städte schon bald sein würden: oll und überaltert, ohne Jugend, wirtschaftlich am Boden.

Wir fuhren wirklich hin.

»Guck sie dir an, die verbockten Gesichter!« rief er aus, als wir den Flughafen schon vor uns sahen. Den Flughafen Tempelhof, der wenige Monate später auch noch geschlossen werden sollte. Ich fuhr das Auto auf den Bürgersteig, stellte den Motor ab. Eine 50jährige wurde dabei unschön abgedrängt. Die Ausdruckslosigkeit wich nicht aus ihrem ausgelöschten Blick. Was hatte sie noch zu erwarten? Sie hatte fertig, wie alle hier. Elias hielt seine kleine Rede, deretwegen er mich besucht hatte:

»Die Deutschen sind das unglücklichste Volk der Welt, total vergreist, kraftlos, visionslos ... die Stimmung ist doch exakt so wie unmittelbar vor Hitlers Machtergreifung: völlig im Eimer. Aber es kommt kein Hitler mehr ...«

Innerhalb Deutschlands ließe es sich nur noch in Teilen Berlins aushalten, wo noch junge Menschen seien. Ich sah aus dem Autofenster. Die vorbeiziehende Schar verbrannter Existenzen erinnerte mich an die endlosen Trecks sudetendeutscher Flüchtlinge bei Kriegsende. Selbst die deutschen Kriegsgefangenen in alten Wochenschauen wirkten noch lustiger als diese Gestalten hier. Kein einziger trug noch ein anständiges Kleidungsstück, einen Stoffmantel, einen Anzug. Überall diese Jogginghosen-Wendeverlierer aus Frankfurt/Oder, wie Roger Willemsen sie beschrieb. Alle über 30 hatten tiefe Ringe unter den Augen. Was nahmen die bloß für Gifte zu sich?

Ich hatte einmal gelesen, daß über die Hälfte aller Deutschen zwischen 50 und 55 in psychotherapeutischer Behandlung war oder dringend eine solche brauchte. Hunderte Milliarden von Euro flossen jährlich in diese Kanäle. Mit dem Geld hätte man ganz Afrika aufbauen können.

Es fiel mir schwer, die Leute weiter zu beobachten. Aufgeschwemmte, unsportliche Fettsäcke, auf uns zuwankend, schwankend, verblödet im lebenslangen Konsumieren, lange vor der Zeit und ohne Not invalide, lebende Tote, unfit und unvital. Die wenigen verbleibenden Kinder benahmen sich wie Könige, wie Tyrannen. Kein Wunder, sie waren die letzten Menschen in diesem Romero-Film. Die ahnten schon jetzt, daß sie ihr Leben nicht in der Rentnerhölle Deutschland verbringen würden. Sollte jeder von ihnen später 23 Rentner durchfüttern? Sie wären ja verrückt! Diese Kinder sprachen unnatürlich laut. Wie selbstverständlich ignorierten sie jede Diskretion, jede Höflichkeit. Als schrien sie sich im dunklen Wald Mut zu, plärrten und redeten sie stets weit über Zimmerlautstärke. Sie lebten in dem Bewußtsein, alles an ihnen sei göttlich interessant. Ihre Mütter waren in der Regel im Großmutteralter. Und diesen Großmuttermüttern mußte man noch gratulieren. Glückwunsch, Mädels! Daß ihr es gerade noch gerafft und geschafft habt! Für eure Singlefreundinnen kommt jede Einsicht zu spät. Sie finden sich im ewigen Altersheim wieder. Und verweilen dort länger, als früher eine ganze Lebensspanne währte ...

»Guck sie dir an, diese Nazis ...«, höhnte Elias.

Für ihn waren alle Rentner in Deutschland Nazis. Da übernahm er die Vereinfachungen unserer Nachbarn im Ausland. Die Frauen mit ihren Brillen und superkurzen Haaren sahen auch wirklich zum Fürchten aus. Der eisige Ostwind blies in ihre extrem uneleganten, unfemininen Sportswearklamotten. An der Bushaltestelle, die wir überblickten, hielten die Busse immer mehrere Minuten lang, weil die Alten so lange zum Einsteigen brauchten. Wir sahen 60jährige mit langen grauen Haaren, hinten zum Zopf gebunden, daneben gleichaltrige Tussen mit Piercingringen im Ohr und wahrscheinlich Tattoos am welken Körper. Sie trugen Rucksäcke und verachteten Autos und anderen Fortschritt, wohl weil sie dreimal durch die Führerscheinprüfung gefallen waren. Dann wieder schwiemelige Kapotthütchen-Typen im Janker oder Trenchcoat, wie schlecht gecastet aus dem letzten »Ärzte«-Spot: ein Panoptikum des Horrors.

»Machen wir den Kleid-Test!« rief Elias. »Wenn von den nächsten hundert Frauen, die kommen, eine einzige keine Hose trägt, sondern ein Kleid, kriegst du zehn Euro.«

Er gewann das Geld. Bald konnte ich nicht mehr hineinsehen in die dumpfe Zombieherde, in der Heide Simonis, unsere einzige Ministerpräsidentin, wie ein Teenager gewirkt hätte. Ich sah Großeltern, denen die Enkel fehlten. Auf vier Großelternteile kam gerade noch ein knapper Enkel, um den gestritten und gebuhlt wurde und der sich wie ein Diktator benahm. Und überall traf mich unerwartet dieser verdeckte, messerscharfe, schneidende, vorwurfsvolle Blick der Alten, so abgrundtief hassend und verbittert, von dem ein sensibler Inder, träfe ihn dieser Blick, sofort Kopfschmerzen bekäme! Ich bat Eli, das Experiment abzubrechen. Ich hatte genug gesehen.

· · ·

Am nächsten Abend saßen oder, besser, lagen wir wieder im Cruising Car von Hundertmark und rauschten durch die Berliner Nacht. Fett dampfte Jazzanova durch die smoothige Luxussuite auf Rädern. Hundertmark fuhr selbst, wieder in Schlangenlinien, immer mit anderthalb Händen am Joint. Neben ihm so ein Verbrechergesicht, gutaussehend und verroht, hinten Elias, ich und Elias' amie du jour, Freundin des Tages, ein 15jähriges Ossi-Girl aus Wandlitz.

Als die zur Welt kam, war Daddy noch ein Gott von Honeckers Gnaden. Sie war der helle Typ, blond, mit viel zu großen, smaragdgrünen Augen, interessierte sich aber weder für Eli noch für Hundertmark, sondern für den so rohen wie unbedeutenden Beifahrer Hundertmarks.

Der Chef war gesprächig, warf abgehackte Sentenzen nach hinten in meine Richtung. Es ging um sein neues Großprojekt im Café Peking, bei dem ich mitmachen sollte.

»Hast du gehört, daß Deutschland als Thema international ziemlich angesagt ist? Modemacherinnen wie Eva Gronbach packen den Reichsadler auf Puma-Pumps und nähen aus der Deutschlandfahne Minikleider, die Szene in London flippt aus, New York kreischt nach Berlin. Hier rein packen sie alle ihre wilden Sehnsüchte und verarbeiten ihre Desillusion über die Tatsache, daß die eigene Metropole verödet. Die Welt schaut auf Berlin, und wir sorgen dafür, daß sie das Richtige zu sehen kriegen. Wir kommen über die internationale Schiene ... Café Peking, dieser gewaltige Klotz mitten im Zentrum der alten DDR-Hauptstadt, wird wie ein riesiger Fernseher in die Stadt hineinstrahlen ... Aber merken wird man es erst in New York. In New York wird es *das* Thema sein, und ein halbes Jahr später schwenken die blöden Deutschen dann endlich ein ...«

Ich fand das logisch. Eigentlich interessierten sich die Deutschen in ewiger Selbstverleugnung nur für Amerika. Erst wenn Amerika sein Okay gab, konnte ein Trend hier laufen. Ich brüllte in die Graswolke hinein: »Du hast recht! Im Mai 1945 ist Deutschland bei den Deutschen ausgelöscht worden. Es besteht aber weiter im Bewußtsein der anderen Völker als eine Art virtuelles Deutschland, und dieses Bewußtsein fragt immer wieder diesen Stoff nach, will bedient werden!«

»Und wir bedienen es, um bekannt zu werden!« rief Raoul überglücklich. Sein Plan war aufzusteigen, um die Öffentlichkeit darauf hinzuweisen, daß unter den »Brandings von offiziellen Botschaften und den Images aktueller Wahrheiten die Luftblase des niemals einzulösenden Versprechens« gärte. Daß Nike in Indonesien Kinder übelst ausbeutete und gleichzeitig deren Erzeugnisse mit der richtigen Kampagne an die Enkel der Sklaven in Amerika verkaufte. Daher durfte Nike einfach nicht mehr cool sein.

»Wir haben die falschen Idole! Hinter den Fassaden des Realen wird oft nur die Orgie der von den Mächtigen gewünschten Realität veranstaltet, und daher gilt es, die anagraphische Toleranz des alten Systems zu hintergehen.«

Der gute Hundertmark. Er sagte solche komplizierten Sätze immer ohne mit der Wimper zu zucken. Er kam voll in Fahrt.

»In unserem neuen Kosmos, dem Peking, errichten wir eine chinesische Mauer und lassen nur den rein, der bereit ist, sein Leben zu investieren in seine Arbeit, in seine selbstgesetzte Aufgabe. Das sind die neuen Mitglieder. Wir bilden eine internationale Elite und senden später von hier aus unsere Botschaften ins Weltnetz, außerparlamentarisch, denn die Demokratie hat ausgedient, solange sich die Volksgewählten in ihren gierigen Interessen nicht unterscheiden und umherlaufen wie Lemminge. Jeder, der zukünftig Macht ausüben will, soll mit seinem Leben in der

Verantwortung stehen. Zur Hilfe gibt man ihm Statute, Experten und Computerprogramme.«

Die tausendfachen Umbauarbeiten bei der innenarchitektonischen Gestaltung des Großkunstwerks übernahmen Hundertmarks bewährte Kolonnen, die auch schon das Sexy Stretch zum Nulltarif aufgestellt hatten: Gesinnungsgenossen aus aller Herren Länder, Künstler, Schwule, Abenteurer und Straßenköter. Café Peking konnte das größte gezielt antikapitalistische Projekt seit dem Mauerfall werden. Die Medien würden durchdrehen und so weiter.

So ging es Nacht für Nacht. Wir saßen in der dicken Stretch-Limo, die fetten Bräute schnupfend im Fond, Elias mit der hübschen 15jährigen Viola total verknallt vorne, ich als verklemmter deutscher Schriftsteller stocksteif mittendrin.

KERSTIN GRETHER 2004

Zuckerbabys

Roman
Auszug

Das Schönste im Café sind die Geräusche.

Den Kopf in den Händen, sitzt Allita am Tresen. Maschinen, die Espresso zusammenbrauen, zischen und röcheln wie kleine gehässige Tiere. Es ist Musik in Allitas Ohren, Arbeitsmusik, die Lust macht auf den neuen Tag, auch wenn der gestrige gerade erst zu Ende gegangen ist. Mit wunderbarem Rumgebumse, hach. Nach dem Sex ist man immer so zerschlagen und wach, da ist ein Kaffee das Mindeste. Auch wenn sie danach ein wenig geschlafen hat, ist jetzt immer noch nach-dem-Sex. Kraft gepaart mit Müdigkeit ist gleich Mittel zum Mut. Wann, wenn nicht jetzt? Allita lässt das Handy die Nummer der Popzeitschrift ihres Vertrauens wählen, inklusive der »11«-Durchwahl zum Chefredakteur. Lass ihn da sein, lieber Gott, solange die Mutsträhne noch anhält. Rache, endlich, against the Machine. Er meldet sich, seine Stimme sexy wie immer.

»Die Sache ist die ...«, heute lässt Allita sich mal nicht davon beeindrucken, dass er in ihrer »Top Ten der umwerfendsten Männer des Universums« einen ziemlichen Ehrenplatz hat.
»Ich möchte gerne eine Artikelserie zum Thema ›Aussehensarbeit im Pop?‹ schreiben. Ich dachte an drei längere Berichte oder so.«
»Ja?«
»Es ist nämlich so, dass ich das immer wieder vorgebrachte Argument mit den Bilderfluten nicht mehr hören kann. Also dass den Leuten gesagt wird, in der Therapie und so, man muss die Bilder von den superperfekten Körpern einfach an sich abprallen lassen, man darf die gar nicht so ernst nehmen. Aber das geht doch nicht, oder? Da wird man ja blöd im Kopf, wenn man sich zum Beispiel als Frau andauernd von den Bildern der Frauen distanzieren soll. Weil die Bilder doch überall sind.«
»Stimmt, das geht nicht.«
»Deshalb dachte ich, da, wo die Bilder sind, also zum Beispiel bei euch im Heft, könnte man doch auch ausnahmsweise mal etwas Vernünftiges dazu schreiben und auch andere Bilder ... zeigen, irgendwie.«
»Da habe ich gleich etwas für dich.« Mr Universum sagt es so nebenbei, als habe sie nur ein wenig Zeugs von ihm erbettelt.
»Hast du Lust auf ein Interview mit Maria Superstar? Sie ist die Sängerin der Bourbon Barbies, einer seltsamen Trash-Pop-Band. Ich bin mir nicht sicher, was die wollen. Vielleicht fällt dir etwas dazu ein.«
»Der Name ist nicht schlecht.«
»Sie wird volle Kanne als Sexsymbol vermarktet, nur über Körper. Alles nach dem Motto: Fickt die Frau, wenn ihr über sie schreibt. Das Presseinfo musst du dir reinziehen: Das ist hart! Die Musik ist nicht so übel. Also wie das attitudemäßig zusammengeht, das würde mich interessieren.«
»Mich auch.«

»Ach, und das wird dir gefallen: Wir schicken keinen Fotografen zum Interview, ist uns viel zu gewöhnlich! Wir lassen Maria Superstar zeichnen! Die Sicht auf ihren Körper überlassen wir unserer Grafikerin.«
»Eine gute Idee.«
»Gut, dann schicke ich dir die genauen Daten rüber. Die Idee finde ich generell gut. Mach weiter so.«
»Äh, danke.«
Das Gespräch ist beendet. Griffbereit steht der Espresso auf der Theke. Die Maschinen röcheln noch immer. Allita fühlt sich ganz benommen, als ob ihr jemand auf den Kopf geschlagen hätte. Wenn es so einfach war, das Thema an die Medien zu bringen, noch dazu mit wirklichen, mit kritischen Argumenten, warum spielte es dann, außerhalb der üblichen boulevardmäßigen Aufbereitung, so eine lächerliche Schlicht- und Nebenrolle?
Vielleicht genau deshalb, überlegt Allita.
Weil im Pop immer noch alles sagbar ist, was im Lifestylesektor untragbar ist. Der Lifestylesektor ist die nörgelnde Mutter, die sich auf die Macht des Vaters beruft, denkt Allita. Oh Gott, denkt Allita. Bin ich froh über Pop, denkt Allita. Da sind die Eltern aus dem Haus.

Saubere Maniküre. Mit stiller Genugtuung betrachtet Allita ihre Fingernägel, während sie ein kleines Liedchen summt. Es handelt sich hierbei um den Refrain der neuen Bourbon-Barbies-Single. Der Kollege neben ihr hatte noch keine Gelegenheit, sie im Original zu hören, und muss sie deshalb zur Strafe in Karaoke-Qualität ertragen. Die shocking Bilder der Frau Superstar hat er allerdings schon gesehen: Die besteht ja nur aus verschlepptem Dekolleté und drohenden Donnerhaaren, da kann er sich die Musik dazu eigentlich schon denken.
Seifenopernlieder. Divascheiße. Schrott. Wenn Sexsymbole singen ... »Ah, wunderbar! Alles schon da!«
Die Promoterin kommt herbeigeeilt, dünn ist sie, sehr dünn, und reicht jedem in der Sitzecke die Hand.
Wie immer hat sich alles verzögert. Macht nichts. Allita lacht entschuldigend, als hätte sie die Verzögerung mit verursacht. So ein Aufschub ist eine prima Sache. Man darf sich weiter mit den anderen Schreibern unterhalten, bevor man in den Ringkampf geschickt wird. So viel hat

Allita schon mitbekommen: Einen müden, matten Respekt muss man sich verschaffen, müssen sich beide Seiten verschaffen, immer wieder neu, während eines Interviews. Sie blickt auf ihren Fragenzettel.

Als wollte die überkorrekte Promo-Dame ihr zuvorkommen, bekommt Allita jetzt etwas geschenkt, eingeschenkt. Ein Glas Nachmittags-Sekt. Eigentlich nicht erlaubt, aber nun gut. Fürs Warten.

»Ah, ich sehe, Sie wissen schon genau, was sie die Frau Superstar fragen wollen?«

»Ich, äh, ja.«

»Gut.«

»I don't agree.« Maria Superstar zieht eine Schnute, vielleicht auch nur die Andeutung einer Schnute. Es ist Allita jedenfalls nicht entgangen: Die Puppe will schmollen.

»Ich verstehe wirklich nicht, was Sie mit Sexsymbol meinen. Das bin ich nicht. Ich bin kein Sexsymbol. Ich bin eine Comicfigur!«

Noch fester als die Lippen presst Maria die Hände aufeinander. Vielleicht muss sie gleich beten – oder weinen.

In ihrem lodrigroten lockerwelligen Haar halten sich momentan 25 rosa Klämmerchen versteckt. Allita hat sie genau gezählt. Sie sitzt Maria direkt gegenüber und zählt noch mal nach.

»Bist du eine bestimmte Comicfigur?«

»Lara Croft«, Maria Superstar schreit es fast, »ich bin Lara Croft!«

»Ich mag dein Haar«, sagt Allita sanft, »diese Spängelchen sind großartig.«

»Danke«, Frau Superstar lächelt tapfer. »Lara ist keine Comicfigur im herkömmlichen Sinne. Sie ist unschlagbar, denn sie ist ein Cyberfighter! Sie weiß, was sie tut. Sie kämpft und sie siegt. Sie kennt ihre Stärken, sie kennt ihre Schwächen. Sexualität ist für sie eine Waffe im Kampf gegen das Böse. Sie bezwingt die ganze Welt damit.«

»Ja, sie ist sehr beeindruckend.« Allita muss jetzt unbedingt einen von den nussgerippten Keksen probieren, die auf der silbernen Serviette liegen.

»Dann ist die Motorsäge, die du dir auf dem Cover zwischen die Beine klemmst, auch eine Waffe gegen den Rest der Welt?«

»Ja«, Maria nimmt einen Keks und hält sich daran fest. »Ich bin tough und unschlagbar, ich bin die Zukunft des Rock 'n' Roll!«

»Warum verkauft deine Plattenfirma dich als Sexobjekt – und nicht als Zukunft des Rock 'n' Roll?«

»Wie kommen Sie darauf?«

»Ja, lies dir mal das Platteninfo durch: ›Die Frau, die's dir besorgt. Sie reißt deinen Verstand auf und spielt mit deinen Lenden. Ihre Lieder sind lautlose Schreie in deiner dunklen, heißen Nacht.‹ Und so weiter.« Allita kennt die Formulierungen schon auswendig.

»Das glaube ich nicht«, wenigstens beißt sie jetzt in den Keks, »ich bin diese starke, toughe Frau, die ihre Schwächen kennt. Die Frau, von der ich dir gerade erzählt habe. Lara. Ich bin Lara Croft. Was die Plattenfirma über mich schreibt, hat überhaupt keine Bedeutung. Ich bin ich. Eine dunkle Prinzessin des Trash.«

»Das ist schön.« Allita kann nicht mehr.

»Meine Freundinnen«, sagt Allita, »nennen mich auch nach einer Comicfigur: ›Battle Angel Allita‹. Für sie bin ich ›Battle Angel Allita‹.«

»Oh, that's nice«, Maria macht wieder die Schnute. »Das ist doch dieser Roboter, nicht?«

»Ja, die Roboter-Frau.«

»Ich habe auch noch andere Heldinnen drauf«, es klingt beleidigt. »Früher war es Supergirl, dann Catwoman. Heute variiert es zwischen Lara Croft und Tank Girl.«

»Schön«, sagt Allita. Sonja fällt ihr ein. Wenn sie Sonja die Artikelserie zeigen will, muss sie der Frau Superstar noch mal kräftig zwischen die Beine fahren.

»Es gibt zwei Sorten von Schönheitsidealen – das pralle, pornographische, und das zarte, anorektische. Wo siehst du dich?«

»Nein. Es reicht jetzt. Ich bin nicht prall und pornographisch. Ich habe es Ihnen bereits erklärt.«

»Danke. Es war mir ein Vergnügen.«

»Danke, mir auch.«

Maria Superstar rauscht aus dem Raum.

Allita packt das Tonband ein. Ein Roboter kennt keinen Schmerz.

»Und dann, was ist dann passiert?«

Es interessiert mich wirklich. Es geht mir blendend, seitdem ich beschlossen habe, Allitas schräge Analysinstinkte nicht auf mich und

Johnny einwirken zu lassen, ihr einfach nichts zu erzählen von unserer gemeinsamen Nacht.

»Dann hat Frau Superstar dem Moderator ein Glas Sekt ins Gesicht geschüttet – vor laufender Kamera.«

»Wie bitte?«

»Na, weil er sie als Sexobjekt angegangen ist. Ich glaube allerdings nicht, dass sie es ausstrahlen.«

»Moment mal: Wie ist er denn darauf gekommen?«

»Ja, weißt du, das wusste Frau Superstar selber nicht. Die Plattenfirma hat es ihr dann erklärt. Sex sells und so. Dann hat die Kuh von der Promotion sich umgehendst zu Mr Universum durchstellen lassen und mich fertig gemacht. Ich hätte der Maria richtiggehend ›Fragen zur Rolle der Frau‹ gestellt und so die Eskalation vor laufender Kamera provoziert. Was das soll?«

»Was soll's denn sollen?«

»Schau, Sonja, so läuft das Geschäft. Kaum behandelt man die Produkte ein bisschen wie Menschen, schon fangen sie an, einen zu beißen.«

»Meine Freundin Allita: Einmal einen kritischen Beitrag gemacht, und schon Reaktionen ausgelöst wie im Wilden Westen. Wie willst du das später noch deinen Kindern erklären? Ich bin richtig neidisch. Schließlich war ich früher die Verrückte von uns beiden.«

»Von wegen alles ganz einfach. Zum Glück hat Mr Universum den roten Teppich für mich ausgerollt. Er findet die Aussehensarbeit-Geschichte jetzt zentral geil. Weißt du: Wenn ich bei einem Interview mit einem lächerlichen Popsternchen keine Fragen mehr zu Gender-Issues stellen darf – dann sehe ich aber echt die Demokratie in Gefahr.«

Ich muss lachen: »Seit wann interessiert dich die Demokratie?«

POP HAT EINE 2006 HARTE TÜR

THOMAS MEINECKE, BENJAMIN V. STUCKRAD-BARRE, ECKHARD SCHUMACHER UND KERSTIN GLEBA

Protokoll eines Gesprächs

Geführt am 15. Oktober 2006 in München

THOMAS MEINECKE: Wie ist das denn mit dem Proporz – gegen Ende wird's immer mehr?

ECKHARD SCHUMACHER: Im ersten Block eine Frau, im zweiten eine, und dann kommen in den Neunzigern sechs. Ich glaub nicht, dass es daran liegt, dass wir schlecht gesucht haben.

THOMAS MEINECKE: Nee, nee, das tut's ja eigentlich nie bei so was, oder? Das glaub ich auch nicht.

KERSTIN GLEBA: Und selbst in den Neunzigern war es so, dass die Auswahl der männlichen Autoren schneller klar war, dass bei einigen Autoren, zum Beispiel bei euch beiden, von unserer Seite aus keine Zweifel daran bestanden, dass wir sie unbedingt dabeihaben wollten. Bei einigen Autorinnen haben wir länger diskutiert, was eigentlich schon dazu führt, wie Pop in den neunziger Jahren verstanden wurde. Bei Alexa Hennig von Lange war es erst mal weniger eine Textrezeption, sondern mehr eine Rezeption der Autorin, des Geschlechts, der Haare.

BENJAMIN V. STUCKRAD-BARRE: Das war Lottmann, der in der »Zeit« mit dem Sexismus da angefangen hat, Wahnsinn.

THOMAS MEINECKE: Eine Frau, die schreibt, ist eigentlich schon Pop, das ist das Problem. Damit stellt sie sich eigentlich auch als Beschriebene hin. Das kommt immer gleich mit rein. Aber fandet ihr denn bei der Auswahl, dass alle Texte der Methode Pop verpflichtet sind?

ECKHARD SCHUMACHER: Die Texte sind sehr unterschiedlich, aber wir behaupten einen Zusammenhang. Wir behaupten: Pop seit 1964. Das ist natürlich eine Auswahl. Erstes Kriterium war: Es muss Pop genannt worden sein. Wir erfinden nicht, was Pop ist, und wir sagen nicht, dass wir definitiv wissen, was Pop ist. Zweites Kriterium: Es gibt bestimmte Schreibverfahren, bestimmte Schreibweisen, die durchgehend unter Pop laufen oder auch von Autoren selbst so beschrieben werden. Aber ihr habt euch diese Stapel ja jetzt durchgeguckt. Gibt's da einen Zusammenhang? Leuchtet euch das ein, das Pop zu nennen?

BENJAMIN V. STUCKRAD-BARRE: Das ist so abgehangen und das Wort so drüber schon, dass ich's genau jetzt schlüssig finde, das zusammenzufassen. Als diese Diskussion einmal mehr aufflammte, Ende der Neunziger, als ich sie zum ersten Mal aktiv wahrgenommen habe, selbst auch betrieben oder die Zugehörigkeit negiert habe, hätte ich das angestrengt gefunden. Was man erkennt, sind Verbindungen in Themen oder in Sprachzugriffen. Insofern finde ich es zulässig. Und ich find's auch nen guten Witz, ehrlich gesagt, das zusammenzustellen und genau Pop zu nennen. Wie sonst eigentlich? Es ist ein sauguter Titel, weil man sich sofort fragt, wie soll es eigentlich sonst genannt werden? Hat das noch keiner gemacht? Aha. Und das ist immer ein Anzeichen, dass es ein guter Titel ist.

THOMAS MEINECKE: Das ging mir auch so. Ich finde auch das Offensive daran gut, und ich hab ja auch nach wie vor mit dem Begriff gar keine Probleme. Ich hab nur manchmal gedacht, als ich mir das gestern alles an einem Tag nochmal angeguckt habe, es ist nicht immer gleich sichtbar oder ersichtlich, was daran Pop ist oder wieso dann andere – das wird sowieso immer gefragt, wieso sind andere nicht drin –, die nicht drin sind, das nicht auch erfüllt hätten. Ich finde es manchmal vom Formalen nicht immer so klar einsehbar, wenn man nicht diese Hintergründe rekonstruiert: Das wurde als Pop verhandelt.

BENJAMIN V. STUCKRAD-BARRE: Ich fand es insofern Pop, in diesem Stadium, in dem wir es vor diesem Gespräch vorliegen hatten, als dieser Stapel so disparat war, so wie die Dinger gesetzt waren, die waren zum Teil aus Zeitschriften, sie waren eben genau nicht aus Kursbüchern oder so. Dadurch merkte man, das kommt von überall her, das ist nicht Bachmann-Wettbewerbsmäßig angelegt, sondern fand anderswo statt, hat sich als Buch dann gefunden – und nicht gesucht. Das hat es für mich einleuchtend gemacht, auch die Anstrengung, die das, was für mich Pop auch immer ist, bedeutet, nämlich eine freiwillige Anstrengung, sich auf die Suche zu begeben und zu sammeln und zu sortieren und auszuwählen, so Detektiv-artig. Das heißt für mich eigentlich immer Pop.

THOMAS MEINECKE: Eben, das ist eine Bewegung von sich weg eigentlich, das ist ein Scannen. Was ich das Aufregende an Pop finde, ist, dass man sich aufmacht in die Verweishölle, die Pop ja immer ist. Ich weiß nicht, ob nicht einige das doch nur gefaket haben oder doch nur von sich im althergebrachten Sinne des autonomen Subjekts berichten wollen. Ich bin mir nicht so ganz sicher, aber es ist ja auch egal, ob es wirklich so ist oder nicht, weil es hat ja sozusagen in dem Zimmer zur Diskussion gestanden und wurde auch diskutiert. Manches ist ja auch schon so ein bisschen dated. Ich habe zum Beispiel gerade bei dem ersten Teil das teilweise auch als extrem anstrengend empfunden, die Herstellung, manchmal auch die angestrengte Herstellung des Disparaten. Das hat irgendwie was Kunstgewerbliches aus heutiger Sicht, wie der stream of consciousness natürlich gar keiner wirklich ist, sondern auch so Schere-und-Klebstoff-mäßig gefriemelt ist und teilweise nervt. Und dann, wenn der Einschnitt kommt, 1982, kommt plötzlich eine Klarheit auf, die man sich vorher nicht zutraute als Pop-Autor, weil das wahrscheinlich bieder gewesen wäre.

BENJAMIN V. STUCKRAD-BARRE: Ich finde überzeugend den Unterschied zwischen Pop genannt worden sein und Pop sich nennend, da hat es sich für mich immer aufgespalten. Es gibt so unglaublich unlesbaren Dreck von irgendwelchen Verlagen, ich bin da ein paar Mal drauf reingefallen, so Mitte, Ende der Neunziger, das hieß dann »Anti-Pop« oder so, geiler Titel, dachte ich, hab's gelesen, und das war vollkommen unlesbarer Scheiß. Die also damit immer schon hantiert haben, die würde ich davon alle ausschließen, denn mit Pop verbinde ich eigentlich eine irre Liebe, etwas wahnsinnig Herzliches, Zugewandtes, und würde allein schon deshalb den Begriff nie in Anspruch nehmen.

THOMAS MEINECKE: Du hast den Begriff nie selbst verwendet? Nicht irgendwann mal drüber geschrieben?

BENJAMIN V. STUCKRAD-BARRE: Nee. Ich hab irgendwann mal, da war ich ganz stolz drauf, den Begriff Literatur-Pop benutzt. Ist das nicht Pop-Literatur? Nee, das ist allenfalls Literatur-Pop. Es bedient sich der Mittel von Pop, und zwar nicht aus einer konzeptionellen Idee heraus, sondern aus der eigenen Sozialisierung heraus. So wie ich ganz unbedingt nicht in Literaturhäusern lesen wollte, sondern da, wo ich selber auch freiwillig hingehe. Es war mir vollkommen klar, dass ich nicht mit Ulrich Greiner über mein Buch sprechen werde, und dachte, wunderbar, machen wir eine Fotostrecke in der »Allegra«. Ich versteh dann, wie das Buch seinen Weg machen wird, ähnlich wie eine Platte, wie man es gestaltet, das Ganze, dass es anständige Plakate geben muss. Das war mir alles viel einleuchtender als eine Streifenanzeige in einer kleindenkenden Literaturbeilage.

THOMAS MEINECKE: Obwohl: Streifenanzeige, da fällt mir mein Pop-Erlebnis ein. Als Rainald Goetz, Andreas Neumeister und ich eine gemeinsame Streifenanzeige bei Suhrkamp kriegen sollten, war die Frage verlagsseitig: Was schreiben wir drüber? Und ich weiß noch, ich hatte vorgeschlagen, Plattenspieler, weil wir alle drei sozusagen tonabnehmermäßig die Nadel in der Rille zirkeln hatten. Und Rainald war es dann im Endeffekt, der sagte, nee, da muss Pop drüberstehen. Und dann stand da wirklich nur Pop und die drei Namen. Und ich hab's dann auch eingesehen, obwohl ich auch da schon mal kurzzeitig gedacht habe, na ja, vielleicht doch sehr inflationär. Das war zu der Zeit, als der Begriff noch viel mehr around war, '98 oder '99. Aber ich hab auch nie wirklich ein Problem gehabt, Pop drüberzuschreiben.

BENJAMIN V. STUCKRAD-BARRE: Ich schon, weil es immer tendenziös verwandt wurde. Und zwar von Leuten, die überhaupt nichts von Pop verstehen, mit denen ich niemals irgendwo abends nebeneinanderstehen würde. Es klang immer wie Behindertenparkplatz oder Kinderteller. Das war immer ne Beschimpfung, ne Degradierung, das »Literatur« dahinter war immer schon lächelnd, das war immer schon relativiert durch das »Pop«, oder in Anführungsstrichen, »so genannte«, und das bezog sich gar nicht auf Pop, sondern auf Literatur. Es ist einfach Schwachsinn, diese Debatte anders zu führen als durch die Arbeit, den Text.

KERSTIN GLEBA: Die Idee zu der Anthologie erstand, als dann endlich auch das Schwäbische Tageblatt den Tod der Pop-Literatur mal wieder ausgerufen hatte, vor dem Hintergrund, dass es zum Wesen des Pop gehört, dass Verfall und Neuanfang ihm eingeschrieben sind, dass er immer mal wieder gehen und zurückkommen muss. Zu dem Zeitpunkt, als die Pop-Literatur im öffentlichen Diskurs in aller Munde war, haben wir es tunlichst vermieden, selbst mit dem Begriff zu operieren. Das konnte Suhrkamp vielleicht anders machen als Kiepenheuer & Witsch. In dem Moment, als der Begriff Pop, der für uns auch positiv besetzt war, wie so ein Wurfgeschoss einfach auf ein paar Autoren geballert wurde, als er nur zur Abqualifizierung diente, war es uns ein Anliegen zu sagen: Es ist Literatur, es gibt verschiedene Schreibweisen, Verfahrensweisen. Niemals hätten wir zu dem Zeitpunkt eine Anthologie herausgegeben mit dem Titel »Pop«.

BENJAMIN V. STUCKRAD-BARRE: Das meinte ich vorhin mit »drüber«. Jetzt ist der Begriff wieder angekommen bei den Leuten, die ihn mögen und verstehen.

THOMAS MEINECKE: Aber das Tolle an dem Begriff war doch, dass er auch die Leute, die es nicht mochten, auf ne bestimmte Weise ausschloss. Deswegen hab ich ihn nie losgelassen, auch zwischenzeitlich nicht, als er noch so sehr kursierte bis in die hintersten Ecken. Er war für die Leute immer auch ein rotes Tuch. Das bürgerliche Feuilleton wollte sich ja nicht wirklich drauf einlassen und hat diesen Tod der Pop-Literatur, sobald irgendwo die Twin Towers einstürzten sozusagen, gleich mitverkündet, immer, bei jeder Gelegenheit. Mir war von Anfang an klar, die schnallen's nicht, die begreifen gar nicht, was das überhaupt ist, und die werden auch durch diesen Begriff abgestoßen. Denen wird klargemacht, hier ist irgendwas, wo wir draußen bleiben müssen, weil wir die Platten nicht kennen ...

BENJAMIN V. STUCKRAD-BARRE: Deshalb haben sie ihn selber ja auch so offensiv benutzt. Wenn sie ihn nicht benutzt hätten, wäre ja klargeworden, sie sind nicht eingeladen. Sie mussten das Pop nennen, damit es dann heißen konnte: Sie stehen zwar auf der Gästeliste, kommen aber lieber nicht.

THOMAS MEINECKE: Genau dieser Effekt ist aber doch irgendwie was Gutes. Wenn sie gekommen wären, hätten wir keine gute Party gehabt. Sie sind ja nicht gekommen und haben einfach nur drauf gewartet, dass es over ist. Haben gesagt, wir wollen uns damit gar nicht erst beschäftigen, weil das so lästig ist, weil wir wissen ja gar nicht, nach welchen Platten wir – ich bleib jetzt mal bei dem etwas schiefen Beispiel Platten – fragen sollten und in welchen Plattenladen wir überhaupt reingehen sollen. Ich hatte den Eindruck, das war immer ne Stärke von Pop, dass es ne ganz harte Tür hatte oder hat. Als Prinzip lässt es nämlich einfach keinen rein, der nicht begreift, wie der Hase läuft. Und dadurch hat es für den einen was Emphatisches, wo man sich dahinterstellen kann, für den anderen heißt es Schrott, für den Dritten heißt das in der öffentlichen Rede Schrott, aber insgeheim denkt er sich: Scheiße, da komm ich nicht rein. Das fand ich immer ganz gut an diesem Begriff, dass er so ambivalent war.

BENJAMIN V. STUCKRAD-BARRE: Das Lustige fand ich, dass ich dann immer die Referenzfigur in anderen Buchbesprechungen war. Wenn irgendeine langweilige Frau kam, hieß es immer: Das ist mal nicht Pop-Literatur à la Stuckrad-Barre, der nur an der Oberfläche kratzt; in meinen Büchern ginge es ja nur drum, welche Marken man tragen solle.

Und da dachte ich immer: Geil, die werfen mir das vor, woran sie selbst gerade zugrunde gehen. Die haben nämlich eins nicht gemacht, die Bücher gelesen, geht gar nicht, weil es null Kleidungsbefehle in meinen Büchern gibt. Weiß gar nicht, wovon da die Rede ist. Es gibt überhaupt keinen Menschen, der sich weniger für Mode interessiert als ich. Ich kenne diese ganzen Marken gar nicht, finde es auch wirklich ganz, ganz uninteressant. Da ist bei mir ein irrer Zorn entstanden, den ich dann gleichzeitig als falsch empfand, weil ich dachte, genau, wie du sagst, das ist die falsche Party, man will mit denen gar nicht feiern. Andererseits, wenn die einem gleich schon sagen, wir lassen dich nicht rein, dann regt sich so was unangenehm Menschliches in einem, dass man da eben doch reinwill oder von denen auch gutgefunden werden will. Man würde sie so gern ablehnen können, deren Zuwendung, die kommt aber erst gar nicht.

THOMAS MEINECKE: Ich hab das umgekehrte Problem, dass bei mir gesagt wird: Du schreibst Bücher, die sind nicht so wie KiWi-Pop. Und ich musste die ganze Zeit KiWi-Pop verteidigen, weil ich nicht der sein wollte, der von denen umarmt wird in Abgrenzung von diesen anderen, die nur an der Oberfläche kratzen. Ich hab dann für mich immer re-klamiert, ich kratze auch nur an der Oberfläche, mich interessiert nur die Oberfläche, und das würde ich auch immer noch sagen. Man hat das dann sozusagen ins Positive gewendet, und da hab ich manchmal auch Kollegen verteidigt oder Kolleginnen, die ich gar nicht so toll finde, weil ich einfach diese Unterscheidung nicht eingesehen habe, an die sich das bürgerliche Feuilleton dann wie an einen Strohhalm klammerte, noch unterscheiden zu wollen zwischen anspruchsvollem Pop und nicht an-spruchsvollem Pop. Die Grenze gibt's einfach nicht. Wenn ich mir ne Chic-Platte kaufe, kauf ich mir auch ne Amanda-Lear-Platte, sozusagen. Pop hat diese Grenze nicht. Das ist so ne typische bürgerliche Bildungs-instanz, die versuchte, noch irgendwelche Koordinaten irgendwo reinzu-zimmern.

BENJAMIN V. STUCKRAD-BARRE: Aber selbst nach Pop-Dingern verfahren, in dieser Abgrenzung, das fand ich immer geil. Ich war mal auf einer Buchvorstellung von David Wagner und Florian Illies, da gab's so eine

Diskussion, ich stand da auch rum, und dann fragten die: Was halten Sie denn von Autoren wie Christian Kracht? Ich stand da rum, merkte, wie ich rot anlief, und David Wagner sagte dann, ja, das schätze er ja nicht so. Ja, ganz genau, wunderbar: Wir dich auch. Pop-Kriterium Ausschluss: Das war so sein Ding, dass er eben nicht bei uns dabei ist. Als Bewegung hat das ja überhaupt nie stattgefunden. Das Buch »Tristesse Royale« wurde als Manifest aufgefasst, schön und gut – aber Quatsch. Ich kannte die anderen Beteiligten vorher überhaupt nicht, hatte die auf der Buchmesse besoffen kennen gelernt, und da haben die gefragt: Machst du da mit? Ich habe die zum zweiten Mal gesehen und die Hälfte davon auch zum letzten Mal, an diesem Wochenende, an dem wir da im Adlon gesessen und dieses Ding zusammengezimmert haben. Ich weiß auch gar nicht, wie das funktionieren soll, als Bewegung, man kann ja immer nur ein Einzelstrudel sein. Insofern ist das Ganze natürlich ein wahnsinniges Pop-Phänomen, dass da etwas auch im Nachhinein stattgefunden haben soll, was es überhaupt nie gegeben hat. Das find ich ganz gut da dran.

ECKHARD SCHUMACHER: Die Abgrenzung gehört ja zu Pop dazu, auch dieses Genervt-Sein, dass die Falschen das benutzen. Daraus macht man ja wieder was. Pop hatte immer, seit den Sechzigern, dieses Polarisierende. Es ist bis heute nicht ganz klar, zumindest nicht festgelegt, was es denn nun ist. Und das ist kein Fehler im System, das ist total wichtig. Wir sind uns wahrscheinlich ja auch gar nicht so ganz einig, was genau die ›Methode Pop‹ ist. Es gibt aber immer eine Schnittmenge ...

BENJAMIN V. STUCKRAD-BARRE: Es gibt den geilen Rainald-Goetz-Satz: »Pops Glück ist, dass Pop kein Problem hat.« Punkt, aus, fertig. Das war's schon.

ECKHARD SCHUMACHER: Ja, nee, genau: War es dann aber auch nicht, dann geht's ja weiter: Man muss besessen studieren, das, was passiert, materialreich erzählen und feiern...

BENJAMIN V. STUCKRAD-BARRE: Wie, was, wo? Wer muss feiern?

ECKHARD SCHUMACHER: Ich les mal vor: »Pops Glück ist, dass Pop kein Problem hat. Deshalb kann man Pop nicht denken, nicht kritisieren, nicht analytisch schreiben, sondern Pop ist Pop leben, fasziniert betrachten, besessen studieren, maximal materialreich erzählen, feiern.«

BENJAMIN V. STUCKRAD-BARRE: An einer Stelle fällt auch mal das Wort Pop-Literatur, ich glaub in »Abfall für Alle«. Nach der Buchmesse kommt dann: »Die Pop-Literatur nimmt sich einmal alles und sagt danke«, oder so. Pop zeigt ja als Durchlauferhitzer oder Tauchsieder ganz schnell auch die Fehler, den ganzen Schwachsinn solchen Geredes darüber. Da wird's ganz schnell fad für mich. Das sagt mir gar nichts drüber, was für einen Wahnsinn ich zum Beispiel erlebt habe mit Bukowski lesen, plötzlich Bücher entdecken. Von Krausser zu Bukowski, dann ein Foto von Jörg Fauser, wie der an der Bar stand mit Carl Weissner. Wer ist denn dieser Jörg Fauser? Und dann genau fing dieses Pop-Ding an: Wenn der den okay findet, ist der okay, dann lese ich jetzt den. Genauso wie man sich auch durch Platten hört und in Genres reinfindet. Und von diesem Erlebnis erzählen mir diese Debatten überhaupt nichts.

THOMAS MEINECKE: Welche Debatten?

BENJAMIN V. STUCKRAD-BARRE: Theoretische Erwägungen darüber: Was ist Pop? Wie funktioniert das? Das alles kann null mitteilen von diesem großen Erlebnis, dass man plötzlich etwas wiederfindet von sich selbst und mehr lernt, im Lesen. Diese irre Bewegung, die man plötzlich kriegt, durchs Eintauchen.

KERSTIN GLEBA: In den Sechzigern und Achtzigern gab es immer wieder programmatische Manifeste von Schriftstellern zum Thema Pop, ob das Rolf Dieter Brinkmann ist, seine Antwort auf Leslie Fiedler, oder Peter Glasers »Explosé« in »Rawums«, oder Goetz, dessen »Subito« so einen manifestartigen Schluss hat. Wie habt ihr das in den Neunzigern wahrgenommen?

THOMAS MEINECKE: Das geht bei mir eigentlich schon 1986 los, mit »Tempo« und »Wiener«, ich war damals beim »Wiener« ein Vierteljahr lang als Berater dabei, dass ich dachte: Jetzt geht nichts mehr. Jetzt geht nichts Programmatisches mehr, jetzt ist es vorbei, dass man diese emphatischen Manifeste aufstellt. Anfang der Achtziger war das aber noch voll drin. Da hat man so ne Scan-Bewegung, so ein gieriges, neugieriges Aneignen, gleichzeitig voller Einsatz der Ellenbogen in alle Richtungen, wer alles nicht gemeint ist. Und dann findet aber doch so ein Lektüre-Aneignungsprozess statt, bei dem etwas Diskursives und Selbstreflexives, was Pop denn sein könnte, schon immer miterzählt wurde, mit dieser ganzen emphatischen Fanhaltung. Das war was relativ Neues, um 1980, das diskursive Mitverhandeln der momentan stattfindenden Begeisterung. Es gab vielleicht vorher schon Manifeste, aber da wurde noch was anderes gesucht. Da wurde nicht eine warholeske Klarheit gesucht, sondern eher immer noch so eine etwas drogengeschwängerte, auf Drogen abfahrende Vernebelung. Was in der Musik sicher sein Äquivalent hatte, in endlosen Gitarrensoli oder LP-Seiten-einnehmenden, wabernden Mahavishnu Orchestras.

ECKHARD SCHUMACHER: Ist an Pop nicht interessant, dass beides auf den Namen hören kann? Einmal Feiern, Nachtleben, an den richtigen Orten sein, wissen, dass man am richtigen Ort ist. Und gleichzeitig ist aber auch so ein strukturanalytischer Künstler wie Warhol Pop, der ständig Serien macht, abbildet, wie Massenmedien funktionieren, ich fotografiere oder drucke nochmal, was in den Zeitungen ist. Der hat so einen analytischen Blick – und trotzdem Glamour.

BENJAMIN V. STUCKRAD-BARRE: Das ist ja die Frage, ob der Blick schon analytisch ist. Dein Blick da drauf, deine Rezeption ist analytisch. Aber ob der Blick selbst analytisch war, möchte ich mal in Frage stellen. Das lässt das Kunstwerk oder das Produkt, über das wir reden, zu, diese beiden Sichtweisen. Und das ist Pop, finde ich. Diese Mehrdeutigkeit: Ja, könnte sein, kann aber auch genau nicht sein.

KERSTIN GLEBA: Das ganz einfache Beschreiben dessen, was da ist, was ja den meisten Texten zu eigen ist, das – Goetz hat das auch mal geschrieben –, das ganz einfache Aufschreiben der Welt ...

BENJAMIN V. STUCKRAD-BARRE: Ja, ja, von wegen ganz einfach.

THOMAS MEINECKE: Mitschreiben ist es, glaube ich, mehr.

KERSTIN GLEBA: Mitschreiben, der Gegenwartsbezug.

BENJAMIN V. STUCKRAD-BARRE: Das ist ja das Allerschwierigste.

KERSTIN GLEBA: Texte, die sich auf eine Welt beziehen, die den Lesern bekannt sein kann, nicht muss, die nicht auf einen historischen Diskurs verweisen, sondern erst mal ne Bestandsaufnahme sind, nur natürlich eine künstlerisch geformte durch den Autor.

BENJAMIN V. STUCKRAD-BARRE: Ja, und da gibt's ja dann die Unterscheidung sowohl beim Schreiben als auch beim Lesen. Als Nachgeborener dachte ich immer, das ist wahrscheinlich irre wichtig, was der Herr Diederichsen da redet, und hab's immer kompletten Schwachsinn gefunden. Dachte aber, der Schwachsinn liegt bei mir, ich verstehe das noch nicht, ich bin da jetzt nicht klug genug. Und ich dachte immer, was hat dieser Hampelmann da, was redet der denn, über Musik, das ist doch Musik? Der erzählt mir nichts, kapier ich null. »An dem Punkt zerfällt für mich die Platte« oder so. Aha. Ist die Platte kaputt gewesen, die der gehört hat oder was? Oder hab ich ne andere oder so?

THOMAS MEINECKE: Wann war das ungefähr, zu welchem Zeitpunkt?

BENJAMIN V. STUCKRAD-BARRE: So Anfang der Neunziger. Ich hatte dann ein tolles Erlebnis, weiß ich noch ganz genau, wie ich zum ersten Mal dachte: Ah, das ist mein Mann, mein Thema, meine Sprache, mein Leben. Das muss '93 gewesen sein. Da gab's ein »SZ-Magazin«, das ich meinem Vater weggeluchst habe, da war Neil Tennant auf dem Cover, Pet Shop Boys sind meine Lieblingsband, seit der Kindheit, durchgängig, und da stand: Ich hasse Rockmusik. Das ist ja wahnsinnig gut, ich mag Rockmusik irre gern, aber vielleicht hasse ich das jetzt auch, weil ich Neil Tennant so gut finde, mal gucken. Das Interview hat Moritz von Uslar geführt und hat mit Neil Tennant über Sweatshirts geredet. Ich wusste gar nicht, warum ich das so gut finde, aber ich fand das wahnsinnig gut und dachte, dieser Moritz von Uslar, das ist aber mal einer. Das hab ich kapiert, wie der über Musik gesprochen hat und da trotzdem abgehoben ist zu anderen Dingen ...

THOMAS MEINECKE: Tennant jetzt?

BENJAMIN V. STUCKRAD-BARRE: Tennant durch Uslar. Das war mein Mann, da wollte ich hin. Das fand ich gut.

ECKHARD SCHUMACHER: Mir ging das Anfang der Achtziger mit Diederichsen so. Ich hab die frühen »Sounds«-Sachen gelesen, zum Beispiel diese Saisonberichte, und ich fand das einen irren Ton, ne irre Art, eben nicht nur über Musik zu schreiben. Plötzlich hingen Fassbinder, Diana Ross, Lady Di, Documenta extrem zusammen, und es hatte, für mich zumindest, auch was total Glamouröses.

BENJAMIN V. STUCKRAD-BARRE: Aber das finde ich das Geile daran, dass das Jahre versetzt stattfindet und dass dieses Außen immer ne Rolle spielt. Ich hab dann auch zum ersten Mal ein Bild von Uslar gesehen und dachte, geil, sieht der toll aus, so würde ich auch gerne aussehen. Und als ich Diederichsen dann mal gesehen hab, Merz-Universität, so nen Bart und irgendwie ne festgewachsene Brille, da dachte ich, auf gar keinen Fall, auf gar keinen Fall.

THOMAS MEINECKE: Diederichsen hat mir, der ist zwei Jahre jünger als ich, in den späten 70ern als einer der ersten außerhalb meines eigenen komischen kleinen, gerade erst im Entstehen begriffenen Pop-Universums im »Sounds« als Leser Sachen klargemacht, die ich sozusagen erahnte. Wie man die Hippies bekämpfen muss, wie es einfach ein Scheiß ist, was Common Sense geworden ist, auch im Pop, was man ja für sich reklamieren wollte. Für mich ist er von daher ein totaler Generationsgenosse. Damals war er einer der Ersten, der das zum Ausdruck brachte, was auch innerhalb der Zeitschrift »Sounds« gegen die dort schon etablierten, alt gewordenen Rockisten formuliert werden musste. Und er war einer der Ersten, der gegen Authentizität sprach und Wahrhaftigkeit und diese Dinge, die das ganze Pop-, damals hätte man, glaube ich, nicht Pop gesagt, sondern das Rockverständnis beherrschten.

BENJAMIN V. STUCKRAD-BARRE: Was Pop daran ist, dass ich immer, wenn mir Leute von Diederichsen erzählt haben, so, wie du es gerade geschildert hast, dachte: Das klingt aber super, das ist ja toll, das muss ja mal gesagt werden. Aber er selbst taugte mir nicht als Vehikel. Das ist Pop, dass es wahnsinnig drauf ankommt, wann hört man das, von wem hört man das, wie sieht denn der Typ aus, der das sagt.

KERSTIN GLEBA: Gab es bei dir, Thomas, auch dieses emphatische Sich-Hineinbegeben in eine Sache, Verehrung, Anknüpfung suchen?

THOMAS MEINECKE: Klar, ganz bestimmt. Es war gar nicht so einfach für mich ganz am Anfang, diese Typen zu finden. In den mittleren 70ern bin ich in Hamburg in so ein Lokal gegangen, das hieß Kaffeestube. Da konnte man immer die Flugblätter kriegen, wenn die Revolutionären Zellen irgendwo nen Anschlag gemacht hatten, da hingen die da so an der Wand, konnte man auch so rausnehmen aus nem kleinen Kästchen, warum die das getan hatten, das hatte ja damals nen unglaublichen Glam, Mitte der 70er Jahre auch. Und da saßen Leute rum, die haben ne Zeitschrift gemacht, die hieß »Boa Vista«. Dazu gehörte Bernd Cailloux, der jetzt gerade nochmal ein Buch geschrieben hat, »Das Geschäftsjahr 1968/69«, wo er, noch bevor er Schriftsteller war, jemand war, der Lichtanlagen installierte, zum Beispiel im »Grünspan« in Hamburg, eine Diskothek, die von Hubert Fichte ja auch beschrieben wurde. Ich bin damals nachts ins Grünspan und nachmittags in diese Kaffeestube. Und hab diese Zeitschrift »Boa Vista« gekauft, die auch ein bisschen cool aufgemacht war, diesen Appeal von »Acid« hatte, also ein gewisses amerikanistisches Bild. Als jemand, der Baudelaire und Rimbaud las und gerade mal eben sonst ein paar Bowie-Platten und Velvet Underground hatte, New Wave war noch gar nicht da, waren so Gestalten wie Kiev Stingl, der da auch immer abhing, bei dem der junge Holger Hiller Geige spielte, der später die Band Palais Schaumburg hatte, oder Christoph Derschau die, die man aus den Augenwinkeln betrachtete und dachte: Das will ich auch mal. Ich wusste gar nicht, was die schreiben, aber die hatten für mich den Appeal. Die waren teilweise sogar schon 1976 wieder kurzhaarig, was ich gut fand. Und nachts ging ich dann in die Disco, Grünspan, in St. Pauli, frühe 70er Jahre, da wurde nicht nur Hardrock gespielt, da wurde auch mal Iggy Pop gespielt, man hatte schon so diese Glimpses von dem, was da kommen könnte. Und diese Leute habe ich einfach total verehrt, ohne sie genau zu kennen. So ne bestimmte Szene, Hilka Nordhausens »Buchhandlung Welt«, die Szene, die sich da so langsam formierte. Und dann hab ich gemerkt, ah, da gibt es nen Roman, »Detlevs Imitationen ›Grünspan‹« von Hubert Fichte, das ist ja die Disco, wo ich immer reingehe. Nur deswegen das Buch gekauft und sofort Hubert Fichte deswegen schon mal ganz klasse gefunden. Also einfach nur solche äußeren Sachen.

BENJAMIN V. STUCKRAD-BARRE: So ist das auch mit dem Fauser-Ding. Oder mit Brinkmann. Ich hatte mir dummerweise zuerst diesen Roman von ihm gekauft, »Keiner weiß mehr«. Hintendrauf lobender Reich-Ranicki, alles klar, Foto auch gut. Jetzt funktionierte aber dieses Buch bei mir leider nicht. Ja, macht nichts, stellen wirs trotzdem erst mal in die Ecke mit den Guten, dachte ich. Danach von ihm so ein Foto gesehen, wie er über die Ehrenstraße läuft, na geil. Ich zog da gerade nach Köln und dachte, ah, genau, Ehrenstraße. Und dann das Glück gehabt, so ein altes Radioding zu hören, wie er auch durch diese Kölner Gegend läuft, und dann ging's los, und dann zum Glück diese anderen Bücher von ihm entdeckt und mir da wahnsinnig viel draus geholt, aber auch nur, weil ich bereit war, dann mir was von dem holen zu wollen. Nur so. Zum Beispiel auch bei Max Goldt, der für mich auch so ein irrer Anker war, zum Medium Buch überhaupt. Hab gesehen, Max Goldt liest vor, Titanic, und das gibt's auch als Buch. Ich hab gearbeitet als Plakatekleber und Kartenabreißer und merkte dann, das ist aber lustig, hier bin ich gemeint. Und der raucht da auf der Bühne, und dann durfte ich ihm Mentholzigaretten kaufen während der Lesung, das fand ich irre, war ein wahnsinniger Fan. Dann hab ich Knut Hamsun entdeckt, weil der bei Max Goldt gelobt wurde, okay, klar, logisch, les' ich jetzt Knut Hamsun. Das sind Pop-Erlebnisse, die ich jedem wünsche. Und wer dann Pop als Schimpfwort nimmt, dann ist es okay, aber so, geh halt nach Hause.

ECKHARD SCHUMACHER: Hat diese Pop-Begeisterung was mit dem eigenen Schreiben zu tun?

BENJAMIN V. STUCKRAD-BARRE: Insofern, als man, das ist ähnlich wie beim Musikmachen, auch als Fan beginnt, im Nachspielen. Und dann, wenn man weitermacht, wird's was Eigenes. So hab ich angefangen zu schreiben: Nachmachen.

THOMAS MEINECKE: Bei mir ist es ja so, dass das Lesen nicht nur das Thema, sondern auch die Struktur meines eigenen Schreibens vorgibt. Das, was du vorher geschildert hattest, der Impuls, den man kriegt, dadurch, gegen was man eigentlich alles losschreibt und dann richtig Lust hat, wieder was zu tun, der verlässt mich auch während des Schreibens nicht. Ich überleg mir die ganze Zeit in so ner Art Grübelprozess, der aber durchaus gut gelaunt ist, was mache ich falsch, wer könnte hier eventuell noch mit einsteigen. Das ist so eine dauernde, kreisförmige Bewegung, wozu auch dauerndes Lesen gehört, und Verwerfen, das ist bei mir nicht zu trennen. Es gibt bei mir vor meinen Texten nicht so einen bestimmten Erkenntnisstand, den ich dann wie einen Steinbruch bearbeiten könnte, sondern es ist beim Schreiben die ganze Zeit diese Abwehrbewegung, dieser Vermeidungsparcours. Wissen, was alles nicht geht, und dann findet man da irgendwo so durch. Das hat bei mir direkt mit Lektüre zu tun. Aber auch mit Begeisterung, das ist meistens mit so ne Art Huldigung auch vor dieser Lektüre, die man da gerade hat. Das kann auch Flaubert sein oder irgendwas, was mir dann gerade in den Kram passt und was man sich dann auch aneignet. Oft mag man die Sachen auch gar nicht so gern. Bei Platten ist es doch auch oft so: Du hast darüber was gelesen, alle finden es toll, und dann findest du es doch doof, dieses Saxophon bei The Rapture. Dann aber geht's irgendwie, und man will es ja auch.

BENJAMIN V. STUCKRAD-BARRE: Man hört sich's schön dann.

THOMAS MEINECKE: Ja, dann hört man sich's schön. Auch das Saxophon. Und darum geht's ja irgendwie, dass einem die richtigen Leute sagen, du musst das gut finden. Und irgendwann wirst du's auch gut finden, und dann hast du bestanden sozusagen. Ist auch ne Art Anpassungsprozess im Pop, nicht nur Vermeidung. Es geht im Grunde genommen um diesen Eiertanz zwischen Vermeidung, Unterwerfung, Fan-Sein. Alles Dinge, die man eher bei Jean Genet als bei Habermas findet. Es ist eher ein dark room, mit fiesen Mechanismen. Aber mich lässt das nicht los beim Schreiben.

BENJAMIN V. STUCKRAD-BARRE: Ich finde das Fan-Tum beim Schreiben wichtig, und deshalb greift auch da für mich der Begriff Pop. Wenn ich in einen Ton reinkommen will, gibt's ganz wenige bestimmte Bücher, die ich mir immer wieder vornehmen kann, Briefe von Henry Miller oder bestimmte Texte von Matthias Geyer aus dem Spiegel, muss ich nur so nehmen und schwing mich da so rein, und dann, ah, geil, kann man wieder schreiben. Das ist ein extrem musikalischer Vorgang. So stell ich mir auch vor, sich einzuspielen bei einem Konzert oder wenn man in nem Studio ist als Musiker.

ECKHARD SCHUMACHER: Es gibt diesen Abwehrgestus, man will bestimmte Dinge vermeiden, aber man muss, wie ihr es jetzt beide beschreibt, erst mal den Input aufdrehen. Man liest andere Texte, schreibt dann selber ...

BENJAMIN V. STUCKRAD-BARRE: Du musst den Schwachsinns-Input abdrehen, indem du den Faszinations-Input lauter drehst.

THOMAS MEINECKE: Du liest dann auch bewusst nochmal kurz die Miller-Briefe, weil du denkst, jetzt könnte das mal...

BENJAMIN V. STUCKRAD-BARRE: Nee, einfach nur, weil ich weiß, ich krieg von denen gute Laune. Es beginnt zu fließen im Kopf.

THOMAS MEINECKE: Das meine ich, das ist wie ein Likör, wenn man Liköre trinken würde. Es gibt so Bücher, die tauchen in meinen Büchern immer wieder auf. Da gehört Miller zum Beispiel witzigerweise auch dazu, den mir meine Mutter aber empfohlen hatte, und den ich auch gerne lese, seitdem eigentlich, der auch nie weg war.

BENJAMIN V. STUCKRAD-BARRE: Der tauchte wiederum bei mir bei Dobler auf, der irgendwo über eine geile Buchhändlerin schrieb, die stieg die Treppe hoch, ne Leiter, und der guckt ihr auf den Arsch und hat dann »Wendekreis des Krebses« gekauft, glaube ich, und da dachte ich, alles klar, jetzt wird Miller gelesen. Das klang irgendwie alles sehr gut.

THOMAS MEINECKE: Dobler guckt gern auf Ärsche.

BENJAMIN V. STUCKRAD-BARRE: Ja, ich eben auch. Dann zu Miller. Ein anderes Buch, wo es dann wirklich um Tonalitäten oder so geht, ist dieses Buch »Telefonate mit Ernst Jandl«, wo der immer seinen Lektor anruft und schimpft oder krank ist. Da muss ich nur eine Seite lesen, da hab ich so gute Laune.

ECKHARD SCHUMACHER: In der Anthologie gibt es relativ wenig Texte, in denen irgendwas erfunden, eine Geschichte imaginiert wird. Es gibt ganz oft Wirklichkeitsreferenzen. Bei euch beiden wüsste ich keinen Text, der komplett ausgedacht ist, wo man das Gefühl hat, oh, da hat er sich jetzt mal was gegönnt, eine richtig schöne kleine Welt erfunden und detailliert beschrieben. Es gibt Klarnamen, hier Oasis, da Judith Butler, es gibt etwas Reportagehaftes, aber wenig ausgedachte Literatur. Ist das auch eine Vermeidungsstrategie?

THOMAS MEINECKE: Verbot, bei mir ist das ein richtiges Verbot. Ausgedacht ist verboten.

BENJAMIN V. STUCKRAD-BARRE: Zum Beispiel Oasis: Ich hab die gar nicht so gern gemocht, bin aber übers Schreiben dann zum Fan geworden und merkte, es wäre jetzt schlüssig, wenn der Held meines Buches die total gut findet. Ich hab dann angefangen, das irre viel zu hören, fand das plötzlich eigentlich ganz gut und hab gedacht, jetzt muss es in ein Ordnungssystem, wahrscheinlich braucht so ein Buch Kapitel, das ist ja wie ein Song, so Titel, alles klar, dann muss man es jetzt so nach diesem Ordnungssystem wie ne Platte machen. Wirklichkeit beschreiben, denke ich immer, ja, was eigentlich sonst? Das ist schwer genug.

ECKHARD SCHUMACHER: Es ist schon auch wichtig, dass es Oasis gibt als Band, dass du dir nicht ne Rockband ausdenkst?

BENJAMIN V. STUCKRAD-BARRE: Ich glaube, sie ist austauschbar, beim Schreiben muss es sie gegeben haben, das hat ja eine bestimmte Funktion. Ein zwanzig Jahre älterer Mann hat das gelesen und gesagt, er kennt die nicht, er hat dafür einfach Roxy Music eingesetzt, das hätte für ihn dann funktioniert. Und genauso hab ich es bei Lektüre, wenn ich irgendwelche Musik nicht kenne, die ist dann der Platzhalter für etwas, die hat ne Funktion, wenn sie gut eingesetzt ist. Das ist dann in Ordnung.

THOMAS MEINECKE: Ich erinnere mich noch, wie zwanzig Jahre Ältere als du, also so alt wie ich, zu mir gesagt haben: Du darfst keine Original-Bandnamen verwenden. Schreib statt Oasis O., oder nenn sie irgendwie anders. Das fand ich ne irre Zumutung oder Anmaßung. Was wird eigentlich von der Literatur erwartet? Ist doch toll, wenn die Oasis heißen, und wenn sie, obwohl sie in jedem Müller-Markt stehen, mir als Schreibendem oder dir als Schreibendem das hergeben, wenn man sich da ranschreibt. Ich hab auf diese Weise auch schon Mariah Carey liebgewonnen, weil die in meinem vorletzten Buch sich so in den Vordergrund gespielt hatte, und plötzlich hab ich sie total gemocht und mit ihr gefiebert sozusagen. Solche Dinge sind ja gerade das Tolle, und das, finde ich, kann man ja die Lesenden mit vollziehen lassen, gerade dann, wenn es Namen sind, die sie auch kennen, das ginge nicht, wenn du nur O. geschrieben hättest. Dann würde irgendjemand denken, oh Scheiße, da hab ich aber was Tolles verpasst. Nein, es ist das, was sie kennen, ja, das ist doch gerade gut.

ECKHARD SCHUMACHER: Nochmal zum Wirklichkeitsanker, zum Andocken an das, was gerade passiert. Es gibt ja bei euch nicht nur einen Bezug darauf, sondern auch den Versuch, so zu schreiben, dass man merkt, das, was passiert, findet jetzt statt. Es ist nicht ein Sich-Zurückdenken, eine Rekonstruktion einer Welt von vor zwanzig Jahren. Die Texte sind datiert. Das, was gerade passiert beim Schreiben, findet auch im Text statt. Ihr versucht nicht zu verheimlichen, dass ihr jetzt schreibt.

BENJAMIN V. STUCKRAD-BARRE: Die Frage ist, wie weit lässt man das Leben in den Text rein oder wie nah den Text ans Leben ran. Wenn ich versucht habe, Tagebuch zu schreiben, ein Dokument anzufangen, 15. Oktober 2006, dann saß ich davor und hab tagsüber versucht, mein Leben so zu führen, dass sich das geil liest, Leute treffen, Platten und Bons sammeln und so. Ich hab ein völlig idiotisches Leben gehabt, einen Tagesablauf, der überhaupt nichts mit Leben zu tun hatte, sondern ich dachte den Tag so als Tagebucheintrag. Hat null funktioniert, und andersrum hat's auch nicht funktioniert, also selbständig nebenher. Deshalb braucht es immer schon das Reale und es braucht irgendwie ne Verwesung, wenn es Einzug findet, und dadurch ist es ja automatisch schon Poesie dann, oder Literatur. Aber das, worauf ich zurückgreife, das ist die Welt.

THOMAS MEINECKE: Ja, die Welt eben doch eher als die, die ich sehe und nicht so sehr auf mich zurückspiegele. Es ist bei mir ein ganz großes Misstrauen gegenüber meiner eigenen Person, die findet im Tagebuch statt oder auch im Alltag, aber ich trau mir nicht als Instanz, als dieses Ego, sondern schreib dann doch über andere Dinge. Aber trotzdem doch absolute Mitschrift dessen, was jetzt gerade ist. Ich hab nie so was ganz großes Retrospektives, außer wiederum über Bücher oder Artefakte, Schallplatten, Filme, die in dem Buch dann vorkommen, die von früher sind, aber es gibt nicht so was wie Rückblicke oder Zusammenfassungen. Im Text herrscht immer das Datum, das auch aktuell das Datum war, an dem Tag, als ich den Text verfasst habe. Bei mir kommt immer rein, was in den Nachrichten ist, was in den Zeitungen steht, und auch immer sogar an dem Tag – insofern kann ich eigentlich auch nur im Präsens schreiben. Der Tag selbst ist die Tonart, das Wetter schlägt sich sozusagen direkt auf den Text nieder, allem anderen vertraue ich nicht. Insofern habe ich total das Gefühl, etwas Ähnliches wie ein Tagebuch zu führen, nur nicht über mich, sondern über all das, was in mir sich anreichernd auf mich einstürzt. Alles andere ist auch nicht so interessant, finde ich, weil andere sich damit auch so sehr brüsten, ihr Leben literarisieren.

KERSTIN GLEBA: Du willst Rekorder sein, aber verneinst, dass der Rekorder sehr spezifisch selektiert.

BENJAMIN V. STUCKRAD-BARRE: Für ein Buch oder einen Text nimmt man sich dann, um in diesem Bild zu bleiben oder es endgültig abzuschiefen, eine Tonspur raus. Und da geht's dann lang. Dies andere ist mir bisher nicht geglückt, und das kommt mir dann tatsächlich zu nahe. Es wäre mir wurscht, ob ich jetzt was über mich preisgebe. Es wird dann nichts, komischerweise, wenn ich versuche, mich zu beschreiben, und zwar wahrhaftig oder so, da wird's dann scheiße. Da wird's wehmütig, kitschig, da wird es angeberisch oder in welcher Stimmung man gerade ist, aber es wird irgendwie nicht gut. Aber dies dauernde Gesammel und Gestammel, daraus wird dann schon was. Also dieses Zutrauen habe ich unbedingt in die Wirklichkeit und in das Festhalten davon. Ich hab so viele Kisten, ich mach jetzt auch so ne Ausstellung damit, das ist im Grunde mein Marbach. Das reicht für 100 Autoren, was ich da gesammelt habe. Womit man wieder bei Pop ist: Ich bin ein totaler Fan der Wirklichkeit. Nach jeder Reise komme ich mit doppelt so viel Taschen nach Hause und sammel alle Zettel, die ich irgendwo sehe, und weiß noch gar nicht, wo genau hin, und es entstehen so Berge. Und das ist eben das, was es von Andy Warhol auch zu lernen gibt. Irgendwann hatte ich mal von diesen Boxes gelesen. Und hab dann gemerkt, ich mach das auch, nur leider ohne Kisten.

THOMAS MEINECKE: Wie heißen die nochmal? Time Capsules?

BENJAMIN V. STUCKRAD-BARRE: Ja, genau, Time Capsules. Darum geht's. Das ist das Atmen durch den Tag.

ECKHARD SCHUMACHER: Welche Rolle spielt das fürs Schreiben? Kommt das in den Text, oder geht's nur darum, dass das Sammeln wichtig ist?

BENJAMIN V. STUCKRAD-BARRE: Das ist schon Text, das sind alles Romane, die da stehen. Es ist auch geil, wenn die da liegen bleiben, verschüttgehen, und ne Wanderdüne gibt plötzlich was frei. Daraus wird abgeräumt, logisch.

ECKHARD SCHUMACHER: Ich suche gerade eine Stelle bei Peter O. Chotjewitz, find die aber nicht. Der schreibt Ende der 1960er in einem Roman, der auch unter Pop verhandelt wurde, »Vom Leben und Lernen«, von seiner nächsten Reise werde er keine Beschreibungen mitbringen, sondern das, was er gesammelt hat, Steine und Zettel, und diese Dinge, so wie sie sind, dem Leser überreichen. Er möchte sich dann bitte selbst was daraus machen. Geht es darum? Du machst schon einen Text daraus?

BENJAMIN V. STUCKRAD-BARRE: Ja, sonst ist es ein Irrtum und ein Scheiß. Ich hab ja keinen Bock auf Steine. Irgendwann hatte ich mal den Wahn, als ich in so einem Hotel gewohnt habe, da gab's auch so Time Capsules, da taten sie in so Boxen Sachen, die Leute da vergessen hatten. Und da hab ich immer Leute eingeladen, die da hingesetzt, Moderation: So, jetzt öffnen wir diese Kiste, und du musst die Biographie des Menschen erzählen. Rasierapparat und Donna Leon, bitte schön, deine Geschichte. Klar, das geht, aber da muss auch was kommen dann. Das ist wie Buchstaben auf ner Tastatur, man muss da echt noch was draus machen.

KERSTIN GLEBA: Bedeutet für euch beide die Unterscheidung literarisches Schreiben vs. journalistisches Schreiben etwas?

BENJAMIN V. STUCKRAD-BARRE: Es geht um Längen da.

KERSTIN GLEBA: Wie war das in »Mode und Verzweiflung«?

THOMAS MEINECKE: Eben keinen Finger drauf legen, dass immer gleich klar wird, das ist jetzt Literatur, das war mir ganz wichtig. Und das finde ich auch bei eurer Anthologie einen ganz schönen Einschnitt, wieder Anfang der 80er Jahre, plötzlich kommt der Journalismus rein, und plötzlich ist es auch fucking egal, ob es Literatur ist oder Journalismus. Plötzlich finden dann auch im journalistischen Bereich Texte Platz, die eigentlich viel zu komplex und viel zu gaga sind, um normalerweise vorher in Zeitschriften durchgegangen zu sein. Und umgekehrt findet auch so eine Art new journalism plötzlich in die Literatur rein. Plötzlich wird alles ganz klar, oder viel klarer, bei allem strategischen Hakenschlagen, was natürlich total wichtig war und bei vielen Leuten, glaube ich, geradezu eine völlige Unklarheit oder Unübersichtlichkeit erzeugte.

KERSTIN GLEBA: Für Pop haben jeweils Zeitschriften eine Rolle gespielt, in den sechziger Jahren diese Fiedler-Debatte in der Zeitung »Christ und Welt«, in den achtziger Jahren »Sounds«, »Spex«, »Mode und Verzweiflung«, »Elaste«, später dann »Tempo«, »Wiener«, Anfang der Neunziger dann der Ruf des Ausverkaufs dieser Art von Journalismus.

ECKHARD SCHUMACHER: Die »Berliner Seiten« der FAZ kann man auch in diese Reihe stellen, ein Format, das es vorher nicht gab, und danach auch nicht mehr richtig gab, das aber eine Zeit lang Raum gegeben hat für Texte, die so gedruckt werden wollten und vielleicht vorher nicht gedruckt werden konnten.

BENJAMIN V. STUCKRAD-BARRE: Ja, ein Format, das Leute natürlich ausgebildet hat, Leute versammelt und angezogen hat. Aber es gehört auch zum quecksilbrigen Wesen dieser Formate, in denen das wirklich stattfand, dass sie ein Ende hatten. In der »Zeit« hat es das eher nicht gegeben. Die nennen ihre Kinder- und Witzecke dann »Leben«, und das ist natürlich das Schlimme, das so zu nennen, das heißt für mich immer, der Rest könnte automatisch Sterben heißen. Das ist also eure Unterscheidung, da wird's dann lustig oder was, das ist ja grauenhaft. Das »Jetzt«-Magazin oder die »Berliner Seiten«, das sind die einzigen beiden, wo ich mitgemacht habe. Zum »Jetzt«-Magazin wollte ich hin, ich dachte, das lese ich nicht nur selbst, sondern da könnte ich auch, da will ich auch selbst schreiben. Das sind ja unglaubliche Sortiermaschinen dann, solche Dinger.

KERSTIN GLEBA: Das Internet war eine Zeit lang, Ende der Neunziger, Anfang dieses Jahrtausends, eine Plattform für gewisse Schreibweisen. Wie nehmt ihr das jetzt wahr? Dein letztes Buch, Benjamin, hat viel mit dem Internet zu tun, aber eher mit dem, was du rausziehst und was dann zum Buch geworden ist. Ist das für euch jetzt noch ein Medium, das produktiv ist fürs Schreiben?

BENJAMIN V. STUCKRAD-BARRE: Als Werkzeug unverzichtbar, als Medium, um Literatur darzustellen, völlig untauglich.

THOMAS MEINECKE: Sehe ich genauso. Habe ich aber immer so gesehen. Ich hab einmal mitgemacht bei »Null« ...

BENJAMIN V. STUCKRAD-BARRE: Ich hab damals geguckt, das fand ich null. Das war eine Zeit, in der ich gerade erst angefangen hab, das Internet zu benutzen. Das Ganze fand ich so falsch gedacht und so hässlich und anstrengend, wie es da überall glimmerte und sonst wie. Rainald hat eigentlich wirklich das einzige Literaturding im Internet gemacht, was ich super fand.

THOMAS MEINECKE: Absolut. Aber auch als Buch noch besser.

BENJAMIN V. STUCKRAD-BARRE: Als Buch noch besser, aber es wäre vollkommen anders gewesen, wenn es nicht jeden Tag dort gestanden hätte und dadurch auch nicht mehr veränderbar war. Großartig. Und eben auch genau keine Sperenzien, sondern hey, pfff, im Blocksatz runter.

THOMAS MEINECKE: Das Interessante an »Null« war ja, dass ich mich dann schon im Mai, Juni oder so – das ging ja über ein ganzes Jahr – irgendwie verkeilt hab mit Helmut Krausser und Joachim Helfer, weil ich dagegen war, dass die deutsche Armee zum dritten Mal in einem Jahrhundert Belgrad bombardiert. Und dann haben die mich sozusagen völlig an die Wand gestellt. Und es ging dann echt auch unter die Gürtellinie, was ich aber voll vertragen kann, was ich auch gerne umgekehrt mitmache. Aber das war dann Thomas Hettche und Jana Hensel, den Herausgebern, zu persönlich, das war keine Kunst mehr. Und dann hat uns Hettche ein Passwort gemailt, unter dem wir untereinander weiter unsere Jugoslawien-Politik ausdiskutieren konnten. Da hab ich gesagt, wenn es das ist, dann bin ich sofort raus. Da bin ich sofort ausgestiegen. Die haben dann noch weitergemacht bis zum Jahresende. Aber da hab ich gemerkt, was die eigentlich wollen. Das sollte nämlich dann doch hehre Kunst sein. Aber eben nur auf dem Flimmerbildschirm, oder was weiß ich. Auf jeden Fall, der Gedanke war völlig unklar, was das überhaupt sein würde. Dann fand ich fast »Pool« noch besser.

ECKHARD SCHUMACHER: Bei »Pool« und »Null« gab's ja eine Öffentlichkeit dadurch, dass das alles Leute waren, die nicht aus der Netzliteratur kamen, sondern Bücher geschrieben haben, oder in Zeitungen, man kannte die Namen. Es gab eine Art Öffentlichkeit auch außerhalb vom Netz. Bei der »Blog«-Szene ist das jetzt nochmal anders, das ist quasi so ne Welt, die im Netz entsteht und sich dann abkapselt, oder da bleibt.

BENJAMIN V. STUCKRAD-BARRE: Das ist das Schöne da dran. Das war das falsch Gedachte an dem anderen, dass wer das eine kann, auch das andere kann und da auch hin muss. Muss er gar nicht, warum denn eigentlich? Eignet sich genau für das, was diese »Blogs« sind, nämlich Selbstgespräche. Ausgestellte Selbstgespräche.

ECKHARD SCHUMACHER: Wir können vom Thema Plattform vielleicht nochmal auf andere Präsentationsformen zu sprechen kommen. Zum Beispiel auf Literatur, die nicht im Literaturhaus stattfindet, sondern woanders, also auf die Slams und Literatur, die in die Kneipe geht. Da gibt's ganz offensichtlich Unterschiede zu dem, was ihr macht.

BENJAMIN V. STUCKRAD-BARRE: Das geht ja nicht in die Kneipe, das findet ja in der Kneipe statt, das bleibt in der Kneipe und ist da auch okay untergebracht, weil ich da nicht bin, das stört mich dann nicht weiter. Bei den Slams wird ja so mit Klatschometer, wie bei Michael Schanze, entschieden, wer war jetzt der Geilste und soll aufhören. Das ist so wie morgens im Frühstücksfernsehen beim Karaoke-Singen. Da kann man anrufen und sagen Top oder Flop. So nah würde ich Publikum nie an mich ranlassen. Man muss es in irgendeiner Form fertig haben, wenn man dann vor Publikum tritt, das finde ich sonst ne Unverschämtheit gegenüber dem Gedanken und auch gegenüber dem Publikum. Und ne Anmaßung des Publikums andersherum. Will ich nichts mit zu tun haben. Ich will das fertiggedacht haben, um es dann zu öffnen, variieren zu können, aber es muss erst mal fertig sein, ehe man an die Öffentlichkeit tritt.

ECKHARD SCHUMACHER: Es ist zumindest diskutiert worden, dass diese Slam-Texte dann ganz radikal auf Mündlichkeit setzen. Und da gibt's natürlich unterschiedliche Ansätze. Du kannst sagen, Mündlichkeit ist: Ich stelle mich mal vors Mikro und rede jetzt. Oder du sagst, ich hab einen Text und den präsentiere ich. Oder aber: Ich schreibe einen Text, der nah am Mündlichen ist.

BENJAMIN V. STUCKRAD-BARRE: Man merkt ja immer, wenn man was vorliest, da muss man Sachen manchmal umformulieren oder einkürzen. Es ist brutal, wenn man es zum ersten Mal liest und dann sieht, was da alles nicht funktioniert. Das kann rückwirkend heißen, man muss es sogar verändern, oder es ist nur eine Leihfassung davon, die dann anders funktioniert als geschrieben.

KERSTIN GLEBA: Als wir euch beide gebeten haben zu diesem Gespräch, war das auch eine Fragestellung, Thema Mündlichkeit. Thomas mit dem »Jüngsten Gericht«, das waren Gesprächsprotokolle, wie artifiziell die waren, wie stark bearbeitet, kann ich gar nicht sagen. Andererseits Benjamin, der das, was er gerade beschrieben hat, ja sogar noch wieder ins Buch übertragen hat, Transkript, was dann eine Mitschrift war aus Lesungen von Werken, die zum Teil vorher als Buch veröffentlicht waren, teilweise war es aber auch eine Abschrift des Mündlichen, von Texten, die noch nicht in Buchform vorlagen.

BENJAMIN V. STUCKRAD-BARRE: Und Verleser und Zwischenrufe rein, das find ich weiterhin einen gültigen Materialband. Das fand ich ein gutes Experiment, wie sich da der Text verändert durch den Vortrag. Was man ja immer möchte, wenn man einen Dialog schreibt, man möchte ja gerne, dass der Wahnsinn, den man in einem Gespräch erlebt, das ist ja der größte Kick der Welt, den möchte man irgendwie reinkriegen. Und das haben alle, die halbwegs seriös mit Text umgehen, schon mal probiert mit nem Aufnahmegerät und sind …

THOMAS MEINECKE: Hinter der Mineralwasserflasche seh ich gerade Warhols »a«. Das ist ja der Blueprint überhaupt. Auch für uns, also für das »Jüngste Gericht«, das du gerade erwähnt hast. Das war so ne Gruppe, die innerhalb dieser Zeitschrift »Mode und Verzweiflung« entstand. Mit Thomas Palzer und mir ging das so los, der Dritte nannte sich Berg

Lauchstaedt, hieß eigentlich Bernd Tischer und ist Psycho-Linguist geworden. Wir haben gerade das völlige Gestammel dringelassen, wirklich jedes Äh und jeden falschen Satz, und auch jedes abgerissene Wort ist als abgerissenes Wort drin. Genau das, was ich zum Beispiel in meinem Schreiben gar nicht schaffe, bei mir gibt's gar keine direkte Rede, oder wenn, dann gibt es immer noch keine Anführungsstriche, die wird's vielleicht auch nie geben. Aber bei ihm, bei Warhol, gibt's das totale Vertrauen auf den Mitschnitt, auf das, was auch an Müll geredet wird. Wie toll das ist und wie schön, das war schon so ein Gedanke damals auch in diesen »Mode und Verzweiflung«-Dingern. Wir haben das auch live aufgeführt damals. »Authentische Diskussionen in volkstümlicher Reproduktion« haben wir das genannt.

ECKHARD SCHUMACHER: Live aufgeführt heißt gelesen?

THOMAS MEINECKE: Ja, gelesen. Das wurde vorgelesen, mit den Ähs und Unterbrechungen.

BENJAMIN V. STUCKRAD-BARRE: Genau. Und das ist geil, das hat ne unglaubliche Faszination. Ich hab das mit Eckhart Nickel auch mal probiert, um das Tristesse-Royale-Ding zu kontern, weil uns das zu künstlich war, wie sich hinterher alle enorm klug geschrieben haben und die Sätze so umformuliert haben, dass sie geschrieben sind und nicht mehr gesprochen, dadurch, finde ich, ist es irre langweilig. Oder verfälscht.

THOMAS MEINECKE: Man merkt schon, dass es geglättet ist, aber ich finde das Geglättete auch ganz schön.

BENJAMIN V. STUCKRAD-BARRE: Ich fand's trotzdem super, dass es das gibt, und dachte, es ist aber auch vergleichsweise egal. Ich habe das unterschätzt, wie das hinterher wahrgenommen wird, und habe dann meine Sachen relativ so gelassen und hab Joachim Bessing einfach machen lassen, dachte, das wäre sein Ding. Wir haben dafür alle nur 1.000 Mark gekriegt damals, das ist echt wenig, wenn man bedenkt, was wir für eine Haue dafür gekriegt haben, von wegen was für reiche Leute wir seien. Das ist Wahnsinn, wenn ich da ne Kosten-Nutzen-Rechnung ...

THOMAS MEINECKE: Das Mündliche finde ich dann schriftlich interessanter als mündlich. Nein, das stimmt nicht, also wenn es durch die Verschriftlichung gegangen ist, es dann wieder mündlich zu machen, fand ich auch interessant, aber so das Direkte, ich glaub ja einfach nicht an das Direkte. Ich würde sagen, die ganze Slam-Szene, das ist schon vollkommen okay, aber das würde ich überhaupt gar nicht auf demselben Terrain abhandeln. Das ist so unter anderen Prämissen, eben Klatschometer und so, das ist sozusagen ein ganz anderes Spiel, es ist wirklich eher wie Karaoke oder Comedy.

ECKHARD SCHUMACHER: Deshalb war für uns auch ziemlich schnell klar, dass wir die ganze Szene nicht unter Pop laufen lassen. Es gab ja auch damals dann Streit, bei diesem Buch »Poetry! Slam!« von Marcel Hartges und Andreas Neumeister, als die von der Slam-Szene sich aufregten, so: Was bilden die sich ein, den Titel zu nehmen, das sind ja die Pop-Schnösel, die da schreiben. Es gab Ärger von der Slam-Szene, die sagte, die nutzen jetzt hier unseren Begriff und machen was ganz anderes daraus.

BENJAMIN V. STUCKRAD-BARRE: Sobald es um so Szenen geht, hoffe ich immer, dass ich ganz weit weg bin.

ECKHARD SCHUMACHER: Was ja ganz oft auftaucht, wenn's um Pop geht, ist nicht nur, dass es verschiedene Szenen gibt, es gibt auch ein Denken, das davon ausgeht, dass es eine Underground- oder eine Subkultur-Szene gibt, und es gibt den Mainstream oder das, was dann oft Pop genannt wird. Das ist dann das Kommerzielle, der Ausverkauf, das Massending. Spielt diese Unterscheidung für euch eine Rolle?

THOMAS MEINECKE: Ich denke, es widerspricht dem generellen popistischen Grundgedanken, dass es nämlich sozusagen nach oben offen ist. Es kann keine Glaubwürdigkeit verloren gehen durch Verkaufszahlen, absolut nicht.

KERSTIN GLEBA: Genau diese Dichotomie Underground – Establishment hat sich ja auch gewandelt. In den 60ern war Pop Underground. In den

90er Jahren war es ja dann auf einmal komplett umgekehrt, dass die Literatur-Literatur meinte, irgendwie subversiv zu sein, kritisch, immer in kritischer Distanz zu den Herrschaftsverhältnissen, und dass über die so genannte Pop-Literatur abqualifizierend gesagt wurde, sie sei affirmativ usw. Underground war es dann ja in den 90er Jahren nicht mehr. Pop war dann angeblich konsumverherrlichend, konsumfördernd. Pop-Literatur galt auf einmal als Gattungsbezeichnung, die einfach den Verkauf fördert, bzw. das war auf einmal dann der Mainstream.

BENJAMIN V. STUCKRAD-BARRE: Also wer unbewusst dem Pop sogar zum Opfer fällt als Prinzip, nicht erkennend, dass er ihm folgt, ist – viel mehr als irgendeine Literaturgattung – die Literaturkritik, finde ich. Die checken das auch in 100 Jahren nicht, das ist eine solche Langweile für mich, welches Buch dann wann und wer zuerst bringt und dann alle und jetzt ich aber dagegen. Eine Kritik dann der Kritik, wo soll die noch stattfinden, wen soll die noch interessieren? Aber das muss man für sich selbst dann immer wieder geraderücken, wenn man da irgendeine Beschädigung zu persönlich nimmt oder so. Dieser Schwachsinnsapparat, der so billig auf ner Billig-Pop, auf ner Euro-Pop-Ebene funktioniert, die ich komplett widerlich finde.

ECKHARD SCHUMACHER: Aber das erklärt ja auch unter anderem die ganze Aggressivität. Diese Vorwürfe, die gegen Pop-Literatur in der Kritik kamen – modisch, oberflächlich, hält nicht lange, ist nächstes Jahr wieder vergessen –, beschreiben natürlich genau all das, womit die Literaturkritik selber kämpfen muss. Oberflächlich, ich muss an einem Tag ein 600-Seiten-Buch lesen und rezensieren; modisch, ich muss schon auch mal gucken, dass ich hier jetzt bestimme, wo es langgeht. Ich hatte immer das Gefühl, dass das gar nicht Kämpfe sind, die mit den Büchern und den Autoren ausgetragen werden, sondern dass es immer auch heißt: Die Literatur soll doch bitte wenigstens anders sein als wir ...

KERSTIN GLEBA: In der Literaturkritik hat man doch eigentlich oft das Gefühl, da wird in einem abgezirkelten Kreis gesprochen, und man ist sich darüber einig, was das Instrumentarium ist, mit welchen Theorien man an die Texte rangeht und mit welchem Werkzeug man sie auseinandernimmt. Und dann gibt's unterschiedliche Meinungen. Aber es ist ein abgezirkeltes Terrain. Deswegen war das ja auch interessant, dass im Frühjahr auf einmal die Debatte losbrach anhand des Buches von Volker Weidermann, diese kleine Literaturgeschichte, »Lichtjahre«, wo dann auf einmal gesprochen wurde von zwei unterschiedlichen Typen in der Literaturkritik, wo man die Kritiker einteilte in Gnostiker und Emphatiker und irgendwie auch mit der Zuordnung, Emphatiker seien die nicht so Guten. Das war auch so ein bisschen wie bei Pop-Literatur, es gibt die gute Pop-Literatur und die nicht so gute.

THOMAS MEINECKE: Ich hab ja sofort gedacht, hier geht's jetzt um Text oder Leben, und dann bin ich wahrscheinlich Text und unten durch. Ich war ganz glücklich, hier nicht ausgeschlossen zu sein, wenn es darum geht, Leben oder Text, weil ich schon natürlich eigentlich Text bin, aber Leben meine, sozusagen. Und ich dachte, hier wird jetzt ne komische Grenze gezogen, von der du ja auch sprachst gerade eben, Gnostiker, Emphatiker, und für mich muss ja eigentlich beides sein.

KERSTIN GLEBA: Das gilt ja auch im Bereich der Kritik. Irgendwie wurde Weidermann abgestraft dafür, also für dieses Emphatische, dieses Umarmende, weil man ja seinen Gegenstand als Kritiker nicht umarmen darf, man hat ihn zu analysieren, aus der Distanz. Das ist ein ähnlicher Riss, der sich also widerspiegelt im Bereich der Literatur, aber wo sich das auch wieder mit der Kritik vermengt. Und mein Eindruck ist, dass Pop doch in einem stärkeren Maße, also die literarische Produktion, die man unter Pop fassen kann, stärker diese Bedingungen mit reflektiert, ohne dass man direkt Bezug drauf nimmt, aber dass dieser Kontext, in dem produziert wird, in dem geschrieben wird, deutlicher vor Augen steht.

BENJAMIN V. STUCKRAD-BARRE: Pop-Kritik ist Schwachsinn, wenn sie so tut, als könne sie selbst standpunktlos bleiben in der Betrachtung, man muss nur mal lesen, wie in der Gegenwart Brinkmanns über Brinkmann geschrieben worden ist, und dann wäre die Sache geklärt.

THOMAS MEINECKE: Oder man müsste auch mal nachlesen, wie wir zum Beispiel 1980 mit unserem Affirmationsverhalten Dresche bezogen haben. Da wurde genau das gesagt: Vor zehn Jahren, die waren noch kritisch, und die jetzt sind's nicht mehr. Gut, wir hatten nun auch wirklich sozusagen die historische Chance, generationsmäßig könnte man fast schon sagen, obwohl es keine Generation war, zum ersten Mal Ende der 70er Jahre extra Ernst Jünger zu kaufen, Ernst Jünger nen halben Meter zu lesen, sich einen anderen Tonfall anzuerziehen, der nichts mehr mit dem Innerlichkeitsduktus der 70er Jahre zu tun hatte. Wirklich schweres Geschütz aufzufahren, was teilweise aggressiv, militaristisch, eben Ernst-Jünger-geschult daherkam, um diese Leute wirklich völlig vor den Kopf zu stoßen, sodass denen deutlich wurde, sie mussten wirklich ne neue Generation erkennen, oder extra nicht erkennen wollen, und auf jeden Fall ablehnen, weil: Wir waren nicht mehr kritisch. Die Strategie des Affirmativen war ne Zeit lang die einzige Möglichkeit zur Dissidenz. Anfang der 80er Jahre ganz bestimmt noch.

BENJAMIN V. STUCKRAD-BARRE: Wie leicht die Provokation ist. Offenbar provoziert's schon, einen Anzug zu tragen. Florian Illies hat mir auf dem Bahnhof in Frankfurt, als ich mich vorgestellt habe bei der FAZ, beigebracht, wie man ne Krawatte bindet. Und dann hab ich das irgendwie so ein halbes Jahr lang gemacht, und da wurden dann Fotos gemacht. Da saß ich mal auf einem Podium mit so nem Literaturkritiker, der hatte nen Anzug an, und ich hatte aber so ein Sweatshirt an. Der hat mir dann meine Anzugtragerei vorgeworfen. Das war komplett absurd. Ich hab mich dann besoffen und hab gesagt, ja, ja, und hab erst hinterher gedacht, das war irgendwie geil. Ich saß da in Turnschuhen und mit so nem Gammel-Sweatshirt, durchgeschwitzt, und der saß da völlig geschniegelt und sagte, so könne man nicht auf ne Bühne treten, das sei revanchistisch mit dem Anzug. Und ich saß da so runtergeschwitzt. Und deshalb irgendwie seitdem keine Podien mehr.

THOMAS MEINECKE: Das ist doch einfach wieder dasselbe Argument. Ich finde ja auch, dass es für euch viel schwieriger war, zum Beispiel mit dem Tristesse-Royale-Projekt, das noch so zu markieren, als es für uns Anfang der achtziger Jahre war, wo das himmelschreiend für die Leute war, wenn wir »Ja zur modernen Welt« sagten.

BENJAMIN V. STUCKRAD-BARRE: Ich find's komisch leicht weiterhin. Wenn ich gucke, unter welchen Bedingungen Tristesse Royale entstanden ist und zu was für einem Begriff das geworden ist und was für Debatten das angestoßen hat, dann, ich weiß es nicht. Man sagt ja immer kokett, ich möchte auch gar nicht geliebt werden und möchte es natürlich doch. Das gibt's auch wieder bei Goetz, auf den man immer wieder kommen wird, die Aufgabe der Kritik ist die Kritik. Da darf man gar nicht zu tief rein, man darf nicht aufhören zu produzieren. Das finde ich immer das Tolle an diesem Beruf, man ist schon woanders, wenn die noch die Messer wetzen, da ist man schon woanders.

Meine Aufgabe, Aufgabe für jede Kunst, jeden Pop, ist das Weitermachen, weitermachen, weitermachen. Da hat man echt sonst verloren. Und wieder einen Text hinstellen und noch einen, was anderes erwarte ich nicht von mir, tatsächlich nicht.

KERSTIN GLEBA: Amerika und England spielten ja in den 60er Jahren eine große Rolle. Die amerikanischen Beat Poets als die Vorläufer oder Idole der ersten deutschen Pop-Autoren wie Brinkmann usw. Beobachtet ihr das, was aktuell gerade im englischen und amerikanischen Raum geschrieben wird? Gibt es da Querverbindungen, die ihr selbst seht?

BENJAMIN V. STUCKRAD-BARRE: Ich les die immer auf Deutsch, weil ich Englisch zwar verstehe, auch Filme und so, aber gar keinen Spaß an der englischen Sprache habe, sondern für mich nur entscheiden kann, kickt es mich in der vorliegenden deutschen Form. Es gibt Irvine Welsh, Bret Easton Ellis, wobei Irvine Welsh eigentlich für mich der Entscheidende ist, der immer besser Werdende, der Riese. Der ist es. Keine Ahnung, was sonst passiert.

THOMAS MEINECKE: Ich hab immer wieder das Gefühl, das doch mitkriegen zu wollen, ein bisschen. Aber ich krieg viel zu wenig mit. So jemand wie Ellis ist für mich ein ganz Großer, weil er für mich auch in direkter Nachfolge zu prägenden Leseerlebnissen als Jugendlicher war. Eigentlich ist das direkte Nachfolge von Poe und Baudelaire sozusagen, ganz großer Symbolist quasi. Und den lesen ja auch übrigens die ganzen

Freunde von meiner Tochter, so 16-, 17-, 18-Jährige, die lesen alles von Ellis rauf und runter.

BENJAMIN V. STUCKRAD-BARRE: Bei Ellis hatte ich ein tolles Hypertext-Erlebnis in dem Buch »Unter Null«, in das ich früher immer meine Pin-Nummern reingeschrieben habe, von meinem Konto, unter Null, das konnte ich mir gut merken, wo sie dann stehen. Da hab ich »Unter Null«-Ausgaben, wo wahnsinnig viele Geheimnummern von mir drinstehen, allerdings verkehrt rum. Das Hypertext-Erlebnis bei »Unter Null« aber, also, da gibt es eine Szene drin, wie er nach Hause kommt, in irgend-welchen Weihnachtsferien, und dann kommt er in sein Kinderzimmer, und da ist ein Elvis-Costello-Poster. Das war so ein Pop-Erlebnis, weil ich genau wusste, wie dieses Bild, was er da anguckte, aussieht, und dachte, geil, er kennt also auch Elvis Costello. Und dann hab ich sofort komplett verstanden, in welchem Zimmer der da gerade ist. Ab da war Ellis mein Mann, und konnte mir dann auch Sachen erzählen, die ich nicht kenne, aber es musste dieses Vermittlungserlebnis geben. Einmal muss der als Kumpel, als Bruder einem die Tür aufmachen, und dann auch gern woandershin mit ihm.

THOMAS MEINECKE: Ich frag mich, ob man noch über Sachen reden soll-te, wie, was da jetzt eigentlich alles noch so im Buch drin rumkreucht und fleucht, ohne aber Zensuren zu verteilen. Ich fand ja gerade das avanciert Daherkommende teilweise als ganz extrem angestrengt, diese Herstellung des Avantgardistischen.

KERSTIN GLEBA: Wie viel ist dabei deiner heutigen Sichtweise geschuldet, inwiefern kann man sich noch reinversetzen in einen 20-Jährigen in den 60er Jahren? Ist dieser »Vorwurf«, Pop-Verfahren zu faken oder einfach auf Effekt hin einzusetzen, aus heutiger Sicht, oder glaubst du, das galt damals schon?

THOMAS MEINECKE: Immer aus heutiger Sicht. Das geht, glaube ich, nicht wirklich anders. Wobei das Tolle an der Pop-Geschichte ist ja im-mer, dass man manchmal versucht, sich reinzuversetzen, und manch-mal hat man es sogar selber erlebt und ist nur so viel älter inzwischen, dass es nicht mehr so aktuell ist: Was war denn der Kick, was war denn das Unerhörte, was war denn die Zumutung? Und man hat so ne Sehnsucht danach, das nochmal im Kopf nachstellen zu können, und schafft's oft gar nicht mehr. Weil es ja immer das Tollste ist, wenn etwas neu ist. Das würde ich denen mal zugestehen, dass es das war. Ich hab auch viel so Zeug wie »Boa Vista« und so gelesen, ohne es zu verstehen, aber ich wusste, es stimmt irgendwie. Einfach nur den Appeal, den hatte es ja, den Sexappeal auch. Mir wird ja auch oft gesagt: Ja, und Ihre Sachen sind ja dann in zehn Jahren nicht mehr lesbar, weil das kennt man ja dann alles gar nicht mehr. Finde ich gar nicht schlimm. Aber es stimmt auch nicht ganz, denn ich kannte erst die Brillo Box von Andy Warhol und hab erst vor kurzem mal irgendwo ne echte Brillo Box gesehen. Man kennt sozusagen die Brillo Box durch die Reproduktion und damit die Reproduktion vorm Original. Das ist ja auch dieser ganze Archiv-Gedanke, dass da was festgehalten wird, was ja nicht im schlappen Sinne archiviert wird, sondern im gewissen Sinne überhaupt erst hergestellt wird, glorifiziert hergestellt wird.

BENJAMIN V. STUCKRAD-BARRE: Es gab ein interessantes Erlebnis auf der Buchmesse, da hat Kracht da seinen Durchdreh-Act abgezogen, und Frank Schirrmacher stand Ernst-Jünger-artig daneben, guckte drauf und sagte: Ja, noch kann man das machen, in zwei Jahren wird's peinlich. Ich bin gespannt, wie das für ihn wird, sagte er Insektenforscher-artig, nachdem er ihn wahrscheinlich freundlich begrüßt hatte, ich bin gespannt, wie das wird für ihn, wenn ihn die Jungen überholen. Das ist ja dann die Frage, wann dann der nächste Schritt kommt oder wann diese Anthologie überholt ist oder was, könnte man denken, ist aber überhaupt null die Frage. Für euch ist die Frage, was ist jetzt so. Und das finde ich eben auch beim Machen, natürlich fände ich das geil, wenn mich das noch in 20 Jahren ernähren würde oder jetzt noch. Aber darum geht's ja bei dem Machen nicht, dass man sagt, ich formuliere das mal so, alle Zeitbezüge raus, damit das in Dänemark funktioniert.

ECKHARD SCHUMACHER: Wir haben mit der Anthologie ja auch nicht versucht klarzumachen, dass Pop ein in sich geschlossenes Ding ist. Es geht darum, mit dem Buch zu zeigen, dass das sehr unterschiedliche

Texte sind. Und das Tolle, oder Irritierende, ist, dass das alles Pop genannt wird. Es ist uns wichtig, dass man nicht bei jedem Text sagen kann: Ah, okay, hier Methode Pop.

KERSTIN GLEBA: Die Schreibweisen kamen natürlich schon ins Spiel, auch unsere Optik ist ja eine heutige. Zum Beispiel bei bestimmten Textverfahren, Listenverfahren bei Handke, das fanden wir dann schön, das nochmal zu zeigen, dass sich das durchzieht.

THOMAS MEINECKE: War auch gut. Finde ich auch. Und Handke war auch wirklich Pop. Oder ist. Sehe ich auch so.

BENJAMIN V. STUCKRAD-BARRE: Schön finde ich es immer bei Pop-Texten, wenn sie formal ganz harmlos daherkommen. Wenn sie also einfach so gesetzt sind, wie so ein Buch. Und wenn sie mich eben bitte nicht anstrengen, also die Schrift wird größer, kleiner, das finde ich alles didaktisch und anstrengend.

THOMAS MEINECKE: Ich finde es auch ganz falsch, ne Diskussion aufzumachen im Sinne von »wen habt ihr nicht drin« oder so, das kommt nämlich immer bei so was, werdet ihr bestimmt auch viel zu hören kriegen, sondern eher so, dass ich selber gedacht habe, es ist schon irre disparat im Sinne auch von: Meinen die wirklich alle, Pop zu sein, würden sie sich bekennen? Es gehört ja eigentlich dazu, insofern ist es auch richtig, wenn Christian jetzt sein Ding nicht drin haben wollte und sich dazu nicht bekennt, dann soll er das eben nicht reintun. Wobei ich »Faserland« durchaus Pop finde, aber ich verstehe langsam auch, dass er das nicht will.

BENJAMIN V. STUCKRAD-BARRE: Das finde ich einen falschen Gedanken irgendwie. Ich weiß noch, Elke Heidenreich hat über »1979« so ne Kritik im »Spiegel« geschrieben, man dürfe jetzt nicht den Fehler machen, ihn unter diese Pop-Literatur zu isolieren. Als hieße das immer schon was.

THOMAS MEINECKE: Ihm bedeutet das aber, glaube ich, was.

BENJAMIN V. STUCKRAD-BARRE: Ja, ja, und der Elke Heidenreich auch. Für die ist halt dann ein Punkt nach Pop, und für mich ist das ein irrer Doppelpunkt. Da muss dann echt was kommen.

Autoren und Textnachweise

H. C. Artmann, geboren 1921 in Wien, gestorben 2000 in Wien. 1952 Mitinitiator der »Wiener Gruppe«, von der er sich 1958 distanziert, lebte als Lyriker und Übersetzer von 1961–1965 in Schweden, anschließend in Berlin, Salzburg und Wien. Ausgewählte Veröffentlichungen: med ana schwoazzn dintn (1958), Die Anfangsbuchstaben der Flagge (1969), Aus meiner Botanisiertrommel (1975).

In dieser Anthologie:
Auszug aus: Das suchen nach dem gestrigen tag oder schnee auf einem heißen brotwecken. eintragungen eines bizarren liebhabers [1964], München: Goldmann 1978, S. 43–44.
© Rosa Artmann

Sibylle Berg, geboren in Weimar, lebt in Zürich. Sie hat bisher sieben Bücher veröffentlicht und schreibt u. a. für Die Zeit und die Frankfurter Allgemeine Sonntagszeitung. Ihre Theaterstücke (»Helges Leben«, »Hund, Mann, Frau«, »Schau da geht die Sonne unter« u. a.) werden an zahlreichen Bühnen im In- und Ausland gespielt. Ausgewählte Veröffentlichungen: Sex II (1998), Amerika (1999), Das Unerfreuliche zuerst (2001), Gold (2002), Ende gut (2004), Habe ich dir eigentlich schon erzählt (2006).

In dieser Anthologie:
Auszug aus: Ein paar Leute suchen das Glück und lachen sich tot, Leipzig: Reclam Leipzig 1997, S. 7–16.
© 1997 Reclam Verlag Leipzig

Joachim Bessing, geboren 1971 in Bietigheim am Neckar, lebt in Hannover. Ausgewählte Veröffentlichungen: Wir Maschine (2001), Rettet die Familie! (2004).
In dieser Anthologie:
siehe **Das popkulturelle Quintett**

Maxim Biller, geboren 1960 in Prag, lebt seit 1970 in Deutschland. Von ihm sind bisher u. a. erschienen: Der Roman »Die Tochter«; die Erzählbände: »Wenn ich einmal reich und tot bin«, »Land der Väter und Verräter« und »Bernsteintage«; die beiden Essaybände »Die Tempo-Jahre« und »Deutschbuch« und das Kinderbuch »Adas größter Wunsch«. Der Roman »Esra« wurde gerichtlich verboten und ist deshalb zur Zeit nicht lieferbar. Er schreibt in der Frankfurter Allgemeinen Sonntagszeitung die Kolumnen »Moralische Geschichten«, die auch als Buch erhältlich sind. Jüngste Veröffentlichung: »Liebe heute«, shortstories (2007).
In dieser Anthologie:
Auszug aus: Harlem Holocaust, in: Wenn ich einmal reich und tot bin, Köln: Kiepenheuer & Witsch 1990, S. 114–122.
© Kiepenheuer & Witsch 1990
Popismus, in: Die Zeit/ZEITmagazin 12.9.1992, S. 6.
© Maxim Biller

Rolf Dieter Brinkmann, geboren 1940 in Vechta, gestorben 1975 in London. Seit Mitte der 1960er Jahre Lyrik und Prosa im Kontext von Neuem Realismus und Pop, Ende der 1960er Jahre Übersetzer und Herausgeber von Texten der ›Neuen amerikanischen Szene‹, zugleich Arbeit mit Tonband, Fotografie, 8mm-Film. Die in den 1970er Jahren entstandenen ›Materialbände‹ und der Gedichtband »Westwärts 1 & 2« erschienen erst postum. Ausgewählte Veröffentlichungen: Keiner weiß mehr (1968), Die Piloten (1968), Rom, Blicke (1979), Der Film in Worten (1982).

In dieser Anthologie:
Angriff aufs Monopol. Ich hasse alte Dichter [1968], in: Uwe Wittstock (Hg.): Roman oder Leben. Postmoderne in der deutschen Literatur, Leipzig: Reclam Leipzig 1994, S. 65–77. Erstveröffentlichung in Christ und Welt, 15.11.1968.
© Maleen Brinkmann
Flickermaschine [1969], in: Der Film in Worten, Reinbek: Rowohlt 1982, S. 84–93. Erstveröffentlichung in: Vagelis Tsakiridis (Hg.): Super Garde. Prosa der Beat- und Pop-Generation, Düsseldorf: Droste 1969.
© Rowohlt Verlag GmbH, Reinbek bei Hamburg, 1982
Ralf-Rainer Rygulla & Rolf Dieter Brinkmann: Der joviale Russe [1969], in: Jörg Schröder (Hg.): Mammut. März Texte 1 & 2. 1969–1984, Herbstein: März 1984, S. 70–73.
© März Verlag GmbH, Herbstein 1969/1984 sowie bei Ralf-Rainer Rygulla und Maleen Brinkmann 1969/1984

Rebecca Casati, geboren 1970 in Hamburg, Journalistin und Schriftstellerin. Schrieb für das SZ-Magazin, war bis 2006 Redakteurin bei der SZ am Wochenende und arbeitet zur Zeit im Kulturressort des Spiegel. Ausgewählte Veröffentlichungen: Wie sehen Sie denn aus? Eine Stilkritik (1999; gemeinsam mit Moritz von Uslar), Hey Hey Hey (2001).

In dieser Anthologie:
Auenstraße, in: Mesopotamia – Ernste Geschichten am Ende des Jahrtausends, hg. von Christian Kracht, Stuttgart: DVA 1999, S. 309–319.
© Rebecca Casati

Dietmar Dath, geboren 1970. Seit 1990 journalistische, literarische, satirische und essayistische Texte in verschiedenen Zeitungen und Zeitschriften, u. a. Heaven Sent, Jungle World, Konkret. Seit 1995 zahlreiche Romane und Sachbücher. Von 1998 bis 2000 Chefredakteur von Spex, seit 2001 Redakteur im Feuilleton der Frankfurter Allgemeinen Zeitung. Ausgewählte Veröffentlichungen: Die Ehre des Rudels (1996), Skye Boat Song (2000), Phonon (2001), Schöner rechnen (2002), Für immer in Honig (2005), Die salzweißen Augen (2005), Dirac (2006).

In dieser Anthologie:
Auszug aus: Cordula killt Dich! oder Wir sind doch nicht Nemesis von jedem Pfeifenheini. Roman der Auferstehung, Berlin: Verbrecher Verlag 1995, S. 169–173.
© Dietmar Dath

Diedrich Diederichsen, geboren 1957 in Hamburg. In den 1980er Jahren zunächst Redakteur bei Sounds, anschließend Redakteur und Mitherausgeber von Spex. Texte zu Pop, Literatur, Theater, Kunst und Politik in verschiedenen Zeitungen und Zeitschriften, u. a. Jungle World, die tageszeitung, Texte zur Kunst, Theater heute, Die Zeit. Seit den 1990er Jahren Professor an der Merz-Akademie in Stuttgart; Lehraufträge und Gastprofessuren u. a. in Pasadena, Bremen, Wien. Ausgewählte Veröffentlichungen: Sexbeat. 1972 bis heute (1985), Freiheit macht arm. Das Leben nach Rock'n'Roll (1993), Der lange Weg nach Mitte. Der Sound und die Stadt (1999), Musikzimmer. Avantgarde und Alltag (2005).

In dieser Anthologie:
Diana, Documenta und all die anderen – Notizen aus der Hochsaison, in: Sounds 8/1982, S. 16 f.

Krieg & Frieden 1, in: Spex 2/1983, S. 35
Krieg & Frieden 3, in: Spex 4/1983, S. 17.
© Diedrich Diederichsen

Clara Drechsler, geboren 1961 in Köln. 1980 Mitbegründerin von Spex, wo sie bis Mitte der 1990er Jahre schreibt, u. a. über Kevin Rowland, Style Council, Suicidal Tendencies, Die Toten Hosen, Paul Weller. Seit Anfang der 1990er Jahre Übersetzungen u. a. von Bret Easton Ellis, Nick Hornby, Philip K. Dick, A. M. Homes, Irvine Welsh. Lebt in Köln.

In dieser Anthologie:
Erhabene Sinnlosigkeit. Slayer, in: Spex 6/1987, S. 16–18.
© Clara Drechsler

Jörg Fauser, geboren 1944 in Frankfurt/Main, gestorben 1987 in München. Tätigkeiten als Aushilfsangestellter, Flughafenarbeiter, Nachtwächter. Längere Aufenthalte in Istanbul und London. Erste Texte Ende der 1960er Jahre. Redakteur von Underground-Zeitschriften. Seit 1974 als freier Schriftsteller und Journalist in München und Berlin. Ausgewählte Veröffentlichungen: Aqualunge (1971), Die Harry-Gelb-Story (1973), Marlon Brando (1974), Der Schneemann (1981).

In dieser Anthologie:
Alfa Alkaloid [1969/70], zuerst erschienen in: Tophane, Gersthofen: Maro 1972. Heute enthalten in: Alles wird gut. Gesammelte Erzählungen Bd. 1, Berlin: Alexander Verlag 2005, S. 392–396.
© Alexander Verlag Berlin 2005
Auszug aus: Rohstoff [1982], Berlin: Alexander Verlag 2004, S. 13–23.
© Alexander Verlag Berlin 2004

Hubert Fichte, geboren 1935 in Perleberg (Brandenburg), gestorben 1986 in Hamburg. Seit 1963 als freier Schriftsteller in Hamburg, veröffentlicht journalistische Texte, Erzählungen, Romane, ethnographische Reiseberichte; die auf 19 Bände angelegte Geschichte der Empfindlichkeit bleibt ein Fragment und erscheint in Einzelbänden erst postum. Ausgewählte Veröffentlichungen: Das Waisenhaus (1965), Versuch über die Pubertät (1974), Die schwarze Stadt (1990), Alte Welt (1992), Explosion (1993), Die zweite Schuld (2006).

In dieser Anthologie:
Auszug aus: Die Palette [1968], Frankfurt/M.: Fischer 1981, S. 329–335.

© Rowohlt Verlag GmbH, Reinbek bei Hamburg, 1968; Neuausgabe: © S. Fischer
Verlag GmbH Frankfurt am Main 1978
Auszug aus: Detlevs Imitationen »Grünspan« [1971], Frankfurt/M.: Fischer 1982,
S. 25–31.
© S. Fischer Verlag GmbH Frankfurt am Main 1979

Peter Glaser, geboren 1957 in Graz. Schriftsteller und Journalist. Mitglied des
Chaos Computer Clubs. 1984 Herausgeber der Anthologie Rawums, 1986–1996
Kolumnist bei Tempo, seitdem Redakteur und Kolumnist bei verschiedenen Zeitschriften und Zeitungen, 2002 mit dem Ingeborg-Bachmann-Preis ausgezeichnet. Ausgewählte Veröffentlichungen: Der große Hirnriss (1983, mit Niklas Stiller), Schönheit in Waffen (1987), Glasers heile Welt (1988), Geschichte von Nichts
(2002).

In dieser Anthologie:
Zur Lage der Detonation. Ein Explosé, in: Peter Glaser (Hg.): Rawums. Texte zu
Thema, Köln: Kiepenheuer & Witsch 1984, S. 9–21.
© Kiepenheuer & Witsch 1984/2003

Rainald Goetz, geboren 1954 in München. Studium der Medizin und Geschichte. Seit Anfang der 1980er Jahre Texte in literarischen Anthologien und verschiedenen Zeitschriften, u. a. Transatlantik, Merkur, Spex und Tempo. Autor
der Bücher Irre (1983), Krieg/Hirn (1986), Kontrolliert (1988), Festung (1993) und
Heute Morgen (1998–2000).

In dieser Anthologie:
Subito [1983], in: Hirn, Frankfurt/M.: Suhrkamp 1986, S. 9–21.
© Suhrkamp Verlag Frankfurt am Main 1986
Soziale Praxis [1990], in: Kronos, Frankfurt/M.: Suhrkamp 1993, S. 333–343.
© Suhrkamp Verlag Frankfurt am Main 1993
Auszug aus: Rave, Frankfurt/M.: Suhrkamp 1998, S. 252–257.
© Suhrkamp Verlag Frankfurt am Main 1998

Kerstin Grether, geboren 1975, war in den Neunzigern Redakteurin bei Spex,
arbeitete für MTV und veröffentlichte zahlreiche Artikel und Kolumnen im
Feuilleton, in Anthologien und verschiedenen Zeitschriften, darunter Intro und
frieze. Sie lebt in Berlin. Zuletzt erschienen: Zuckerbabys (Suhrkamp tb 2006).
Zungenkuss. Du nennst es Kosmetik, ich nenn es Rock 'n' Roll (2007).

Peter Handke, geboren 1942 in Griffen (Kärnten). Seit Mitte der 1960er Jahre zahlreiche Romane, Theaterstücke, Übersetzungen, Hörspiele, Gedichte. Anlässlich seiner Veröffentlichungen Ende der 1960er Jahre, v. a. »Die Innenwelt der Außenwelt der Innenwelt« (1969), als Pop-Autor diskutiert. Zuletzt erschienen: Berichterstatter des Tages (2006, Briefwechsel mit Hermann Lenz), Spuren der Verirrten (2006).

Alexa Hennig von Lange, geboren 1973 in Hannover. Begann 1994 bei MTV, moderierte später eine Kindersendung und war Autorin für die RTL-Soap Gute Zeiten – Schlechte Zeiten. Sie verfasste mehrere Theaterstücke, u. a. für die Volksbühne Berlin und das Schauspielhaus Hannover. 2002 erhielt sie den Jugendliteraturpreis. Ausgewählte Veröffentlichungen: Ich bin's (1999), Ich habe einfach Glück (2001), Lelle (2002), Woher ich komme (2003), Warum so traurig? (2005).

Elfriede Jelinek, geboren 1946 in Mürzzuschlag (Steiermark). Seit 1966 freie Autorin, lebt in München und Wien. Zahlreiche Theaterstücke, Romane, Essays, Übersetzungen und Hörspiele. Zahlreiche Preise, 1998 erhielt sie den Georg-Büchner-Preis, 2003 den Franz-Kafka-Literaturpreis, 2004 den Nobelpreis für Literatur. Ihre um 1970 erschienenen Romane und Essays wurden als Pop-Texte rezipiert. Zuletzt erschienen: Gier (2000), In den Alpen (2002), Bambiland/Babel (2004).

© Rowohlt Verlag GmbH, Reinbek bei Hamburg, 1970
wir stecken einander unter der haut. konzept einer television des innen raums,
in: protokolle '70 (1970), S. 129–134.
© Elfriede Jelinek

Kid P., Ende der 1970er, Anfang der 1980er Jahre das Pseudonym, unter
dem Andreas Banaski, geboren 1957 in Büchen (Schleswig-Holstein), Super-8-
Filme, Punk-Fanzines und Texte in Sounds veröffentlicht hat. Nach dem Ende
von Sounds Texte zu Pop und Film u. a. in Spex. Abschluss des Studiums als
Bibliothekar. Anfang der 1990er Jahre Schlussredakteur der Zeitschrift Tempo, deren Archiv er nach dem Ende 1996 weiterführte. Zuletzt erschienen:
›Als Wehner das Land zerrockte‹ – Süddeutsche Zeitung/Diskothek: 1975
(2005).

In dieser Anthologie:
Hoch auf das Zuhausebleiben, in: Elaste 10 (August/September 1984), S. 86.
© Andreas Banaski

Berg Lauchstaedt, Pseudonym von Bernd Tischer, geboren 1955 in Bad Lauch-
städt. Ende der 1970er, Anfang der 1980er Jahre Lyrik und Prosa in Mode & Verzweiflung; zusammen mit Thomas Meinecke und Thomas Palzer als ›Das Jüngste
Gericht‹ Gesprächsprotokolle und Lesungen. Seit 1986 als Psycholinguist an der
LMU München.

In dieser Anthologie:
Das jüngste Gericht geht in die Berufung [1985], in: Wolfgang Achmann / Michael Bühmer / Hans-Jörg Mayer / Michaela Melián, München: Kunstverein München [Ausstellungskatalog] 1988, o. S.
© Thomas Meinecke, Thomas Palzer, Bernd Tischer

Joachim Lottmann, geboren 1956 in Hamburg. In den 1980er Jahren Texte u. a.
in Spex und Wiener, seit den 1990er Jahren u. a. in Jungle World, Freitag und die
tageszeitung. Ausgewählte Veröffentlichungen: Mai, Juni, Juli (1987), Die Jugend
von heute (2004), Zombie Nation (2006).

In dieser Anthologie:
Auszug aus: Mai, Juni, Juli [1987], Köln: Kiepenheuer & Witsch 1987, S. 86–87 und
S. 103–111.
© Kiepenheuer & Witsch 1987

Elke Naters, geboren 1963. Machte in München eine Schneiderlehre, studierte Kunst und Fotografie in Berlin. Gemeinsam mit Sven Lager initiierte sie das Internet-Projekt »am pool«, aus dem später the buch – Leben am Pool (2001) entstand. Nach Aufenthalten in Bangkok und Berlin lebt sie mit ihrer Familie in der Nähe von Kapstadt. Ausgewählte Veröffentlichungen: Lügen (1999), G.L.A.M. (2001), Mau Mau (2002), Durst, Hunger, Müde (2004, mit Sven Lager), Justyna (2006).

In dieser Anthologie:
Auszug aus: Königinnen, Köln: Kiepenheuer & Witsch 1998, S.42–46 und 53–56.
© Kiepenheuer & Witsch 1998

Andreas Neumeister, geboren 1959 in Starnberg. Lebt als freier Schriftsteller in München. Seit Ende der 1980er Jahre Erzählungen und Romane sowie zahlreiche Beiträge in Anthologien, Zeitungen und Kunstkatalogen. 1996 zusammen mit Marcel Hartges Herausgeber der Anthologie Poetry! Slam! Texte der Pop-Fraktion. Ausgewählte Veröffentlichungen: Gut laut (1998), In dubio pro disco (1999), Angela Davis löscht ihre Website (2002).

In dieser Anthologie:
Auszug aus: Äpfel vom Baum im Kies, Frankfurt/M.: Suhrkamp 1988, S. 32–33, 93–94, 99–101.
© Suhrkamp Verlag Frankfurt am Main 1988
Pop als Wille und Vorstellung [1999/2001], in: Jochen Bonz (Hg.): Sound Signatures. Pop-Splitter. Frankfurt/M.: Suhrkamp 2001, S. 19–26.
© Suhrkamp Verlag Frankfurt am Main 1999/2001

Hans Nieswandt, geboren 1964 in Mannheim. Seit über 20 Jahren aktiv in der DJ- und Clubkultur, der elektronischen Musikproduktion und dem gehobenen Popjournalismus. Von 1990 bis 1993 Redakteur bei Spex. Ausgedehnte DJ- und Vortragsreisen rund um die Welt. 1997 Nummer-1-Popstar in Italien mit der Gruppe Whirlpool Productions und ihrem Hit »From Disco to Disco«. Seit 2003 moderiert Nieswandt die Radiosendung ›Elektronische Melodien‹ bei 1Live. Zuletzt erschien von ihm sein Album The True Sound Center. Ausgewählte Veröffentlichungen: plus minus acht (2002), Disko Ramallah (2006).

In dieser Anthologie:
Exportware Techno, in: Spex 1/1994.
© Hans Nieswandt

Thomas Palzer, geboren 1956. Schriftsteller, freier Hörfunk- und Fernsehautor in München. 1978–1986 Kurzgeschichten und Gesprächsprotokolle in Mode & Verzweiflung, seitdem zahlreiche journalistische, essayistische und literarische Texte. Ausgewählte Veröffentlichungen: Hosenträger (1994), Pony (1994), Camping (2003), Ruin (2005).

In dieser Anthologie:
Das jüngste Gericht geht in die Berufung [1985], in: Wolfgang Achmann / Michael Bühmer / Hans-Jörg Mayer / Michaela Melián, München: Kunstverein München [Ausstellungskatalog] 1988, o. S.
© Thomas Meinecke, Thomas Palzer, Bernd Tischer
Thomas Meinecke/Thomas Palzer: Was war eigentlich an Amanda Lear gut? Historische Gender Debatte, 8.2.1995, in: Harald Justin/Nils Plath (Hg.): Tonabnehmer. Populäre Musik im Gebrauch. Münster: Daedalus Verlag 1998, S. 229–242.
© Thomas Meinecke, Thomas Palzer

Das popkulturelle Quintett, bestehend aus Joachim Bessing, geb. 1971, Christian Kracht, geb. 1966, Eckhart Nickel, geb. 1966, Alexander v. Schönburg, geb. 1969, und Benjamin v. Stuckrad-Barre, geb. 1975. Die fünf Autoren trafen sich an einem Wochenende im April 1999 im Hotel Adlon in Berlin. Dort »wollten wir uns drei Tage zu Gesprächen einschließen, um dann am Sonntagabend ein Sittenbild unserer Generation modelliert zu haben; soweit der Plan«, so Joachim Bessing im Vorwort des unter seiner Federführung entstandenen Buches Tristesse Royale.

In dieser Anthologie:
Auszug aus: Tristesse Royale. Das popkulturelle Quintett mit Joachim Bessing, Christian Kracht, Eckhart Nickel, Alexander v. Schönburg und Benjamin v. Stuckrad-Barre, Berlin: Ullstein 1999, S. 16–30.
© Ullstein Buchverlage GmbH, Berlin (List Taschenbuch) 1999/2005

Kathrin Röggla, geboren 1971 in Salzburg. Seit 1995 Prosa, Hörspiele und Theatertexte, ausgezeichnet u. a. mit dem Sacher-Masoch-Preis und dem Italo-Svevo-Preis. Ausgewählte Veröffentlichungen: Niemand lacht rückwärts (1995), Abrauschen (1997), really ground zero (2001), wir schlafen nicht (2004), Disaster awareness fair (2006).

In dieser Anthologie:
so kann man kein geld verdienen, in: Irres Wetter, St. Pölten – Salzburg: Residenz Verlag 2000, S. 5–12.

Christopher Roth, geboren 1961 in München. In den 1980er Jahren journalistische und literarische Texte, Redakteur bei Elaste, seitdem Cutter, Drehbuchautor und Spielfilmregisseur. Ausgewählte Filme: Looosers (1995), Baader (2002).

In dieser Anthologie:
Auszug aus: 200 D, München: belleville 1982, S. 62–72.
© belleville Verlag Michael Farin, München 1982

Ralf-Rainer Rygulla, geboren 1944. Ende der 1960er Jahre Übersetzer und Herausgeber von Anthologien mit amerikanischer Literatur, Lektor im März Verlag, literarische Kollaborationen mit Rolf Dieter Brinkmann; seit den 1970er Jahren DJ und Clubbetreiber in Frankfurt. Ausgewählte Veröffentlichungen: Herausgeber von Underground Poems/Untergrund Gedichte (1967), Fuck You (1968), Acid (1969, zusammen mit Rolf Dieter Brinkmann).

In dieser Anthologie:
Ralf-Rainer Rygulla & Rolf Dieter Brinkmann: Der joviale Russe [1969], in: Jörg Schröder (Hg.): Mammut. März Texte 1 & 2. 1969–1984, Herbstein: März 1984, S. 70–73.
© März Verlag GmbH, Herbstein 1969/1984 sowie bei Ralf-Rainer Rygulla und Maleen Brinkmann 1969/1984

Benjamin v. Stuckrad-Barre, geboren 1975 in Bremen. 1995 bis 1996 Redakteur beim Rolling Stone. Veröffentlichungen in taz, Stern und jetzt-Magazin. 1996 bis 1997 Produktmanager bei Motor Music. 1998 bis 1999 Autor für die Harald-Schmidt-Show, von 1999 bis 2000 Redakteur bei den »Berliner Seiten« der FAZ. Er arbeitete für MTV, das Schweizer Fernsehen und den Hessischen Rundfunk. Ausgewählte Veröffentlichungen: Livealbum (1999), Blackbox (2000), Transkript (2001), Festwertspeicher der Kontrollgesellschaft – Remix 2 (2004), Was. Wir. Wissen (2005).

In dieser Anthologie:
Jörg Fauser – Zum zehnten Todestag [1997], in: Remix, Texte 1996–1999, Köln: Kiepenheuer & Witsch 1999, S. 199–203.
© Kiepenheuer & Witsch 1999

Moritz von Uslar, geboren 1970 in Köln. Volontariat bei der Zeitschrift Tempo, von 1992 bis 2004 Redakteur und Autor beim Süddeutsche-Zeitung-Magazin, heute Redakteur beim Spiegel. Ausgewählte Veröffentlichungen: Erzählungen (u. a. in Mesopotamia, 1999); Theaterstücke »Freunde« (2000), »Freunde II« (2001), »Lulu« (2004); Gesammelte Interviews »100 Fragen an …« (2004); Roman »Waldstein oder Der Tod des Walter Gieseking am 6. Juni 2005« (2006).